Die Reichsfinanzen

auf Grund der

Reform von 1919/20

Von

Dr. Erwin Respondek

Hilfsarbeiter im Reichsfinanzministerium

Berlin und Leipzig 1921

Vereinigung wissenschaftlicher Verleger

Walter de Gruyter & Co.

vormals G. J. Göschen'sche Verlagshandlung — J. Guttentag, Verlagsbuchhandlung — Georg Reimer — Karl J. Trübner — Veit & Comp.

Roßberg'sche Buchdruckerei, Leipzig.

Vorwort.

Die vorliegende Arbeit sucht die positiven finanz- und steuerpolitischen Arbeiten, die gemeinhin unter dem Namen „Reichsfinanzreform" geläufig sind, zusammenfassend und in einer verbindenden Linie darzustellen. Sie beschränkt sich hierbei zunächst auf die Reformarbeiten im Haushalt, in der Besteuerung des Vermögens und Einkommens, sowie in der Steuerverwaltung und im Steuerrecht. Es bleibt einer späteren Folge vorbehalten, über die Steuern auf den Verbrauch und Verkehr, über Monopolfragen und Zölle zu berichten. Denn hier stehen die gesetzgeberischen Arbeiten zum Teil entweder mitten im Fluß oder sie stehen vor der Lösung.

Zweifellos werden viele der Ansicht sein, daß großer Mut dazu gehöre, über den ersten Teil der Finanzreform schon heute mit einer geschlossenen Arbeit vor die Öffentlichkeit zu treten. Es erschien dem Verfasser jedoch als geboten, die Darstellung über diesen Teil der Finanz- und Steuergesetzgebung zu veröffentlichen, auch wenn sie nur als ein erster Versuch, die Dinge umfassend wiederzugeben, gewertet werden dürfte. Ein sicheres Urteil sowohl über das ganze Werk als auch über einzelne Teile wird heute wohl kaum von irgendeiner Seite gesprochen werden können; hierfür muß erst ein großer zeitlicher Abstand gewonnen werden. Es ist überdies mit Sicherheit zu erwarten, daß viele Fragen infolge der sich immer stärker zuspitzenden Verhältnisse einer neuen Lösung zuzuführen sein werden. Obwohl also die steuerpolitischen Arbeiten noch nicht abgeschlossen sind, sucht die vorliegende Darstellung die entscheidenden Linien des großen Reformwerkes zu zeichnen und seine inneren Zusammenhänge aufzudecken. Allerdings befaßt sich diese Arbeit nicht mit den verschiedenartigen Vorschlägen, die sich für eine völlige Umgestaltung der bisherigen Finanz- und Steuerwirtschaft einsetzen. Hierher gehören beispielsweise die ernsten Bestrebungen der Bodenreformer und die von den verschiedensten Seiten vertretenen großzügigen Gedanken über die steuerlichen Selbstverwaltungskörper. Diese und andere Vorschläge verdienen gewiß jede theoretische Durchforschung und Förderung; sie werden jedoch im Rahmen der vorliegenden Abhandlung nicht näher betrachtet. Denn die Arbeit wurzelt in den traditionellen Auffassungen über den alten Steuerstaat und will seine jüngste Gesetzgebung wiedergeben. Zu einer Abweichung von der alten Linie glaubt der Verfasser um so weniger Veranlassung zu sehen, als doch tatsächlich das Finanzproblem noch nicht gelöst ist. Damit ist jedoch nicht gesagt, daß es mit den Mitteln des alten Steuerstaates unlösbar wäre. Es kann vielmehr nur gesagt werden, daß das Finanzproblem trotz allen Bemühens unentwegt in einem Zustand der Krisis lebt; dies gibt gewiß der anderen Seite die Berechtigung, zu zweifeln, ob der alte Steuerstaat die Brücke zum Wiederaufbau schlagen kann. Für seine Anhänger ist jedoch durch den bloßen Zweifel noch nicht erwiesen, daß der Steuerstaat abgeschafft und vollkommen neue Formen gebildet werden müßten. Die Finanzen stehen mit der Wirklichkeit in engster Verbindung, und sie werden von der Wirtschaft und ihren Entwicklungen bestimmt. Wenn jene Wirklichkeit zu neuen festen Formen führt, dann wird der alte Steuerstaat sich gegen eine Ablösung nicht sträuben. Soweit die grundsätzliche Stellung zum Steuerproblem.

Die Arbeit beschränkt sich aus diesen Erwägungen heraus auf die möglichst getreuliche Darstellung des gesetzgeberischen Reformwerkes. Wenn der Verfasser eine wissenschaftliche Kritik nur in den wichtigeren Teilen der budgetären und steuerlichen Gesetzgebung übt, so geschah es deshalb, weil eine bestimmte kritische Beurteilung der einzelnen Gesetze künftigen Einzelforschungen und Beobachtungen vorbehalten bleiben muß; und weiterhin auch deshalb, weil lediglich allgemeine theoretische Überlegungen und Mutmaßungen keinerlei Förderung der wissenschaftlichen Erkenntnis bringen können. Aber die positive Kritik dieser Gesetzgebung wird ohne Zweifel künftig zu den besonderen Aufgaben der Finanzwissenschaft gehören; sie wird nicht nur die wirtschaftliche, soziale und materielle Bedeutung der einzelnen Steuern zu untersuchen haben, sondern es werden auch die Grundsätze darzulegen sein, die für die wirtschaftliche Verwendung der öffentlichen Gelder maßgebend sein müssen. Diese Aufgabe zieht ihre hohe Bedeutung aus der Tatsache, daß es sich hier um ungezählte Milliardensummen handelt und aus dem Erfordernis, die Ausgaben so zu bemessen, daß sie mit der steuerlichen Leistungsfähigkeit des einzelnen und der Volkswirtschaft im Einklang stehen. Die finanzielle Kraft eines jeden Staates findet eben hier ihre natürliche und letzte Grenze.

Eine gefestigte wissenschaftliche Kritik über die Steuergesetzgebung wird erfolgen können, sobald ihr hinreichende Unterlagen zur Verfügung stehen. Dann erst wird die Frage von der möglichen oder unmöglichen Durchführbarkeit der Steuern, von der Verteilung der Steuerlast entschieden werden können, dann erst wird gesagt werden können, ob die neuen Methoden bezüglich der Veranlagung und Erhebung der Steuern zweckmäßig sind oder nicht u. a. m. Bei aller wissenschaftlichen Beurteilung der einzelnen Steuern wird allerdings die fiskalische Auffassung von der Steuer, die heute in erster Linie nach dem Effekt fragen muß, wohl zu berücksichtigen sein. Das gilt nach Lage der Dinge für die Steuern auf das Vermögen und Einkommen wie für die Steuern auf den Verbrauch und Verkehr. Denn jede Steuer ist um des Ertrags willen geschaffen und hiernach bemißt der Fiskus in erster Reihe ihren Wert.

Die Arbeit lag im September 1920 abgeschlossen vor. Sie nahm im Dezember zwei Änderungen auf, und zwar das Gesetz über die beschleunigte Erhebung des Reichsnotopfers sowie eine kurze Darlegung über den Entwurf eines Gesetzes zur Änderung des Einkommensteuergesetzes.

Berlin-Grunewald im Dezember 1920.

Erwin Respondek.

Inhaltsverzeichnis.

Hauptgliederung.

Die Neuordnung im allgemeinen Haushalt des Reichs.

Neuordnung in der Finanzhoheit und -verwaltung.

Zusammenfassung.

Verzeichnis zu einigen größeren Tabellen.

Die Neuordnung im Reichshaushalt.

1. Der Reichshaushalt während des Krieges.

Durch die finanzpolitische Gesetzgebung vor dem Kriege, die dem Reich neue Einnahmequellen erschloß, das Schuldenwesen auf eine festere Grundlage stellte, gingen die Reichsfinanzen offensichtlich einer gesunden Entwicklung entgegen. Im wesentlichen ebnete hierzu die Reform des Jahres 1909 die Wege. Ihr galt als vornehmliches Ziel, die erste und entscheidende Voraussetzung für einen ordentlichen Haushalt zu schaffen, nämlich dem Haushalt eine geeignete Grundlage zu geben, auf der die laufenden Ausgaben durch laufende Einnahmen ihr Gleichgewicht finden. Diesen Boden gab die Reform des Jahres 1909, die dem Reiche eine Reihe von indirekten Steuern zuführte und vor allem die Ergiebigkeit der vier großen Verbrauchsabgaben auf Branntwein, Bier, Wein und Tabak steigerte. Späterhin waren es der einmalige außerordentliche Wehrbeitrag und die Besitzsteuer (vom 3. Juli 1913), die bei den erneuten großen Anforderungen für die Erfüllung jenes budgetären Prinzips Sorge zu tragen hatten. Die Festigung des Reichshaushalts erreichte durch diese steuerpolitische Gesetzgebung in der Tat auch eine solche Stärke, daß sogar die umfangreichen Heeres- und Flottenvorlagen (vom 14. Juni 1912 und 3. Juli 1913) die gewonnenen Grundlagen nicht erschüttern konnten. Das Gleichgewicht des Reichshaushalts blieb erhalten, obwohl das Ordinarium für das Rechnungsjahr 1914 im Voranschlag den Höchstbetrag aller bisherigen Budgets mit 3405,2 Millionen Mark erreichte. Die finanzielle Lage des Reichs war klar: Einnahmen und Ausgaben hielten sich das Gleichgewicht, die innere Festigung war gegeben. Es erschien sogar als möglich, daß durch die Steuergesetzgebung und den sichtbaren wirtschaftlichen Aufstieg die Fehlbeträge im Haushalt durch Überschüsse abgelöst würden und das Reich an die Tilgung seiner Milliardenschuld herangehen könnte. Das Reich trat finanziell mit einer geordneten und wohlgefestigten Verfassung seines Haushalts in den Krieg ein.

Von diesem Zeitpunkt an beginnt das Ende jener geordneten Finanzverfassung des Reiches. Unter schweren wirtschaftspolitischen und parlamentarischen Kämpfen war sie gewonnen, und durch ein einziges Gesetz ohne Kampf verloren: am 4. August 1914 ermächtigte der Reichstag in einem Nachtragskredit zum Reichshaushaltsplan 1914 den Reichskanzler, die Summe von 5 Milliarden Mark im Wege des Kredits flüssig zu machen. Es waren also außerordentliche Deckungsmittel, Anleihen oder Schatzscheine des Reichs, die zur Bestreitung noch unbestimmter, aber gewiß außergewöhnlich hoher Ausgaben verwendet werden sollten. Das Gleichgewicht war gestört und alle mühselige finanzpolitische Arbeit aus der Friedenszeit vergebens.

Es bestand von vornherein kein Zweifel, daß die plötzlich aufgetretenen großen Ausgaben für den Krieg nur auf dem Wege des Anleihekredits zu decken wären. Aber auch nach der Befriedigung dieses ersten großen Bedarfs konnte das Reich die anhaltenden Kriegsausgaben durch kein anderes Mittel als mit Hilfe von Anleihen decken. Denn das Reich verfügte ja nicht über ein leichtbewegliches Steuersystem, das durch eine rasche Um- und Ausgestaltung die Einnahmen an die außergewöhnlich hohen Ausgaben anpassen ließ. Hierbei möge die Frage unentschieden bleiben, ob dieser bekannte Mangel nicht durch einen gesetzgeberischen Akt hätte beseitigt werden können, so daß der Weg für eine sofortige oder spätere vollständige oder teilweise Deckung der Kriegskosten durch laufende Steuern geebnet gewesen wäre. Historisch steht fest, daß die Anleihe das Finanzierungsmittel des Krieges wurde. Aus dieser Tatsache entwickelten sich die weiteren Folgen, die zunächst für die Gestaltung des Reichshaushalts und späterhin für die gesamte Steuergesetzgebung bedeutsam wurden.

Der Haushalt des Reichs zerfällt in zwei Teile:

1. in einen ordentlichen Haushalt,
2. in einen außerordentlichen Haushalt.

Vor dem Kriege lag das Schwergewicht der finanziellen Verfassung des Reichs im ordentlichen Haushalt, dem Ordinarium, während der außerordentliche Haushalt, oder kurz das Extraordinarium, sich in bescheidenen Grenzen hielt. Die Gliederung lag in der gesetzmäßigen und tatsächlichen Verfassung der Reichsfinanzen begründet, die alle laufenden Bedürfnisse in das Ordinarium verwies und lediglich die Ausgaben für die verhältnismäßig sehr begrenzten werbenden Zwecke in den außerordentlichen Haushalt einstellte.

Dieses budgetpolitische Bild veränderte der Krieg in das Gegenteil. Von der Ausgabenseite des ordentlichen Haushalts wurden die entscheidenden Posten, vorerst ein Teil und später die gesamten fortlaufenden Ausgaben für das Reichsheer, die Marineverwaltung usw., herausgenommen und auf den außerordentlichen Haushalt zur Verrechnung gestellt. Das bedeutete eine Durchbrechung des Prinzips ordentlicher Budgetgebarung. Das gleiche erfolgte mit anderen Positionen. So wurden z. B. die Mehrkosten aus Anlaß des Krieges, wie die Teuerungszulagen an Beamte und Angestellte dem außerordentlichen Haushalt zur Last geschrieben. Auch die Einnahmeseite des Ordinariums verstieß gegen den Grundsatz ordentlicher Budgetgebarung. Es wurden Einnahmen in Ansatz gebracht, deren tatsächlicher Eingang unter den völlig veränderten wirtschaftlichen Verhältnissen weit hinter den Veranschlagungen zurückbleiben mußte. So brachten z. B. die Zölle 1915 rund 360 Millionen Mark, oder 200 Millionen Mark weniger als im Voranschlag eingesetzt wurde, und die Branntweinsteuer lieferte 1915 rund 96 Millionen Mark oder 132 Millionen Mark weniger als eingesetzt wurde. Ähnlich ging es mit anderen Abgaben. Dies ist nicht verwunderlich; denn die Unterbindung des deutschen Außenhandels und die Einschränkungen in der Einfuhr, die Umgestaltung in der Ernährungswirtschaft sowie die allgemein bekannten Einwirkungen des Krieges auf die Wirtschaft mußten empfindliche finanzielle Rückwirkungen ausüben. Die Veränderungen im ordentlichen Haushalt dienten lediglich dem Ziel, einen formellen Ausgleich im Ordinarium aufweisen zu können. Das Gleichgewicht zwischen Ausgaben und Einnahmen wurde erschwert durch die Beibehaltung des Zinsendienstes für den Anleihedienst im ordentlichen Haushalt. Er verursachte die große Steigerung der ordentlichen Ausgaben, die vorerst ihre Deckung durch die dargelegten formellen Änderungen und später durch Steuervorlagen fanden.

Von einer ordentlichen Haushaltsführung ist also nicht zu sprechen, zumal da die rechnungsmäßigen Defizite durch die einmaligen außerordentlichen Kriegsabgaben gedeckt wurden. Die Voranschläge für den ordentlichen Reichshaushalt in der Kriegszeit weisen in den einzelnen Rechnungsjahren 1915 bis 1918 keine besonderen Erscheinungen auf. Sie erfuhren, wie bereits erwähnt, durch die Einstellung der Zinsen für die Reichsschuld in den ordentlichen Haushalt eine anhaltende Steigerung. Bereits 1915 machte sich die Zinsenlast bemerkbar. Das Gleichgewicht für das Jahr 1915 konnte aber dadurch hergestellt werden, daß die Ausgaben für Heer und Marine mit nur der Hälfte des Friedensbetrages eingesetzt wurden. Eine Steuervorlage brachte die Reichsregierung nicht ein. Erst in den folgenden Rechnungsjahren suchten neue oder abgeänderte Steuern das wachsende Defizit rechnungsmäßig auszugleichen.[1])

Über die zahlenmäßige Gestaltung der ordentlichen Haushalte (Istziffern) unterrichtet die nachfolgende Aufstellung:

Voranschläge für die Rechnungsjahre 1914—1919.

Ordentlicher Haushalt in Einnahmen und Ausgaben (in Millionen Mark).

Rechnungsjahre	Einnahmen	Ausgaben
1914	3405,2	3405,2
1915	3323,1	3323,1
1916	3659,3	3659,3
1917	4941,9	4941,9
1918	7332,7	7332,7

Wenn auch die Voranschläge immer das Bild eines ordnungsmäßigen Ausgleichs boten, so stellten sie doch, wie ausführlich begründet, ein fiktives, falsches Budget dar. Sie waren durch die Ausscheidung ordentlicher Ausgabeposten und die Einstellung von willkürlich geschätzten Einnahmen unterhöhlt. Diese budgetäre Praxis konnte nicht als die neue Form gelten, die für die kommende Friedenszeit in Übung zu halten sei. Aber die Frage nach der Neuordnung des Haushalts mußte entsprechend dem einmal beschrittenen Wege bis zur Beendigung des Krieges aufgeschoben werden. Nahezu fünf Jahre ruhte daher das Budget auf dem Grundsatz: Kriegsausgaben gehören auf den außerordentlichen Haushalt und finden ihre Deckung durch Anleihen, dagegen sind die Zinsen für diese Anleihen in den ordentlichen Haushalt einzustellen und ihre Deckung durch Steuern zu bewirken.

Nach dem aufgestellten Prinzip wurden die Kriegsausgaben und alle sonstigen Ausgaben, die mit dem Krieg zusammenhingen, auf den außerordentlichen Haushalt, den Kriegsfonds, übernommen. Auf den Kriegsfonds gingen alle Anforderungen der Ressorts über, die „Ausgaben aus Anlaß des Krieges" waren. Diese Ausgaben fußten budgetrechtlich auf den vom Bundesrat und Reichstag genehmigten außerordentlichen Kriegskrediten, die im Rahmen der

[1]) Siehe Denkschrift: „Die Finanzen des Deutschen Reiches in den Rechnungsjahren 1914—1918" Druckſ. Nat.-Verſ. Nr. 158.

Nachtragskredite zu den einzelnen Haushaltsgesetzen angefordert und bewilligt wurden; erstmalig, wie erwähnt, durch das Gesetz vom 4. August 1914 mit 5 Milliarden Mark und dann fortlaufend in den bekannten Milliardenbeträgen. Die tatsächliche Deckung erfolgte auf dem Anleihewege.

Auf Grund der bewilligten Kredite legte die Reichsregierung die Kriegsanleihen auf. Zu ihnen kamen dann die kurzfristigen Schatzanweisungen und Schatzwechsel, die zusammen mit den Anleihen dem Kriegsfonds die notwendigen Geldmittel zur Bestreitung der außerordentlichen Ausgaben zuführten. Die ersten geldlichen Anforderungen — im Monat August 1914 betrugen die Ausgaben 2047,1 Millionen Mark, im Dezember 1914 rund 1603 Millionen Mark — deckte das Reich durch Diskontierung von Schatzwechseln bei der Reichsbank. Diesen Weg ermöglichte eine Änderung des Bankgesetzes (Gesetz vom 4. August 1914), das die Reichsschatzwechsel den zur Notendeckung erforderlichen privaten kaufmännischen Wechseln gleichstellte. Damit wurde die Deckungsgrundlage für die Notenausgabe wesentlich erweitert und hierdurch wurde auch der Ausgangspunkt für eine beliebig starke Finanzierung des Krieges durch die Notenbank geschaffen.

Während des Krieges war das hervorstehende Kennzeichen der so veränderten Haushaltswirtschaft der rasche und starke Zu- und Abfluß von Geldmitteln. Für den Zufluß sorgten willige Anleihezeichnung und Schatzwechsel-Diskontierung, an dem Abfluß waren alle Ausgabestellen im Reiche beteiligt, die militärischen und die zivilen Verwaltungen. Prinzipielle budgetrechtliche Abweichungen jedoch sind hinsichtlich der Anforderung, Bewilligung und der schließlichen Verrechnung der Ausgaben nicht zu verzeichnen. Die Anforderung von Geldmitteln aus Anlaß des Krieges erfolgte in sog. Pauschquanten. Hierbei waren die angeforderten Beträge im einzelnen aufzuführen. Zu der Spezifikation der Haushaltsansätze und zu der späteren Prüfung über ihren tatsächlichen Verwendungszweck trat schließlich die rechnungsmäßige Nachweisung. Der budgetrechtliche Rahmen wurde eingehalten, aber es war den Ausgabestellen doch möglich, mit vollen Händen zu wirtschaften, was in einem sehr ausgiebigen Maße geschah. Das lag in der Natur der Kriegsfinanzwirtschaft. Zum Teil zwangen die dringenden und eilig zu befriedigenden Bedürfnisse des Reichs zu einer leichteren und von wenig Bedenken geführten Ausgabenwirtschaft. Hierzu kam die allseitige Entwöhnung von der Sparsamkeit. Das war zu verurteilen; aber das budgetpolitische Erfordernis, zu sparen, und die budgetrechtliche Pflicht, alle Ausgaben bis zum letzten Pfennig in dem fest umgrenzten Rahmen zu halten, hatten gegenüber dem einfachen Kriegserfordernis zurückzutreten. Es galt eben in erster Linie, wirksam Krieg zu führen, und erst in zweiter Linie, möglicherweise zu sparen.

Über die Bewegung des ordentlichen und außerordentlichen Haushalts unterrichtet die nachfolgende Übersicht:

Ordentliche und außerordentliche Ausgaben (in Millionen Mark).

Rechnungsjahre	ordentlicher Haushalt	außerordentlicher Haushalt
1913	2426,5	111,4
1914	1653,2	7000,6
1915	1785,6	23922,8
1916	2973,8	24767,1
1917	6893,6	45121,8
1918	7146,0	36884,7

Dazu kommen noch die Vorschüsse an die Bundesgenossen in Höhe von 10693,6 Millionen Mark.

2. Der Übergangshaushalt für das Rechnungsjahr 1919/20 und der Haushalt für 1920/21.

Mit dem militärischen und politischen Zusammenbruch am 9. November 1918 setzte eine neue Finanzgebarung im Reichshaushalt nicht ein. Die Kriegs-Ausgabenwirtschaft lief unter dem Namen Übergangswirtschaft weiter, nur daß an die Stelle der Kriegsanleihen jetzt ausschließlich die kurzfristigen Schatzscheine traten. Sie ließen die für jede Finanzverwaltung besorgniserregende schwebende Schuld unentwegt anwachsen. Klarheit und Sicherheit in der Lage der Reichsfinanzen fehlten. Jene Zeit, die heftige innerpolitische und wirtschaftliche Kämpfe sah, bot daher zunächst nur einigen Raum für vorbereitende finanzpolitische Stützungsarbeit. Hierzu zählte in erster Linie die Abkehr von der Kriegsausgabenwirtschaft, d. h. also mit anderen Worten die Notwendigkeit, in den Haushalt eine neue Ordnung zu bringen. Bereits im Frühjahr des Jahres 1919 legte die Reichsregierung einen neuen Haushalt für das Rechnungsjahr 1919 vor. In Einnahme und Ausgabe wies dieser Haushalt gegenüber dem Rechnungsjahr 1918 die folgenden Zahlen auf:

Rechnungsjahr 1919	13042,2 Millionen Mark
„ 1918	7332,7 „ „
Mithin eine Steigerung von	5709,5 Millionen Mark

Wie den ordentlichen Haushalten der Kriegszeit, so fehlten auch dem Haushalt für das Übergangsjahr 1919 die entscheidenden Posten auf der Ausgabenseite, die Haushalte für Heer, Marine und Schutzgebiete. Diese Verwaltungsausgaben fanden ihre Verrechnung immer noch auf dem außerordentlichen Haushalt, und zwar unter Beibehaltung der pauschquantenmäßigen Anforderung für die einzelnen Ausgabenposten. Allerdings — und dies war der erste Ansatz zur Neuordnung — wurde die nachträgliche Aufstellung eines Halbjahreshaushalts für diese militärischen Ausgaben für den 1. Oktober 1919 angekündigt. Hierin lag der wesentliche Unterschied des Haushalts 1919 gegenüber seinen Vorgängern. Er weist aber auch noch einen zweiten bedeutsamen Unterschied auf. Budgetrechtlich hatte der Haushaltsplan 1919 wie alle anderen Haushalte die verfassungsmäßigen Grundlagen für die Fortführung der Reichsverwaltung zu schaffen. Budgetpolitisch jedoch suchte der ordentliche Haushalt erstmalig wieder die Einnahmen und Ausgaben den tatsächlichen Verhältnissen anzupassen. Einnahmen und Ausgaben, also die Steuererträgnisse sowie die einzelnen Ausgabeposten sollten auf eine zahlenmäßige Grundlage gestellt werden, die mit den Verhältnissen der Wirklichkeit möglichst engere Beziehung haben sollten, als es bei den vergangenen Haushalten der Fall war. Denn bei den Kriegs-Haushalten fehlte jede Berührungsfläche mit der Wirklichkeit. Nunmehr stellte die Reichsfinanzverwaltung wieder die alten Grundsätze der Budgetklarheit und -wahrheit als zu verwirklichendes Ziel auf.

Das gestellte Ziel wurde im Haushalt 1919 nicht vollständig erreicht. Die ganze Einnahmeseite des Budgets beruhte noch auf Schätzungen, die ohne sichere Unterlagen über die damalige Gegenwart und ohne die geringste Voraussicht über die mögliche wirtschaftliche Entwicklung innerhalb des Rechnungsjahres 1919 anzustellen waren. Es fehlte diesem ersten ordentlichen Haushalt aber nicht an einem schätzenswerten Anknüpfungspunkt. Die Aufstellung des Haushalts brauchte nicht wie im Kriege an die fiktiven Budgetziffern der Voranschläge anzuknüpfen, sondern sie konnte sich auf die vorliegenden wirklich vereinnahmten und verausgabten Beträge der abgelaufenen Rechnungsjahre stützen. Damit kam die Schätzung der Wirklichkeit etwas näher. Allerdings dienten für die Bemessung der Höhe der einzelnen Ausgaben und der möglichen Steuereinkünfte letzten Endes nur vorsichtige Abwägungen und Mutmaßungen über die wahrscheinliche künftige wirtschaftliche Entwicklung. Wegen dieser Tatsachen konnte daher auch der Reichsfinanzminister Schiffer eine Verantwortung über ein gutes und zuverlässiges Verhältnis zwischen vorliegender Schätzung und kommender Wirklichkeit im Reichshaushalt nicht übernehmen.[1])

So sehr also der Voranschlag 1919 von den rein fiktiven Kriegshaushalten abrückte, so wenig war er als ein ordentlicher Friedenshaushalt anzusprechen. „Er ist ein erster Schritt zum Friedenshaushalt", urteilte Reichsfinanzminister Schiffer zutreffend in seiner Begründungsrede. Die Teilarbeit ist zu rechtfertigen; denn die ungewissen und flüssigen Verhältnisse machten eine vollkommene Arbeit unmöglich. Im Frühjahr 1919 waren weder die Grenzen des neuen Deutschland bekannt, noch die Höhe der zu erwartenden geldlichen und sachlichen Verpflichtungen an die Gegner. Über die Kriegsausgaben, Leistungen aus nicht abgelösten Verträgen und übernommenen Garantien lagen keine endgültigen Zahlen vor. Für die vom Krieg heimgesuchten deutschen Gebiete, für die Entschädigungen an die deutschen Reedereien und geschädigten Reichsdeutschen, für die Familienunterstützungen und schließlich für die Renten an die Kriegsbeschädigten und Kriegshinterbliebenen konnte mit keinen festen Summen gerechnet werden. Andere, allmählich sichtbar werdende Aufgaben, die große, dauernde finanzielle Lasten bringen mußten, konnten im Haushalt 1919 keine Berücksichtigung finden.

Die Arbeiten zur Aufstellung eines geordneten, der Wirklichkeit tunlichst entsprechenden Haushalts schwebten also in der Luft. Vor dem Kriege bildeten der Voranschlag des Haushaltsvorjahres und die Abrechnungen der vorangegangenen Jahre brauchbare Maßstäbe für die Veranschlagung der ordentlichen Einnahmen und Ausgaben im bevorstehenden Rechnungsjahr. Sichere Grenzen waren zudem um so bestimmter zu ziehen, als die Kalkulationen auf immerhin beständigen Preisverhältnissen und auf einer ordnungsmäßig laufenden Wirtschaft fußten. Für das erste ordentliche Budget 1919 fehlten aber diese Voraussetzungen, während die vorliegenden wirtschaftlichen und politischen Erscheinungen alles andere als gute Anlehnungsmöglichkeiten boten. Aus der Geschichte lagen keine Beispiele vor, die auch nur im entferntesten eine Ähnlichkeit mit den neuen Aufgaben auf budgetpolitischem Boden hätten aufweisen können. Bald fünf Jahre hindurch fehlte die alte kontinuierliche Budgetwirtschaft. Und eine jede ordentliche Budgetwirtschaft setzt eine Kontinuität voraus, wie das Lotz treffend bemerkt.[2])

---

[1]) Siehe Drucks. Nat.-Vers. vom 9. April 1919, 33. Sitzung, S. 904.

[2]) Lotz, Dr. W., Finanzwirtschaft, Tübingen 1917, S. 78.

Die wissenschaftliche Kritik wird weder für das erste Friedensjahr 1919 noch für die nächstfolgenden Haushalte des Reichs ihren strengen Maßstab anwenden können, vor allem nicht hinsichtlich des genauen Zahlenvoranschlages. Die Forderung, die Lotz zur Frage der Genauigkeit des Budgetvoranschlages mit gutem Recht aufstellt und die in dem Satz gipfelt: „Das Vollkommenste, was ein Finanzminister leisten kann, ist, daß das Istbudget völlig mit dem Sollbudget übereinstimmt", diese Forderung wird in den künftigen Haushalten des Reichs wenigstens in der nächst absehbaren Zeit nicht erfüllbar sein.[1]) Auch dann nicht, wenn mit aller Strenge darauf hingewirkt wird, daß die Voranschläge seitens der Ausgaberessorts eingehalten werden, was Lotz verlangt. Und eine „Schätzung in Fühlung mit dem Gang des Wirtschaftslebens" — die zweite Voraussetzung von Lotz — dürfte angesichts der wirtschaftlichen und finanziellen Kampfperiode, in die Deutschland am 9. November 1918 eintrat und in der es noch heute steht, sobald nicht möglich sein.

Trotz der schweren politischen und wirtschaftlichen Lage Deutschlands würden zweifellos weder zu optimistisch aufgestellte Budgets, die von Jahr zu Jahr Defizite aufweisen, noch zu vorsichtig aufgestellte Budgets, die chronische Überschüsse zeigen, das Richtige sein. Es bedarf nun keiner Prophetengabe, schon heute anzukündigen, daß Überschüsse in Zukunft kaum sichtbar sein werden. Diese eine Ungenauigkeit in der praktischen Budgetgestaltung scheidet — es möge erlaubt sein zu sagen — leider aus. Eine Überschußwirtschaft mit den anschließenden finanzpolitischen und parlamentarischen Sorgen, ob dieses Plus für Schuldentilgung, für produktive oder unproduktive Ausgaben verwendet werden soll, erwartet die deutsche Finanzwirtschaft offensichtlich nicht. Dagegen wird alle Kraft der nächsten Jahre der Bekämpfung von beharrlich anhaltenden Defiziten gelten. Als Kampfmittel werden auf der einen Seite allseitige und feste Sparsamkeit dienen und auf der anderen Seite die Aufbesserung der alten Steuern sowie die Erschließung ergiebiger neuer Steuerquellen.

Sparsamkeit herrschte bei der Aufstellung des Übergangshaushalts 1919 in erreichbarem Maße vor, wie Reichsfinanzminister Schiffer in der Begründung betonte. Dennoch war eine Steigerung von über 5 Milliarden Mark gegenüber dem letzten Rechnungsjahr 1918 zu verzeichnen. Die laufenden und einmaligen ordentlichen Einnahmen und Ausgaben balancierten mit rund 15,8 Milliarden

[1]) Lotz a. a. O. S. 109.

Mark. Über die zahlenmäßigen Verhältnisse des ersten ordentlichen Haushalts unterrichtet eingehender die nachfolgende Aufstellung:

Ordentlicher Haushalt 1919.

I. Einnahmen:	Mill. ℳ	II. Ausgaben:	Mill. ℳ
1. Ordentliche Einkünfte . . .	1564,1	1. Fortdauernde Ausgaben. .	13322,7
2. Steuern	14245,4	2. Einmalige ordentl. Ausgaben	2486,8
zusammen	15809,5	zusammen	15809,5

Die Einnahmen aus Steuern setzten sich zusammen aus:

1. den alten Zöllen, Steuern und Gebühren, Bankwesen, Matrikularbeiträgen mit	4745,4	Millionen Mark
2. aus neuen Steuern mit	9500,0	„ „
zusammen	14245,4	Millionen Mark

Im Voranschlag waren ursprünglich aus neuen Steuern nur 7000 Millionen Mark eingesetzt.

Den im Frühjahr 1919 vorgelegten Haushaltsentwurf stellte der Haushaltsausschuß der Nationalversammlung bis zum Herbst zurück. Die Reichsfinanzverwaltung hatte für diesen Zeitpunkt den umfassenden Ergänzungshaushalt angekündigt und die verfassunggebende Körperschaft konnte dann über den gesamten Budgetplan in Beratung treten. Ende Oktober 1919 ging der Nationalversammlung der Ergänzungshaushalt zum Reichshaushalt zu. Er forderte rund 57469,7 Millionen Mark an, hiervon entfielen 42750 Millionen Mark auf den außerordentlichen Haushalt. Von dieser Summe beansprucht die allgemeine Finanzverwaltung die höchsten Beträge. Es seien nur einige Ausgabeposten angeführt:

Aus Anlaß des Krieges und der Demobilmachung . . .	13000	Millionen Mark
Leistungen aus dem Friedensvertrag, insbesondere für den Wiederaufbau sowie für sonstige Aufwendungen aus Anlaß des Krieges	17000	„ „
Abwicklung des alten Heeres und der alten Marine . .	3660	„ „
Befriedigung der Ansprüche neutraler Mächte aus Anlaß der Versenkung von Schiffen	50	„ „
Hilfe für Kriegs- und Zivilgefangene usw.	151	„ „

Auch die Haushalte der einzelnen Reichsressorts beanspruchten hohe Summen für außergewöhnliche Reichsausgaben. So z. B. führt der außerordentliche Haushalt des Reichswirtschafts-Ministeriums folgende große Posten auf:

Beihilfe zum Wiederaufbau der deutschen Handelsflotte .	420	Millionen Mark
Verbilligung von Lebensmitteln	3500	„ „

Weiterhin das Arbeits-Ministerium:

Gelder für sparsame Bauweise und zur Wiederbelebung der Bautätigkeit	350 Millionen Mark
Rentenzulagen an Empfänger von Invaliden-, Witwen- und Altersrenten	235 „ „
Erwerbslosenfürsorge usw.	455 „ „
Beihilfe an notleidende Kriegshinterbliebene	100 „ „
Wochenhilfe, Wochenfürsorge	60 „ „

Dann das Reichsschatz-Ministerium, das beispielsweise für den Unterhalt und die Unterbringung der Besatzungstruppen im Rheinland 620 Millionen Mark fordert und für den Bau und Erwerb von Hochspannungsleitungen, Elektrizitätswerken usw. 150 Millionen Mark.

Zu den einzelnen aufgeführten Positionen kann hier keine nähere Begründung gegeben werden. Aber auf einen budgetpolitischen Fortschritt im Extraordinarium des Jahres 1919 sei hingewiesen. Wie in der reinen Kriegs-Ausgabenwirtschaft, so werden zwar auch jetzt noch zahlreiche Ausgaben in Pauschquanten angefordert und bewilligt. Eine Spezifikation aller Anforderungen konnte restlos nicht durchgeführt werden, vor allem nicht bei den Anforderungen für die Demobilmachung und die Leistungen aus dem Friedensvertrag. Dagegen ist es gelungen, die Mehrzahl der außerordentlichen Ausgaben nach ihrem Verwendungszweck spezifiziert aufzuführen. Über die Fragen der pauschquantenmäßigen und spezifizierten Budgetierung im Extraordinarium wird an späterer Stelle noch zu urteilen sein.

Das zahlenmäßige Bild des außerordentlichen Haushalts spiegelt sich in den folgenden endgültigen Ziffern wider:

I. Einnahmen:

	Mill. ℳ
a) Reichsschatz-Ministerium (Erlös von der Verwertung des Heeres- und des Marinegutes)	717
b) Anleihen usw.	42033
zusammen	42750

II. Ausgaben:

		Mill. ℳ
a) Einzelressorts:		
Reichswirtschafts-Ministerium	4120,5	
Reichsarbeits-Ministerium	1181,0	
Reichsschatz-Ministerium	1840,0	
Reichsfinanz-Ministerium u. andere	1640,1	8781,6
b) Allgemeine Finanzverwaltung		33968,4
zusammen		42750,—

Das sind durchgehends große Summen und es ist ersichtlich, daß sie für eine Budgetierung im ordentlichen Haushalt nicht in Frage kommen können. Allerdings hat die Reichsfinanzverwaltung zu erkennen gegeben, daß sie für einen raschen Abbau des außerordentlichen Haushalts Sorge tragen und der Abbau bereits bei der Aufstellung des Haushalts für das Rechnungsjahr 1920 in Erscheinung treten würde. Und dies bedeutet mit anderen Worten die Etatisierung tunlichst aller Ausgaben.

Der Gesamthaushalt für das Rechnungsjahr 1919 wurde am 31. Oktober 1919 Gesetz.[1]) Er balancierte in der Gesamtsumme wie folgt:

Ordentliche Einnahmen und Ausgaben	15309,7	Millionen Mark
Außerordentliche Einnahmen und Ausgaben	42750,0	„ „
Gesamte Einnahmen und Ausgaben	58059,7	Millionen Mark

Zum Reichshaushaltsplan 1919 traten noch drei Nachträge.[2])

Inzwischen gingen die Vorarbeiten für den neuen Haushalt des bevorstehenden Rechnungsjahres 1920 vor sich. Nach den Verlautbarungen der Reichsfinanzverwaltung sollte dieser Haushalt den alten Anforderungen, die an ein geordnetes Budget gestellt werden, weitgehendst nachkommen. Auf dem Entwicklungsweg zu dieser erstrebten alten Haushaltswirtschaft ist eine bemerkenswerte Zwischenarbeit zu verzeichnen, aus der ein Teil der vielen Hemmnisse für die wahrheitsgetreue Aufstellung des neuen Friedenshaushalts hervorging. Noch bevor die Beratungen über den Haushaltsentwurf für das Rechnungsjahr 1919 aufgenommen wurden, legte die Reichsfinanzverwaltung der Nationalversammlung eine Ausarbeitung vor, die über den künftigen finanziellen Bedarf des Reiches eine erste Vorstellung vermitteln sollte.[3]) Diese Denkschrift diente wohl als kurze Begründung für die steuergesetzgeberischen Arbeiten in Weimar. Unter gehöriger Einschränkungen des Grades der Zuverlässigkeit aller zahlenmäßigen Veranschlagungen in dieser Denkschrift war das Ausmaß des künftigen steuer-

[1]) RGBl. 1919 Nr. 212 S. 1839.

[2])

1. Nachtrag (RGBl. 1919 S. 2185)	300,0	Millionen Mark
2. Nachtrag (RGBl. 1920 S. 129)	500,5	„ „
3. Nachtrag (RGBl. 1920 S. 421)	4100,2	„ „
zusammen	4900,7	Millionen Mark

[3]) Siehe Drucks. Nat.-Vers. 1919 Nr. 760: „Der künftige finanzielle Bedarf des Reiches und seine Deckung". Nachtrag zur Denkschrift Nr. 158.

lichen Bedarfs von Reich, Gliedstaaten und Gemeinden wie folgt geschätzt:

Reichsbedarf	17,5 Milliarden Mark
Bedarf der Einzelstaaten und Gemeinden	6,5 „ „
zusammen	24,0 Milliarden Mark

Neben der Betonung des nur bedingten Wertes dieser Schätzungen wies die Denkschrift noch besonders daraufhin, daß die mannigfachen Rückwirkungen des Krieges auf den Haushalt, die doch das Bild des künftigen Friedensbudgets wesentlich verändern mußten, ausgeschaltet waren. Immerhin besaß die Öffentlichkeit erstmalig eine amtliche Schätzung des möglichen Friedensbudgets, auch wenn sie nur anschaulich und nicht verbindlich wirken sollte. Das Zahlengerüst hatte allerdings noch seine besondere Bedeutung für die steuerlichen Beratungen der Nationalversammlung: Von der Schätzung des Haushaltbedarfs hing das Ausmaß der Steuergesetzgebung ab. Es lag also in der Denkschrift ein Programm. Im Parlament und in der Öffentlichkeit setzte daher gegen die vorgelegte Schätzung eine heftige Anfeindung ein. Dieser oder jener Posten der Denkschrift wurde herausgegriffen und zerpflückt oder die ganze Bedarfsrechnung umgestoßen. An ihre Stelle traten dann eigene Zahlen der Kritiker. Vielfach ging die öffentliche Kritik in ihrer Verurteilung sogar so weit, daß sie die von ihr gewonnenen Urteile und Zahlen als die einzig wahren hinstellte. Sie vergaß dabei nur, daß jede schätzungsweise Behandlung einer Frage, auch wenn sie auf statistischen Unterlagen ruht, anfechtbar ist. Wenn beispielsweise die jährliche Belastung des Reichshaushalts aus den Friedensvertragsverpflichtungen mit 7½ Milliarden Mark fest veranschlagt wurde, so war diese Schätzung weiter nichts als eine Zahl wie jede andere auch.

In der wissenschaftlichen Kritik lag das Schwergewicht der Beobachtung weniger bei der zahlenmäßigen als bei der künftigen materiellen und budgetrechtlichen Gestaltung des Haushalts nach dem Kriege. Über die Grundsätze jedoch, die für die Aufstellung und Durchführung der kommenden Budgets nach diesen beiden Richtungen zur Anwendung gelangen sollten, gab die Denkschrift keine Ausführungen. Und gerade das offene Bekenntnis zu diesen Prinzipien mußte von hoher Bedeutung erscheinen, weil ja das Reich fünf Jahre lang gleichsam eine etatslose Finanzwirtschaft führte, mit einem fiktiven Ordinarium und mit einem unbegrenzten Extraordinarium — dem Kriegsfonds — arbeitete. Schon kurze Zeit nach dem 9. November 1918 war die Richtung offensichtlich: es galt, für eine doppelte Schuldenlast einen neuen Haushaltsrahmen zu finden, der einmal die eigenen Ausgaben und dann die Milliardenverpflichtungen an die ehemaligen Gegner aufnehmen könnte. Der finanzielle Druck spiegelte sich in den Haushaltszahlen wider, die im April 1920 in einem vorläufigen Voranschlag für das Rechnungsjahr 1920 gegeben wurden. Jetzt ging der Bedarf des Reichs weit über die ersten Schätzungen hinaus. Während die Denkschrift des Jahres 1919 den Reichsbedarf mit 17,5 Milliarden Mark veranschlagte, mußten im April 1920 rund 27,8 Milliarden Mark eingestellt werden. Allein der Zinsendienst für die Reichsschuld beanspruchte 12374,2 Millionen Mark, und die Ausgaben für den allgemeinen Pensionsfonds wurden mit 3930,9 Millionen Mark eingesetzt. Alle Vermutungen hinsichtlich des zahlenmäßigen Ausmaßes des Steuerbedarfs wurden also übertroffen.

Der Haushaltsentwurf für 1920 stellte die Finanzverwaltung und gesetzgebenden Körperschaften vor große Aufgaben. Sollten die gesteckten Ziele im zweiten Übergangshaushalt annähernd verwirklicht werden, dann mußten erst neben einer genügenden zeitlichen Frist für die Aufstellung und Beratung des Haushalts auch die bereits eingeleiteten Auseinandersetzungen über die künftige Praxis des gesamten Haushalts durchgefochten sein. Denn außer den neuen, rein budgetrechtlichen Fragen stand die Notwendigkeit zur Erörterung, einen neuen Rahmen für die budgetpolitischen Beziehungen zwischen Reich und Ländern, sowie zwischen Reich und Betriebsunternehmen, Eisenbahn und Post, zu schaffen. Diese Aufgaben ließen sich keiner raschen Lösung zuführen. Es wurde daher notwendig, vorerst einen Nothaushalt für das Rechnungsjahr 1920 aufzustellen und ihn späterhin durch den allgemeinen Haushalt abzulösen. Die vorläufige Regelung erfolgte durch zwei Reichsgesetze, zu denen je ein ergänzendes Gesetz trat. Im ersten Gesetz vom 31. März 1920[1]) wurde die Reichsregierung ermächtigt, für das erste Viertel des Rechnungsjahres 1920 (die Monate April, Mai und Juni) „alle Ausgaben zu leisten, die zur Erhaltung gesetzlich bestehender Einrichtungen und zur Durchführung gesetzlich beschlossener Maßnahmen erforderlich sind, ferner die rechtlich begründeten Verpflichtungen des Reichs zu erfüllen und endlich Bauten, für die durch den Haushaltsplan eines Vorjahrs bereits Bewilligungen stattgefunden haben, fortzusetzen".

Die Mittel für die Deckung der bewilligten ordentlichen Aus-

[1]) RGBl. Nr. 62 S. 425.

gaben können durch Schatzanweisungen bis zu 6000 Millionen Mark beschafft werden, „soweit die vorhandenen sonstigen Einnahmen nicht ausreichen.“ Zur Deckung der bewilligten außerordentlichen Ausgaben dürfen 1000 Millionen Mark „im Wege des Kredits“ flüssig gemacht werden. Im gleichen Gesetz wurde der Finanzminister ermächtigt, zur Bestreitung einmaliger außerordentlicher Ausgaben für die Durchführung des Friedensvertrages, insbesondere für den Wiederaufbau 5000 Millionen Mark durch Kredit aufzunehmen. In dem ergänzenden Gesetz vom 8. Mai 1920[1]) zum Reichsgesetz über die vorläufige Regelung des Haushalts für 1920 wurden für einzelne Ressorts bestimmte ordentliche und außerordentliche Titel für persönliche und sächliche Ausgaben eingesetzt. Von den einmaligen Ausgaben sei der größte Posten angeführt: 3 Milliarden Mark zur Verbilligung von Lebensmitteln. Die Mittel zur Bestreitung der einmaligen außerordentlichen Ausgaben können auf dem Kreditwege bis zu 2300 Millionen Mark flüssig gemacht werden.

In der gleichen Weise regelte das zweite Gesetz zum vorläufigen Haushalt vom 6. Juli 1920[2]) die budgetären Erfordernisse für die Monate Juli, August, September und Oktober. Im § 5 des Gesetzes werden die Kredite bewilligt: für die einmaligen außerordentlichen Ausgaben 3300 Millionen Mark, für die Deckung der voraussichtlichen Fehlbeträge der Post und Eisenbahn 6100 Millionen Mark. Das ergänzende Gesetz hierzu vom 6. Juli 1920[3]) führte wiederum die persönlichen und sächlichen ordentlichen und außerordentlichen Ausgaben für die Ressorts auf.

Im Oktober 1920 legte die Reichsfinanzverwaltung den Reichshaushaltsplan für 1920 dem Reichstag vor. Der Haushalt nimmt die bisherigen Nothaushalte auf und will des weiteren die Mittel für die noch laufenden Monate des Fiskaljahres zur Verfügung stellen. Die grundsätzlichen Richtlinien für die Neuordnung im Haushalt fanden eine weitere Ausgestaltung im Reichshaushaltsplan für 1920. Wiederum wurde es versucht, die Schätzungen den tatsächlichen Verhältnissen nach Möglichkeit anzupassen. Dies war aber nicht auf allen Gebieten durchzuführen, weil namentlich die durch den Friedensvertrag eintretende finanzielle Belastung des Reichs auch heute noch nicht im vollen Umfang zu übersehen ist. Das gleiche gilt für zahlreiche andere Ausgabeposten.

---

[1]) RGBl. Nr. 105 S. 917.

[2]) RGBl. Nr. 147 S. 1385.

[3]) RGBl. Nr. 166 S. 1495.

Der ordentliche Haushalt schließt in Einnahme und Ausgabe — ohne die Betriebsverwaltungen — mit 39891,6 Millionen Mark ab. Die Ausgaben sollen ihre Deckung durch Steuern finden. Aus den fortdauernden direkten Steuern und Verkehrssteuern werden im ganzen 23320 Millionen Mark erwartet. An einmaligen Steuern sind vorgesehen: die Kriegsabgabe vom Vermögenszuwachs mit 4500 Millionen Mark. Aus Zöllen und Verbrauchssteuern einschließlich der Einnahmen aus dem Branntweinmonopol sieht der Haushalt 9147 Millionen Mark vor.

Im außerordentlichen Haushalt werden 52579,3 Millionen Mark angefordert. Aus diesen Mitteln sollen die Ausgaben gedeckt werden, die zur Erfüllung des Friedensvertrages, als Nachwirkung des Krieges oder zur Behebung wirtschaftlicher Notstände, erforderlich sind. Hier sollen Anleihen die Mittel aufbringen.

Der Gesamthaushalt balanciert also in Einnahmen und Ausgaben mit 92470,9 Millionen Mark.[1]) Wenn dieser Haushalt vorerst auf das vornehmste fiskalische Erfordernis, auf die Sparsamkeit hin durchgesehen wird, dann ist die Feststellung zu machen, daß die Ausgaben im Vergleich zu früher nicht geringer, sondern höher sind und die Ausgabenfelder sich nicht verkleinert, sondern recht erheblich erweitert haben. So mußten beispielsweise die fortdauernden Ausgaben des Auswärtigen Amtes eine Erhöhung um über das Zehnfache erfahren. Dies ist zum Teil darauf zurückzuführen, daß bei den Zahlungen im Ausland, die den größten Teil der Ausgaben beanspruchen, der ungünstige Stand der Währung zu berücksichtigen ist. Die Gesamtkosten im Haushalt des Reichswehrministeriums betragen rund 4896 Millionen Mark, also weit mehr als das Doppelte für Heer und Marine gegenüber der Friedenszeit. Zwei neue Ministerien wurden gebildet. Es sind dies die Haushalte des Reichsministeriums für Ernährung und Landwirtschaft und das Reichsministerium für Wiederaufbau, deren laufende Ausgaben zusammen 108,8 Millionen Mark betragen. Die bestehenden Reichsministerien haben ihre Geschäftsbereiche zum Teil ganz erheblich erweitert. Im Haushalt des Reichsministeriums des Innern ist z. B. eine größere Anzahl neue Behörden eingestellt, die einen Kostenaufwand von annähernd 50 Millionen Mark beanspruchen. Das Reichsarbeitsministerium hat das Gesetz über die Versorgung der Militärpersonen und ihrer Hinterbliebenen bei Dienstbeschädigung vom 12. Mai 1920 durchzuführen. Für diese soziale Fürsorge werden annähernd

[1]) Siehe Tabelle I im Anhang.

4 Milliarden Mark benötigt. Die Behörden und Einrichtungen für die Versorgung der Kriegsbeschädigten und Hinterbliebenen der ehemaligen Heeres- und Marineangehörigen, also für die 4 Milliarden Mark, erfordern für 1920 einen Betrag von rund 828 Millionen Mark. Überall wie ersichtlich Ausdehnungen in den bestehenden und Gründungen neuer Ausgabepositionen. Wenn auch der produktive Zweck beispielsweise der zuletzt angeführten gewaltigen Verwaltungskosten nicht in Zweifel gezogen werden soll — dabei bleibt allerdings die ernste Frage unerörtert, ob nicht eine andere Ablösungsform als die Rentenzahlung zu wählen gewesen wäre —, so muß diese einzige Zahl für die Verwaltung der Rentenzahlungen einen leichten Schrecken einflößen. Sie stellt eine dauernde Belastung des Reichshaushalts dar, und ihre Gesamtsumme wird in einigen zehn Jahren weit höher sein, als die einmalige Kapitalabfindung je betragen haben würde.

Von den großen Neuausgaben seien schließlich noch die Ansätze bei den fortdauernden Ausgaben im Haushalt des Reichsfinanzministeriums aufgeführt. Die Neuorganisationen auf dem Gebiete des Zoll- und Steuerwesens, die umfangreiche neue Steuergesetzgebung und die Erweiterung des Geschäftsbereichs aller Zweige des Reichsfinanzministeriums verursachten eine Personalvermehrung und Vergrößerung der Geschäftsbedürfnisse, die sich zahlenmäßig in einer Mehrausgabe von rund 303,8 Millionen Mark ausdrücken.

Steigende Richtung weisen auch die Ausgaben im Extraordinarium auf, und ungemein zahlreich sind die einmaligen Ausgaben. Die Aufwendungen des Reichs für die durch innere Unruhen innerhalb des Reichsgebiets verursachten Schäden werden mit 400 Millionen Mark angesetzt. Auf das Bild der Zerstörung folgt das des Aufbaues, beispielsweise im Haushalt des Reichsfinanzministeriums. Hier sind an einmaligen Ausgaben 200 Millionen Mark vorgesehen zu Neu-, Um- und Ergänzungsbauten sowie zum Erwerb von Dienstgebäuden für die nachgeordneten Behörden des Reichsfinanzministeriums, 60 Millionen Mark zur Förderung der Beschaffung von Wohnungen für Beamte der Landesfinanzämter und sonstige Beamte der Reichsfinanzverwaltung. Das Arbeitsministerium benötigt für Zwecke der sozialen Fürsorge für deutsche Kriegsbeschädigte und Hinterbliebene im Ausland 40 Millionen Mark, Beihilfen für Zwecke der Schulung von Betriebsratsmitgliedern 1 Million Mark und zahlreiche andere Ausgaben mehr. Zu den Ausgaben, die auf die Kriegsnachwirkungen zurückzuführen sind, gehört die trotz aller Kämpfe noch immer nicht abgewickelte militärische Abwicklung. Im Haushalt der allgemeinen Finanzverwaltung heißt es: „Zur Abwicklung der alten Wehrmacht sind noch 3955 Millionen Mark erforderlich gegenüber 3810 Millionen Mark im Vorjahr, gleich 145 Millionen Mark mehr.“ Dabei wurde von der Reichsfinanzverwaltung ein entschiedener, aber von schwachem Erfolg begleiteter Kampf um die rasche Erledigung der unproduktiven Abwicklungsgeschäfte geführt. Auch für die Reichszentralstelle für Kriegs- und Zivilgefangene sind noch 49 Millionen Mark angesetzt. Aus einer jüngeren Zeit stammt die Ausgabenquelle für die Internierung der Angehörigen russischer und polnischer Truppenteile, die anläßlich der kriegerischen Ereignisse im Osten über die deutsche Grenze getreten und entwaffnet worden sind. Diese Aufgabe verursacht einen Kostenaufwand von 140 Millionen Mark.

Alle diese kleinen Summen tragen dazu bei, schließlich die Milliardenhöhe zu erreichen, die der Voranschlag des Extraordinariums heute aufweist. In den rund 52,5 Milliarden Mark des außerordentlichen Haushalts stecken auch die Ausgaben für den Friedensvertrag. Die Ausgaben zur Ausführung des Friedensvertrages wurden aus Gründen der besseren Übersicht in einem besonderen Haushalt vereinigt, der mit 41,4 Milliarden Mark Ausgaben abschließt. Hiervon sind allein für die Unterhaltung der alliierten und assoziierten Besatzungstruppen im Rheinland 15 Milliarden Mark vorgesehen. Dazu treten noch die Kosten für den „Hohen Ausschuß“ der alliierten und assoziierten Mächte mit 20 Millionen Mark. Für die Kosten für Grundstückserwerbungen, Neu- und Umbauten anläßlich der Unterbringung der Besatzungstruppen im Rheinlande usw. ist über ½ Milliarde Mark ausgeworfen. Schließlich sei noch ein weiterer zugehöriger Posten angeführt: die Ausgaben für Lieferungen und Leistungen usw. in Ausführung des Friedensvertrages; hierfür sind 25 Milliarden Mark (gegen 17 Milliarden Mark im Vorjahr) angefordert. Die Voranschläge für die Unterhaltung der Besatzung wurden bereits während der Beratungen im Hauptausschuß des Reichstages durch neue Forderungen der Besatzungsmächte überholt. Nach den Mitteilungen im Dezember d. J. betragen die monatlichen Ausgaben für die englische und amerikanische Besatzung 1,6 Milliarden und für die französischen und belgischen Truppen 4—5 Milliarden Papiermark. Derartige Riesenziffern, hinter denen bare Geldleistungen und vor allem unübersehbare Sachleistungen, angefangen von Kasernen bis herab zu den Angorakatzen mit schönem Fell für

Generalstöchter, stehen, lassen jede Hoffnung, auch einmal den außerordentlichen Haushalt zu meistern, aussichtslos erscheinen.

Soweit die Einzelheiten aus dem Haushaltsplan für das Rechnungsjahr 1920. Es bleibt zur Vervollständigung des gesamten budgetpolitischen Bildes noch zu bemerken, daß außerhalb des Haushalts die Betriebsverwaltungen, Post und die Eisenbahnen mit ihren Milliardendefiziten stehen. Sie haben sich grundsätzlich aus den Einnahmen des Betriebs zu unterhalten; daher wurden sie aus dem eigentlichen Haushalt vorerst ausgeschieden. Die Frage ihrer weiteren budgetpolitischen Behandlung ist noch nicht gelöst. Da der Reichshaushalt bereits vorliegt, dürften die Betriebsverwaltungen in sich abgeschlossen und besonders nachgewiesen werden.[1])

Die Entwicklung in der Ausgabenwirtschaft, wie sie bereits in kurzen Worten und mit einigen Zahlenangaben gekennzeichnet wurde, hat dazu geführt, daß der Finanzminister zu seinen verfassungsmäßigen Rechten noch eine besondere politische Stärkung von der Reichsregierung sich erbitten mußte. Bislang fand die alte Übung aus der Kriegs- und Revolutionszeit ihre Fortsetzung, die sich in einem recht freiheitlichen Anfordern von Geldmitteln äußerte. Es wurden Neueinrichtungen vorgenommen, noch bevor die gesetzgebenden Körperschaften die Geldmittel hierfür bewilligt hatten; es wurden Maßnahmen aller Art getroffen, ohne die Zustimmung des Reichsfinanzministers vorher eingeholt zu haben. Dort, wo der Reichsfinanzminister Einhalt gebot, wie das erstmalig bei den Haushaltsarbeiten 1919/20 geschah, gingen die Fachministerien und sonstigen Reichsstellen in das Kabinett, in den Reichsrat oder in das Parlament und verhinderten das Veto des Finanzministers oder erreichten die Zustimmung zu ihren eigenmächtigen Handlungen. Diese Entwicklung hat geradezu verhängnisvolle finanzielle Wirkungen ausgeübt, wie das aus der Vorlage des Haushaltsentwurfs für das Rechnungsjahr 1920 hervorgeht. Der amtierende Reichsminister der Finanzen, Dr. Wirth, hat sich veranlaßt gesehen, im September v. J. seine Demission einzureichen, da er diese Erscheinungen nicht mehr mit seinem Namen glaubte decken zu können. Damit wurde auch für den Außenstehenden ersichtlich, daß hier unhaltbare Zustände herrschen. Die Reichsregierung hat sich im Oktober entschlossen, die Stellung des Reichsfinanzministers gegenüber den sonstigen Ressortchefs vollkommen umzugestalten. In dieser Hinsicht waren die Verhältnisse im Reich be-

---

[1]) Siehe die budgetrechtlichen Ausführungen auf S. 47 ff.

kanntlich schon unter dem alten Regime höchst unzulänglich. Dort verfügte der Reichsschatzsekretär nicht über die Machtvollkommenheit, die es ihm ermöglicht hätte, den übermäßigen Ansprüchen der anderen Ressorts wirksam zu begegnen. Seine Stellung war nach der Ausgabe- wie nach der Einnahmeseite sehr eingeengt. Hierzu kam, daß der Schatzsekretär auch keine politisch-parlamentarische Stütze und Verantwortung hatte, über die der Finanzminister des parlamentarischen Systems durch Verfassung und parlamentarische Regel verfügt. Dennoch erwiesen sich diese Grundlagen als unzureichend. Die Reichsregierung stellte daher feste Leitsätze auf, die jene oben gekennzeichneten Verhältnisse beseitigen sollen. Diese Leitsätze zielen dahin, die Stellung des Reichsfinanzministers in formeller Hinsicht zu stärken. An die Spitze wird der Satz gestellt, daß kein Reichsminister oder irgendeine nachgeordnete Stelle oder einzelne Beamte Maßnahmen treffen können, die nicht bereits genehmigte Ausgaben zur Folge haben oder haben könnten, ohne vorher die Zustimmung des Reichsfinanzministers eingeholt zu haben. Es steht einem Ressortminister frei, bei einem Einspruch des Reichsfinanzministers die Entscheidung beim Reichskabinett anzurufen. Im Kabinett jedoch hat wiederum vorerst der Reichsfinanzminister den Vorrang. Der Antrag des Ressortministers wird nicht genehmigt, sobald der Reichsfinanzminister nicht dafür ist. In einem solchen Falle ist in einer erneuten Kabinettssitzung abzustimmen, wobei die Mehrheit der stimmberechtigten Minister entscheidet. Durch diese Bestimmungen ist die finanzpolitische Stellung des Reichsfinanzministers ohne Zweifel stark gekräftigt und sachlich in einem Rahmen, der den gestellten Aufgaben entspricht.

Schließlich weist die amtliche Auslassung auch mit allem Nachdruck darauf hin, daß die vom Reichskabinett endgültig beschlossenen Entscheidungen als ein Ausdruck des Willens der Reichsregierung anzusehen sind, der unabänderlich ist. Die überstimmten Ministerien, ihre Beamten oder nachgeordneten Stellen dürfen dann auf die Reichsratsbevollmächtigten oder die Reichstagsabgeordneten nicht dahin einwirken, daß die Verwirklichung der Entscheidung der Reichsregierung verhindert wird. Der Leitsatz sagt wörtlich:

„Verstöße gegen diese Vorschriften sind als Schädigung der Autorität der Reichsregierung anzusehen und die betreffenden Beamten demgemäß zur Verantwortung zu ziehen.“

Auch in sachlicher Hinsicht soll die künftige Finanzgebarung nach strengen Richtlinien erfolgen. Der Aufgabenkreis des Reichs soll sich so eng wie irgend möglich innerhalb der Grenzen der Verfassung halten. Des weiteren soll die Zuständigkeit des Reichs, der Länder und Gemeinden auf allen Ausgabengebieten scharf abgegrenzt werden, damit Überwälzungen der Lasten ausgeschlossen werden. Es ist dann untersagt, neue Verwaltungseinrichtungen zu schaffen und bestehende zu vergrößern. Die Leitsätze lassen Ausnahmen nur insoweit zu, als es sich um die Erfüllung von unbedingten Lebensnotwendigkeiten für das Reich handelt. Schließlich sollen die bestehenden Verwaltungseinrichtungen und Stellen eingeschränkt werden. Das Ziel dieser Bestimmungen geht dahin, strengste Sparsamkeit zu erreichen und zu halten.

Das Kabinett hat es für angebracht gehalten, für die Übergangszeit einen besonderen Reichskommissar zu bestellen und dem Reichsfinanzminister beizuordnen, der unter der Verantwortung des Reichsfinanzministers für die strengste Durchführung dieser Leitsätze Sorge zu tragen hat. Zum Reichskommissar ist der Präsident des Landesfinanzamtes Unterweser, Dr. Carl, der bereits an den organisatorischen Arbeiten der reichseigenen Steuerverwaltung hervorragenden Anteil nahm, ernannt worden.

Die Sparsamkeit ist im vorliegenden Haushalt nicht zur höchsten Vollkommenheit gebracht. Und doch gehört die Beschränkung der Ausgaben zu den ersten Voraussetzungen für die materielle Festigung des Haushalts. Es bleibt dann noch die Aufgabe, die Verwaltung wirksam zu kontrollieren. Erst hierdurch dürfte die Ersparnis effektiv sein.

Die bestehenden Einrichtungen der Verwaltungskontrolle reichen nicht mehr hin und sind gleichfalls von Grund aus einer Reform bedürftig. Bislang beschränkt sich die preußische Oberrechnungskammer, die als Oberrechnungshof gleichzeitig die entsprechende Tätigkeit für das Reich ausübt, auf die am Schlusse des Jahres folgende Verwaltungskontrolle. Ihre Bemerkungen haben gewichtigen Wert, und die verantwortlichen Beamten haben ihr Urteil zu fürchten. Worauf es aber heute ankommt, ist mehr die Kontrolle im Laufe des Rechnungsjahres, und zwar eine Kontrolle, die auf die Einhaltung der Haushaltsgrenzen ebenso peinlich achtet, wie auf die Notwendigkeit der Verbilligung und wirtschaftlichen Fruchtbarkeit der Verwaltung in allen ihren Zweigen. Eine solche Kontrollinstanz wäre dann auch mit der erforderlichen Macht für die Durchführung der Leitsätze, die von der Reichsregierung proklamiert wurden, auszustatten. Erst dann würden Sparsamkeit und Wirtschaftlichkeit tatsächlich erreicht und erhalten werden.

3. Die grundlegenden Prinzipien für die formale und tatsächliche Aufstellung des Haushalts; das Haushaltsrecht nach der neuen Verfassung.

Die finanzwissenschaftliche Literatur charakterisiert das Budget als den Haushalt eines Staates, in dem alle Einnahmen und Ausgaben aufzunehmen und ins Gleichgewicht zu bringen sind. Das Gleichgewicht zwischen Einnahmen und Ausgaben im Budget ist also voraussetzendes Erfordernis, ist Wesen eines Haushalts. Dem Grundsatz, daß das Budget Einheitlichkeit und Geschlossenheit zu zeigen hat, ist voll zuzustimmen. Aber in der praktischen Finanzgebarung hat das Reich schon vor dem Kriege mit keinem einheitlichen Haushalt gearbeitet, sondern ihn, wie dargelegt wurde, in die beiden Gruppen ordentlicher und außerordentlicher Haushalt geteilt. An dieser Teilung wurde im Kriege festgehalten, und auch heute erfolgt die Aufstellung des Reichshaushalts nach dieser doppelten Richtung. Bei der Scheidung zwischen ordentlichem und außerordentlichem Haushalt wird es bleiben, weil die Verhältnisse es erzwingen. Nach den geltenden Regeln für die Führung des Haushalts finden im Ordinarium sowohl die fortdauernden Ausgaben als auch alle einmaligen Ausgaben ihre Aufnahme, sofern diese einmaligen Ausgaben nach ihrer besonderen Art nicht in den außerordentlichen Haushalt einzustellen sind. Der außerordentliche Haushalt, den die neuen Finanzverhältnisse für lange Zeit notwendig machen werden, weist im Gesamtbild zwei verschiedene Gruppen von Ausgaben auf. Es sind dies einmal Ausgaben, die zur Befriedigung reichseigener Bedürfnisse dienen. Sie ergeben sich hauptsächlich aus der Abwicklung des Krieges, wie z. B. die Ausgabeneinstellung für die Demobilmachung, die Abwicklung des alten Heeres usw., weiterhin aus Kapitalsaufwendungen zu werbenden Zwecken, wie für die Eisenbahnen und die Post,[1]) für die Verstaatlichung der Elektrizitätswirtschaft, des Kohlenbergbaues und ähnlichen Dingen mehr. Zum außerordentlichen Haushalt werden zweitens Ausgaben gehören, die auf Grund des Friedensvertrages zu leisten sind.

Die Führung des Haushalts hat nach den Bestimmungen der Verfassung zu erfolgen. Sie beeinflussen auch die verwaltungsmäßig geltenden Grundsätze, nach denen der ordentliche und außerordentliche Haushalt aufzubauen, zu halten und abzuschließen ist.

---

[1]) Die reichseigenen Betriebe werden jetzt aus dem außerordentlichen Haushalt herausgenommen.

über diese Grundsätze bestanden bislang noch keine gesetzlichen Vorschriften. Erst jetzt ist ein Reichsgesetz über die Bewirtschaftung des Reichshaushalts zu erwarten, das allgemein gültige, gesetzlich verbindliche Regeln für die praktische Haushaltsgebarung aufstellen wird.

Für die gesunde Entwicklung der Finanzen und für ihre sichere Führung sind sowohl ein festes und klares Budgetrecht als auch eine gesetzliche Grundlage für die Bewirtschaftung des Haushalts von wesentlicher Bedeutung. Straffe und einfache Rechtsbestimmungen über die Gestaltung des Haushalts gewinnen heute einen um so höheren Wert, als sie ungeahnte Milliardenziffern zu meistern und sich auch mit den neuen Formen, die durch die Umgestaltung aller Verhältnisse im Reichshaushalt auftreten, auseinanderzusetzen haben werden.

Durch das Budgetrecht sollen feste Formen und Richtlinien gegeben werden, nach denen die Verwaltung der Finanzen leicht und reibungslos geführt werden kann. Zur Finanzverwaltung zählen die praktischen technischen Haushaltsarbeiten, wie die Zusammenstellung und Vorlage des Haushalts, seine Ausführung mit anschließender Rechnungslegung, die Vorlage von Steuerentwürfen und ihre gesetzgeberische Behandlung, sowie die gesamte Kontrolle. Das Budgetrecht ist Bestandteil der Verfassung, und es hat dadurch bereits rein äußerlich das Kennzeichen seiner bevorzugten Stellung im Staatskörper zugewiesen erhalten. Jene staatspolitische Bedeutung des Budgets wird noch verstärkt durch seine enge Verbindung mit dem Parlament. Die gesetzgebenden Körperschaften des Reichs, Reichsrat und Reichstag, verfügen über das verfassungsmäßige Recht der Kreditbewilligung im Rahmen des Haushaltsplans und damit über das Leben der gesamten Reichsverwaltung. Mit dem Recht der Bewilligung von Ausgaben oder ihrer Nichtbewilligung gewinnt das Parlament einen beliebig anwendbaren Einfluß auf die Verwaltung und durch die Annahme, Ablehnung oder Abänderung von Steuervorlagen auf die Finanzgebarung überhaupt.

In der neuen Verfassung des Reiches vom 11. August 1919 wird das Budgetrecht in einigen wenigen Artikeln zusammengefaßt.[1]) Die neue Reichsverfassung bestimmt genau wie die alte (vom 16. April 1871), daß alle Einnahmen und Ausgaben des Reiches für jedes Rechnungsjahr zu veranschlagen und auf den Reichshaushaltsplan zu bringen sind. Daran anschließend folgt der

[1]) Verfassung vom 11. August 1919 (RGBl. 1919 Nr. 152).

Satz, daß der Haushaltsplan vor Beginn des Rechnungsjahres durch ein Gesetz festzustellen sei (Artikel 85 der neuen, Artikel 69 der alten Verfassung). Im Gegensatz zu der alten Verfassung (Art. 70) jedoch legte die neue Reichsverfassung die Grundsätze, nach denen der Haushaltsplan aufzustellen ist, nicht fest. Die Gründe für diese Abweichung lagen in den unklaren finanzpolitischen Verhältnissen, die den eigenen Bedarf des Reichs, die neuen Grenzen zwischen Reichs- und Landesfinanzen und dann auch die Wirkungen des Friedensvertrages von Versailles nicht sicher erkennen ließen. Auch noch in einem zweiten budgetrechtlichen Erfordernis, in der Frage der Entlastung, weichen die beiden Verfassungen voneinander vollkommen ab. Diese Verschiedenheit folgt aus der veränderten politischen Staatsverfassung des Reichs. Vor dem 9. November 1918 war der Reichsschatzsekretär in allen finanzpolitischen Handlungen lediglich der Vertreter des Reichskanzlers, während der Reichsfinanzminister heute (nach Art. 56 der Reichsverfassung) seine Geschäfte vor dem Reichstag in eigener Verantwortung zu führen hat. Und die Verantwortung des Finanzministers erreicht ihren Höhepunkt in der Rechnungslegung über die Verwendung der bewilligten Haushaltsmittel. Hier bittet der Finanzminister den Reichsrat und Reichstag um Entlastung (Art. 86 Satz 1). Während nun früher weder der Bundesrat noch der Reichstag dem Reichskanzler die Entlastung verweigern konnten, es sei denn, daß sie an den vorgelegten Rechnungen begründete Ausstellungen zu erheben hatten, kann der Reichstag nach der neuen Verfassung (Art. 54) dem Minister sein Vertrauen entziehen. Sofern der Reichstag das sog. Mißtrauensvotum durch einen ausdrücklich gefaßten Beschluß ausspricht, muß nach parlamentarischem Brauch entweder der Finanzminister oder die Gesamtregierung zurücktreten. Mit dem einfachen Rücktritt allein brauchen die Folgen einer schuldhaften Verletzung der Reichsverfassung noch nicht erschöpft zu sein. Der Reichstag hat vielmehr dann das Recht, den Minister vor dem Staatsgerichtshof zu verklagen. Es ist also mit der Selbständigkeit des Finanzministers auch die höchste Verantwortung verbunden.

Nach der rein rechnungsmäßigen Prüfung des Haushalts hin, die der Reichstag nicht vornehmen kann und die er dem Reichs-Rechnungshof überläßt, sind in der Verfassung keine Bestimmungen getroffen. Die Revision wird also nach der geltenden Übung durchgeführt, bis auch sie später einmal durch feste Rechtsgrundsätze abgelöst wird.

Einen weiteren Fortschritt brachte die neue Verfassung durch die Vereinfachung der finanzrechtlichen Beziehungen zwischen Reich und Ländern: die neue Verfassung kennt weder Überweisungen noch Matrikularbeiträge. Damit fiel die sog. Franckensteinsche Klausel. Sie sah bekanntlich vor, daß der größte Teil der Zölle und bestimmte Erträge aus der Tabak-, Stempel- und Branntweinsteuer vom Reich an die Einzelstaaten verteilt werden mußten. Dafür hatten die Bundesstaaten einen Teil der Ausgaben des Reichs durch Matrikularbeiträge zu decken. Diese Klausel, über deren finanzpolitische Bedeutung und staatspolitische Schäden in der Wissenschaft einheitliche Auffassungen bestehen, ist damit erfreulicherweise verschwunden.

Nach der neuen Verfassung sieht der Reichstag sein Budgetrecht auch noch nach einer anderen Richtung uneingeschränkt. Während der Reichstag durch Art. 62 der alten Verfassung hinsichtlich eines Teiles des Haushalts, nämlich des Militär-Ausgaben-Haushalts, an die Zustimmung des bevorrechtigten Bundesstaats Bayern gebunden war, ist dieser Vorbehalt jetzt hinfällig. Mit Art. 79 der Verfassung vom 11. August 1919 wurde die Wehrverfassung Reichssache, so daß das Reich einen einheitlichen, für das ganze Heereskontingent geltenden Haushalt führt.

Neben der Beseitigung der Reservatrechte, die den alten Einzelstaaten zustanden und für das Reich finanzpolitische Abhängigkeit bedeuteten, leistete die Verfassung aufbauende Arbeit: sie legte die Grundlage für ein neues, eigenes Steuer- und Verwaltungssystem des Reichs. Die Zölle und Verbrauchssteuern sind entgegen den Bestimmungen der alten Verfassung (Art. 36 Abs. 1) nunmehr durch Reichsbehörden zu verwalten (Art. 83 Abs. 1 der Verfassung vom 11. August 1919). Auch für die anderen Reichsabgaben, von denen Abs. 2 des Art. 83 spricht und unter denen die Einkünfte aus Steuern vom Vermögen und Einkommen zu verstehen sind, ist eine besondere Verwaltung von Reichs wegen vorgesehen. Über das neue System der Finanzverwaltung wird an späterer Stelle berichtet.[1])

Nach der neuen Verfassung können die Reichsausgaben in der Regel nur für ein Jahr bewilligt werden (Art. 85 Abs. 3). In besonderen Fällen jedoch dürfen sie auch für eine längere Zeit votiert werden. Es bleibt abzuwarten, ob die Entwicklung der praktischen Budgetgebarung eine Verwirklichung dieser verfassungsrechtlichen Ermächtigung bringt. Die Übung, einen bestimmt umgrenzten Ausgabekomplex auf eine Anzahl von Jahren zu bewilligen, findet in

---

[1]) S. 226.

der wissenschaftlichen Literatur Billigung. Sie kann materielle und zeitliche Vorteile bringen, insbesondere dem Parlament bei der Budgetlesung. Die kommenden Reichsbudgets werden längere Zeit ein Vielfaches des alten Haushalts ausmachen, und je spezifizierter die einzelnen Positionen auftreten, desto stärker wird schon allein der äußere Umfang des Haushalts anwachsen. Deshalb kann das Ausscheiden eines als konstant anzusprechenden Ausgabenkreises die Bewältigung der Arbeit, sogar der Vorarbeiten bei der Aufstellung des Haushalts und der parlamentarischen Beratung, nur erleichtern und Zeit für andere, vielleicht wichtigere Positionen des Haushalts gewinnen lassen.

Allerdings würde mit diesen Vorteilen ein wenig erfreulicher Nachteil verbunden sein. Die klare Übersicht im Haushalt kann durch das Fehlen der auf Jahre hinaus fest bewilligten laufenden Positionen verlorengehen oder zum mindesten darunter leiden. Und dies fördert nicht die Bemühungen im Haushalt, den wichtigen Grundsatz der Budgetklarheit bis zur weitgehendsten Erreichbarkeit zu verwirklichen.

Im Gegensatz zu der zusammenfassenden, für längere Jahre ausgesprochenen Bewilligung bestimmter Ausgaben steht der budgetpolitisch bedeutsame Grundsatz, wonach im Haushalt die Spezifikation sich bis auf den kleinsten Posten zu erstrecken hat. Über den Grad der Spezifizierung aller Ausgaben, die nach der verfassungsmäßigen Bestimmung in den Reichshaushalt einzusetzen sind, konnten natürlich keine verfassungsrechtlichen Bestimmungen getroffen werden. Die allgemeinen Richtlinien liegen aber klar. Zu geringe Spezialisierung des Budgets hindert die verfassungsmäßige Behandlung und die rechnungsmäßige Kontrolle, während eine zu große Spezialisierung die Freiheit der Verwaltung einengen kann. Etwaige Befürchtungen, daß durch weitgehende Spezialisierung eines so großen Haushalts, wie es der künftige Reichshaushalt ist und bleiben wird, politisch engherzige oder interessierte Abgeordnete unliebsame Einmischungen in die Verwaltung vornehmen könnten oder große parteipolitische Debatten einsetzen würden, wie das früher der Fall war, gelten heute in der veränderten staatspolitischen Verfassung des Reichs wohl nicht mehr. Vom regierungsseitigen und parlamentarischen Standpunkt aus ist eine weitgehende Spezialisierung möglich, weil die Regierung heute auf dem Vertrauen einer zahlreichen und parteimäßig disziplinierten, parlamentarischen Majorität ruhen soll und daher keinen unliebsamen Weiterungen ausgesetzt sein dürfte.

Die Grenzen der Spezialisierung bleiben in Anbetracht der mangelnden budgetrechtlichen Bestimmungen allerdings flüssig. Jedenfalls gilt Jelineks alter Satz auch noch auf die heutige Verfassung des Reichs:

„Von der Stellung der Volksvertretung und Regierung in einem jeden Staate, von dem Takte, den sie in Gestaltung ihrer gegenseitigen Beziehungen entwickeln, wird es abhängen, das richtige Verhältnis zu finden.“[1])

Dieser Satz galt für das Verhältnis zwischen Parlament und Regierung vor dem Kriege und gilt heute in der neuen Verfassung genau so, wie das bereits die ersten Entwicklungen im neuen Parlamentarismus zeigen.

Von hoher Bedeutung für die budgetrechtliche Behandlung des Haushalts-Voranschlags ist die verfassungsrechtliche Bestimmung, daß der Reichstag im Entwurf des Haushaltsplanes ohne Zustimmung der Reichsrats Ausgaben nicht erhöhen oder neu einsetzen kann (Art. 85 Abs. 4). Bereits vor dem Kriege haben Wissenschaft und öffentliche Meinung mit Entschiedenheit gegen die selbständigen Ausgabenerhöhungen des Reichstages angekämpft. Früher hatte der Reichstag nach seinem Ermessen neue Ausgaben zum Haushaltsentwurf hinzugefügt, sie vielfach gleichsam der Regierung aufgedrängt, ohne damit eine nennenswert ersprießliche Arbeit zu leisten oder aus dieser Übung ideellen Gewinn zu ziehen.[2])

Nunmehr ist durch die Bestimmung des Art. 85 Abs. 4 die Initiative des Parlaments nach dieser Richtung hin eingeengt. Der Reichstag kann nur unter Zustimmung des Reichsrats Ausgabenerhöhungen durchsetzen. Damit gewinnt zwar der Reichsrat formal einen größeren Einfluß auf das Budget als der Reichstag, aber das machtpolitische Verhältnis zwischen Parlament und Regierung ist jetzt ein anderes als vor dem 9. November 1918. Der Minister ist dem Parlament verantwortlich und von seinem Vertrauen abhängig. Das Parlament bedarf also für die Erreichung seiner politischen Ziele nicht mehr des absoluten Ausgabenbewilligungsrechts, es genügt heute, dem Minister das Mißtrauensvotum auszusprechen.

---

[1]) Jellinek, Budgetrecht im H. W. B., 3. Aufl., 3. Bd. S. 322.

[2]) Lotz a. a. O. S. 114 tritt für das ausschließliche Recht des Staates, seine Ausgaben vorzuschlagen, ein und urteilt: „Sowohl das Ansehen des Reichstages wie die Finanzpolitik hätten Gewinn von solcher Selbstdisziplin des Parlaments.“

Die Auseinandersetzung mit dem Reichsrat hingegen muß in den von der Verfassung vorgesehenen Bahnen erfolgen, sobald der Reichsrat gegen ein vom Reichstag beschlossenes Gesetz Einspruch erhebt. Falls nun in einer Frage des Haushalts — wie über Abgabengesetze und Besoldungsordnungen — zwischen den beiden gesetzgebenden Körperschaften keine Übereinstimmung zu erzielen ist, so hat der Reichspräsident binnen drei Monaten den Volksentscheid anzuordnen (Art. 73 Abs. 4). Die Verfassung sieht auch den Fall vor, daß der Reichspräsident von diesem Recht keinen Gebrauch macht. Das Gesetz gilt dann als nicht zustande gekommen. Diese Wirkung wird sich aber nicht auf den ganzen Haushaltsplan erstrecken können, es wird vielmehr nur der betreffende strittige Posten auszusetzen sein. Ohne Zweifel ist diese Regelung folgerichtig. Die verfassungsrechtliche Behandlung des Streitfalls wird allerdings vereinfacht, wenn der Reichstag die Aufrechterhaltung des vom Reichsrat abgelehnten Gesetzes mit Zweidrittelmehrheit beschließt. Der Präsident hat das Gesetz binnen drei Monaten in der vom Reichstag beschlossenen Fassung zu verkünden oder einen Volksentscheid anzuordnen.[1])

Nach den dargelegten verfassungsrechtlichen Bestimmungen ist nicht allein der ordentliche Haushalt zu führen. Sie gelten für den ganzen Haushalt des Reichs und damit auch für das Extraordinarium. Es unterliegt keinem Zweifel, daß die Aufstellung des außerordentlichen Haushalts weit größere Schwierigkeiten mit sich bringen muß als sie beim Ordinarium zu verzeichnen sind; nicht allein wegen der fehlenden Deckungsmöglichkeiten, sondern auch nach der budgetpolitischen Seite hin. Der außerordentliche Haushalt umfaßt die beiden schwersten Verpflichtungskreise: in erster Linie soll der außerordentliche Haushalt, wie erwähnt, die eigenen Verpflichtungen aus dem Kriege aufnehmen. Sie stehen noch nicht fest.[2]) Im zweiten Falle umfaßt der außerordentliche Haushalt die Verbindlichkeiten gegenüber den ehemaligen Kriegsgegnern. Sie stehen auch noch nicht fest. Der einzige Maßstab, an dem ein Anhaltspunkt gefunden werden konnte, lag in

---

[1]) Vgl. auch die Ausführungen von Dr. Fr. Diepenhorst, Die finanzrechtlichen Bestimmungen der Reichsverfassung, Finanz-Archiv 37. Jahrg. I. Bd. S. 13.

[2]) Die Reichsfinanzverwaltung ließ alle Forderungen an das Reich aus der Kriegswirtschaft bis zum 31. März 1920 anmelden. Erst wenn diese Berechnungen abgeschlossen sind, wird die Kriegsschuld, also die innere Verbindlichkeit, in ihrer Gesamtheit feststehen.

der Bestimmung des Friedensvertrages, nämlich in Art. 232, Anlage 2, § 12 b:

„daß das deutsche Steuersystem im allgemeinen im Verhältnis vollkommen ebenso schwer ist als dasjenige irgendeiner der im Ausschuß vertretenen Mächte."

Welche zahlenmäßige Entwicklung der außerordentliche Haushalt durch diese beiden Verpflichtungen einmal nehmen wird, kann der Zukunft überlassen bleiben. Dagegen ist hier auf eine prinzipielle budgetpolitische Frage näher einzugehen. Bei der zahlenmäßigen Wiedergabe des außerordentlichen Haushalts wurde bereits darauf hingewiesen, daß noch ein Teil der für die Abwicklung der inneren und äußeren Verbindlichkeiten notwendigen Summen in Pauschbeträgen angefordert und eingestellt werden muß. Die Reichsfinanzverwaltung hat zwar auch hier als Ziel das Prinzip der Spezialisierung angekündigt. Aber es wird schwer halten, schon jetzt die gekennzeichneten Anforderungen in einzelnen Positionen spezialisiert aufzuführen. Dagegen stehen die unsicheren inneren wirtschaftspolitischen Verhältnisse und die sich daraus ergebenden finanziellen Aufgaben sowie die Entwicklung der Wiedergutmachungsfrage.

Die wissenschaftliche Kritik über den außerordentlichen Haushalt, der für gewisse innere Verbindlichkeiten mit Pauschquanten arbeitet, wird daher vorerst zurückstehen müssen. Zwar erheben sich gegen die Pauschquantenwirtschaft in der Literatur große Bedenken. Es heißt, daß durch sie die Möglichkeit gegeben sei, Übertragungen von einem Haushaltsposten auf den anderen vorzunehmen; damit wäre praktisch die Übertragung, das Virement, im Budget durchführbar. Derartigen Übertragungen könnte wirksam nur durch eine scharfe Spezialisierung begegnet werden. Vom Standpunkt der Budgetklarheit und Durchsichtigkeit ist gewiß jede, selbst wenn nur beschränkte Pauschquantenwirtschaft zu bedauern. Eine Verurteilung erscheint jedoch auch vom wissenschaftlichen Standpunkt aus gesehen jetzt als nicht angebracht. Denn die praktische Budgetgestaltung im Extraordinarium ist von der äußeren Entwicklung abhängig, von den Aufgaben des Reichs nach innen und seinen Schuldverpflichtungen aus dem Friedensvertrag. Tatsächlich und budgetrechtlich können aber auch Ausgaben, für die im ordentlichen oder außerordentlichen Haushalt Mittel vorgesehen sind, weder auf den einen noch auf den anderen Haushalt übertragen werden. Im Reichshaushalt wurden derartige Übertragungen auch nicht geübt. Keine ordentliche Ausgabe fand etwa aus dem Kriegsfonds ihre

Deckung, und ebensowenig überwies das Ordinarium die für seine Bedürfnisse eingestellten Mittel auf den Kriegsfonds. Ebensowenig sind natürlich die einzelnen Titel im ordentlichen oder außerordentlichen Haushalt untereinander deckungsfähig und sie werden auch tatsächlich nicht zur Deckung gebracht. Budgetpolitisch und rechtlich ist also das Virement ausgeschlossen.

Aus den verfassungsrechtlichen Bestimmungen über das Budget ist die Entwicklungsrichtung der künftigen Budgetpraxis nicht vorauszusagen. Sie bleibt eine Frage der politischen Entwicklung, über die sich keine allgemeinen Regeln aufstellen lassen. Aber mit Sicherheit wird für die Entwicklungsrichtung der budgetpolitischen Arbeit eine Tatsache von einflußreicher Bedeutung sein, nämlich der Grad der Klarheit und Wahrheit des Budgets. Und hieran bleibt noch viel zu arbeiten. Bis zum heutigen Tage erfolgt die Aufstellung des Haushalts nach Grundsätzen, die im bewährten Verwaltungswege gefunden wurden und vorerst noch weiterhin angewandt werden. Die Grundsätze für die Aufstellung und Behandlung des Haushalts bilden vornehmlich Anordnungen der Finanzverwaltung für die einzelnen Ressorts, Hinweise an die Ressorts, diese und jene Dinge zu beachten, um Verstöße gegen die Verfassung zu vermeiden u. a. m. Noch immer wird nach diesen verwaltungsmäßig feststehenden Richtlinien gearbeitet, obwohl der Aufbau des Haushalts heute weit schwieriger und verwickelter ist als vor dem Kriege. Daher wird eine von der wissenschaftlichen Kritik schon frühzeitig erhobene Forderung erneut aufgenommen werden müssen, nämlich ein Haushaltsgesetz zu schaffen, das klare Rechtssätze aufstellt. In diesem Reichshaushaltsgesetz würden Prinzipien aufzunehmen sein, nach denen die gesamte praktische Haushaltswirtschaft zu führen ist. An die Stelle der verwaltungsmäßigen Anordnungen wäre also für die Ausarbeitung des Voranschlages in allen seinen Einzelheiten, von der letzten Verwaltungsstelle bis herauf zur zusammenfassenden Spitze, sowie für die tatsächliche Durchführung des Haushalts ein fester gesetzlicher Boden zu schaffen. Keine Ermahnungen zur Sparsamkeit, nach Einhaltung des Haushalts, sondern bestimmte rechtliche Anordnungen haben also vorzuherrschen.

Die Notwendigkeit, hier einen festen gesetzlichen Rahmen zu geben, wird aus einem ausdrücklichen Beschluß der gesetzgebenden Körperschaften zum Reichshaushalt 1919 ersichtlich. Alle Überschreitungen des Haushalts oder außerplanmäßige Ausgaben sind an sich nach der Verfassung unmöglich. Trotz alledem wurde es bei der Verabschiedung des Haushalts 1919 vom Parlament und Reichsrat als erforderlich angesehen, in das Haushaltsgesetz die Bestimmung aufzunehmen, daß Haushaltsüberschreitungen und außerplanmäßige Ausgaben von der Zustimmung des Reichsfinanzministers abhängig seien. Diese Zustimmung darf nur im Falle eines unabweisbaren Bedürfnisses erteilt werden, und die Beamten, die ohne diese Zustimmung eine Zahlung über den Haushaltsplan hinaus anweisen, werden der Reichskasse gegenüber persönlich haftbar.[1]) Jeder Ressortchef, der Reichswirtschaftsminister, Arbeitsminister usw., der über die im Haushalt gezogenen Grenzen hinaus will, muß rechtzeitig an den Reichsfinanzminister herantreten, um hierfür die Ermächtigung zu erhalten. Es steht dann im Ermessen der Reichsfinanzverwaltung, die Bewilligung oder Ablehnung auszusprechen, wobei sie ihrerseits angehalten ist, Überschreitungen nur dann zu genehmigen, wenn der Nachweis erbracht ist, daß es sich um ein unabweisbares Bedürfnis und eine zwingende Notwendigkeit handelt, weiterhin, daß in dem abgelaufenen Teil des Rechnungsjahres aus dem betroffenen Fonds keine Ausgaben geleistet wurden, die bei sparsamer Geschäftsführung hätten vermieden werden können usw. Zwischen dem anfordernden Ressort und der Reichsfinanzverwaltung muß eine Einigung erzielt werden, da eine eigenmächtige Haushaltsüberschreitung durch die einzelnen Ressorts budgetrechtlich nicht möglich ist. Die Reichshauptkasse darf Zahlungen nur im Rahmen der bewilligten Haushaltsmittel ausführen.[2])

In der hier entwickelten Darstellung über die formale und budgetrechtliche Haushaltsaufstellung und ihre Durchführung lassen sich die allgemeinen Prinzipien immerhin leichter wiedergeben, als die praktische Budgetgebarung sie entwickeln und vor allem verwirklichen wird. Nach der heutigen Lage können keinerlei Schlüsse nach irgendeiner Richtung gezogen werden. Die tatsächliche Gestaltung der Haushaltsführung ist und bleibt letzten Endes eine Frage der politischen und wirtschaftlichen Entwicklung, die einer recht ungewissen Zukunft entgegengehen. Hierzu kommt, daß der allgemeine Haushalt des Reichs durch die neue Steuergesetzgebung und einige verfassungsrechtliche Bestimmungen nicht mehr für sich allein dasteht, sondern einmal mit den Ländern und dann mit den selbstwirtschaftenden Unternehmen, der Post und Eisenbahn u. a., auf das engste verbunden wird. Beide Erscheinungen wirken auf die formale Gestaltung des Reichshaushalts sowie auf die budgetrechtlichen

[1]) § 9 des Reichshaushaltsgesetzes für das Rechnungsjahr 1919 vom 31. Oktober 1919.

[2]) § 4 der Geschäftsanweisungen vom 12. September 1903.

Verhältnisse in empfindlicher Art und Weise ein. Vor allem werden die Auseinandersetzungen über die Beziehungen des Reichshaushalts zum Haushalt der Eisenbahn die Budgetverfassung stark beeinflussen. Diese Beziehungen stehen der gesetzlichen Regelung noch offen, so daß hierüber an dieser Stelle nur eine vorläufige und mehr theoretische Auffassung über die vielleicht zweckmäßige Regelung wiedergegeben werden kann.

4. Der Reichshaushalt in Beziehung zu Ländern und Gemeinden sowie zu den Erwerbsunternehmen des Reichs.

Der Haushaltsplan des Reichs gewinnt eine Eigenart zunächst durch die Neuordnung im Steuerwesen. Das Gesetz über die Reichsabgabenordnung (RAO.) vom 13. Dezember 1919[1]) übertrug die Steuerhoheit in Deutschland formell auf das Reich: § 8 der RAO. bestimmt, daß die Steuerveranlagung von Reichsbehörden auszuüben sei. Zu dieser formellen Übertragung der Steuerhoheit von den Einzelstaaten auf das Reich trat die materielle Souveränität durch das Landessteuergesetz vom 30. März 1920. Nach diesem Gesetz liegen Einkommen-, Vermögens- und Zuwachssteuern ausschließlich in den Händen des Reichs. Wie nun im einzelnen die Steuerhoheit zwischen Reich, Ländern und Gemeinden nach dem Landessteuergesetz abgegrenzt ist, bleibt der Darlegung über die Steuerreform vorbehalten. Hier ist nur auf die budgetpolitischen Rückwirkungen dieser Abgrenzungen hinzuweisen.

Die finanzpolitische Führung des Reichs, wie sie durch das Landessteuergesetz gewonnen ist, äußert sich in einer doppelten Richtung. Länder und Gemeinden empfangen

1. gesetzlich festgelegte Anteile an den Erträgnissen bestimmter Reichssteuern,
2. Zuschüsse für laufende Ausgaben, die sie für bereits bestehende oder neue Unternehmen auf kulturellem, wirtschaftlichem und sozialem Gebiete, deren Bedeutung sich auf das ganze Reichsgebiet erstreckt, auf Veranlassung des Reichs oder aus eigenem Antrieb tätigen.

Die Zuführung der Anteile und des Ausgleichsbetrages für die Ausgaben finden ihren Ausdruck im Budget. Zunächst der Anteil an den Einnahmen: Beiden Körperschaften fließen folgende Anteile zu:

---

[1]) RGBl. S. 1993.

1. aus dem Aufkommen der Reichseinkommensteuer 2/3,
2. „ „ „ „ Körperschaftssteuer 2/3,
3. „ „ „ „ Erbschaftssteuer 20 %,
4. „ „ „ „ Grunderwerbssteuer 50 %,
5. „ „ „ „ Umsatzsteuer 15 %.

Für die praktische Zuweisung dieser Anteile war eine äußere Form zu finden. Die Vorlage des Haushaltsplans 1920 nimmt die Überweisungen jener Anteile in das Budget der allgemeinen Finanzverwaltung unter Kapitel 17 auf. Entsprechend den prozentualen Anteilen der fünf Anteilssteuern ermäßigt sich dann die veranschlagte Steuereinnahme für das Reich. Eine selbständige Budgetaufstellung für die finanzielle Auseinandersetzung zwischen Reich und Ländern erfolgt also nicht. Die tatsächliche kassenmäßige Zuführung der Ertragsanteile geschieht nach gewissen, im Landessteuergesetz aufgestellten Richtlinien bereits bei der Veranlagung. Bei der Einkommensteuer, Körperschaftssteuer und Umsatzsteuer leisten die Finanzämter diese Aufteilungsarbeit. Von dem Ergebnis der Aufteilung werden Länder und Gemeinden vom Finanzamt schriftlich unterrichtet. Länder und Gemeinden haben das Recht, nach der Benachrichtigung das Ergebnis im vorgeschriebenen Wege anzufechten. Für die Aufteilung der Anteile an der Grunderwerbs- und Erbschaftssteuer, wofür das Aufkommen des Landes zugrunde gelegt wird, leistet diese praktische Arbeit das Landesfinanzamt; und dort schließlich, wo es sich um die Quotenberechnung von Abgaben handelt, deren Aufkommen nicht örtlich, sondern für das ganze Reich errechnet wird, wie bei den Reichsstempeln, übernimmt die Reichsfinanzverwaltung die direkte Überweisung an die anteilsberechtigten Länder. Im Haushalt des Reichs findet also eine Zergliederung und spezifizierte Übersicht nach der Höhe der Anteile und ihre Zuweisung an Länder und Gemeinden keine Aufnahme. Dort erscheinen lediglich die Gesamtanteile, die durch den Quotenschlüssel vom veranschlagten Ertrag der einzelnen Steuern errechnet werden. Das zeigt bereits der Voranschlag für das Rechnungsjahr 1920. Der Aufbau ist der folgende:

Beispiel:

A. Ordentliche Einnahmen.

Direkte Steuern und Verkehrssteuern.

	a) Fortlaufende Steuern.	Ertragsschätzung.
Kap. I Titel 1.	Einkommensteuer	12000 Millionen Mark
	Davon ab Anteile der Länder und Gemeinden.	8000 „ „
	Betrag für das Rechnungsjahr 1920 . .	**4000 Millionen Mark**

Weiterhin als Beispiel die Umsatzsteuer:

Kap. I Titel 9.	Umsatzsteuer	3650,0 Millionen Mark
	Davon ab Anteile der Länder und Gemeinden	547,5 „ „
	Betrag für das Rechnungsjahr 1920. .	3002,5 Millionen Mark

In ähnlicher Weise sind die Anteile an den anderen drei Steuern im Haushalt aufgenommen.

Nach den Bestimmungen des Landessteuergesetzes hat das Reich neben der Zuweisungspflicht auch noch eine zweite Verpflichtung. Das Reich ist angehalten, einen Teil der Ausgaben zu tragen, die den Ländern und Gemeinden bei Erfüllung der ihnen vom Reich zugewiesenen Aufgaben erwachsen oder wenn sie Unternehmen auf kulturellem, wirtschaftlichem und sozialem Gebiet betreiben, deren Bedeutung sich auf das ganze Reich erstreckt.[1]) Auch diese Überweisungen erfolgen im Rahmen des Reichshaushalts. Die Eingliederung in die einzelnen Titel des Haushalts wird von der Art der Aufgabe, für deren Erfüllung Ausgaben zu erfolgen haben, abhängen. Sollte das Reich beispielsweise die Länder anweisen, ihre ordentliche Gerichtsbarkeit auf bestimmte, für das ganze Reich bedeutsame wirtschafts- oder sozialpolitische Gebiete auszudehnen, und sind hiermit für die Länder besondere Kosten verbunden, so dürfte die Entschädigungspflicht des Reichs Platz greifen. Im Haushalt des Reichsjustizministeriums würde für eine solche Aufgabe unter Umständen ein besonderer Titel zu schaffen sein, der die auszuwerfende Summe budgetrechtlich aufzunehmen hätte. Wie nun im einzelnen die rechnungsmäßige Behandlung der Vergütungen an die Länder und Gemeinden erfolgen wird, bleibt verwaltungsmäßigen Bestimmungen überlassen.

Durch diese Regelung ist die Geschlossenheit des Reichshaushalts und nicht zum geringsten auch die leichte Übersicht gewahrt. Dies ist vom wissenschaftlichen Standpunkt aus in jeder Weise zu begrüßen. Denn die Voraussetzung für eine durchsichtige und ordentliche Finanzgebarung liegt in der einheitlichen Gestaltung des gesamten Haushalts. Von diesem Grundgedanken aus wird auch die Untersuchung über die budgetpolitische Behandlung der Haushalte der beiden großen Erwerbsunternehmen des Reichs, der Post und Eisenbahn, zu führen sein. Für den Haushalt der Reichspost und des größten selbständigen Reichsunternehmens seit dem 1. April 1920, der Reichseisenbahn, gelten an sich die gleichen prinzipiellen

[1]) Siehe Landessteuergesetz vom 30. März 1920 (RGBl. S. 402) §§ 52, 54.

Leitsätze, wie sie für den allgemeinen Haushalt aufgestellt sind. Entscheidend für die Gestaltung der gesamten Finanzverwaltung ist die Eingliederung der beiden Haushalte in den Rahmen des Reichshaushalts. Beim Posthaushalt liegen die Verhältnisse einfach und klar. Bislang wies das Ordinarium des Haushalts der Reichspost- und Telegraphenverwaltung auf der Einnahmeseite den veranschlagten Ertrag und auf der Ausgabeseite die Besoldungen und Betriebskosten auf. Die Bilanz zeigte den Einnahmeüberschuß oder den Fehlbetrag. Unter den einmaligen ordentlichen Ausgaben und dem Extraordinarium fanden die Ausgaben für die Erweiterung der Anlagen, Bauten u. a. m. Aufnahme. Der Posthaushalt stand im Rahmen des allgemeinen Reichshaushalts. Dadurch kamen etwaige Überschüsse dem ganzen Haushalt zugute. Aber andererseits gingen auch die Fehlbeträge auf die Rechnung des Reichshaushalts. Während es vom Standpunkt des Steuerleistenden zu billigen ist, daß Überschüsse der Post die Mittel der Reichskasse stärken und damit eine indirekte Entlastung der Steuerpflichtigen bringen, muß eine Zuschußwirtschaft, die auf Kosten der Steuerzahler geht, abgelehnt werden. Namentlich dann, sobald sie hohe Milliardenziffern erreicht. Im Rechnungsjahr 1919 bot der Haushalt der Post folgendes Bild:

a) Fortdauernde Einnahmen	1335,9	Millionen Mark
„ Ausgaben	1073,1	„ „
Überschuß der Einnahmen	262,8	Millionen Mark
b) Einmalige Ausgabe	79,6	Millionen Mark
Überschuß	183,2	Millionen Mark
c) Außerordentliche Ausgaben	160,0	„ „
Restlicher Überschuß	23,2	Millionen Mark

Die großen Preissteigerungen der Jahre 1919/20 haben eine recht ungünstige Rückwirkung auf die Erwerbsunternehmen des Reichs ausgeübt. Einmal sind es die außerordentlich gestiegenen Aufwendungen für den Personalbedarf und dann für die sächlichen Bedürfnisse, die den Überschuß in einen Fehlbetrag umwandelten und dieses Defizit jetzt auf Milliardensummen hinaufführen. Diese Verluste können nicht mehr vom Ordinarium getragen werden. Sie müssen vielmehr durch Kredite abgedeckt werden, falls das Erwerbsunternehmen nicht die finanzielle Kraft in sich selbst besitzt, das Gleichgewicht zu halten.

Die praktische Folge, die aus den ungewöhnlich hohen Defiziten der Erwerbsunternehmen und dem obigen budgetpolitischen

Grundsatz zu ziehen ist, ist das eigene Budget der Reichspost und der Reichseisenbahn. Beim Haushalt der Post liegen die Verhältnisse einfach. Der Aufbau des Haushalts in seinen beiden Teilen erfolgt nach der bisherigen Übung. Ergibt der Voranschlag einen Fehlbetrag, so empfängt der Posthaushalt zum Ausgleich einen Vorschuß von der allgemeinen Finanzverwaltung. Dieser Vorschuß ist von der Postverwaltung zu verzinsen und zurückzuzahlen. Nach der formalen Seite hin treten keine Sonderheiten in Erscheinung. Der Vorschuß wird in das Extraordinarium eingestellt, während Zins- und Tilgungsrate als ordentliche Ausgabe gelten werden. Das zahlenmäßige Bild wird der noch vorzulegende Haushalt 1920 anzeigen.

Wesentlich anders liegen die Verhältnisse beim Haushalt der Eisenbahnen. Den entscheidenden Einfluß auf die eine oder andere mögliche budgetpolitische Entwicklung übt die neue Verfassung des Reichs aus. Bislang führte der Reichshaushalt die Position: Haushalt der Verwaltung der Reichseisenbahnen. In ihm fanden die Verwaltungs- und Sachkosten für die Reichseisenbahnen in Elsaß-Lothringen im Jahre 1918 mit rund 187,1 Millionen Mark ihre budgetrechtliche Aufnahme: fortdauernde Ausgaben 157,2 Millionen Mark, einmalige Ausgaben 29,9 Millionen Mark. Am 9. November schied dieser Posten materiell aus dem Reichshaushalt aus. Im Voranschlag für das Jahr 1919 fanden sich nur noch die Ausgaben für die Auflösung und Abwicklung der ehemaligen Reichseisenbahnen.

Aber schon im nächsten Rechnungsjahr des Reichs sollte ein neuer, weit größerer Eisenbahnhaushalt wiederkehren: die einzelstaatlichen Eisenbahnen hatten durch Artikel 89 der Verfassung vom 11. August 1919 auf das Reich überführt und nach Artikel 92 als ein selbständiges Reichsunternehmen mit eigener Einnahme- und Ausgabewirtschaft aufgestellt zu werden. Ein Eisenbahnhaushalt auf dieser verfassungsmäßigen Grundlage liegt noch nicht vor.

Zur Zeit der Verfassungsarbeiten standen die Fragen des wirtschaftspolitischen Wiederaufbaus im Vordergrunde. Die Verfassung war bemüht, geeignete Grundsätze aufzustellen, die es ermöglichen könnten, trotz der gewaltigen Kriegslasten und Schäden aufwärts führende Wege zu bahnen und dabei gleichzeitig die sozialpolitischen Forderungen der Öffentlichkeit zu befriedigen. Neben den allgemeinen Richtlinien über die wirtschaftliche Nutzung des Grund und Bodens und seiner Schätze, aller Naturkräfte für die Gesamtheit des Volkes, und weiterhin neben den Leitsätzen über ein neues Recht zum Schutz der menschlichen Arbeitskraft stehen die konkreten

Bestimmungen über die künftige Finanz- und Verkehrsgebarung im Reich.[1]) Hier stehen lediglich die verfassungsrechtlichen Bestimmungen über die Eisenbahnen zur Betrachtung.

Artikel 89 der Verfassung vom 11. August 1919 sagt:

„Aufgabe des Reiches ist es, die dem allgemeinen Verkehr dienenden Eisenbahnen in sein Eigentum zu nehmen und als einheitliche Verkehrsanstalt zu verwalten."[2])

Das Reich übernimmt also das größte Verkehrsmittel als sein Eigentum in Verwaltung und Nutznießung. Der Verreichlichung der Eisenbahnen lag z. T. auch der Gedanke zugrunde, dem Zeichen der Zeit, der Idee von der Sozialisierung aller wirtschaftlichen Kräfte, zu folgen, die Deutschland seit dem 9. November bewegt, und ihr einen ersten festen Unterbau in der Verfassung zu geben. Nach den Übergangsbestimmungen der Verfassung wurde als spätester Zeitpunkt für die Übernahme der Eisenbahnen gemäß Art. 171 auf das Reich der 31. März 1921 festgesetzt. Durch den Staatsvertrag vom 30. April 1920[3]) zwischen der Reichsregierung und den Landesregierungen (Preußen, Bayern, Sachsen, Württemberg, Baden, Hessen, Mecklenburg-Schwerin und Oldenburg) gingen die Staatsbahnen am 1. April 1920 in das Eigentum des Reichs über.

Die Eisenbahnen bedeuteten für die einzelnen Staaten das vorzüglichste Unterpfand für ihren Kredit und für die Deckung ihrer Schulden. Eine Reihe von Staaten durfte die Eisenbahn als das Rückgrat ihrer Finanzwirtschaft bezeichnen. Preußen z. B. konnte aus den Überschüssen der preußischen Staatsbahnen ansehnliche Summen zu den allgemeinen Staatsausgaben leisten.[4]) Im Verlaufe des Krieges allerdings verwandelten sich die Überschüsse allenthalben in wachsende Defizite, obwohl die Beanspruchung der Eisenbahnen im Güter- und Personenverkehr in dieser Zeit einen nie gesehenen Grad erreichte. Zur Deckung der Fehlbeträge nahmen die Einzelstaaten kurzfristige Schulden auf. Denn trotz der mehrfachen Tariferhöhungen war eine Deckung der Defizite nicht zu er-

---

[1]) Vgl. die Art. 151—165 und Art. 82—101 der neuen Reichsverfassung.

[2]) Art. 89 Abs. 1.

[3]) RGBl. Nr 95 S. 773.

[4]) Der Überschuß der Einnahmen über die Ausgaben betrug in den Jahren von 1900 bis 1910 durchschnittlich 550—600 Millionen Mark. Er stieg in den folgenden Jahren auf 700—800 Millionen Mark (s. Stat. Jahrbuch für den Preuß. Staat, 14. Jahrg., 1917 S. 119).

reichen. Von Jahr zu Jahr stiegen vielmehr die Fehlbeträge, und 1919 bereits erreichten sie Milliardensummen. Diesen Ausfällen konnte aus den Einnahmen der allgemeinen Finanzverwaltung, den Steuern und Gebühren kein Ausgleich geboten werden. Im Jahre 1919 wurde es ersichtlich, daß ein derartiger Ausgleich überhaupt nicht möglich sein würde, weil die neue Steuergesetzgebung den Einzelstaaten hierfür alle Mittel nahm. Die entscheidenden direkten Steuern, die Steuern auf das Vermögen, Einkommen und den Vermögenszuwachs gingen auf das Reich über. Und so mußte mit der Reichseinkommensteuer auch die Reichseisenbahn kommen.

Der Staatsvertrag vom 30. April 1920 bestimmt im § 1, daß die Staatseisenbahnen am 1. April 1920 auf das Reich übergehen. Mit der Übertragung des gesamten Vermögenswertes der Eisenbahnen ist auch die Grundstücksübereignung auf das Reich verbunden. Die Abfindung für die Übertragung des gesamten Eisenbahnunternehmens regelt der § 3 des Gesetzes. Nach § 3 des Staatsvertrages hat das Reich hinsichtlich der Abfindung freie Wahl. Als Entschädigung gilt:

1. der Betrag des Anlagekapitals nach dem Stande vom 31. März 1920 oder
2. der Betrag des Anlagekapitals (Stand vom 31. März 1920), erhöht um die Hälfte desjenigen Betrages, um den der nach den Ergebnissen der Rechnungsjahre 1909 bis 1913 ermittelte Ertragswert dieses Anlagekapital übersteigt.

Die Einzelstaaten können die erste oder zweite Entschädigungsform wählen, in jedem Fall übernimmt das Reich die Fehlbeträge, die den Eisenbahnverwaltungen der einzelnen Länder in der Zeit vom Beginn des Rechnungsjahres 1914 bis zum 31. März 1920 entstanden sind. Nach Feststellung der Abfindungssumme entsteht die Frage nach den Mitteln zur Abdeckung der Vertragsschuld. Sie können vorerst nur in Schuldscheinen bestehen. Daher knüpft der Staatsvertrag an schon bestehende Titel an. Nach § 4 übernimmt das Reich die schwebende Schuld der Länder nach dem Stande vom 31. März 1920 zum Nennwert. Soweit durch die Übernahme der Schulden die Abfindungssumme noch nicht gedeckt ist, bleibt sie dem Reich als vorläufig feste Schuld zu einem 4- bzw. 4½prozentigen Zinssatz gestundet. Die Höhe der Abfindungssumme ist für die finanzielle Entwicklung der Eisenbahn von entscheidender Bedeutung. Denn je höher die Belastung ist, desto schwieriger wird die innere Konsolidierung und die erwartete Rentabilitätswirtschaft zu gewinnen sein. Die Höhe der Vertragsschuld ist noch nicht ermittelt; sie ist für die weiteren Untersuchungen auch belanglos. Im Vordergrunde steht ja hier die budgetrechtliche und -politische Behandlung der Reichseisenbahnen, die in ihren Grundzügen durch die Verfassung vorgezeichnet ist.

In der Verfassung lautet die Bestimmung des Artikels 92:

„Die Eisenbahnen sind ... als ein selbständiges wirtschaftliches Unternehmen zu verwalten."

Das entscheidende Merkmal der Reichseisenbahnen ist also ihr Charakter als ein selbständiges wirtschaftliches Unternehmen. Diesem selbständigen Unternehmen ist es zur verfassungsmäßigen Pflicht gemacht, seine gesamten Ausgaben im Betriebe, seine Schuldenverzinsung und -tilgung selbst zu tragen, im Falle eines erarbeiteten Überschusses ihn in einer eigenen Rücklage anzusammeln. Privatwirtschaftlich gesehen gleicht also die Eisenbahn einem Betriebsunternehmen mit eigener Erfolgsrechnung, mit eigener Bilanz, nur daß dieses Betriebsunternehmen ein gemeinnütziges Reichsunternehmen ist mit einem Vermögen, das Reichsvermögen ist. Sein Betriebskapital, das durch die Grundstücke, die Bahnhofs- und Verwaltungsbetriebsgebäude, Lokomotiven, Wagen, Schienen usw. bis herunter zur kleinsten Schraube gebildet wird, ist und bleibt Vermögensteil des Reichs. Diese beiden Tatsachen, wirtschaftliche Selbständigkeit und Bestandteil des Reichsvermögens dürften die entscheidenden Anhaltspunkte für die budgetpolitische Behandlung der Reichseisenbahnen im Rahmen des Reichshaushalts bilden.

Der Artikel 92 der Verfassung trifft über die Eingliederung des Haushalts der Reichseisenbahnen und ihre Rechnung in den allgemeinen Haushalt und in die allgemeine Rechnung des Reichs keine Bestimmung. Es entsteht also die budgetrechtliche Frage nach der künftig möglichen formalen Behandlung des Eisenbahnhaushalts. Es gibt zwei Möglichkeiten:

1. die Reichseisenbahn ruht auf einem eigenen selbständigen Budget oder
2. die Reichseisenbahn steht auf einem eigenen, in sich balancierten Haushalt, der aber in den allgemeinen Reichshaushaltsplan des Reichs eingegliedert wird.

In der finanzwissenschaftlichen Literatur hat die budgetpolitische Behandlung der Erwerbsunternehmungen des Staates keine einheitliche Beurteilung gefunden. Lotz stellt als Ergebnis seiner Untersuchungen fest, daß bei geringer Ausdehnung staatlicher Erwerbsunternehmungen der Budgetvoranschlag im allgemeinen beim Finanzminister liege; wo aber die Staatsbetriebe stark entwickelt seien, pflegen sie dem Finanzminister entrissen zu sein.[1]) Für die Beurteilung der Frage über die budgetrechtliche Stellung der Reichseisenbahn werden nun durch die heutige, unvorhergesehene Entwicklung neue und bedeutsame Erwägungen in den Vordergrund gerückt.

Für einen auf sich selbst beruhenden Eisenbahnhaushalt wird vorerst der allgemeine budgetäre Grundsatz, der für jedes Budget gilt, nämlich die laufenden Ausgaben durch laufende Einnahmen zu decken, volle Anwendung haben müssen. Und dies ohne Rücksicht darauf, ob der Eisenbahnhaushalt in den allgemeinen Haushaltsplan eingestellt oder mit ihm in gar keinem Zusammenhang stehen würde. Denn in jedem Fall handelt es sich doch um ein Unternehmen des Reichs, das im Grunde nichts anderes darstellt als einen sozialisierten Betrieb. Sinngemäß seiner natürlichen Zweckbestimmung hat ein gemeinwirtschaftliches Unternehmen zum Vorteil der Staatsangehörigen zu arbeiten, sich also zum mindesten selbst zu unterhalten. Denn es kann nicht Aufgabe des Volkes sein, für einen sozialisierten Betrieb, der sich aus irgendwelchen Gründen nicht rentiert, Steuerlasten aufzubringen.

Die Frage, ob für die Eisenbahnen ein eigener, vom allgemeinen Reichshaushalt abgetrennter Haushalt zu führen ist oder ob dieser Eisenbahnhaushalt in den allgemeinen Haushaltsplan des Reichs einzugliedern ist, wird erst bedeutsam, sobald es sich um die gesetzgeberische Behandlung des Haushalts der Eisenbahnen handelt. Reichsrat und Reichstag besitzen nach den Bestimmungen der Verfassung gegenüber einem selbständigen Haushalt der Eisenbahn unzweifelhaft die gleichen Rechte, wie sie ihnen nach der Verfassung gegenüber dem allgemeinen Haushalt des Reichs zustehen. Daraus ergibt sich die bedeutsame Folge, daß von einer einseitigen, absoluten Verwaltungs- und insbesondere Tarifhoheit der Reichseisenbahnverwaltung keine Rede sein kann. Der Ausbau der Verwaltung, die Erledigung aller jener Beamten- und Personalfragen, die heute durch das Betriebsrätegesetz so sehr im Vordergrund stehen und bleiben werden, die Aufnahme von neuen Eisenbahnanleihen, die Verbesserung der Verkehrsmittel auf der einen Seite und auf der anderen

---

[1]) Lotz a. a. O. S. 72.

Seite die Bemessung der Tarife würden der gleichen gesetzgeberischen Behandlung unterliegen müssen, wie das allgemeine Budget des Reichs in allen seinen Teilen auch. Bei der rein technischen Behandlung des Haushalts würden also u. a. die Merkzeichen sein: die Aufstellung eines Voranschlags für die Reichseisenbahn mit anschließender Rechnungslegung nach Ablauf des Betriebsjahres usw. an den Reichsrat, die parlamentarische Behandlung dieser Vorlagen in einem Eisenbahnausschuß, im Plenum des Reichstags usw. Die verfassungsrechtlichen Befugnisse des Parlaments und des Reichsrats könnten also bei diesem gesetzestechnisch üblichen Wege nicht eingeengt oder gar ausgeschaltet werden, es sei denn durch das Gewaltmittel des Streiks. Diese vorgezeichnete budgetrechtliche Behandlung eines selbständigen Eisenbahnhaushalts würde aber auch aus wirtschaftspolitischen Gründen notwendig sein, denn es gilt, die Eisenbahnen, die der Allgemeinheit dienen, zu einem wirtschaftlichen Unternehmen zu machen und die einmal erreichte Wirtschaftlichkeit auch zu erhalten.

Der Einfluß der Gesetzgebung auf den Eisenbahnhaushalt ist in einem Falle sogar durch die Verfassung ausdrücklich vorgesehen. Bei einer Überschußwirtschaft der Eisenbahnen ist die Verwendung des erzielten Überschusses durch Artikel 92 der Verfassung vorgeschrieben: „. . . und eine Eisenbahnrücklage anzusammeln hat. Die Höhe der Tilgung und der Rücklage sowie die Verwendungszwecke der Rücklage sind durch besonderes Gesetz zu regeln." Es würde also auch für diesen Fall die Gestaltung eines selbständigen Budgets der Eisenbahn durch die gesetzgebenden Körperschaften mitbestimmt werden.

Die Führung eines selbständigen, abgesonderten Eisenbahnhaushalts, wie er hier als erste Möglichkeit angenommen ist, findet bereits ein Beispiel, und zwar im oldenburgischen Eisenbahnetat. Oldenburg stellt seine staatlichen Bahnen in Einnahmen und Ausgaben auf einen besonderen, vom eigentlichen Haushalt getrennten Haushalt. Durch ein Gesetz ist die Verwendung von Überschüssen geregelt.[1]) Nach diesem Gesetz erscheinen die erzielten Überschüsse im Haushalt des oldenburgischen Staates als Einnahmen aus den Eisenbahnen, über die dann nach obigem Gesetz des weiteren in bestimmter Weise Verwendung zu treffen ist. Aus ihnen waren zum Beispiel die Eisenbahnsteuern für die auf preußischem Gebiet ge-

---

[1]) Gesetz vom 6. Oktober 1914 (s. Gesetzblatt für das Herzogtum Oldenburg, Bd. 39, 26. Stück vom 13. Oktober 1914 S. 255).

legenen Bahnstrecken abzuführen, die Gelder für die Verzinsung und Abtragung bestimmter Eisenbahnanleihen an die Landeskasse zu bezahlen usw.[1])

Die zweite Möglichkeit liegt darin, zwar einen eigenen Eisenbahnhaushalt aufzustellen, ihn aber in den Rahmen des allgemeinen Reichshaushaltsplans zu stellen. Nach der Verfassung ist diese Möglichkeit gegebeu. Auch für diese zweite budgetrechtliche Behandlung gilt die entscheidende finanzielle Forderung, nämlich den Eisenbahnhaushalt in sich selbst balancieren zu lassen. Die Aufstellung des Eisenbahnhaushalts im Rahmen des allgemeinen Haushalts hätte praktisch nach den Grundsätzen zu erfolgen, nach denen die einzelnen Länder ihre Eisenbahnhaushalte bisher aufstellten. Diese einzelnen Haushalte der Eisenbahnländer würden dann in einem Mantel, eben dem Haushalt der Reichseisenbahn, als ein eigenes Gebilde zusammengefaßt und als eine in sich geschlossene Einheit in den allgemeinen Reichshaushaltsplan einzustellen sein. Damit würde der Eisenbahnhaushalt von vornherein den gleichen budgetrechtlichen Bestimmungen unterliegen wie der allgemeine Haushalt auch. Eine derartige budgetpolitische Behandlung des selbständigen Eisenbahnhaushalts würde dann auch dem finanzpolitischen Grundsatz nach Wahrung eines einheitlichen, die ganze Finanzgebarung des Reichs umfassenden Budgets genügen. Nur dadurch kann in der Tat die volle Übersicht gewonnen und können Klarheit und Durchsichtigkeit der Finanzwirtschaft des Reichs gewährleistet werden.

Es liegt nahe, die für die Post und Eisenbahn als Betriebsunternehmen angewendeten budgetrechtlichen Grundsätze auch auf die anderen zu erwartenden Betriebsunternehmungen des Reichs anzuwenden, also auf die Wasserstraßen und die Stickstoffwerke und andere kommende Wirtschaftsunternehmen. Auch bei ihnen hätte in jedem Fall der allgemein gültige Grundsatz vorzuherrschen, daß sie sich selbst zu erhalten haben. Sofern sie Überschüsse erzielen, sind sie, wie bei der Eisenbahn, zur Abtragung der Schuld, zur Erleichterung und Verbesserung des Betriebes, zur Melioration und damit

---

[1]) Beispielsweise nach dem Voranschlag für das Finanzjahr 1917 der Einnahmen und Ausgaben des Herzogtums Oldenburg (Nebenanlage II). Unter den ordentlichen Einnahmen (2. Kapitel §§ 24—25 lit. E) wird Ertrag aus den Eisenbahnen mit 5437000 ℳ eingesetzt, die zu folgenden Ausgaben verwandt werden:

1. Zinsen der Anleihen für Eisenbahnbauten	4537000 ℳ
2. Zuschuß der Eisenbahnbetriebskasse zu den allgemeinen Landesausgaben	900000 „
	5437000 ℳ

zum Vorteil der gesamten Wirtschaft zu verwenden. Nur bei strenger Durchführung des Prinzips der finanziellen Selbsterhaltung aller Reichsbetriebe kann das höhere wirtschaftliche Ziel, wie es in der Verfassung zum Ausdruck gebracht ist, erreicht und eine ordentliche Finanzgebarung in jenen Wirtschaftskörpern erwartet werden.

Es unterliegt keinem Zweifel, daß eine geordnete Budgetgebarung zu den ersten Voraussetzungen für den Neuaufbau der Reichsfinanzen ist. Der Haushalt des Reichs hat den beiden Grundsätzen der Budgetwahrheit und -klarheit zu genügen und in seiner Durchführung die von Verfassung und Gesetz vorgeschriebenen Grenzen einzuhalten. Aus den bisherigen praktischen Arbeiten, die der Neuordnung im Haushalt des Reichs galten, darf das Bestreben, diese alten Richtlinien wiederzugewinnen, anerkannt und hervorgehoben werden. Welche Entwicklung schließlich der gesamte Reichshaushalt nach seiner formalen Gestaltung nehmen wird, bleibt hinsichtlich der noch unbestimmten budgetrechtlichen Behandlung des Reichseisenbahnhaushalts und anderen ungeklärten Fragen insbesondere im Extraordinarium der Zukunft überlassen. Aber auch hier wird das Ziel erstrebt, zu der Durchsichtigkeit und Ordnung im Haushalt auch noch die Geschlossenheit und Einheitlichkeit zu setzen.

Die dargelegten Grundlagen geben nur den formalen, äußeren Rahmen für die Finanzwirtschaft des Reichs. Aber noch bevor alle jene grundsätzlichen Erfordernisse, die an einen ordnungsmäßigen Haushalt zu stellen sind, erfüllt sind, drängte ein neues und vielleicht weit bedeutsameres Erfordernis hervor: die tatsächliche Fundierung des Haushalts. Ohne Einnahmen keine Ausgaben und umgekehrt! Es handelt sich also um die steuerliche Grundlage, auf der jeder formal und budgetrechtlich wohlgeordnete Haushalt ruhen muß; denn es gibt nur einen Satz für die Genesung der Finanzen, für die innere Festigung und Wahrheit des Haushalts: die laufenden Ausgaben sind durch laufende Einnahmen zu decken. Das ist allein durch die Steuern möglich. Und dieser Satz führt auf den Weg der Reform des gesamten Steuersystems im Reich, über deren ersten Teil, die Reform in der Besteuerung des Vermögens und Einkommens, der zweite Abschnitt berichten soll.

Die Neuordnung in der Besteuerung des Vermögens und Einkommens.

A. Die Forderungen nach einer Reform der Reichsfinanzen.

Das Ziel nach einer grundlegenden Neuordnung der Steuerverhältnisse im Reich gab bereits vor dem Kriege Veranlassung zu ausgedehnten und lebhaften Erörterungen. Über die Notwendigkeit und noch weniger über die grundsätzliche Richtung einer solchen Reform, die alle drei Steuergewalten, Reich, Bundesstaaten und Gemeinden, umfassen mußte, konnte jedoch keine einheitliche Ansicht erzielt werden. Während die einzelstaatlichen Regierungen und die auf ihrem Boden stehenden Kreise der Öffentlichkeit für die unveränderte Beibehaltung des bestehenden Zustandes eintraten, forderten die Gegner des finanziellen Föderalismus eine selbständige und unabhängige finanzielle Stellung des Reichs. Das Anwachsen der Reichsausgaben, namentlich infolge der Rüstungen, schien den Anhängern einer Reform des Steuersystems schon rein äußerlich recht zu geben. Denn der Mangel im Abgabensystem des Reichs an leistungsfähigen und hinreichenden laufenden Einnahmen führte auf den Schuldenweg, der damals als unsolid und das Wirtschaftsleben bedrückend bezeichnet wurde. Immer wieder wurde darauf hingewiesen, daß das einst schuldenfreie Reich schon mit einer Schuld von etwa 5 Milliarden Mark belastet sei. Dabei sollten dem Reich neben den Rüstungen auch noch neue Aufgaben auf sozialem Gebiet zugewiesen werden. An eine Deckung der neuen Ausgabenbedürfnisse durch Erhöhung der indirekten Abgaben war aber nicht zu denken. Als einzig möglicher Ausweg blieb also die Forderung nach einer Reform, die dem Reich an der wichtigsten direkten Steuer, der Einkommensteuer, einen laufenden Anteil gewährte. Das große Ziel der Reform wurde darin gesehen, mit der Unzulänglichkeit des Reichsfinanzsystems grundsätzlich aufzuräumen und das Reich steuerlich auf eine breitere Grundlage zu stellen.

Die Richtlinien für eine umfassende Reform in den Steuerverhältnissen des Reichs ergaben sich aus der Verfassung des deutschen Steuerwesens und der politischen Machtverhältnisse in den Parlamenten. Zwei Tatsachen der Steuerverfassung stellten sich einer dauernden und kräftigen Entwicklung der Reichsfinanzen entgegen:

1. die einseitige Aufteilung des Steuergebietes zwischen Reich und Einzelstaaten, die dem Reich ausschließlich die indirekten Steuern und den Ländern die direkten Steuern zuwies,

2. die Beschneidung der Reichseinnahmen aus den indirekten Steuern durch die Reservatrechte der süddeutschen Staaten.

Aus der ersten Tatsache folgte der zwangsläufige Verzicht des Reichs auf jede laufende direkte Steuer. Damit fehlte seinem Steuersystem jener elastische, bewegliche Faktor, der bei richtiger Handhabung eine anpassungsfähige Steuerwirtschaft gewährleisten kann. Aber so gewiß diese Erkenntnis war, so gewiß war gleichzeitig die Unmöglichkeit, den vornehmlich ersehnten beweglichen Faktor: die Einkommensteuer, in das Steuersystem des Reichs einzuführen. Sie ist das Rückgrat jedes direkten Steuersystems. Sie gehörte aber in Deutschland zum unbestrittenen Herrschaftsgebiet der Bundesstaaten. Erst unter dem schweren Druck der politischen Verhältnisse erhielt das Reich zwei direkte Abgaben: die Einzelstaaten überließen dem Reiche im Jahre 1913 den einmaligen Wehrbeitrag und die Besitzsteuer. Der Wehrbeitrag sollte, wie schon der Name besagt, nicht als eine direkte Steuer angesehen werden. Er ist auch keine laufende Abgabe im herkömmlichen Sinne. Und die zweite Abgabe, die Besitzsteuer, kam dem Reich nur deshalb zugute, weil sie eine Steuerquelle darstellte, die von den Bundesstaaten selbst noch nicht erschlossen war. Die Besitzsteuer konnte zwar als eine laufende direkte Abgabe angesprochen werden, sie war aber ohne harmonische Verbindung zu dem bestehenden System der Reichssteuern, weil ja kein direkter Reichssteuerbau vorhanden war. Das Reich blieb demnach auch mit diesen beiden Abgaben ohne einen Anteil an den großen laufenden direkten Steuern. Seine Einnahmewirtschaft ruhte ausschließlich auf den Betriebseinnahmen, den Zöllen und indirekten Verbrauchssteuern.

Die Zölle und indirekten Steuern sind nach festen Sätzen zu erheben. Sie wirken in der Regel ohne Rücksicht auf steuerliche Gerechtigkeit und wirtschaftliche Zweckmäßigkeit. Ihr Ertrag ist zwar beweglich, aber doch nur in engen Grenzen und je nach der Entwicklung der Volkswirtschaft. Da sie nun ausschließlich das System der Reichsfinanzen bildeten, brachten sie in das Budget durch diese ihre Starrheit eine gewisse finanzielle Lähmung. Den Ausgleich nach dem Gesichtswinkel der steuerlichen Gerechtigkeit in der steuerlichen Belastung hatten nicht sie, sondern die einzelstaatlichen Einkommensteuern zu bringen. Aber dieser Ausgleich wurde nicht erreicht. Die steuerfreie Grenze bei den Einkommensteuern lag zu tief, weiterhin fehlte die Berücksichtigung der Unterhaltsverpflichtungen, und auch die Progression in der Staffel war recht unentwickelt. Allerdings durfte angesichts der politischen Machtverhältnisse in Reich und Staaten ein anderes Bild von der Lastenverteilung nicht erwartet werden. Für eine Anspannung der Einkommensteuern, insbesondere etwa als Gegengabe für erhöhte oder neue indirekte Reichssteuern, wären die konservativ abgestimmten Landtage der Bundesstaaten nicht eingetreten. Diese bekannte Abneigung wirkte auf den mehr demokratisch abgestimmten Reichstag zurück, der hohe Belastungen durch indirekte Steuern, die den arbeitenden Volksteil schwerer treffen als den besitzenden, ablehnte. Ja, er widersetzte sich der Einführung neuer indirekter Steuern. Das Reich sah auf diese Weise eine doppelte Beeinträchtigung seiner Finanzgebarung. Einmal durch die verfassungsmäßige Beschränkung auf die Zölle und indirekten Steuern, und dann durch die steuerpolitische Gegensätzlichkeit zwischen dem Reichstag und den Landtagen. Tatsächlich war die Steuerdecke des Reichs immer knapp. Sie reichte nicht hin und nicht her.

Aber zu dieser Einengung kam noch eine zweite Beeinträchtigung der Reichseinkünfte: der Anteil der Bundesstaaten an den Reichssteuern. Die süddeutschen Staaten nahmen an einigen indirekten Abgaben — Reservatrechte auf Bier und Branntwein — teil. Daneben erhoben noch die Gemeinden selbständig gewisse indirekte Abgaben, was auch eine Schmälerung der Reichseinnahmen bedeutete. Hauptsächlich jedoch schwächten das Reich die Überweisungen an die Einzelstaaten, die das Reich auf Grund der Frankensteinschen Klausel zu leisten hatte.

Dieses Bild bot das alte Reichssteuersystem. Mit einem eingeengten, einseitigen und starren Steuersystem, dazu noch belastet mit Überweisungspflichten, stand das Reich vor der Aufgabe, einem wachsenden Bedarf im wesentlichen unveränderliche Einnahmen entgegenzusetzen. Aus eigener Kraft war das Gleichgewicht nicht zu halten. Es verblieben daher dem Reich in dieser Lage nur zwei Wege:

1. die erforderlichen Mittel durch Erhöhung der Matrikularbeiträge von den Einzelstaaten zu erlangen, so wie es die Reichsverfassung vorschrieb, oder
2. Schulden zu machen.

Das Reich beschritt den zweiten Weg, weil sein Verlangen nach erhöhten Matrikularbeiträgen im Bundesrat kein Gehör fand; und dies, obwohl nach der Verfassung die Matrikularbeiträge das Reich vor Schulden bewahren sollten.

Es ist bereits darauf hingewiesen worden, daß der hohe Schuldenstand von 5 Milliarden Mark die Anhänger eines innerpolitisch starken

Reichs die Forderung nach einer Reform aufstellen ließ und daß in dem Kampf der Worte und Schriften um die Reichsfinanzreform die beiden Gruppen keine einigende, mittlere Linie gewannen. Die Gegner einer umfassenden Reichsfinanzreform, die weitgehend in die finanziellen Grundlagen der Einzelstaaten eingreifen würde, wiesen auf die kulturellen und wirtschaftlichen Aufgaben der Bundesstaaten und Gemeinden hin, die darunter leiden müßten. Ein solcher Eingriff wurde als überflüssig bezeichnet, weil nach ihrer Ansicht von einer finanziellen Beeinträchtigung des Reichs nicht gesprochen werden könnte. Zudem seien die Bundesstaaten verpflichtet, dem Reich die Matrikularzuschüsse zu leisten. Was den Ausgleich in der Belastung durch indirekte und direkte Steuern anging, so wiesen sie schließlich darauf hin, daß nach den wissenschaftlichen und amtlichen Arbeiten die Entwicklungstendenz hinsichtlich der Höhe und Richtung der Steuerbelastung nach den direkten Steuern führe.[1])

Allen diesen Gründen setzten die Befürworter der Reform ihre Überlegungen entgegen. Wenn auch diese oder jene Fragen, insbesondere die eines gerechten steuerlichen Lastenausgleichs, Streitpunkte bilden könnten, so rechtfertigten die Notwendigkeit einer Reform die alten Forderungen nach größerer steuerpolitischer Selbständigkeit des Reichs. Damit war auch eine Stärkung der politischen Macht des Reichs verbunden. Diesen Forderungen war eine Berechtigung nicht abzusprechen. Ihre restlose Durchsetzung erschien aber als nahezu unmöglich und wurde aus dieser Erkenntnis heraus gar nicht erst versucht. Die Finanzreform war letzten Endes eine politische Machtfrage zwischen Reich und Bundesstaaten.

Der Ausbruch des Krieges setzte den steuerpolitischen Erörterungen ein vorläufiges Ende. Es galt vorerst, den Krieg zu finanzieren. Als das geeignete Finanzierungsmittel für das Reich wurden die Kriegsanleihen angesprochen.

In den ersten Kriegsjahren erwies sich dieses Finanzierungsmittel als brauchbar. Denn die Produktion hielt mit dem Verbrauch in der Heimat und in der Front annähernd gleichen Schritt. Sowohl die sachlichen Vorräte als die menschliche Arbeitskraft standen noch nicht im Dienst des äußersten Verbrauchs. Ohne alle wirtschaftlichen Bedenken wurden die verfügbaren Reserven an volkswirt-

[1]) Professor Gerloff (Die steuerliche Belastung in Deutschland während der letzten Friedensjahre, Berlin 1916, S. 33) hat in seinem Gutachten als Ergebnis seiner amtlich geführten Untersuchungen den Satz geprägt: „Die Wege der Finanzbedarfsdeckung in Deutschland haben sich seit Anfang der 90er Jahre in ganz entschiedener Weise den direkten Steuerquellen zugewendet.“

schaftlichem Kapital hingegeben, in Kriegsgüter verwandelt und dafür Anleihescheine willig in Empfang genommen. Der private Verbrauch wurde eingeschränkt; die Erzeugung, die Lieferungen der Kriegsmaterialien und der Güter für die Lebenshaltung standen unter dem Druck staatlicher Kontrollen und Preisfestsetzungen. Obwohl das allgemeine Preisniveau stieg, waren die Wirkungen auf die Wirtschaft und die Einkommensverhältnisse noch gering. Mit der Dauer des Krieges, seiner großen räumlichen Ausdehnung und insbesondere auch mit der Veränderung seines Charakters, als ein gewaltiger Kampf der Technik und Industrien, schwanden die vorhandenen Vorräte, verminderte sich damit auch die Möglichkeit, sie in beliebige Milliardensummen von Kriegsanleihen umzuwandeln. Das Reich setzte mit der kurzfristigen Finanzierung seiner Ausgaben, mit Schatzwechseln ein.

Über die Zweckmäßigkeit und Richtigkeit der Finanzierung des Krieges mit Anleihen herrschte schon frühzeitig geteilte Meinung.[1]) Diese Streitfrage ist hier nicht näher zu verfolgen. Aber es ist von Interesse, ein Urteil über die Kriegsfinanzierung anzuführen, das von dem Direktor der Diskonto-Gesellschaft Dr. Solmßen auf dem deutschen Bankiertag jüngst ausgesprochen wurde. In diesem Urteil fand die Finanzpolitik des Krieges schärfer, als es bisher je auf sachlichem Boden üblich war, eine uneingeschränkte Verurteilung. Solmßen sagt im Anschluß an die Betrachtung der hohen Reichsschuld wörtlich:

„In diesen Ziffern spiegelt sich bereits in furchtbarer Weise der Fehlschlag des gesamten Finanzsystems, auf Grund dessen wir den Krieg geführt, auf Grund dessen wir den Krieg verloren haben. Denn ich gehe soweit, zu behaupten, daß, wenn die Finanzpolitik des Reiches nicht nur auf Sieg und nicht nur auf einen Krieg von kurzer Dauer eingestellt gewesen wäre und in ihrem ganzen Aufbau das Prinzip verfolgt hätte, den ganzen Ernst der Situation alsbald rückhaltlos und fühlbar den Volksangehörigen vor Augen zu führen, wir bessere Finanzen gehabt und angesichts des vollen Umfanges der Gefahr, in der wir uns befanden, in ganz anderer Weise, als dies geschehen ist, die latenten Kräfte des Volkes auch wirtschaftlich zur Entfaltung gebracht haben würden."

---

[1]) Liefmann wies auf den Fehler dieser Kriegsfinanzierung hin, der zu den ersten schädlichen volkswirtschaftlichen Erscheinungen, den hohen Preissteigerungen, führte: „Da nun die so durch Anleihen beschafften Summen längst nicht mehr zur Bestreitung der Kriegsausgaben ausreichen, hätten schon lange Steuern in größerem Umfange als Ergänzung eingeführt werden müssen und die Beschaffung der Mittel durch Kreditanspannung, mit oder ohne Benutzung der Notenpresse, in größerem Maße vermieden werden müssen" (Dr. Robert Liefmann, Die Geldvermehrung im Weltkriege und die Beseitigung ihrer Folgen, S. 144).

Der Krieg ließ die Reichsschuld schon im ersten Kriegsjahr in ungeahnte Milliardenhöhen anwachsen. Die alten steuerlichen Grundlagen waren erschüttert. Das war für jeden objektiven und steuerpolitisch geschulten Blick bereits ersichtlich. Aber erst die Vorlage einer Kriegsgewinnsteuer im Frühjahr 1916 gab endlich Veranlassung, das Augenmerk auf die künftige Steuerwirtschaft des Reichs überhaupt zu lenken. Bereits 1916 rechneten die wissenschaftlichen Untersuchungen über eine Reichsfinanzreform mit einem künftigen Bedarf des Reichs von 12 Milliarden Mark. Dabei tauchten auch schon die ersten Zweifel nach der Möglichkeit einer Budgetierung dieser Summe auf.

Angesichts dieser unzweifelhaft finanzpolitisch ernsteren Lage und größeren Aufgabe des Reichs blieb aber für die mächtigen Anhänger der alten steuerlichen Verfassung zwischen Reich und Bundesstaaten als erster Ausweg lediglich der Hinweis auf die sichere Kriegsentschädigung. Sie würde — wie gesagt wurde — die Last mindern und damit die erstrebte grundsätzliche Reform der bestehenden Steuerverhältnisse überflüssig machen. Von der Erreichbarkeit einer Entschädigung hatte ja frühzeitig der Schatzsekretär Helfferich einmal gesprochen. In langer Reihe könnten dann die Stimmen von Politikern und auch von Wissenschaftlern aufgeführt werden, die für eine Abwälzung der finanziellen Lasten auf die Gegner eintraten,[1]) ja sie sogar als sicheren Faktor in die Rechnung setzten.

Zu jenen Zeiten, in den ersten beiden Kriegsjahren, lag ohne Zweifel eine Kriegsentschädigung dank der sicheren militärischen Lage im Bereich der Wahrscheinlichkeit. Noch weit zweifelsfreier wäre natürlich ihre segensreich entlastende Wirkung für die hoch mit Schulden bedeckten Reichsfinanzen gewesen. Aber gerade wegen ihrer entscheidenden Rückwirkung auf die Beantwortung der Frage nach einer tiefgründigen Steuerreform mußte diese optimistische Annahme aus den Untersuchungen ausscheiden. Erst sehr spät wurden die Betrachtungen über die Finanzreform, die sich auf die Kriegsentschädigung stützten, auf die richtige Grundlage zurückgeführt. Dieses Verdienst gebührte einer überraschend offenen Er-

---

[1]) Siehe z. B. Biermann, Die künftige Reichsfinanzreform, Leipzig 1918, S. 10: „Alles in allem wird jedenfalls bei Annahme eines Friedensschlusses in absehbarer Zeit mit dem 7—8fachen des Steuersolls von 1913 zu rechnen sein, und da wäre es allerdings in jeder Weise zu begrüßen, wenn uns eine Kriegsentschädigung als Siegesbeute in den Schoß fiele." Weiterhin s. v. d. Borght, Die deutschen Reichssteuergesetze von 1917 S. 793 u. 794 im Finanzarchiv, 34. Jahrgang (1917) und vor allem die Äußerungen von Politikern.

klärung des Reichsbankpräsidenten in München, die den großen öffentlichen Taumel nach Kriegsentschädigung etwas dämmte.[1])

In den wissenschaftlichen Untersuchungen über die Wege zur Finanzreform stehen allgemeine Richtlinien für die Neuordnung und einzelne positive Vorschläge in gleicher Linie. Es braucht nicht sonderlich betont zu werden, daß hier die Kriegsentschädigung als Aktivposten ausschied. Als entscheidende Forderungen allgemeiner Natur, die für das innere Ziel der Reform richtunggebend sein sollten, wurden aufgestellt:

1. Der Reichshaushalt ist formell und materiell von den Gliedstaaten unabhängig zu machen;
2. die Reichseinnahmen müssen ein Finanzsystem darstellen, das ergiebig und beweglich, aber auch gerecht ist.

Von prinzipieller Bedeutung war die erste Forderung nach der formellen und materiellen Selbständigkeit der Reichsfinanzen. Es galt auch noch während des Kriegs als unerschütterliches Dogma, daß dem Reich die indirekten und den Bundesstaaten die direkten Steuern zuständen, obwohl das Schuldverhältnis sich von Monat zu Monat verschob, die Reichsschuld alle bundesstaatlichen und gemeindlichen Verpflichtungen um ein Vielfaches überstieg. Die alte politische Richtung hielt an der durch den historischen Entwicklungsgang erzeugten Steuerverfassung im Reiche fest. Zwar fanden die veränderte Lage und ihre ernste Bedeutung für das Reich Anerkennung, was in der erkämpften Zustimmung zu einer Kriegsgewinnsteuer zum Ausdruck gebracht wurde. Als ausschlaggebend für die Beibehaltung des alten Verhältnisses wurde jedoch die Rücksicht auf die Lebensbedürfnisse der Bundesstaaten angesprochen. Kein geringerer Name als der des Freiherrn von Zedlitz-Neukirch deckte diesen Gesichtspunkt:

„Eine Reichseinkommensteuer, zu der die Bundesstaaten für ihre Zwecke nur Zuschläge erheben dürfen, wie sie im Reichstage bereits in Aussicht genommen ist, würde tatsächlich nichts anderes bedeuten als die Mediatisierung der Bundesstaaten, als den Übergang vom Bundesstaat zum Einheitsstaat. Das wäre ver-

[1]) Siehe die Rede von Havenstein, die in München am 11. März 1918 gehalten wurde: „Daß eine Kriegsentschädigung oder Schadloshaltung für uns von hoher Bedeutung wäre, daß sie uns in den Stand setzen würde, die neuen Lasten leichter zu tragen . . ., das steht außer Zweifel. Aber ob und in welcher Form und Höhe der starke und gute Friede, den wir alle erhoffen und erwarten, uns solche Schadloshaltung bringen wird, steht heute noch dahin. Sie hängt ab von dem Siege, um den wir noch kämpfen, und von der Dauer und der Höhe der Opfer, die der hartnäckige Vernichtungswille unserer Gegner uns auferlegt."

hängnisvoll, weil die bundesstaatliche Verfassung des Deutschen Reichs für die Eigenart des Deutschen Reichs, für die Eigenart des deutschen Volkes weitaus am besten sich eignet. Hier also heißt es ‚Hände weg‘, und es darf erwartet werden, daß bei dem Neuaufbau der Reichsfinanzen die richtige Grenze gegenüber den Bundesstaaten eingehalten werden wird.“[1])

In den diese Auffassung stützenden Parteien der Parlamente und zu einem Teil auch in den wissenschaftlichen Untersuchungen schloß man sich diesen Auffassungen an.[2])

Noch 1918 stemmten sich in der wissenschaftlichen Literatur viele gute Namen gegen eine so radikale Lösung des Reichsfinanzproblems, die dem Reich die vielumstrittene Einkommensteuer bringen sollte. Biermann z. B. tritt für eine pietätvolle Behandlung der föderalistischen Finanzverfassung ein:

„So meine ich, eine Reichseinkommen- und Reichsvermögensteuer in jeder Form, sowohl in der extremen als in der scheinbar die Finanzhoheit der Einzelstaaten wahrende, als dauernde regelmäßige Einnahmequelle ablehnen zu müssen.“[3])

Die ablehnende Haltung war zu würdigen. Aber bei der Beurteilung der großen Reformfrage mußte doch die geschichtliche Erkenntnis bestimmend sein, daß die ganze Unzulänglichkeit der Reichsfinanzen im bundesstaatlichen Charakter des Reichs wurzelte, und daß Reichs- und Staatsfinanzen ohne eine feste Abgrenzung nebeneinander angesichts der vollends veränderten Sachlage nicht mehr würden bestehen können. Diese Erkenntnis mußte sich von Kriegsjahr zu Kriegsjahr immer mehr erhärten. Gewiß sahen die Bundesstaaten in der Finanzhoheit gleichzeitig ihre politische Selbständigkeit gegenüber dem Reich. Aber die rein finanzpolitische Auseinandersetzung, also das Anerkenntnis der finanziellen Souveränität des Reichs durch die Überlassung der Einkommensteuer, war doch an sich unabhängig von einer staatsrechtlichen Umgestaltung des Reichs und der Bundesstaaten.

In der Literatur wurden hier und dort begrenzte Abweichungen von der überwiegend geltenden Ansicht vertreten. Das Reich sollte direkte Steuern nur insoweit in die Hand nehmen, als es

[1]) Siehe Freiherr v. Zedlitz-Neukirch, Neuaufbau der Finanzen nach Friedensschluß und qualitative Sparsamkeit, Stuttgart 1917, S. 7.

[2]) Vgl. z. B. Dr. Robert Liefmann, Die Geldvermehrung im Weltkriege und die Beseitigung ihrer Folgen. Liefmann tritt sehr entschieden für hohe Einkommen- und Vermögensteuern ein (im Kriege gestiegener Einkommen und Vermögen), aber: „Da ich die regulären direkten Steuern im allgemeinen den Einzelstaaten erhalten wissen möchte . . .“ (S. 158) und Deutsche Juristen-Zeitung, 3. Jahrg. 1918, 1. März 1918 S. 148.

[3]) Siehe a. a. O. S. 18.

aus Reichsbetrieben, Zöllen und indirekten Steuern das kommende hohe Budget nicht halten könnte.[1]) In aller Klarheit forderte nur die Linke des Reichsparlaments eine grundlegende Reform, die dem Reich die Einkommensteuer voll und unbeschränkt in die Hände gab. Keil ging von der Tatsache aus:

„Die Besteuerung der Einkommen und Vermögen weist heute in den einzelnen Teilen des Deutschen Reiches eine Vielgestaltigkeit auf, die mit den einheitlichen Bedingungen des Wirtschaftsprozesses im schärfsten Widerspruch steht."

Er forderte daher:

„Die Art der Steuerveranlagung, der Steuertarif, die Höhe des steuerfreien Existenzminimums, die soziale Rücksichtnahme gegenüber den kleinen Einkommen kann ohne Schwierigkeit durch ein Reichseinkommensteuergesetz für alle Bundesstaaten gleichgestaltet werden. Zur Befriedigung der eigenen Bedürfnisse und der Bedürfnisse der Gemeinden kann den Einzelstaaten dabei ausreichend Bewegungsfreiheit gewährt werden."[2])

Für die wissenschaftlichen Untersuchungen wurde das Problem der Reichsfinanzreform angesichts der von 5 auf 10 und immer noch mehr Milliarden anwachsenden Schuld zu einer Doppelfrage:

1. Aufbringung eines Steuerbedarfs von 12 oder 15 Milliarden Mark;
2. gerechte Verteilung der Steuerlast.

Die Beantwortung dieser Fragen war ungemein schwierig. Denn die Aufgabe, dauernd zahlreiche Milliarden Mark Reineinnahmen aus Zöllen, Verbrauchssteuern, Verkehrssteuern und etwaigen Monopolen zu ziehen, ohne das Gedeihen der Volkswirtschaft und die Lebenshaltung der Minderbemittelten schwer zu gefährden, konnte keine leichte sein.

Ein allgemeiner Hinweis der wissenschaftlichen Untersuchungen, daß nur ein völliger Neubau diejenigen Grundlagen zu geben vermag, die zur Lösung der neuen großen Aufgabe notwendig seien, brachte die Reformarbeit nicht vorwärts. Aber es hätte leicht als

---

[1]) Z. B. Georg Bernhard, Recht, Verwaltung und Politik im neuen Deutschland, Stuttgart 1916. Zunächst: „Der alte Gedanke, daß die direkten Steuern als Domäne den Bundesstaaten vorbehalten werden, muß aufgegeben werden" (S. 350). Und dann: „Trotzdem kann dem alten Grundgedanken der Steuerteilung zwischen Reich und Bundesstaaten dadurch Rechnung getragen werden, daß das Reich grundsätzlich nur insoweit direkte Steuern erheben soll, als die Einnahmen aus den Reichsbetrieben und aus den indirekten Steuern und Zöllen zur Deckung des Reichsbedarfes nicht genügen" (S. 353).

[2]) Wilhelm Keil, Die ersten Kriegssteuern und die Sozialdemokratie, 1916, S. 73.

utopische und gefährliche Spielerei ausgelegt werden können, falls von wissenschaftlicher Seite auch nur der geringste Versuch unternommen worden wäre, den theoretischen Neubau unter Aufhebung der finanziellen Selbständigkeit der Einzelstaaten vorzunehmen. Die wissenschaftlichen Abhandlungen mußten sich daher bei ihren praktischen Vorschlägen und Einzeluntersuchungen in dem herkömmlichen Rahmen bewegen. Hierzu kam, daß die Erörterungen über die Finanzreform sich überhaupt nur auf diejenigen Ergebnisse erstrecken konnten, die in der jeweiligen Kriegsperiode vorlagen. Als Vorbehalt mußten stets die nicht vorauszusehende Entwicklung der Reichsschuld und der schließliche Kriegsausgang gemacht werden. Wenn noch in Betracht gezogen wird, daß nur wenige amtliche Unterlagen über die zahlenmäßige Entwicklung der Reichsfinanzen vorlagen — die erste amtliche Denkschrift der Reichsfinanzverwaltung über die Finanzgebarung im Kriege erschien im Frühjahr 1919 — und weiterhin, daß über die einzelstaatlichen und kommunalen Finanzverhältnisse noch weit weniger Materialien vorhanden waren, so ist es klar, daß jene Vorschläge und Ausarbeitungen immer nur einen rein theoretischen und zum Teil sogar einen recht hypothetischen Charakter tragen mußten. Die Schlüsse und Urteile in diesen Arbeiten fußten in diesen Voraussetzungen und Erscheinungen, auf Wertgrundlagen, u. a. die sich in der damaligen Zeit anders ausnahmen als in der heutigen so veränderten Gegenwart. Und wenn diese Arbeiten heute in zusammenfassender Darstellung wiedergegeben werden, so leitet dabei nicht größere Seherkraft oder billiges Besserwissen, sondern die verhältnismäßig größere Sicherheit der einfachen historischen Wiedergabe.

In zahlreichen Einzelausarbeitungen und in einer Reihe von abgeschlossenen Untersuchungen bemühte sich die wissenschaftliche Arbeit mit dem von Jahr zu Jahr schwieriger werdenden Finanzproblem des Reichs abzufinden. Es würde vom Ziel der Arbeit jedoch zu weit abführen, sollten — wie vollkommene Historie es wohl gebietet — die einzelnen Vorschläge alle aufgezählt und einer Kritik unterworfen werden. Es sollen daher nur einige Hauptlinien hervorgehoben werden.

Als oberster, allgemein geltender Grundsatz für die Wahl der Einnahmen wurde der ökonomische Gesichtspunkt in den Vordergrund gestellt. Es sei eine Steuerpolitik zu führen, die es ermögliche, jene gewaltigen Einbußen an wertvollen Produktivkräften, die die Volkswirtschaft durch den Krieg erleide, wiedergutzumachen. Zwar sollen die Steuern ergiebig sein, aber mit dieser Ergiebigkeit müßte gleichzeitig der Anreiz zu reichlicher und billiger Produktion verbunden sein.[1]) Zu den Steuern, die diesen wirtschaftspolitischen Grundforderungen gerecht werden könnten, zählten die Steuern zur Steigerung der Erzeugung und zur Einschränkung des Konsums. Und in der Tat, diese beiden Richtlinien waren mit vollem Recht in den Vordergrund zu stellen. Denn in einem immer unheilvolleren Ausmaß entwickelte sich die volkswirtschaftliche Lage durch die Kriegsführung. Jahrein, jahraus und immer umfassender und einschneidender spannte die Kriegsführung die Finanzkraft und damit die Wirtschaft in ihren ausschließlichen Dienst. Der Gütervorrat schwand. Die Gütererzeugung über und unter der Erde, die materiellen Schätze und alle Arbeitskräfte dienten einem Verbrauch, dessen Ausmaß unerhörte Formen annahm. Und dieser Verbrauch wirtschaftlich nutzbarer Güter stand in dem Dienst eines unwirtschaftlichen Konsums. Hierzu kam, daß trotz der behördlichen Preisregulierungen die egoistischen Gewinninteressen eine allzu starke Betonung fanden, daß die Industrie, das Gewerbe, der Handel usw. in ihrem Dienst für das Reich bald mit beispiellosen Preisaufschlägen arbeiteten, die dazu angetan waren, die öffentliche Schuld um einige Milliardenschichten mehr als notwendig zu erhöhen.

Während so in der privatwirtschaftlichen Bilanz der Reichtum wuchs, sei es einerseits durch den Bestand an Kriegsanleihe und Schatzwechseln, Banknoten und Depositen, oder andererseits durch die Steigerung der Einkommen und Löhne, sank auf der Gegenseite in der volkswirtschaftlichen Bilanz der reale Güterreichtum, die tatsächliche Produktionskraft. Mit der Zunahme dieses scheinbaren Wohlstandes, der sich in erhöhtem Einkommen und erhöhtem Vermögen äußerte, wuchs die Kaufkraft der Einzelwirtschaften; sie machte sich bald ebenso acht- und rücksichtslos breit wie die Kaufkraft des ersten Käufers, des Reichs. Sie beanspruchte leichthin alle nur erwünschten Güter und Dienstleistungen für sich, obwohl in der gesamten Wirtschaft Gütervorrat und Gütererzeugung sichtbar sanken. Ein rasches und stetiges Ansteigen der Preise auf der ganzen Linie war die natürliche Folge dieser überschüssigen und verfügbaren Kaufkraft.

Diese Entwicklung war eine Folge der bereits eingangs gekennzeichneten Kriegsfinanzierung, die noch dadurch eine Ver-

---

[1]) Dr. Edgar Jaffé, Grundsätzliches zur Frage: Kriegskosten und Steuerreform S. 98.

stärkung fand, daß keine Steuer, insbesondere keine Kriegsgewinnbesteuerung, eingeführt wurde, die rechtzeitig und ausgiebig alle im Kriege gestiegenen Vermögen und Einkommen gefaßt hätte. Hierfür waren weniger soziale und für die Öffentlichkeit bedeutsame moralische Gründe als vielmehr die Erkenntnis des wirtschaftspolitischen Satzes entscheidend, daß es im Kriege die wichtigste wirtschaftliche Aufgabe sei, starke Preissteigerungen zu verhindern. Nun fand, rein preispolitisch betrachtet, ein Teil der Kaufkraft eine gewisse Bindung durch die Zeichnung von Kriegsanleihe, wobei die Verwendung von Anleihestücken als Zahlungsmittel unberücksichtigt bleiben mag, obwohl sie schon frühzeitig in die Erscheinung trat. Aber die Vermehrung des Einkommens und Vermögens stieg rascher an, und es blieb immer noch reichliche Kaufkraft zurück, die auf dem Markte zur Auswirkung kam.

Nur die Steuer, und zwar weniger auf den Konsum als auf das neue Vermögen und vermehrte Einkommen, hätte eine tatsächliche und sichere Minderung der privaten Kaufkraft gebracht. Allerdings erreicht nicht jede einzelne Steuer dieses Ziel. Die steuerpolitischen Maßnahmen müssen in Verfolgung dieses wirtschaftlichen Zieles nach einer doppelten Richtung hin unterschieden werden. Es gibt

1. Steuern, die eine verhältnismäßig sichere Wirkung auf eine Verminderung der Kaufkraft ausüben, bei denen also eine durchgreifende Wirkung auf eine Ermäßigung der Preise möglich ist;
2. Steuern, die dieses Ziel nur im geringen Ausmaß erreichen können.

Zu den ersteren zählten die Kriegssteuern auf das Vermögen und Einkommen. Hohe Kriegsgewinnsteuern, Vermögens- und Einkommenszuwachssteuern und eine allgemeine, jeden Besitz treffende Vermögensabgabe standen an erster Stelle.

In dieser Forderung herrschte wohl Übereinstimmung in allen wissenschaftlichen Arbeiten. Lediglich über die nähere Ausgestaltung der Steuern, insbesondere über die Steuerhöhe, herrschten geteilte Meinungen. Liefmann faßte das Ergebnis seiner Untersuchungen in zwei Sätzen treffend zusammen:

„Praktisch ist es natürlich nicht unbedingt erforderlich und wohl auch kaum durchführbar, daß die Kriegssteuern das ganze gestiegene Einkommen oder Vermögen für den Staat konfiszieren. Aber eine sehr starke Progression, die bei hohem Einkommen und Vermögen und starken Steigerungen auch vor den höchsten

Prozentsätzen bis nahe an 100% nicht haltmacht, ist nicht nur gerecht, sondern auch ohne Zweifel für die Volkswirtschaft und die Stabilität der Preisbildung in ihr heilsam."[1])

Bis in die jüngste Zeit hinein hielt die wissenschaftliche Kritik an dieser Linie fest. Prion sah in der Kriegsabgabe vom Vermögenszuwachs und in der Vermögensabgabe äußerst wirksame Maßnahmen für die Beseitigung der oben gekennzeichneten überschüssigen Kaufkraft, die zu den Preissteigerungen führte. Er sagte beispielsweise:

„Vom Standpunkt der Inflation ist die Vermögensabgabe daher das vorzüglichste Mittel, um die übermäßig gestiegene Kaufkraft einigermaßen wieder in Übereinstimmung mit dem verringerten oder nicht im gleichen Maße gestiegenen Sachgütervorrat zu bringen."[2])

Eine ähnliche Beurteilung hinsichtlich der Wirkung fand die Besteuerung auf den Vermögenszuwachs.

In den wissenschaftlichen Untersuchungen herrschte keine übertriebene Hoffnung etwa von der absoluten Heilkraft der Steuer, vielmehr lediglich Klarheit darüber, daß das Preisproblem, dessen Bedeutung für die Finanzreform allerdings sehr hoch veranschlagt wurde, vornehmlich auf wirtschaftlichem Boden gelöst werden mußte. Rein theoretisch lag die Lösung sehr leicht auf der Hand: es brauchten auf der einen Seite nur eine vermehrte Gütererzeugung mit verstärktem Warenangebot einzusetzen und auf der anderen Seite eine Herabsetzung der hohen und höchsten Löhne und Gehälter mit einer Einschränkung der persönlichen Lebenshaltung. Im Verein mit den gekennzeichneten steuerpolitischen Maßnahmen hätte dann der Abbau der revolutionierten Preisverhältnisse durchgeführt werden können.

Die weiteren Steuergattungen, die zur Lösung der Reform beitragen und in die Wirtschaftslage heilend eingreifen sollten, waren die Verbrauchs- und Verkehrsabgaben. Beide Steuerarten können jedoch nach der geltenden Theorie von den Privaten und Wirtschaftenden leicht auf dem Wege erhöhter Lohn- und Preisforderungen abgewälzt werden. Wenn sie auch ihren fiskalischen Zweck erfüllen, so bleibt der wirtschaftliche Nutzen zweifelhaft. Denn die Abwälzung wirkt nicht preismindernd, sondern im Gegenteil preissteigernd.

So bedeutsam auch die Hochhaltung des allgemeinen volkswirtschaftlichen Leitsatzes bei der Lösung der Steuerreform war, so

---

[1]) Liefmann a. a. O.

[2]) Dr. W. Prion, Inflation und Geldentwertung. Finanzielle Maßnahmen zum Abbau der Preise, Berlin 1919, S. 85/86.

blieb immer zu beachten, daß die Reform letzten Endes doch dem Ziel dienen mußte, die notwendigen Milliarden zur Balancierung des Haushalts zu schaffen, also Einnahmen zu erschließen, die laufend und reichlich fließen konnten.

Angesichts der erwarteten großen, dauernden Budgetlast waren vorerst die dem Reich zur Verfügung stehenden Einnahmequellen auf die höchste Stufe der Anspannung zu führen. Die Grenzen der Belastung durch Verbrauchs- und Verkehrssteuern zog neben dem wirtschaftspolitischen auch noch der soziale Gedanke. Hohe Verbrauchsabgaben wirken einschränkend auf den Konsum, was vielfach weder von volkswirtschaftlichem noch sozialem Interesse sein kann. Sie dürfen gewisse Höhen auch deshalb nicht überschreiten, weil die indirekten Abgaben den Grundsatz der Leistungsfähigkeit des Steuerträgers am wenigsten achten und auch in ihren Wirkungen auf Handel und Gewerbe schwer abzuschätzen sind. Daher wiesen die wissenschaftlichen Arbeiten auf die Grenzen eindringlich hin. Es wurden in erster Linie Abgaben vorgeschlagen, die entbehrliche Genußmittel belasten sollten, also Abgaben auf Tabak, Branntwein, Bier, sodann eine Ausgestaltung der Warenumsatzsteuer. Die in den Vordergrund gerückte stärkere Besteuerung des Luxuskonsums sollte vor allem durch eine Ausgestaltung der Warenumsatzsteuer verfolgt werden. Bei dieser Steuer konnten die Abgabensätze hoch sein, obwohl natürlich zu befürchten stand, daß zu hohe Sätze keine großen Erträgnisse abwerfen, weil durch die erwartete künftige Erhöhung der Einkommensteuer und die Vermögenssteuern für den Luxus nicht allzu reichliche Summen mehr frei verfügbar sein würden. An sich wurde ja die Einschränkung des Luxuskonsums als eine segensvolle Wirkung hoher Steuern begrüßt. Denn von der Einschränkung dieses Konsums wurde eine verstärkte Kapitalienneubildung erwartet, die in der Zeit der Hochkonjunktur der Kapitalsvernichtung mit vollem Recht als erstes Erfordernis für die Genesung der Wirtschaft und Finanz galt.[1])

Als bemerkenswerte Linie aus den Vorschlägen möge noch die scharfe Betonung des Schutzes von Produktion und Handel bei der Bemessung der Verbrauchsabgaben angeführt werden, die namentlich Mombert befürwortete.[2]) Mombert forderte, daß der Starke nicht immer zugunsten des Schwachen belastet werden sollte und

---

[1]) Dr. Robert Liefmann, Deutsche Juristen-Zeitung, 3. Jahrg. (1918) 1. März 1918 S. 146.

[2]) Mombert, Der Finanzbedarf des Reiches und seine Deckung nach dem Kriege, 1916.

wollte damit wohl zum Ausdruck bringen, daß die Förderung der Produktion das erste Erfordernis einer jeden Steuerreform sei. In einigen Untersuchungen über die Ausgestaltung der indirekten Steuern, deren Ausbau die erwähnten doppelten Grenzen gezogen waren, wurden bestimmte Vorschläge für Monopole entwickelt. Die Mannigfaltigkeit der Anregungen und Gegenäußerungen war so stark, daß über die Monopolfrage eine eigene große Literatur entstand. In ihr spiegeln sich Andeutungen und vollendete Pläne für die Schaffung neuer Monopole, für die Umgestaltung indirekter Steuern zu Monopolen u. a. m. wieder. Die Monopole sollten vornehmlich aus der Zwangskartellierung im Handel und Gewerbe gewonnen werden. Jaffé beispielsweise dachte an die Einfuhrmonopole, an ein staatliches Getreidemonopol, während Liefmann gegen ein Getreidemonopol war, weil der Staat kein Risiko den Produzenten abnehmen und auf sich nehmen dürfe.[1]) Für Mombert wiederum waren Monopole nicht nur nach dem finanziellen Ertrag zu bewerten, vielmehr müßte bei ihrer Auswahl darauf geachtet werden, daß der Verstaatlichungsprozeß volkswirtschaftlich günstig (d. h. wirtschaftlichen und technischen Fortschritt herbeiführend) wirke. Eine Verstaatlichung, die gleichzeitig die Produktionskosten verminderе, ergäbe Einnahmen für den Staat, ohne daß damit eine Verteuerung der Produktion für den Konsum verbunden wäre.[2])

Eine Reihe von Produktionsmonopolen wurde einheitlich von mehreren Seiten vorgeschlagen, so ein Stickstoff- und Elektrizitätsmonopol. Hiermit im Zusammenhang wurde für eine Verreichlichung der Eisenbahnen, sowie für die Ausnutzung der Wasserkräfte im finanziellen Interesse des Reichs eingetreten. Dagegen waren die Meinungen über eine Monopolisierung des Kali- und Kohlenbergbaues geteilt, ja sie fand Ablehnung, weil mit ihr eine Abfindung mit großen Vermögens- und Einkommenserhöhungen verbunden war, die die Preissteigerungen nur noch unheilvoller verstärken müßten.[3]) Wiederum einheitlicher lauteten die Vorschläge nach einer Monopolisierung des Versicherungs-, Kredit- und Bankwesens, bei denen hierfür alle Voraussetzungen als gegeben angesprochen wurden.

---

[1]) Dr. Robert Liefmann, Deutsche Juristen-Zeitung, 3. Jahrg. (1918) 1. März 1918 S. 146.

[2]) Mombert, Der Finanzbedarf des Reiches und seine Deckung nach dem Kriege, 1916.

[3]) Liefmann, Deutsche Juristen-Zeitung, 3. Jahrg. (1918) 1. März 1918.

Die finanziellen Auswirkungen dieser Monopole konnten auf keine zahlenmäßige Grundlage gestellt werden. Daher gingen auch die Bewertungen über eine ausgedehnte Monopolwirtschaft des Reichs auseinander. Während eine Seite geneigt war, in ihnen große ergiebige Reserven für die Budgetierung eines 12- oder 15-Milliarden-Bedarfs zu sehen, herrschte andererseits die Überzeugung vor, daß gut ausgebaute Verkehrssteuern und Zölle dieselben finanziellen Wirkungen ausüben würden, wie wenigstens gewisse Monopole.

Von den einzelnen positiven Vorschlägen bleiben schließlich noch die Anregungen anzuführen, die auf eine Steigerung der Eigeneinnahmen des Reichs aus der Post und anderen Erwerbsbetrieben hinzielten. Hier sollte die Einnahmesteigerung gemäß des gestellten ökonomischen Ziels nicht durch hohe, den Verkehr und die Produktion belastende Tarife erfolgen, sondern vornehmlich durch Verbilligung der Verwaltung, Rationalisierung der Betriebe.

Noch ein Gedanke klingt aus vielen dieser Arbeiten über die notwendige Reichsfinanzreform heraus. Es ist dies der Gedanke des gerechten und sozialen Ausgleichs in der Reform und durch die Reform. Es galt, neben der Verwirklichung von fiskalischen Zielen, auch eine soziale Forderung zu erfüllen, nämlich die Ungleichheit in der Schichtung der Vermögens- und Einkommensverhältnisse zu beseitigen. Diese als ungerecht empfundenen Abstände führten schon vor dem Kriege zu scharfen Klassengegensätzen; sie erhielten durch den Krieg eine gefahrvolle Ausprägung. Als eine der vorzüglichsten sozialen Ausgleichssteuern wurde die auf das Gatten- und Kindeserbe erweiterte und mit dem Erbrecht des Reichs ausgestattete Erbschaftssteuer angesprochen. Eine ruhige Entwicklung dieser Steuer würde die Unebenheiten im Laufe der Zeit beseitigen können. Aber das sicherste und rascheste Mittel für diesen sozialen Ausgleich sah die wissenschaftliche Kritik auch in den Personalsteuern, der Einkommens-, Vermögens- und Vermögenszuwachsbesteuerung.

Und in der Tat, der Ausgleich war schon vor dem neuen Revolutions- und Friedensgewinnertum eine dringende staatspolitische Aufgabe. Denn das Mißverhältnis zwischen den privatwirtschaftlichen Forderungsrechten an das Reich und dem tatsächlichen Gütervorrat, dem Scheinreichtum, oder, anders ausgedrückt, der große Unterschied zwischen arm und reich, bedeutete ja nicht allein eine finanzielle Last für das Reich, sondern er mußte auch als ein Hohn auf die gesunde soziale Empfindung empfunden werden. Das laute Betragen der Träger eines maßlos überspannten Eigentumsbegriffes stieß das

Volk ab. Der alte und weit mehr der so leicht erraffte neue Besitz, beide pochten auf ihr unbegrenztes Recht, schrankenlos zu leben, ohne von den Pflichten und Grenzen des Eigentums etwas hören zu wollen. Schon vor dem Kriege vertiefte diese einseitige Haltung des Besitzes und seine Ablehnung, an den allgemeinen Lasten willig teilzunehmen, den sozialen Gegensatz, förderte sie den Klassenhaß. Sein Glaubensbekenntnis war und ist nackter Materialismus, seine Übung die Jagd nach äußerem Gewinn, nach Geld und Erfolg. Während des Krieges artete diese Erscheinung in die abstoßendsten Formen aus. Sie reizte schon durch ihr prunkendes Dasein die arbeitenden Schichten der Bevölkerung. Sie wuchs zur öffentlichen Gefahr, denn nur zu oft wurde der Machtstandpunkt des Besitzes geltend gemacht. Die an der Macht Sitzenden besorgten jetzt rücksichtsloser als je ihre Geschäfte. So maßlos wie sie früher den Achtstundentag, die sozialen Versicherungsgesetze und die Besitzsteuer bekämpften, so schrankenlos entwickelten sie im Kriege als neueste Blüten den schamlosesten Kriegswucher und die widerwärtigste Steuerdefraudation und Steuerunlust. Schon tauchten in weiten Kreisen der Bevölkerung die ersten Befürchtungen auf, daß die leistungsfähigen Schultern die Hauptlasten des Krieges auf die weniger leistungsfähigen abladen würden. Die wissenschaftlichen Arbeiten und viele Vertreter der öffentlichen Meinung haben auf diese Gefahren hingewiesen.

Mit dem Ausbruch der Revolution am 9. November 1918 war die Bahn frei, auch für die große Finanzreform. Die allgemeinen Richtlinien für die neue Reichsfinanzreform lagen vor, es blieb nun der Steuergesetzgebung die Ausführung überlassen.

B. Die Besteuerung des Vermögens.

I. Die Kriegsabgaben von 1916 bis 1919.

Im System der Staatseinnahmen unterscheiden Wissenschaft und Gesetzgebung zwischen ordentlichen und außerordentlichen Einnahmen. Diese Unterscheidung entspricht der gleichen Gliederung in den Staatsausgaben. Die ordentlichen öffentlichen Einnahmen nun zerfallen in zwei Unterarten:

1. in die Erwerbseinkünfte, die aus der privatwirtschaftlichen Betätigung des Staates stammen;
2. in die öffentlich-rechtlichen Einkünfte, die Abgaben.

Während unter dem Begriff „Erwerbseinkünfte" eine eindeutig bestimmte Einnahme zu verstehen ist, bleibt für die Abgaben noch eine Unterteilung vorbehalten. Sie werden von der Wissenschaft und Praxis gegliedert:

1. in direkte Steuern oder veranlagte Steuern,
2. in indirekte Steuern oder tarifierte Steuern,
3. in die Gebühren.

Als außerordentliche Einnahmen schließlich gelten neben den Erlösen aus staatlichen Vermögensveräußerungen, Kriegsentschädigungen u. a. m. die Schuldaufnahmen, also die Inanspruchnahme des öffentlichen Kredits durch langfristige oder kurzfristige Schuldverschreibungen, durch Staatspapiergeld usw. Diese Einteilung der staatlichen Einkünfte gilt auch für die Reichseinkünfte. Die Darstellung der Steuerreform wird sich also in dem äußerlichen Rahmen des geltenden Steuersystems bewegen müssen, sofern auf eine chronologische Berichterstattung über den gesetzgeberischen Gang der Reformarbeit verzichtet wird.

Allerdings ist der Kreis der vorliegenden Betrachtung begrenzt: er wird auf die direkten Steuern oder, wie sie auch heißen, auf die veranlagten Steuern beschränkt. Es werden die Steuern dargestellt, die zum Objekt

1. das Vermögen,
2. das Einkommen und
3. den aus beiden folgenden Vermögenszuwachs

haben. Sie fallen sämtlich unter den Begriff der direkten Steuer. Aber diese noch heute allseitig angewendete Terminologie wird der vorliegenden Arbeit nicht zugrunde gelegt. Es ist bekannt, daß lange Jahre ein unentschiedener Streit geführt wurde über die Richtigkeit der Eingliederung der Erbschaftssteuer in die veranlagten oder tarifierten, direkten oder indirekten Steuern, die doch tatsächlich eine Vermögenssteuer ist. Und es ist zu erwarten, daß in der Frage der Steuereinteilung künftig weniger denn je eine einheitliche Auffassung gewonnen werden wird. Denn es gibt neue Steuern, die sowohl nach Aufbau und Wirkung zu den direkten als auch zu den indirekten Steuern zählen können. Es sei beispielsweise nur auf die Umsatzsteuer hingewiesen, bei der es auch nach genauer Prüfung durchaus zweifelhaft ist, ob sie als veranlagte oder tarifierte Steuer bezeichnet werden kann. Alle diese schwierigen Einteilungsfragen, denen früher in den finanzwissenschaftlichen Arbeiten hohe Bedeutung zugebilligt wurde, treten jetzt zurück. Heute ist nicht so sehr die Klassifizierung entscheidend als Grundlage, Aufbau und Wirksamkeit der Steuer. Von dieser Auffassung heraus soll bei der großen Gruppeneinteilung der neuen Steuern des Reichs die Unterscheidung nach dem Objekt erfolgen. In materieller Beziehung sind dann einfach zu unterscheiden:

1. Steuern auf das Vermögen,
2. Steuern auf das Einkommen,
3. Steuern auf den Verbrauch und Verkehr (einschließlich der Zölle und Gebühren).

Die beiden ersten Steuerobjekte bedeuten für das Reich noch Neuland. Über die Besteuerung des Vermögens liegen in der Steuergeschichte, insbesondere in Deutschland, wenig Erfahrungen vor. Nur im Abgabensystem des Auslandes, so in den Vereinigten Staaten von Amerika und zum Teil auch in der Schweiz, nahmen die Vermögenssteuern eine hervorragende Rolle ein. Dieses Fehlen an genügenden Beispielen begründet es auch, daß die Frage der Besteuerung des Vermögens eine wenig systematische Entwicklung und Förderung fand. Insbesondere scheuten in Deutschland die einzelstaatlichen Steuergewalten, an den Vermögensstamm heranzugehen, weil sie und noch mehr die Öffentlichkeit dadurch eine Beeinträchtigung der Wirtschaftenden und Privaten und damit des Wohlstandes der Nation selbst befürchteten. Erst in den beiden letzten Jahrzehnten vor dem Kriege gaben gewisse Arten von Vermögenssteuern in den Einzelstaaten und im Reich einiges Material zur wissenschaftlichen Beurteilung der Vermögenssteuer. Die Steuer auf das Vermögen kann an den Vermögensstamm in verschiedener Weise anknüpfen. Zunächst muß die Vermögenssteuer, wenn sie als eine vollkommene, außerordentliche Steuer gelten soll, sowohl das werbende Vermögen, also das Kapital, als auch das Verbrauchsvermögen der Besteuerung unterwerfen. Sie gilt dann als eine reelle, die Substanz des Vermögens anfassende Steuer. Daraus folgt, daß sie aus wirtschaftlichen Gründen nur einmal erhoben werden darf. Im Gegensatz zu ihr steht eine zweite Vermögenssteuer, die das Vermögen lediglich als Bemessungsgrundlage ansieht, also den Vermögensstamm selbst nicht berühren, sondern das Einkommen aus dem Vermögen treffen will. Sie tritt äußerlich in der Form einer Vorbelastung des fundierten Einkommens auf und sucht dies durch eine Besteuerung des Vermögens zu erreichen. Sie wird als nominelle Vermögenssteuer bezeichnet. Als charakteristische Merkmale dieser nominellen Vermögenssteuer gelten erstens die Freilassung eines Teils des Vermögens, nämlich des Verbrauchsvermögens, und zweitens ein niedriger Steuersatz. Im Gegensatz hierzu hat, wie bereits betont, die reelle Vermögenssteuer das gesamte, also das Kapital- und Verbrauchsvermögen mit einem relativ höheren Satz zu erfassen, weil sie nur einmalig erhoben wird.

In der jüngsten Zeit der Steuergeschichte in Deutschland waren lediglich Vermögenssteuern zu verzeichnen, die in dem Gedanken fußten, nicht das Vermögen in seiner Substanz zu mindern, sondern die Erträgnisse des Vermögens zu besteuern.[1]) Es handelte sich demnach um nominelle Vermögenssteuern. Obwohl diese Steuerart auch bei dauernder Wirksamkeit nicht als wirtschaftspolitische Gefahr oder drückende Belastung der Pflichtigen angesprochen werden kann, war sie unbeliebt. Von den Bundesstaaten war es Preußen, das erstmalig seit 1895 eine nominelle Vermögenssteuer erhob. Sie erhielt aus politischen Gründen den Namen „Ergänzungssteuer". Diese Vermögenssteuer stellte nichts anderes dar als einen Zuschlag auf die Steuer vom fundierten Einkommen nach Maßgabe des Vermögensstandes. Steuerpflichtig war das bewegliche und unbewegliche Vermögen (werbende Vermögen) nach Abzug der Schulden. Die Steuer wurde in Klassen erhoben, für die ursprünglich ein Normalsatz von ½‰ galt, der später erhöht wurde. Die Steuerpflichtigen mit weniger als 6000 *M* Vermögen waren steuerfrei, die mit 20000 *M* dann, sobald das Einkommen 900 *M* nicht überstieg. Nach der letzten Novelle zur preußischen Einkommen- und Ergänzungssteuer vom 8. Juli 1916 wurde der Ergänzungssteuerzuschlag auf 50 % der zu entrichtenden Steuer erhöht.

Die Entwicklung in der Besteuerung des Vermögens ging einen Schritt weiter, als das Reich mit dem Wehrbeitrag 1913 hervortrat. Der Wehrbeitrag galt als eine einmalige echte Abgabe vom Vermögensstamm. Hier waren die natürlichen Personen mit ihrem Vermögen und ihrem Einkommen beitragspflichtig, wobei das Einkommen als Maßstab für die Bemessung der steuerfreien Vermögensgrenze zu dienen hatte. Grundsätzlich waren alle Vermögen, die den Betrag von 10000 *M* nicht überstiegen, steuerfrei. Diese beitragsfreie Vermögensgrenze erhöhte sich auf 30000 *M*, wenn der Vermögensinhaber ein Einkommen von mehr als 2000 *M*, aber nicht mehr als 4000 *M* hatte, und auf 50000 *M*, wenn er ein Einkommen von nicht mehr als 2000 *M* besaß. Die Abgabe begann mit 0,15 % bei den ersten 50000 *M* und stieg bis 1,271 % bei Vermögen von 10 Millionen Mark und von da bis 1,5 %. Den außer-

[1]) Lotz a. a. O. S. 457.

ordentlichen Charakter dieser steuergesetzlichen Maßnahme, die vollkommen aus dem Rahmen der bisherigen Finanzgebarung herausfiel und die „Ergänzungssteuer" überholte, brachte schon die Überschrift des Gesetzes zum Ausdruck. Es war die Bezeichnung „Steuer" vermieden und schon dadurch der Charakter einer Abgabe vom Vermögen nur verstärkt.[1])

Rein äußerlich betrachtet, war der Wehrbeitrag eine selbständige Abgabe. Er stand jedoch in einem Zusammenhang mit einer zweiten außerordentlichen Abgabe, der Reichsbesitzsteuer. Im Gegensatz zum Wehrbeitrag bildete den Gegenstand der Besteuerung bei der „Besitzsteuer" der Vermögenszuwachs, also die Vermehrung des Vermögens und nicht der Vermögensstamm selbst. Diese Abgabe wird in gewissen Zeitabständen (alle drei Jahre) wiederholt, so daß sie den Charakter einer laufenden Steuer erhält. Der Besitzsteuer ist jeder Vermögenszuwachs unterworfen, sei er durch Erbschaft und Schenkung entstanden, durch Werterhöhung, durch Lotteriegewinn oder Ersparnis am Einkommen. Wenn die Besitzsteuer auch nur den angewachsenen Vermögensteil, den Zuwachs, nach vollendeter Bildung erfaßt, so unterliegt ihr letzten Endes doch ein Vermögensteil. Daher ist die Besitzsteuer als eine Vermögenssteuer anzusprechen, wenn auch immerhin mit der Einschränkung, daß sie nur partiell wirkt. Aber schon in der Tatsache der Besteuerung des Vermögenszuwachses lag für das Reich das finanzpolitisch Neue und in der dreijährigen Wiederholung dieser Besteuerung des Vermögens auf den Grundlagen regelrechter Veranlagung das fiskalisch Bedeutsame. Nach dem Besitzsteuergesetz sind nur die natürlichen Personen steuerpflichtig, während beim Wehrbeitrag auch ein Teil der juristischen Personen, die Aktiengesellschaften und Kommanditgesellschaften auf Aktien der Abgabe unterworfen waren. Die Steuersätze konnten bei der Besitzsteuer höher sein. Sie sind doppelt gestaffelt: einmal nach der Höhe des Zuwachses, und zwar von 0,75 % bis 1,50 % (von 50000 bis über 1 Million des Zuwachses), sodann nach der Höhe des Vermögens am Ende des jeweiligen Veranlagungszeitraumes (also einschließlich des Zuwachses) in der Weise, daß sich der Steuersatz je nach der Höhe des Gesamtvermögens des Steuerpflichtigen um 0,1 bis 1 % (von 100000 bis 10 Millionen Vermögen) des Zuwachses erhöht.

Diese beiden Reichsabgaben, von denen die Besitzsteuer allein ein dauerndes Glied im Steuersystem des Reichs werden sollte,

---

[1]) Vgl. Moesle, Wehrbeitrag, Mannheim 1914, Einleitung S. XIII.

stammen aus einer Zeit der finanziellen Not. Für das Reich galt es 1913, einen großen Mehrbedarf zu decken. Der Weg zu den indirekten Steuern war ungangbar. Es blieb allein der Ausbau, die Veredlung der Matrikularbeiträge. Die hierdurch bedingte Belastung der Einzelstaaten sollte ihren Ausgleich dadurch finden, daß sie die erhöhten Beiträge an das Reich durch Besitzsteuern herausholten. Aber der Reichstag wählte einen kürzeren Weg und sprach dem Reich die Besitzsteuer zu.

In der wissenschaftlichen Kritik fanden Wehrbeitrag und Besitzsteuer keine sonderliche Anerkennung. Nur der verwirklichte sozialpolitische Gedanke, auch einmal die ärmeren Schichten der Bevölkerung geschützt zu haben, indem das Reich Einnahmen aus einer direkten Steuerquelle zugewiesen erhielt, wurde als hochehrenwert veranschlagt.[1]) Für das Abgabensystem des Reichs bedeuteten jedoch diese beiden Abgaben in der Tat keine tiefergehenden und bedeutsamen Änderungen, weil sie in keinem systematischen Zusammenhang mit der Besteuerung des Vermögens und Einkommens von einer Stelle aus standen. Lotz faßt diese Tatsache sehr schön in folgendem Satz zusammen:

„Hätte das Reich nicht bereits die bequemeren und ergiebigeren Formen veranlagter Steuern — Einkommensteuer und Vermögenssteuer — von den Einzelstaaten ausgebildet und ausgenutzt vorgefunden, man würde kaum zu dem, was geworden ist, des dem Unbequemeren und Komplizierteren sich gewendet haben. Das Reich war in der Lage des zuletzt gekommenen Gastes, der vorliebnehmen muß mit dem, was noch übriggelassen ist.“[2])

An dieser Lage des „zuletzt gekommenen Gastes“ mit ihren unangenehmen gesellschaftlichen Folgen, die das Reich schuldlos tragen mußte, krankte auch die Steuerpolitik des Reichs während des Krieges. Als Anhaltspunkt für die Erschließung neuer, außerordentlicher Steuereinnahmen dienten dem Reich in der finanzpolitisch schwersten Zeit nur der vorliegende Wehrbeitrag und die Besitzsteuer. Es war vor allem der Gedanke der Besitzsteuer, der eine Auferstehung feierte und eine verwickelte Fortbildung in den außerordentlichen Kriegsabgaben fand.

Ebensowenig aber wie die beiden Vorkriegsabgaben stehen die Kriegssteuern mit dem Abgabensystem des Reichs in irgendeinem systematischen Zusammenhang. Wehrbeitrag und Besitzsteuer waren Abgaben mit bestimmter Zielsetzung, und ebenso wurde den Kriegssteuern eine außergewöhnliche Aufgabe zugeschrieben. Wenn die

[1]) Lotz a. a. O. S. 475.
[2]) Lotz a. a. O. S. 474.

ersten einmaligen Kriegssteuern auch nicht zur systematischen Reform des Reichssteuersystems zählen können, so weisen sie dennoch einen gewissen Zusammenhang mit diesem System insoweit auf, als sie die Besteuerung des Vermögenszuwachses zum bevorzugten Gegenstand erhoben. Sie gewannen dadurch eine bedeutungsvolle Stellung und gelten heute als einflußreiche Vorläufer der Reichsfinanzreform. Sie ragen in die große Reform hinein und sind daher vor der Darstellung der Steuerreform hier einer eingehenden Betrachtung zu unterziehen.

In den ersten beiden Kriegsjahren zeigte die Reichsregierung gegenüber dem immer vernehmlicher ertönenden Rufe nach einer Sonderbesteuerung der Kriegsgewinne eine gewisse Zurückhaltung, obwohl bereits andere Staaten den Gedanken der Besteuerung der Kriegsgewinne frühzeitig verwirklicht hatten, so z. B. Italien durch die Kriegsgewinnsteuervorlage vom 21. November 1915. Erst im zweiten Kriegsjahre erging zunächst das sog. Vorbereitungsgesetz vom 24. Dezember 1915, das die juristischen Personen zu einer Sonderrücklage aus ihrem bilanzmäßigen Gewinn verpflichtete. Aus ihr sollte die angekündigte Kriegsgewinnsteuer gezahlt werden. Am 13. März 1916 ging sodann dem Reichstag der Entwurf eines Kriegssteuergesetzes zu.

Das Ziel der außerordentlichen Kriegsabgabe von 1916 lag darin, die Kriegsgewinne im allerweitesten Sinne des Wortes zu erfassen. Als Kriegsgewinn galten dem Wortsinn und der Auffassung nach alle Gewinne, die aus Kriegslieferungen stammten und ihren Ausdruck in Einkommens-, Vermögens- und Geschäftsgewinnsteigerungen fanden. Zur Begründung dieses steuerpolitischen Zieles bedurfte es keiner weitschweifigen Worte. Die Kriegsgewinnbesteuerung entsprach nur zu sehr dem natürlichen Volksempfinden.[1]) Hier ist nun die Frage der Kriegsgewinnsteuer weniger vom moralischen Gesichtswinkel zu betrachten als vom rein fiskalpolitischen. Und dann bedeutet die Besteuerung der reinen Kriegs-

[1]) Reichstags-Druckf. Nr. 233 13. Leg.-Per. II. Sess. 1914/16 S. 11. Vgl. hierüber z. B. auch die Ausführungen von Arthur Norden, und Dr. Martin Friedländer, Das Kriegssteuergesetz, Berlin 1917, 2. Aufl., S. 12 des Vorwortes, wo es heißt: „Die große Mehrheit des Volkes wird mit der Besteuerung, soweit sie den Vermögenszuwachs betrifft, einverstanden sein, und dies um so eher, als die Steuerlast zu einem erheblichen Teil doch von denen wird getragen werden müssen, die große Gewinne an Heereslieferungen oder aus der Verteuerung von Konsumartikeln erzielt haben. Denn, wer zur Kriegszeit sein Vermögen vermehrt sieht, wird das in den meisten Fällen der direkten oder indirekten Beteiligung an den hervorgehobenen Gewinnquellen zu danken haben.“

gewinne letzten Endes nichts anderes als eine erstrebenswerte und durchaus gerechtfertigte Korrektur der Gewinne am Reich. Denn diese Gewinne sind zwar zum Teil unter ehrlicher, aber vorwiegend unter wucherischer Ausnutzung der Kriegskonjunktur in die Tasche der großen und kleinen Reichslieferanten geflossen, Gewinne, die das Reich zuviel zahlte dank des dringenden Bedarfs und noch mehr dank seiner unkaufmännischen Einkaufskunst. Diese Gewinne äußerten sich auch bald als große Vermögenszuwachse und Einkommensvermehrungen bei den natürlichen Personen und als außergewöhnlich hohe Überschüsse bei den Gesellschaften.

Das erstrebte Ziel, die Kriegsgewinne zu erfassen, wurde durch die Gesetzgebung nicht erreicht. Es war ihr nicht möglich, einen Unterschied zwischen den Gewinnen zu machen, die durch den Krieg erzielt wurden und denen, die auf privatwirtschaftlich ordnungsmäßigem Wege gewonnen waren. Daher ruhte auch das Kriegssteuergesetz auf dem Satz, daß alle diejenigen Gewinne der Steuer zu unterwerfen seien, die während der Kriegszeit und nicht diejenigen Gewinne, die durch den Krieg erzielt wurden. So galt als Maßstab für die Besteuerung der geldliche Vorteil, die verbesserte wirtschaftliche Lage des einzelnen oder der Aktiengesellschaft usw. schlechthin. Gleichsam nur als entschuldigender Hinweis für die Wahl dieses Maßstabes diente der Gedanke der amtlichen Begründung, daß in einer Zeit, in der der gesündeste und kräftigste Teil des Volkes durch den Frontdienst und ein größerer Teil in der Heimat durch die Kriegsverhältnisse schwer litt, andere zu Lasten dieser Kreise und der ganzen Volkswirtschaft keine großen Gewinne erzielen dürften.

Die außerordentliche Kriegsabgabe wurde am 21. Juni 1916 Gesetz.[1]) Sie erfaßt drei Steuerobjekte:

1. das Vermögen,
2. den Vermögenszuwachs und
3. den Mehrgewinn der Gesellschaften.

Schon aus dem äußeren Aufbau der Abgabe wird ersichtlich, daß die Kriegssteuer von dem einfachen Grundgedanken, den Kriegsgewinn zu erfassen, abgewichen ist. Der entscheidende Grundgedanke einer jeden Kriegsgewinnbesteuerung konnte nur sein, den tatsächlichen Kriegsgewinn, wie er sich in einem Anwachsen des Vermögens und Einkommens bzw. im Mehrgewinn widerspiegelt,

---

[1]) RGBl. 1916 S. 561.

steuerlich zu erfassen. Das war aber bei der Kriegsabgabe 1916 nicht der Fall. Der Schöpfer dieser Abgabe, Moesle, nannte daher die außerordentliche Kriegsabgabe treffender „Kriegsbesitzabgabe“.[1]) Denn in den wesentlichen Grundzügen fußt die Kriegsabgabe auf dem Besitzsteuergesetz von 1913. Namentlich hinsichtlich der Veranlagung, Wertermittlung u. a. schließt sie sich der Besitzsteuer eng an. Der Unterschied liegt nur darin, daß während das Besitzsteuergesetz als eine periodisch alle drei Jahr wiederkehrende Abgabe vom Vermögenszuwachs gedacht war und auf einer stetigen Entwicklung der Wirtschaft ruhte, die Kriegsabgabe vom Vermögenszuwachs einen mehr oder weniger unplanmäßigen einmaligen Zugriff darstellte.

Die Kriegssteuer bedeutete trotz des Fehlens der Besteuerung des Mehreinkommens einen Eingriff des Reichs in das Steuergebiet der Einzelstaaten. Von seiten der Bundesstaaten konnte jedoch gegen die Einführung der außerordentlichen Kriegsabgabe aus zwei Gründen kein Einspruch erhoben werden. Einmal ähnelte diese Abgabe in ihrem Aufbau dem einmaligen außerordentlichen Wehrbeitrag und dem Reichsbesitzsteuergesetz, die sowohl das Vermögen als auch den Vermögenszuwachs schon vor dem Kriege zugunsten des Reichs erfaßten. Wie 1913 so wurde vom Reich natürlich auch 1916 der außerordentliche Charakter der neuen Steuer hervorgehoben. Denn noch immer galt der alte Grundsatz von der Unantastbarkeit des direkten Steuergebiets der Bundesstaaten. Und zweitens konnten die Bundesstaaten und Gemeinden gegen diese Abgabe nicht angehen, weil die Kriegsgewinnsteuer für die Abdeckung der Kriegsschulden bestimmt war, wofür dem Reich der Vorrang gelassen werden mußte. Das Reich hatte ja diese Gewinne gezahlt, und es stellte jetzt lediglich ein Gebot der ausgleichenden Gerechtigkeit dar, wenn sich hier das Reich zum Steuergläubiger machen ließ. Rein materiell war ein starker Steuerzufluß für das Reich auch deshalb erforderlich, weil die Zölle und einige andere indirekte Abgaben geringere Erträgnisse brachten und im Reichshaushalt die Defizite abzudecken waren. Diese Tatsachen mußten wohl oder übel Anerkennung finden.

Das Gesetz vom 21. Juni 1916 erfaßt die natürlichen Personen und umschreibt als Vermögenszuwachs den Unterschied zwischen dem reinen Betrag des steuerbaren Vermögens am 31. Dezember 1913, wie er durch die Wehrbeitragsveranlagung festgestellt

---

[1]) Moesle, Deutsche Juristen-Zeitung, 21. Jahrg. (1916) S. 57.

ist, und des Vermögens vom 31. Dezember 1916. Damit im Zusammenhang besteuert die Ergänzungsabgabe das erhalten gebliebene Vermögen, sofern es keine größere Verminderung während der obengenannten Veranlagungszeit als höchstens um 10% erlitten hat. Es werden also, und das ist das Bedeutsame, auch diejenigen Vermögen erfaßt, die nicht nur keinen Gewinn erzielten, sondern sogar eine Verminderung bis zu 10% gegenüber dem 31. Dezember 1913 erlitten. Die so aufgebaute Ergänzungsabgabe zieht ihre Berechtigung aus der Tatsache, daß durch den Krieg große Vermögensverschiebungen eingetreten sind. Zahlreiche Vermögen konnten sich vermehren, auf der anderen Seite dagegen haben viele Vermögen große Verluste erlitten. Während die angewachsenen Vermögen der Zuwachsbesteuerung unterworfen wurden, sollten die erhalten gebliebenen oder durch den Krieg nicht empfindlich berührten Vermögen gleichfalls einer Steuer unterliegen.

Schließlich bleibt der Mehrgewinn der Gesellschaften als Steuerobjekt aufzuführen. Als steuerpflichtigen Mehrgewinn der Aktiengesellschaften und Kommanditgesellschaften auf Aktien umschreibt das Gesetz den Unterschied zwischen dem Gewinn derjenigen Geschäftsjahre, die in die Zeit der Wirksamkeit der Kriegssteuer fallen, und dem durchschnittlichen Friedensgewinn der letzten fünf Friedensjahre, wobei die beiden Geschäftsjahre mit den besten und den schlechsten Geschäftsergebnissen ausscheiden (s. § 17).

Der Steuersatz war als verhältnismäßig annehmbar zu bezeichnen. Die Abgabe vom Vermögenszuwachs bei den physischen Personen belief sich auf 5% für die ersten 10000 ℳ des Zuwachses und stieg bis zu 50% über 1,1 Million Mark an. Die Ergänzungsabgabe auf das Vermögen, das erhalten geblieben ist, betrug 1‰ des Vermögens. Sie ermäßigte sich, wenn das Vermögen sich verringerte, und sie fiel ganz weg, wenn die Vermögensabnahme 10% des früheren Vermögens betrug. Auch bei den Gesellschaften wurde eine Steuerskala angewandt. Der Steuersatz war zunächst nach der Höhe des prozentualen Verhältnisses zwischen Mehrgewinn und Kapital aufgebaut, und zwar in folgendem Ausmaß: im Anfangssatz erreichte der Steuersatz bei einem Mehrgewinn von 2% des Kapitals 10% des Mehrgewinns und er stieg an bei einem Mehrgewinn von über 15% des Kapitals auf 30% des Mehrgewinns. Zu diesem Satz trat ein Steuerzuschlag, der zum Geschäftsgewinn in Beziehung gesetzt wurde. Die Steuer erhöhte sich, sobald der Geschäftsgewinn 8—10% des eingezahlten Grund- und

Stammkapitals zuzüglich der ausgewiesenen Reserven ausmachte, um 10 %, und sobald er 25 % überstieg, um volle 50 %.

Bei der Betrachtung der Belastung entsteht die Frage, ob das Prinzip der Progression, also die Abstufung der Sätze nach der Höhe des Vermögenszuwachses und des Mehrgewinns, hier überhaupt angebracht war oder nicht. Diese Frage ist zu bejahen. Eine Progression war zum mindesten in den unteren Stufen notwendig, da die Kriegsabgabe eine unterschiedliche Behandlung nach der Herkunft des Vermögenszuwachses bzw. Mehrgewinns nicht vornahm. Diese Unterscheidung mußte unterbleiben, weil es nicht gelang, objektive Merkmale hierfür zu finden. In einem gewissen Ausmaß wurde der natürlichen Vermögensvermehrung und Gewinnsteigerung durch eine steuerfreie Grenze und verhältnismäßig geringere Belastung der unteren Stufen allerdings Rechnung getragen. So wurde die Kriegssteuer erst erhoben, sobald der Zuwachs den Betrag von 3000 ℳ und das Endvermögen den Wert von 10000 ℳ überstieg. Das Stufensystem selbst suchte die Leistungsfähigkeit zu berücksichtigen. Allerdings wurde die Besteuerung des Vermögenszuwachses bei den physischen Personen dem Prinzip der Belastung nach der Leistungsfähigkeit nicht voll gerecht. Denn der Millionär, der einen Vermögenszuwachs von 10000 ℳ zu verzeichnen hat, leistet verhältnismäßig weniger als ein Mann mit einem Vermögen von 100000 ℳ und einem Zuwachs von 50000 ℳ. Im ersteren Falle sind etwa 500 ℳ, im zweiten etwa 7000 ℳ zu leisten. Angesichts dieser Tatsache lag es nahe, die Forderung nach einem einheitlichen, festen Steuersatz aufzustellen, wobei über die Höhe dieses einzigen Satzes gestritten werden konnte. Hierbei war es nicht nötig, den vielfachen Forderungen der Öffentlichkeit nach einer vollkommenen Wegsteuerung der Kriegsgewinne zu folgen, also den Satz auf 100 % zu bemessen, weil doch, rein wirtschaftlich gesehen, der Kriegsindustrie ein gewisser beweglicher Spielraum für die Umstellung in die Friedenswirtschaft gelassen werden mußte. Es blieb also die Staffel. Über den Grad der Staffelung nun können genau wie über die Bemessung eines einzigen Satzes vom wirtschaftlichen Standpunkt aus verschiedene Meinungen vorherrschen. Schließlich sind sowohl eine Staffel als ein fester Satz mehr oder weniger willkürlich gegriffene Größen. Irgendein festes Prinzip, aus dem die ziffernmäßige Höhe der Steuersätze abzuleiten wäre, gibt es nicht, weder bei dieser noch bei jener Steuer. Daher werden auch immer über die mehr oder weniger willkürlich bemessenen Sätze verschiedene Meinungen herrschen. Bei der Aufstellung eines Steuertarifs lassen sich lediglich einige allgemein geltende Grundsätze verwirklichen, wie insbesondere der Grundsatz von der Erhaltung der wirtschaftlichen Leistungsfähigkeit, von der Erhaltung einer angemessenen Gewinnmöglichkeit und der Erhaltung der Steuerfreudigkeit. Der zahlenmäßige Ausdruck, der diesen Grundsätzen verliehen wird, ist und bleibt aber stets anfechtbar.

Im weiteren Verlauf des Krieges wurde eine Erhöhung der Abgabensätze vorgenommen. Sie wurde durch das Gesetz vom 9. April 1917 vollzogen, ohne an den Grundlagen des Kriegssteuergesetzes von 1916 eine Änderung vorzunehmen. Das Gesetz erhob lediglich einen Zuschlag zur Kriegssteuer in Höhe von 20%. Dieser Zuschlag ist so gestaltet, daß er sich automatisch nach der Höhe der Kriegssteuer bemißt.

Zum drittenmal wurde die Kriegssteuer Gegenstand einer Änderung im Jahre 1918. Mitte April 1918 legte die Reichsregierung dem Reichstag mit einer größeren Anzahl von indirekten Abgaben auch eine neue Vorlage über die Kriegssteuer zur Beratung vor.[1]) Bei den Beratungen über die Kriegssteuervorlage machte der Ausschuß des Parlaments den bemerkenswerten Vorschlag, folgende Steuern zu erheben:

1. eine einmalige Kriegsabgabe vom Einkommen: die natürlichen Personen mit einem Jahreseinkommen von mindestens 20000 ℳ sollten mit einem durchstaffelten Abgabensatz von 3—20% belastet werden. Die Steuerveranlagung für diese Reichsabgabe sollte auf der Grundlage der Landeseinkommensteuer erfolgen;
2. eine erhöhte Kriegsabgabe von dem während des Krieges erzielten Mehreinkommen;
3. eine Ergänzungsabgabe vom Vermögen.

Dieser Versuch, dem Reich einen einmaligen Anteil an den bundesstaatlichen Einkommensteuern zu sichern, scheiterte an der Weigerung der Bundesstaaten. Sie erblickten in dieser Abgabe noch immer einen unstatthaften Eingriff in ihre traditionelle Steuerhoheit. Dagegen wurden die Mehreinkommensteuer und die Vermögenssteuer angenommen.[2])

In diesen beiden Abgaben kam nunmehr zum erstenmal der Gedanke einer echten Kriegsgewinnsteuer zur Verwirklichung, und

---

[1]) Reichstags-Drucks. Nr. 1879 13. Leg.-Per. II. Sess. 1914/18.

[2]) RGBl. 1918 S. 964.

zwar dadurch, daß die Abgabe auf den tatsächlich gemachten Gewinn, auf das tatsächlich gewachsene Einkommen erhoben werden sollte und nicht wie bisher auf den Vermögenszuwachs. Bis zum Jahre 1918 war Deutschland das einzige Land, das seine Kriegsgewinnbesteuerung auf die Grundlage des Vermögenszuwachses stellte. Die Ursachen für diese Lücke waren bekannt. Aber 1916 leisteten die Einzelstaaten noch einen unüberwindbaren Widerstand sogar gegen eine Besteuerung des Mehreinkommens.

Nach dem Gesetz vom 26. Juli 1918 ergab sich das steuerpflichtige Mehreinkommen der physischen Personen aus der Gegenüberstellung des Friedenseinkommens zum Kriegseinkommen. Nur der Teil des Mehreinkommens, der 3000 ℳ überstieg, wurde der Abgabe unterworfen. Der Steuersatz betrug für die ersten 10000 ℳ des abgabepflichtigen Mehreinkommens 5 % und stieg bis zu 50 % bei einem Mehreinkommen von 201000 ℳ. Auch die Abgabe vom Vermögen war gestaffelt. Sie begann für die ersten 200000 ℳ mit 1 ‰ und stieg bis 5 ‰ bei einem Vermögen von über 2 Millionen Mark. Als abgabepflichtiges Vermögen galt das Vermögen nach dem Stande vom 31. Dezember 1916 und unter bestimmten Voraussetzungen 1917. Die Feststellung des steuerpflichtigen Vermögens erfolgte wiederum nach den Bestimmungen des Besitzsteuergesetzes.

An dritter Stelle standen die Vorschriften über die Abgabepflicht der Gesellschaft. Sie entsprachen im wesentlichen den Bestimmungen im Kriegssteuergesetz von 1916. Der wesentliche Unterschied gegenüber 1916 lag darin, daß die Abgabe diesmal mit einem festen Satz von 80 % auf den Mehrgewinn erhoben wurde. Der feste Steuersatz von 80 % erfuhr jedoch in bestimmten Fällen eine Ermäßigung um 10—15 %, und zwar nach einer doppelten Richtung. Einmal, wenn der Mehrgewinn eine gewisse Summe nicht überstieg, also bei einem Mehrgewinn von 300000—500000 ℳ 10 % und dann fallend bis zu einem Mehrgewinn, der unter 50000 ℳ hoch war, wo die Ermäßigung 50 % betrug. Oder zweitens, sobald der Mehrgewinn unter 1 Million lag und einen gewissen prozentualen Teil (fallend von 25—8 %) des eingesetzten Grund- und Stammkapitals einschließlich der Reserven nicht überstieg. Der abgabepflichtige Mehrgewinn wurde auch hier — wie bei der Kriegsabgabe 1916 und 1917 — durch die Gegenüberstellung des Durchschnitts der letzten Friedensgeschäftsjahre und des Geschäftsgewinnes für das vierte Kriegsgeschäftsjahr gewonnen.

Die außerordentliche Kriegsabgabe 1918 brachte Fortschritte in der Besteuerung der Kriegsgewinne, und sie rückte erstmalig auch an das „Rührmichnichtan" der Bundesstaaten bedenklich heran. Zwar ist die Reichs mehreinkommensteuer gewiß noch lange keine Reichseinkommensteuer. Aber schon mit dem Anerkenntnis auch nur einer Mehreinkommensteuer war der erste Schritt dazu getan, von dem alten Dogma, daß das Reich überhaupt keinerlei direkte oder ähnliche Steuern erheben dürfe, abzugehen oder ihm doch wirksamst entgegenzuarbeiten. Als treibende Kraft wirkte hier allein die finanzielle Not des Reichs. Sie sollte es auch sein, die später Gang und Aufbau der großen, immer wieder aufgeschobenen Reichsfinanzreform beherrschte.

Noch in einer zweiten Richtung haben die Einzelstaaten ihr Steuerhoheitsgebiet durch die Steuergesetzgebung 1918 berührt gesehen. Der Reichstag schuf eine neue oberste Spruchbehörde im Rechtsmittelverfahren, den Reichsfinanzhof. Der Reichsfinanzhof steht über dem preußischen und den anderen einzelstaatlichen Oberverwaltungsgerichten und gilt als letzte Instanz für Rechtsbeschwerden in Steuersachen. Die Errichtung des Reichsfinanzhofs entsprang materiell dem Wunsch, in Streitfällen eine einheitliche Behandlung bei den Reichssteuern, insbesondere bei den Kriegsabgaben zu erreichen. Finanzpolitisch aber wurde diese Schöpfung als ein erster Vorläufer für die kommende Reichsfinanzreform gewertet.[1])

Zum letztenmal wurden die Kriegsgewinne Gegenstand der Besteuerung im Übergangsjahr 1919. Die Kriegsabgabe für das Rechnungsjahr 1919 erfaßte letztmalig das Mehreinkommen der Einzelpersonen und den Mehrgewinn der Gesellschaften. Sie reicht zwar, zeitlich betrachtet, in die Finanzreform des Jahres 1919 hinein, steht aber mit ihr in keinem organischen Zusammenhang. Sie stellt lediglich einen Schlußstein in der langjährigen Kriegssteuergesetzgebung dar. Das gleiche gilt von der Kriegsabgabe auf den Vermögenszuwachs.

In der Besteuerung des Mehreinkommens der Einzelpersonen ist gegenüber 1918 keine Besonderheit anzuführen. Als Mehreinkommen gilt wiederum der Unterschied zwischen dem Friedens- und dem Kriegseinkommen. Der Mindestbetrag des abgabepflichtigen Mehreinkommens beträgt 1000 ℳ und, falls das Kriegseinkommen nicht mehr als 30000 ℳ beträgt, 4000 ℳ. Der Steuersatz ist erheblich verschärft. Die Abgabe beträgt für die ersten 10000 ℳ des ab-

[1]) Siehe auch Oberregierungsrat Dr. E. Jacobi, Die außerordentliche Kriegsabgabe für das Rechnungsjahr 1918, Deutsche Juristen-Zeitung 23. Jahrg. (1918) S. 467—471.

gabepflichtigen Mehreinkommens 5% und ist so gestaffelt, daß der Höchstsatz von 70% oberhalb 400000 ℳ einsetzt. Die Kriegsabgabe 1919 für die Gesellschaften stellt eine Wiederholung der Abgabe 1918 dar; sie erfaßt den Mehrgewinn des fünften Kriegsgeschäftsjahres. Die Abgabe beträgt für inländische Gesellschaften grundsätzlich 80% des Mehrgewinns, und der Abgabesatz ermäßigt sich um 10—50% je nach dem Betrag des Mehrgewinns und nach dessen Verhältnis zum Geschäftskapital.

Auch die Kriegsabgabe vom Vermögenszuwachs schließt sich nach ihrem Inhalt und Zweck eng an das erste Kriegssteuergesetz an. Wie beim ersten Kriegssteuergesetz, so wurde auch hier eine unterschiedliche Erfassung der Vermögensvermehrungen nicht vorgenommen. Die Abgabe wirkt ohne Rücksicht darauf, ob planmäßige ordentliche Ersparnisse oder ob reine Kriegsgewinne den Vermögenszuwachs bewirkten. Für die steuerliche Erfassung wurde die ganze Kriegszeit festgesetzt. Es wurden also bei diesem Rückgriff auch die Vermehrungen erfaßt, die bereits dem ersten Kriegssteuergesetz unterworfen waren. Da eine feste Anfangsveranlagung nur durch den Stichtag zur Besitzsteuer gegeben war, wurde auch als Anfangsvermögen das Vermögen nach seinem Stand vom 31. Dezember 1913 festgesetzt. Als Stichtag für das Endvermögen galt der 30. Juni 1919. An sich lag dieser Zeitpunkt der beendeten Kriegszeit weit entfernt. Die Wahl eines so späten Endtermins erschien jedoch wirtschaftspolitisch dadurch gerechtfertigt, daß eine Reihe von Kriegsgewinnen auch noch nach der Revolution erzielt wurde. In der Tat bedeutete die Umstellung der einzelnen Unternehmungen in die Übergangswirtschaft vielfach nichts anderes als eine Liquidation der Kriegsunternehmungen. Für die Wahl des 30. Juni 1919 und nicht eines späteren Zeitpunktes, etwa des 31. Dezember 1919, war die voraussichtliche Wahl dieses Zeitpunktes für die Abgabe vom Vermögen (Reichsnotopfer) bestimmend.

Die Veranlagung zu der letztmaligen Besteuerung des Vermögenszuwachses erfolgte gleichfalls auf Grund der Vorschriften des Besitzsteuergesetzes. Von besonderer Bedeutung sind die Steuersätze. Sie erreichen gegenüber der ersten Kriegssteuer ein Ausmaß, das als hoch bezeichnet werden muß. Die Abgabe setzt nach einem steuerfreien Vermögenszuwachs von 5000 ℳ mit einem Steuerfuß von 10% ein und ist so gestaffelt, daß der abgabepflichtige Vermögenszuwachs von 376000 ℳ an voll und ganz erfaßt wird und dem Abgabepflichtigen in keinem Fall mehr als 172000 ℳ des Zuwachses läßt.

Es darf angesichts dieses Steuersatzes gesagt werden, daß er die gehörige Korrektur der Kriegsgewinne vorzunehmen wohl in der Lage ist. Und es bleibt nur zu wünschen, daß die praktische Veranlagungsarbeit sie auch alsbald erzielen wird. Denn noch mehr als während des Krieges sind nach dem 9. November 1918 riesige Vermögensvermehrungen zu verzeichnen, während das Verlangen nach einem gerechten sozialen Ausgleich zwischen Besitzenden, insbesondere den „neuen Reichen" und den Nichtbesitzenden stärker und politisch stürmender auftrat. Ohne Bedenken durften die schärfsten Tarife zum Ansatz gebracht werden, zumal das Fiskalbedürfnis es gebot. Allerdings war einer wirtschaftlichen Tatsache Rechnung zu tragen: der Vermögenszuwachs ist zu einem erheblichen Teil als ein rein rechnungsmäßiger Zuwachs anzusprechen. Das Geld erlebte seit dem militärischen und politischen Zusammenbruch eine Entwertung, wie es nie zuvor für möglich gehalten wurde. Die Rohstoffe erreichten schwindelnde Preishöhen, die Löhne sahen außergewöhnliche Erhöhungen und die Wirtschaft selbst war in keinem geregelten Gange. Wenn sich daher bei vielen Steuerpflichtigen das Vermögen rein zahlenmäßig auch stark gesteigert hat, so war es auf der anderen Seite doch wiederum klar, daß die Kaufkraft dieses Vermögens, daß sein Realwert stark gesunken war. Aus diesem Grunde hat das Gesetz mit seinem hohen Tarif vorgesehen, daß überall dort, wo besondere Härten bei der Leistung der Abgabe entstehen würden, insbesondere daß dort, wo die privatwirtschaftlichen Grundlagen des Gewerbes usw. berührt würden, die Abgabe gestundet und in Raten geleistet werden kann. Das Finanzamt kann die Stundung bis zu 5 Jahren aussprechen, das Landesfinanzamt bis zu 10 Jahren und schließlich das Reichsfinanzministerium bis zu 20 Jahren. Durch die Verteilung der Zahlungen ist der Geldentwertung und ihrem Einfluß auf die Leistungsfähigkeit der Steuerpflichtigen genügend Rechnung getragen.

Der Ertrag der Kriegssteuern 1916—1918 erreichte rund 8,5 Milliarden Mark.[1]) Aus den beiden zusammenfassenden Kriegssteuern 1919 erhofft das Reich eine Gesamteinnahme von rund 10 Milliarden

[1]) Ertrag:

a) außerordentliche Kriegsabgabe von 1916 einschließlich des Zuschlags	5777,1 Millionen Mark
b) Kriegsabgabe 1918	2686,2 „ „
zusammen	8463,3 Millionen Mark.

Mark.[1]) Das Ergebnis der Veranlagungen für die Kriegssteuern 1919 bleibt abzuwarten. Es ist schwer, ein allgemeines Urteil über den finanziellen Erfolg der Kriegssteuern auszusprechen. Ein erwarteter Betrag von 10 Milliarden Mark angesichts der riesigen Gewinne bestimmter Gruppen von Privaten und der Mehrzahl der Gesellschaften muß jedoch als verhältnismäßig sehr gering bezeichnet werden.

Im Rahmen des zur Untersuchung gestellten Gebietes steht als steuerpolitisches Ergebnis fest, daß die Kriegssteuern eine Fortentwicklung der bisherigen Vermögens- und insbesondere der Vermögenszuwachssteuer brachten, wenn auch nicht in einfacher und klarer Form. Sie gewannen zwar keinen entscheidenden Einfluß auf die Reform der Steuern, auf Vermögensabgabe und Vermögenszuwachssteuer als Glieder eines neuen Reichsabgabensystems, aber sie ragen in diese Reformarbeit stützend hinein.

II. Das Reichsnotopfer vom 31. Dezember 1919.

Die von Kriegsjahr zu Kriegsjahr steigende Milliardenschuld des Reichs bestimmte schon frühzeitig einen Teil der mit dem Finanzproblem beschäftigten Wissenschaftler, eine Abbürdung dieser Schuld zu verlangen. Erst dann würde es nach ihrer Auffassung möglich sein, an die Reform des gesamten Abgabenwesens heranzutreten. Als das geeignetste Mittel für die teilweise Schuldentilgung wurde eine einmalige Abgabe vom Vermögen angesprochen. Prinzipielles Ziel dieser einmaligen Abgabe sollte also die Herabminderung der Reichsschuld sein. Es ist bedeutsam, diese Tatsache scharf hervorzuheben. Sie bildete auch den Ausgangspunkt für die Überzeugung, daß ohne eine Verminderung der großen Schuldenlast das Reich zur Deckung der Zinsen und Amortisation hohe Steuern einführen müßte. Hohe Verkehrs- und Verbrauchssteuern aber, so wurde weiter geschlossen, könnten leicht dazu führen, die Unternehmungslust zu schwächen und damit bis zu einem gewissen Grade die Produktivität der Wirtschaft beeinträchtigen. Ihre Wirkung könnte sogar schädlicher sein als ein direkter Zugriff in das Vermögen. In dieser Auffassung standen die wissenschaftlichen Untersuchungen nicht allein. Auch in den Kreisen des praktischen Wirtschaftslebens nahm die

[1]) Geschätzter Ertrag:

a) außerordentliche Kriegsabgabe für das Rechnungsjahr 1919	. . . .	2 Milliarden Mark
b) Kriegsabgabe vom Vermögenszuwachs	. . . . .	8 „ „
	zusammen	10 Milliarden Mark.

Bewegung zugunsten einer Vermögensabgabe immer mehr an Stärke zu. Sie entsprang zum großen Teil der Furcht vor einer Ausdehnung der Besteuerung auf den Verbrauch und Verkehr. Vor allem waren es die Befürchtungen vor Monopolen, die ja zu einer Ausschaltung der betroffenen Erwerbszweige und namentlich des Handels führen mußten. Die Neigung für eine solche einmalige Abgabe war auch in den linksdemokratisch gerichteten politischen Kreisen festzustellen. Hier leitete die Zuneigung, die rein politische Besorgnis vor einer zu starken Belastung des Verbrauchs der unteren Klassen. Es bestand auf diese Weise eine geschlossene, von wissenschaftlichen, praktischen und politischen Überlegungen geleitete Gruppe die für eine große einmalige Vermögensabgabe eintrat.[1])

Auf der anderen Seite bekämpfte die Vermögensabgabe eine starke gegnerische Gruppe. Sie führte in ihrem Kampf zum Teil sehr beachtliche Beweisgründe an. Die Gedankengänge für und gegen eine einmalige Vermögensabgabe, wie sie in wissenschaftlichen Kreisen verfolgt wurden, faßte der Verein für Sozialpolitik in einer Schriftenreihe zusammen.[2]) Hier trafen Anhänger und Gegner in eingehenden und tiefgründigen Untersuchungen zusammen. Neben einzelnen, in der Tagespresse und in Zeitschriften veröffentlichten Abhandlungen über die Vermögensabgabe[3]) haben in erster Linie die Untersuchungen in den Schriften des Vereins für Sozialpolitik hohen wissenschaftlichen Wert. Herkner konnte darauf hinweisen, daß das Problem der Abbürdung der Staatsschuld durch Vermögenssteuern auf einer wissenschaftlichen Höhe behandelt wurde, wie kaum zuvor.[4])

In der ersten Reihe der gegnerischen Argumente stand die alte, traditionelle Auffassung, daß es dem Reich nicht zukomme, das Recht der Einzelstaaten auf die direkten Steuern anzutasten, auch wenn diese Vermögenssteuer einen anderen Namen erhielte. Denn diese sog. „Vermögensabgabe" war für den Gegner Gustav Cohn nichts anderes als einfach eine direkte Steuer, die lediglich deshalb einen anderen Namen bekommen sollte, um sie äußerlich nicht zu sehr als

---

[1]) Siehe die zahlreichen Arbeiten über die Vermögensabgabe, u. a. die frühzeitige Arbeit von Jastrow: Gut und Blut fürs Vaterland, Berlin 1917.

[2]) „Die Neuordnung der deutschen Finanzen", herausgegeben von Dr. H. Herkner, 156. Band der Schriften des Vereins für Sozialpolitik, I., II. und III. Teil.

[3]) Vgl. beispielsweise die Vorschläge von Max Steinthal, Berliner Tageblatt 23. Dezember 1917 und 22. Dezember 1918. — Dr. R. Kuczynski, in der „Kommunalen Praxis" Nr. 28 vom 19. Juli 1919.

[4]) Vgl. „Die Neuordnung der deutschen Finanzen" Teil I Vorwort S. VII.

direkte Steuer zu kennzeichnen.[1]) Er erinnerte an die schon einmal geübte bureaukratische Wortschöpfung des „Wehrbeitrages". Aber der Streit um den Namen erschien nicht als wesentlich, und auch jene traditionelle Auffassung verfing nicht mehr recht.

Späterhin sträubten sich die Einzelstaaten und ihre Wortführer gegen eine derartige einmalige Reichssteuer auf das Vermögen nicht mehr. Sie gingen dabei von der Hoffnung aus, daß dann ein Eingriff in die laufende direkte Besteuerung hintangehalten würde. Strutz allerdings, dem dieser Standpunkt aus den Kreisen der einzelstaatlichen Finanzverwaltungen vorgebracht wurde, hat vor dieser Anschauung gewarnt. Er sah in der einmaligen Vermögensabgabe im Gegensatz zu diesen Äußerungen geradezu den Schrittmacher für kommende dauernde „direkte" Reichssteuern.[2]) Die tatsächliche Entwicklung gab der Strutzschen Voraussage recht, wenn sie auch unter anderen allgemeinen Voraussetzungen eingetroffen ist.

Wesentlich überzeugender im Kampf um die Vermögensabgabe klang schon ein anderes gegnerisches Argument, nämlich der Gedanke, einen Teil der Kriegslasten auf die kommenden Generationen abzuwälzen. Als Begründung diente der Hinweis, daß der heutigen Generation lediglich Verzinsung und angemessene Tilgung der Schuld aufgebürdet werden dürften. Ebenso spreche eine fiskal-politische Überlegung für eine solche zeitliche Lastenverteilung. Homburger namentlich betonte, daß es unvorteilhaft sei, die sofortige Tilgung der Schuld zu bewirken, weil das Reich damit auf jeden künftigen Konversionsgewinn Verzicht leiste. Aber der Gedanke, die Kriegslasten auf die Zukunft zu verschieben, brachte steuerpolitisch keine Entlastung, sondern ließ alles, auch die Frage der Deckung des großen Finanzbedarfs, ungeklärt. Ebenso konnte die Aussicht auf einen möglichen Konversionsgewinn nicht als durchschlagend erachtet werden. Das Ziel war richtig erkannt und hieß Abbürdung, die allein den großen steuerlichen Bedarf des Reichs ermäßigen konnte.

Aus den zahlreichen Gründen gegen die Abgabe sei noch der Hinweis auf die ungleichmäßige Veranlagung hervorgehoben, an der auch schon der Wehrbeitrag krankte. Dieser an sich ernsten Befürchtung konnte indessen durch eine entsprechende Ausgestaltung der Steuergesetzgebung begegnet werden. Es wurden weiterhin bevölkerungspolitische Bedenken dahin geäußert, daß die Ehe-

---

[1]) Vgl. „Die Neuordnung der deutschen Finanzen" Teil II S. 5.

[2]) Strutz, Die Neuordnung . . . Teil III S. 58.

schließungen erschwert und so einer der wichtigsten der künftigen Staatsaufgaben, nämlich für einen gesunden und zahlreichen Nachwuchs zu sorgen, durch die staatliche Steuerpolitik Erschwernisse in den Weg gelegt würden. Die Haltlosigkeit dieses Bedenkens wies in treffender Weise Mombert nach.[1]) Denn die Zahl der Eheschließungen, die auf Grund des Vermögensbesitzes eingegangen werden, ist nach Mombert verhältnismäßig gering gegenüber der weit überwiegenden Zahl derjenigen Ehen, die auf Grund des Arbeitseinkommens des Mannes bzw. der Frau begründet werden.

Aus den aufgeführten Bedenken heben sich sodann die rein wirtschaftlichen Erwägungen hervor. Hier war es zunächst die Bemerkung, daß die Vermögensabgabe auf den Spartrieb eine abschreckende Wirkung ausüben und damit die Kapitalienneubildung beeinträchtigen müßte. Weiterhin wurden Befürchtungen dahin geäußert, daß eine verstärkte Kapitalauswanderung des heimischen Kapitals und umgekehrt eine Abwehr gegen die Kapitaleinwanderung des ausländischen Kapitals eintreten würden. Diese drei Faktoren müßten den gesamten Produktionsprozeß beeinträchtigen.

Die volkswirtschaftlichen Überlegungen über die möglichen ungünstigen ökonomischen Folgen der Vermögensabgabe bildeten ohne Zweifel den stärksten Anhaltspunkt der Gegner. Kein Wissenschaftler, kein Politiker durfte sich auf den Boden einer Vermögensabgabe stellen, wenn der objektive Nachweis ihrer wirtschaftlichen Schädlichkeit erbracht war. Diesen Nachweis zu führen, war allerdings nur subjektiv möglich und daher Gegenstand des Meinungsstreits. Den wahrscheinlichen günstigen oder schädlichen Einfluß der einmaligen Vermögensabgabe auf die Produktivität der Volkswirtschaft zu analysieren, war jedenfalls für beide Teile nicht leicht. Zahlreiche ungünstige Erscheinungen im Wirtschaftskörper lagen vor. Der Krieg hatte immer mehr die für die geordnete Wirtschaft bedeutsamen Erwerbsgruppen in den Dienst der unproduktiven Arbeit hineingezogen; das Betriebskapital wurde verbraucht, die guten Warenvorräte und zahlreichen anderen Kapitalgüter wurden abgebaut; die landwirtschaftliche Erzeugung, die auf das höchste angespannt werden mußte, schwächte die Felder. Nach den geltenden privatwirtschaftlichen Grundsätzen wurden zwar die Fabriken und die Produktionsmittel sehr stark abgeschrieben, aber volkswirtschaftlich blieb der Schaden bestehen, und hierauf hatte die Vermögens-

---

[1]) Siehe Europäische Staats- und Wirtschafts-Zeitung Nr. 47, 3. Jahrg., 23. November 1918 S. 16.

abgabe wohl zu achten. Insbesondere beansprucht das in werdenden Anlagen investierte Kapital eine schonende Behandlung, weil es für die Neubildung des Kapitals und damit für die Erneuerung und Erweiterung der wirtschaftlichen Arbeit von Bedeutung ist. Und es kann nicht Sinn einer steuerpolitischen Maßnahme sein, die volkswirtschaftliche Entwicklung zu hemmen oder ihr gar die Grundlagen zu entziehen.

Die Anhänger der Vermögensabgabe konnten gegen diese gewichtigen Bedenken in begründeter Weise bemerken, daß sie nicht ins Gewicht fallen dürften, soweit die Steuerzahlung in Kriegsanleihen erfolge. Nun sei zwar in einer großen Anzahl von Fällen zu erwarten, daß nicht mit Kriegsanleihen gezahlt werden kann, so daß der im Produktionsprozeß arbeitende Vermögensstamm, also beispielsweise der Grundbesitz und die industrielle Unternehmung berührt würden. Gerade an diese Gewißheit knüpften die Gegner zu ihren wirtschaftlichen Bedenken auch noch ihre Zweifel von der praktischen Durchführbarkeit der Vermögensabgabe an. Die Anhänger wiesen jedoch hinsichtlich des letzten Punktes auf einen Ausweg. Sie sahen in einer Vermögensbank, die immobile Werte beleihen sollte, die geeignete Vermittlerin für die Mobilisierung dieser Werte. Außerdem wurde betont, daß etwaige Härten durch Verteilung der Steuerlast auf eine Anzahl von Jahren ausgeglichen werden könnten. Was nun die wirtschaftlichen Befürchtungen anbetraf, so glaubte ein Teil der befürwortenden Stimmen die Vermögensabgabe geradezu aus der ungesunden Verfassung der Wirtschaft heraus fordern zu müssen. So beispielsweise Liefmann, der aus preispolitischen Erwägungen für die Abgabe eintrat. Er führte aus, daß die Einkommens- und Vermögensbesteuerung, wie sie sich während des Krieges vollzog, einen fiktiven Charakter trüge und daß die anhaltende Vermehrung der papiernen und buchmäßigen Zahlungsmittel zu der großen Preissteigerung geführt hätten. Liefmann sah in der Vermögensabgabe das Mittel, den Preisabbau zu fördern und damit die erste Voraussetzung für eine gesunde Entwicklung der durch den Krieg leidenden Wirtschaft.

Aber die andere Seite, insbesondere Dietzel und Strutz, hielten an ihrer Gegnerschaft fest. Dietzel wies eingehend auf die großen Markt- und Preisstörungen hin und die damit verbundenen volkswirtschaftlichen Verluste.[1]) Strutz wünschte wegen der angeführten wirtschaftspolitischen Bedenken gegen eine einmalige, effektive Ver-

---

[1]) Dietzel, „Die Neuordnung der deutschen Finanzen", Bd. 1 S. 126.

mögensabgabe an ihrer Stelle lieber eine dauernde, nominelle Vermögenssteuer, die vom Wirtschaftsertrage geleistet werden kann. Eine solche Steuer vom Vermögensertrag würde auch psychologisch den Vorteil haben, eine von amtlicher Seite genährte Hoffnung nicht zu enttäuschen. Denn als das Ergebnis des Krieges wurde dem Volke eine glückliche Zukunft, eine neue wirtschaftliche Blüte vorausgesagt, während ihm nunmehr tatsächlich ein hohes Vermögensopfer auferlegt werden soll.[1])

In Verbindung mit den wirtschaftspolitischen Gedankengängen standen noch einige rein steuerpolitische Überlegungen. So der Hinweis, daß für die Bemessung der Höhe der Vermögensabgabe kein Schlüssel gefunden werden könnte, der dem Grundsatz der Leistungsfähigkeit entsprechen würde. Dieser Mangel müßte zu einer demagogischen Ausgestaltung der Progression führen.[2]) Und hierin liegen, so folgerten dann die Gegner weiter, die neuen Gefahren der Abgabe. Es würden die anderen Einnahmequellen, insbesondere würde die Einkommensteuer, soweit es sich um Einkommen aus werbendem Vermögen handelt, in ihren Erträgnissen beeinträchtigt u. a. m. Je höher und umfassender die Abgabe ausgestaltet würde, desto tiefer müßten die gekennzeichneten Schäden sein.

Die Ansichten der wissenschaftlichen Kreise waren auf keine gemeinsame Linie zu bringen. Aber der Gedanke der Vermögensabgabe setzte sich doch durch. Denn Wirtschaft und Finanz entwickelten sich immer ungünstiger, und dabei wurde es immer mehr offenbar, daß das Reich mit den alten Mitteln den großen finanziellen Bedarf nicht decken konnte. Eine wirtschaftlich gesunde und Werte schaffende Entwicklung erschien unmöglich, sofern sie unter einem steuerlich starken Druck gehalten war, und eine sozialpolitisch gerechte Verteilung der Steuerlast bei der vorherrschenden Steuerhoheitseinteilung ausgeschlossen. Auf der anderen Seite lebte in weiten Kreisen des Volkes die Vorstellung, daß ein großer Teil der Steuereinnahmen in der Form von Zinsen und Tilgungsquoten doch wieder an die Gläubiger des Reichs ausgeschüttet werden müßte. Das mußte zu politischen Auswirkungen treiben. Allerdings gab es eine Lösung, die von der schon so sehr umstrittenen Vermögensabgabe befreit hätte: der Staatsbankrott, d. h. also die völlige oder teilweise Einstellung von Zahlungen des Reichs auf die von ihm eingegangenen Verpflichtungen. Zu den Verbindlichkeiten des Reichs zählen aber neben

---

[1]) Strutz, „Die Neuordnung . . .“, Bd. 2 S. 174.
[2]) Siehe „Die Neuordnung . . .“, Bd. 156, Teil III S. 9.

den Zinszahlungen noch andere Leistungen, wie beispielsweise die Renten und die Pensionen. Und mit der Erweiterung des Kreises auf diese Zahlungsverbindlichkeiten wurde sofort ersichtlich, daß ein solcher Staatsbankrott sozialpolitisch undenkbar war, da der Staatsbankrott nur zu Lasten bestimmter Kategorien von Staatsbürgern ging, und zwar vornehmlich der kleinen und kleinsten Zeichner von Kriegsanleihe, der rentenberechtigten Kriegsbeschädigten und Kriegshinterbliebenen, der pensionsberechtigten Beamten und vieler anderer mehr. Auf die Wirtschaft, die bereits stark von Reichsschuldverschreibungen durchzogen war, mußte eine schon teilweise Zahlungseinstellung verheerend wirken. Tatsächlich hat auch der Gedanke eines Staatsbankrotts damals noch keine öffentliche Vertretung gefunden, und es hütete sich jeder verantwortliche Staatsmann, dieses Wort laut auszusprechen.

Die wissenschaftlichen Bemühungen für und gegen die Vermögensabgabe boten auch nach dem 9. November 1918 kein abgeschlossenes Bild. Sie traten zudem ein wenig zurück, da die einmalige Abgabe nunmehr als eine politische Frage behandelt wurde.

Damit änderte sich gleichzeitig die Kampfesmethodik. Es darf wohl berechtigterweise ausgesprochen werden, daß die Öffentlichkeit eine geplante steuerpolitische Maßnahme wohl selten heftiger bekämpfte als die geplante Vermögensabgabe. Zwar haben die steuerpolitischen Kämpfe vor dem Krieg, beispielsweise der Streit um die Ausdehnung der Erbschaftssteuer auf die Ehegatten und Abkömmlinge und dann noch mehr der Lärm um die Besitzsteuer, den sachlichen Rahmen weit überschritten und zu einer bedauerlichen Vergiftung der innerpolitischen Verhältnisse geführt. Aber jetzt kannte die politische Gegnerschaft keine Schranken mehr, sondern nur eins: fort mit dem Vermögensopfer. Vom rein materiellen Gesichtspunkt gesehen, überraschte diese heftige Feindschaft nicht. Denn wo es sich um eine 30- oder vielleicht gar 50mal stärkere Abgabe als beim alten Wehrbeitrag handelte, war es klar, daß der Kampf in den schwersten Formen geführt würde. Auch dort, wo im politischen und wirtschaftspolitischen Tageskampf die Sachkenntnis vorherrschte, trat sie zurück. Hierher fallen die so zahlreichen, die Vernichtung des Wirtschaftslebens voraussagenden Gutachten der amtlichen Berufsvertretungen von Handel, Gewerbe und Landwirtschaft. Die Vertreter bestimmter politischer Richtungen wiederum verquickten die sachliche Bekämpfung mit der Bekämpfung der Person — Erzberger —, die die Steuergesetzgebung amtlich zu führen hatte. Und dies, obwohl die Vermögensabgabe ihre Urheberschaft auf Personen zurückführen konnte, die den ankämpfenden politischen Parteien nahestanden oder sogar zu ihnen gehörten. So beispielsweise Helfferich, der wörtlich sagte:

„Dieser Grundgedanke drängte sich mir schon während meiner Zeit als Reichsschatzsekretär, die am 31. Mai 1916 ihr Ende fand, also in der ersten Phase des Krieges, auf, zu einer Zeit, als die Verschuldung des Reichs noch nicht 165 Milliarden, sondern erst etwa 40 Milliarden Mark betrug. Ich habe damals schon, ehe die Vermögensabgabe zum Gegenstand öffentlicher Erörterungen geworden war, den Grundgedanken mit meinem Besitzsteuer-Referenten, dem in diesen Fragen vorzüglich bewanderten jetzigen Unterstaatssekretär im Reichsfinanzministerium, Herrn Moesle, durchgesprochen und ihn beauftragt, die Frage steuertechnisch durchzuarbeiten."[1])

Wenn es noch eines Beweises für die objektive Notwendigkeit und Rechtfertigung einer Vermögensabgabe bedurfte — er war in diesem klaren Bekenntnis gegeben.

So gespalten auch die wissenschaftlichen Ansichten waren, und so heftig der politische Kampf auch tobte, und so dringlich alle Warnungen lauteten, und obwohl die berufenen Organe in Handel, Industrie und Landwirtschaft theoretisch das Unheil, das aus dieser Abgabe entstehen mußte, immer wieder nachwiesen, die Regierung hielt an dem Gedanken der Vermögensabgabe fest. Am 26. Juli 1919 wurde der verfassunggebenden Nationalversammlung der Entwurf eines Gesetzes über das Reichsnotopfer vorgelegt.[2])

Die amtliche Begründung zur Vorlage des Entwurfs rechtfertigt die Einführung der Vermögensabgabe in erster Linie mit dem Hinweis auf die Reichsschuld. Es werden zwar die bekannten aus volkswirtschaftlichen Erwägungen heraus geäußerten Bedenken gewürdigt, aber es wird dabei zum Ausdruck gebracht, daß die Bedeutung der kapitalbildenden Kräfte der großen Vermögen und Einkommen für die Volkswirtschaft etwas überschätzt würde. Die Begründung hebt nicht zu Unrecht hervor, daß an der Kapitalbildung die kleinen Vermögen in erheblichem Maß mitbeteiligt seien.[3])

Die Vorlage wurde in der Nationalversammlung im Monat Dezember 1919 in dritter Lesung beschlossen und am 31. Dezember 1919 Gesetz.[4])

---

[1]) Kreuzzeitung vom 17. Juli 1919, Nr. 329.

[2]) Siehe Drucks. Nat.-Vers. Nr. 677.

[3]) Siehe Drucks. Nat.-Vers. Nr. 677 S. 15.

[4]) RGBl. 1919 Nr. 252 S. 2189. Über den historischen Gang in der parlamentarischen Behandlung der Vorlage kann hier im einzelnen nicht berichtet werden, zumal da die sachliche Arbeit des Parlaments hinlänglich durch die kurzen Berichte in der Tagespresse und amtlich in den Kommissionsberichten festgelegt ist. (Die gleiche Bemerkung gilt für die anderen Steuervorlagen.)

Das Gesetz unterwirft der persönlichen Steuerpflicht sowohl die natürlichen als die juristischen Personen, sowie die Vermögensmassen ohne juristische Persönlichkeit. Dieser steuerpflichtige Personenkreis geht über den dem einmaligen Wehrbeitrag unterworfenen erheblich hinaus. Nach § 2 des Gesetzes sind steuerpflichtig:

1. grundsätzlich jeder Angehörige des Deutschen Reichs, ganz gleich, ob er seinen Wohnsitz oder dauernden Aufenthalt innerhalb des Reichs oder im Ausland hat;
2. die Staatenlosen;
3. die Ausländer, die sich des Erwerbs wegen dauernd in Deutschland aufhalten.

Während die Reichsdeutschen und Staatenlosen mit ihrem gesamten Vermögen der Abgabe unterliegen, sehen die Ausländer ihr im Ausland befindliches Grund- und Betriebsvermögen abgabefrei.

Außerhalb des Kreises der Steuerpflicht stehen die Länder und Gemeinden. Auch die Kirchen sowie die kirchlichen und religiösen Gemeinschaften sind steuerfrei gestellt. Die Begründung führt an, daß ihre wirtschaftliche Lage in den einzelnen Gliedstaaten zu verschieden sei, als daß sie durch das Reich einer gleichmäßigen Abgabepflicht unterworfen werden könnten. Weiterhin sind die Universitäten, Hochschulen und Anstalten, die vom Reich oder anderen öffentlich-rechtlichen Körperschaften unterhalten werden, steuerfrei. Von der Abgabe befreit werden auch die Reichsbank, die Darlehnskasse und die Staatsbanken, sowie die Sparkassen und gemeinnützigen Kreditanstalten. Die Gründe für diese Fälle sind klar. Bei den Anstalten, Kassen, Stiftungen und Vereinen ist die Steuerfreiheit gleichfalls vorgesehen, soweit ihr Vermögen wichtigen sozialen, gemeinwirtschaftlichen und kulturellen Zwecken dient. Abgabefrei sind weiterhin die Handelskammern, Gewerbe-, Handwerks-, Landwirtskammern und ähnliche öffentlich-rechtliche Berufsvertretungen sowie wirtschaftliche Verbände ohne öffentlich-rechtlichen Charakter und ohne wirtschaftlichen Geschäftsbetrieb. Sodann die Pensions-, Witwen-, Waisen-, Sterbe-, Kranken- und Unterstützungskassen sowie endlich die politischen Parteien und Vereine.

Ist so die subjektive Steuerpflicht umgrenzt, so verblieb dem Gesetz an zweiter Stelle die Aufgabe, eine klare Umschreibung der objektiven Steuerpflicht zu geben. Als Objekt der einmaligen Vermögensabgabe kann nur das Vermögen unter Abzug der Schulden dienen. Nach § 6 wird daher ausdrücklich als Begriff des steuerbaren Vermögens das gesamte bewegliche und unbewegliche Vermögen nach Abzug der Schulden bezeichnet. Hierbei teilt das Gesetz — wie beim Wehrbeitrag — das Vermögen in die drei bekannten Arten ein: in Grund-, Betriebs- und Kapitalvermögen. Das Gesetz umschreibt sodann unter Anführung der einzelnen Teile diese drei steuerbaren Vermögensgruppen (s. §§ 7—10 des Gesetzes) im wesentlichen nach den bisherigen Grundsätzen. Es zählen beispielsweise zum Betriebsvermögen alle dem Unternehmen gewidmeten Gegenstände und auch die Vorräte, die zur Weiterveräußerung bestimmt sind.[1]) Die §§ 9 und 10 des Gesetzes bestimmen des näheren, was als Kapitalvermögen in Betracht kommt.

Das Gesetz gibt für die Feststellung des steuerbaren Vermögens feste Anhaltspunkte, so daß auf diese Weise den Veranlagungsarbeiten von vornherein ein sicherer Boden zugrunde gelegt wird. In aller Klarheit werden die Vermögensteile herausgehoben, die ausdrücklich als steuerbar bzw. nicht als steuerbar zu gelten haben. Nach § 11 gehören zum steuerbaren Vermögen nicht der Hausrat, sofern er nicht als Zubehör zum Grundstück oder als Bestandteil des Betriebsvermögens anzusprechen ist. Die Abgabenfreiheit des Hausrats ist durchaus begründet. Es liegt kein genügender Grund vor, ganz allgemein Möbel und ähnliche Gegenstände des Hausrats dem abgabepflichtigen Vermögen zuzuzählen, da diese Gegenstände doch im allgemeinen nicht angeschafft wurden, um sie als Vermögenswerte einer künftigen Vermögensbesteuerung zu entziehen. Gewiß hat die Kriegszeit auch hier andere Erscheinungen gezeitigt, und gerade in der Anschaffung kostbarer Möbel und Luxusgegenstände haben gewisse Kreise eine Gelegenheit gesucht und gefunden, hohe Kriegsgewinne zu verstecken; diese sind aber auch (nach § 12 Ziff. 1) dem steuerbaren Vermögen zuzurechnen. Wollte jedoch der Gesetzgeber den Hausrat, der als Gebrauchsgut für das häusliche Leben bestimmt ist, der Steuer unterwerfen, so würde dies in vielen Fällen eine große Härte für die Abgabepflichtigen bedeuten. Als steuerbares Vermögen werden weiterhin nicht angesehen die aus edlem Metall hergestellten Gegenstände, sofern sie gewissen Voraussetzungen genügen: sie müssen erstens vor dem 31. Juli 1914 im Besitz des Eigentümers gewesen sein und einen geschichtlichen, künstlerischen oder wissenschaftlichen Wert haben, sie sind zweitens den Zwecken der Forschung und Volksbildung nutzbar zu machen, und sie dürfen drittens nicht zur Veräußerung bestimmt sein. Die Steuerfreiheit

[1]) So zählen beispielsweise bei einer Lederfabrik die Rohhäute zum Betriebsvermögen, nicht aber der Vorrat der Lederfabrik an Gummi oder Kupfer. Denn Kupfer usw. haben mit der Betriebsführung der Lederfabrik nichts gemein, sie können eher den Charakter einer versteckten Kapitalsanlage tragen.

hört bei ihnen auf, sobald sie nach dem 31. Dezember 1919 innerhalb eines Zeitraumes von 30 Jahren veräußert werden.

Andererseits führt das Gesetz bestimmte Vermögensteile auf, die in jedem Falle zum steuerbaren Vermögen gehören. Hierunter fallen die nach dem 31. Juli 1914 erworbenen Gegenstände aus edlem Metall, Edelsteine, Perlen, Kunst-, Schmuck-, Luxusgegenstände usw., deren Anschaffungspreis für den einzelnen Gegenstand 500 ℳ erreicht (bei zusammengehörenden Gegenständen 1000 ℳ). Eine Sonderbesteuerung erfahren die Edelsteine, Perlen usw., die sich schon vor dem 31. Juli 1914 im Besitz des Eigentümers oder seiner Familie befunden haben; soweit ihr Gesamtwert den Betrag von 20000 ℳ übersteigt, werden sie gesondert mit einem festen Satz von 10% ihres Werts besteuert. Gegen die Besteuerung der verschiedenartigsten Schmuckgegenstände können Bedenken nicht geltend gemacht werden. Sie haben, wie die amtliche Begründung zutreffend hervorhebt, während des Krieges zum überwiegenden Teil eine geldähnliche Funktion erhalten und sind dadurch in ihrem Wert außerordentlich gestiegen. Ihnen ist außerdem weniger ein Gebrauchs- als ein Luxuswert zuzusprechen, dessen Besteuerung dem sozialen Empfinden sehr entspricht.

Zum steuerbaren Vermögen zählen weiterhin die Schenkungen, die der Abgabepflichtige oder seine Ehefrau nach dem 31. Dezember 1916 an seine Kinder und deren Abkömmlinge machte. Allerdings erfolgt die Hinzurechnung zum steuerbaren Vermögen nur insoweit, als der Bedachte aus der Schenkung noch am Stichtage, dem 31. Dezember 1919, bereichert ist. Diese Sonderbestimmung war geboten, weil derartige Zuwendungen an Verwandte in gerader Linie in großem Maße und in der Hoffnung erfolgten, dadurch der Abgabe zu entgehen. Diese Schenkungen brauchen nicht in der Absicht einer direkten Steuerhinterziehung erfolgt zu sein. Schon die Zerschlagung des Vermögens in kleinere Teile bewirkt, daß der Abgabebetrag sich ermäßigt. Gegen diese möglichen Fälle schützen die Bestimmungen des § 13.

Nach der eingehenden Feststellung des steuerbaren Vermögens entwickelt das Gesetz in einer ebenso umfassenden Weise den Begriff des steuerpflichtigen Vermögens. Hier setzt ein großer Kreis von Abzügen und Abschlägen ein, die für die natürlichen Personen sowohl in ihrer Eigenschaft als Besitzende, als auch in ihrer besonderen Eigenschaft als Unternehmer von Bedeutung sind. Vom Vermögen sind zunächst nach § 15 alle dinglichen und persönlichen Schulden abzuziehen. Nicht abzugsfähig sind hingegen Schulden und Lasten, die in wirtschaftlicher Beziehung zu nicht abgabepflichtigen Vermögensteilen stehen, sowie die Schulden, die zur Bestreitung von laufenden Haushaltskosten eingegangen sind. An zweiter Stelle gestattet das Gesetz den Abzug der auf einem Hausgut, Familienfideikommiß usw. ruhenden dauernden Renten und anderen wiederkehrenden Leistungen. Weiterhin können Kapitalabfindungen abgezogen werden, die als Entschädigung für den gänzlichen oder teilweisen Verlust der Erwerbsfähigkeit an den Abgabepflichtigen gezahlt werden. Auch die Steuerleistungen des Steuerpflichtigen, die er für die Kriegsabgaben 1918 und 1919 und insbesondere für die Kriegsabgabe vom Vermögenszuwachs am Stichtag noch zu bewirken hatte, sowie die Besitzsteuer sind abzugsfähig. Die gleiche Vergünstigung gilt für die bis zum Stichtag noch nicht gezahlten staatlichen, kommunalen und kirchlichen Steuern und Abgaben für 1919 oder frühere Jahre. Schließlich können vom Vermögen die zur Bestreitung der laufenden Ausgaben nicht geschäftlicher oder beruflicher Art für drei Monate erforderlichen Beträge an Geld und Bankguthaben abgezogen werden, soweit sie aus den laufenden Jahreseinkünften stammen.

In einem eigenen Rahmen sind die an letzter Stelle unter Ziff. 8 des § 15 aufgeführten Abzüge vom Vermögen zu betrachten, die Abzüge auf Grund und unter Berücksichtigung des Alters. Das Gesetz gewährt die Altersvergünstigung unter gewissen Voraussetzungen. Der Abgabepflichtige darf keinen Anspruch auf Pensionen oder Hinterbliebenenfürsorge haben, sein steuerbares Vermögen den Betrag von 150000 ℳ nicht überschreiten, und seine Vermögensabgabe darf ihm nicht zinslos gestundet werden. Die Regelung ist die folgende:

Alter des Steuerpflichtigen	Steuerbares Vermögen	
	für die ersten 50000 ℳ	für die zweiten 50000 ℳ
45—60 Jahre	1/4 = bis zu 12500 ℳ	1/5 = bis zu 10000 ℳ
über 60 Jahre	1/3 = „ „ 16666 „	1/4 = „ „ 12500 „

Zum ersten Male wird durch diese Bestimmung in die Steuergesetzgebung der Gedanke getragen, die sinkende Leistungsfähigkeit bei steigendem Alter zu berücksichtigen. Wohl bei keiner anderen Steuer ist die Verwirklichung dieses von wissenschaftlicher Seite geforderten Prinzips angebrachter als bei der Vermögensabgabe. Hier wird diese sozialpolitische Forderung sogar zu einer unbedingten Pflicht. Denn es entspricht dem gerechten Empfinden, die Abgabe mit steigendem Alter, wo doch die Möglichkeit, aus eigener Kraft noch genügend hinzuzuverdienen, nicht mehr besteht, entsprechend der Höhe des Vermögens abzuschwächen. Hierbei entspringt die Begrenzung der Altersvergünstigung auf die Vermögen unter 150000 ℳ durchaus billigen Rücksichten. Sollte die Vergünstigung auf die größeren und größten Vermögen ausgedehnt werden, dann würde die sozialpolitische Wirkung, die in der gezogenen unteren Grenze liegt, verlorengehen und zudem das fiskalische Interesse weit hintangestellt.

An diese steuerpolitisch bemerkenswerte und sozial gerechte Erleichterung schließen sich die Absetzungen vom abgabepflichtigen Vermögen an, die in Verbindung mit den bekannten Ermäßigungsgründen, dem Existenzminimum, Ehe- und Kinderprivileg usw. stehen. Wie die Einkommensteuer, so kennt auch die Vermögensabgabe eine steuerfreie Grenze. Nach § 23 werden 5000 ℳ des Vermögens freigestellt. Es entsteht gleich die Frage nach der richtigen Bemessung der steuerfreien Vermögenshöhe. Ihre Beantwortung hängt neben den sachlichen Erwägungen auch von den subjektiven Ansichten des Urteilenden ab. Nach der amtlichen Begründung ließ sich die Finanzverwaltung bei der Festsetzung des steuerfreien Vermögensteils von der Notwendigkeit leiten, aus der Vermögensabgabe einen hohen Ertrag herauszuholen. Dieses Streben sprach gegen eine Freistellung der Vermögen etwa bis zu der vielfach geforderten Höhe von 20 oder 25000 ℳ. Die Begründung rechtfertigt alsdann den tiefen Ansatz von 5000 ℳ mit zwei Überlegungen. Einmal habe der Gesichtspunkt mitgespielt, das Notopfer zu einer allgemeinen Steuer zu gestalten, so daß auch der kleine Besitz erfaßt würde. In zweiter Reihe wurde auf die große Steigerung der Einkommen in allen erwerbstätigen Schichten der Bevölkerung hingewiesen. Sie würde es ermöglichen, daß das durch die Abgabe verminderte Vermögen aus dem Einkommen leichter und vielleicht auch rasch wieder aufgefüllt wird. Aus diesen Gründen wollte der Entwurf ein steuerfreies Vermögensexistenzminimum überhaupt nicht in Ansatz bringen. Daß nun die Grenze nicht noch niedriger angesetzt wurde, sei nur deshalb geschehen, weil „mit der Kleinheit der Vermögen die Zahl der Veranlagungen stark erhöht und damit die technische Durchführung des Veranlagungsgeschäfts außerordentlich erschwert worden wäre“.[1])

Die in der Begründung dargelegte Auffassung über die Be-

[1]) Drucks. Nat.-Vers. Nr. 677 S. 21/22.

messung der absoluten Höhe des steuerfreien Vermögensteils kann nicht volle Zustimmung beanspruchen. Denn die Freigrenze hängt weniger von dem Ziel ab, das Notopfer durch ein tiefes Minimum zu einer allgemein wirkenden Abgabe auszugestalten, als von der nächstliegenden Pflicht des Gesetzgebers, dem Steuerpflichtigen keine höhere Last aufzubürden, als seinem Lebensbedürfnis entspricht. Ob 5000 oder 50000 ℳ die richtige Grenze darstellen, ist eine Frage von der Wertung des Geldes. Aber diese mehr theoretische Betrachtung über den steuerfreien Vermögensteil wird mit größerer Ruhe angesehen werden können, weil die weiteren Ermäßigungsgründe, sodann die Stundung, Ratenzahlung usw. den großen schonenden Charakter der Abgabe für die unteren und mittleren Vermögen hervortreten lassen.

Zur Berücksichtigung der steuerlichen Leistungsfähigkeit gehören auch bei einer Vermögenssteuer das Ehegatten- und Kinderprivileg. Beide haben im Reichsnotopfer eine weitgehende und vorzügliche Beachtung erfahren. Das Gesetz schreibt im § 16 allgegemein vor, daß für die Veranlagung das Vermögen der Ehegatten — sofern sie nicht dauernd getrennt leben — zusammenzurechnen ist. In diesem Falle ermäßigt sich das abgabepflichtige Vermögen um weitere 5000 ℳ, so daß also der steuerfreie Betrag für Ehegatten 10000 ℳ beträgt. In der Regel bildet ja nicht nur das Einkommen, sondern auch das Vermögen der Ehegatten eine wirtschaftliche Einheit, so daß es durchaus billig erscheint, beim Notopfer die gleiche steuerliche Praxis anzuwenden wie bei der Einkommensteuer und die Vermögen der Ehegatten als eine Einheit zu behandeln. In zweiter Reihe greift das Kinderprivileg ein, und zwar nach einer doppelten Richtung hin. Es setzt

1. vom abgabepflichtigen Vermögen einen bestimmten Vermögensbetrag ab und beschränkt
2. die Wirksamkeit des gestaffelten Tarifs.

Für das zweite und jedes folgende Kind werden je 5000 ℳ abgabefrei gestellt. Eine fünfköpfige Familie beispielsweise sieht also 20000 ℳ steuerfrei gesetzt:

Steuerfreier Vermögensteil	5000 ℳ	
Ehefrau	5000 „	10000 ℳ
1. Kind	—	
2. Kind	5000 ℳ	
3. Kind	5000 ℳ	10000 „
	zusammen	20000 ℳ

Die zweite Vergünstigung im Kinderprivileg greift in den Tarif ein. An das steuerpflichtige Vermögen setzt zunächst nicht der im § 24 des Gesetzes vorgesehene gestaffelte Tarif an, sondern es werden für jedes Kind je 50000 ℳ mit einem festen Satz von 10% versteuert. Alsdann wird der Rest des abgabepflichtigen Vermögens nach dem Hundertsatz besteuert (§ 26), der sich nach dem Tarif für das gesamte steuerpflichtige Vermögen ergibt. Diese doppelseitige Vergünstigung für die Kinder hat bei der Vermögensabgabe ihre ganz besondere Berechtigung. Das Vermögen wird in der großen Mehrzahl der Familien gesammelt und zusammengehalten, um, abgesehen von einer gewissen Sicherung für den eigenen Lebensabend, vor allem die Zukunft der Kinder sicherzustellen. Die steuerliche Berücksichtigung ist daher hier aus sozialen Gründen ein ganz natürliches Gebot.

Die materielle Wirkung der Vergünstigungen aus dem Ehegatten- und insbesondere dem Kinderprivileg ist gleichfalls sehr bedeutsam. Allerdings findet die Kritik immer noch genügenden Spielraum zur beschränkt zustimmenden oder voll ablehnenden Haltung. So annehmbar auch ein steuerfreier Vermögensteil in Höhe von 5000 ℳ an sich ist, so genügt er nach dem heutigen Geldwert als Erziehungsbeitrag für ein Kind oder als Sicherstellung für dessen künftige Erziehung in keiner Weise mehr. Jene Erleichterungen bewirken bei den kleinen Vermögen und bei den Familien ohne Kinder oder mit einer kleinen Kinderzahl gegenüber den kinderreichen Familien eine einseitige Bevorzugung. Denn die Lasten bei den kinderreichen Familien sind wesentlich höher, wenigstens in den unteren und mittleren Vermögenslagen. Es wäre daher eine Staffelung im Kinderprivileg — steigend mit wachsender Kinderzahl — durchaus angebracht gewesen und den Prinzipien der Gerechtigkeit und Leistungsfähigkeit mehr Genüge geleistet. Aber auch die zu bemängelnde einheitliche Regelung im Kinderprivileg verliert ihre Schärfe durch die Bestimmungen über die praktische Steuerleistung. Denn der Gesetzgeber hat es bei dieser unterschiedslosen Entlastung der kinderarmen und -reichen Familien bei den unteren und mittleren Vermögen nicht belassen. Er hat Vorsorge für weitere Erleichterungen geschaffen, die in der Stundung der Steuerschuld liegen. Die Stundung hat unter gewissen Voraussetzungen zu erfolgen, die von den Einkommensverhältnissen und der Höhe des Vermögens abhängen. Hierüber bleibt im einzelnen noch zu berichten.

Zu den dargelegten Grundsätzen über die Ermittlung des abgabepflichtigen Vermögens, den Zu- und Abschlägen, Ermäßigungsgründen, die für sämtliche natürlichen Personen gelten, gibt das Gesetz für die Steuerpflichtigen dieser Art, die ihr Betriebsvermögen als Gewerbetreibende oder Landwirte zu versteuern haben, noch besondere Bestimmungen. Das Gesetz ermittelt zunächst das reine Betriebsvermögen. Sodann sind nach § 19 vom gesamten Betriebsvermögen die Betriebsschulden abzuziehen. Hiernach erfolgt ein Abschlag vom steuerbaren Betriebsvermögen in Höhe von 20 %. Diese Herabsetzung des Steuerwertes auf 80 % bedeutet nicht allein eine einfache steuerliche Vergünstigung, sondern auch eine wirtschaftspolitische Vorsichtsmaßregel. Ihre Bedeutung ist in dem Ziel des Gesetzes zu suchen, für eine vernunftgemäße Schonung des Betriebskapitals Sorge zu tragen. Aber in dieser wirtschaftlichen Sicherung liegt auch ein bemerkenswerter privatwirtschaftlicher Vorzug, und zwar hinsichtlich der Verfügungsgewalt über das Vermögen. Dank dieser Vergünstigung behält der Unternehmer auch bei einer 50 %igen Abgabe die absolute Verfügung über das Betriebsvermögen in seinen Händen. Denn das vermögensrechtliche Verhältnis bei einem beispielsweise 50 %igen Satz bleibt zwischen ihm und dem Reich wie 60 zu 40. Diese Handel und Industrie gewährte Vergünstigung entspricht Forderungen, wie sie in der Öffentlichkeit wiederholt geäußert wurden. Das Gesetz hat diese weitgehende Vorzugsbehandlung des gewerblichen Betriebsvermögens allerdings umgrenzt. Es sieht als Betriebsvermögen nur das Vermögen an, das in Grundstücken, Gebäuden, Maschinen, Warenvorräten usw. besteht und das dem Unternehmen gewidmet ist. Dagegen zählen zum mobilen Kapital nur die vom Geschäftsbetrieb unmittelbar herrührenden Forderungen und die dem Geschäftsbetrieb dienenden Barmittel gehören zum Betriebsvermögen.

Noch in einer zweiten Hinsicht sucht das Gesetz dem privaten Unternehmen eine vorzugsweise Behandlung zuteil werden zu lassen. Für die Unternehmen, deren wirtschaftliche Vermögenswerte im Ausland arbeiten, gewährt das Gesetz, daß der Wert des im Ausland liegenden Grund- und Betriebsvermögens, der in ausländischer Währung zu schätzen ist, nach dem Vorkriegskurs in deutscher Währung umgerechnet wird. Es bedarf keiner näheren Begründung, daß diese Vergünstigung nur den Vermögen zugestanden werden kann, die bereits am 30. Juli 1914 außerhalb der alten Grenzen des Reichs lagen. Angesichts des katastrophalen Valutasturzes im Jahre 1919 bedeutet diese vorsorgliche Bestimmung eine gerechtfertigte

Vergünstigung. Würde beispielsweise für die Wertermittlung einer deutschen Kakaoplantage in Holländisch-Indien oder in Java ein Kurs von etwa 3000 oder nur 1000 statt 174 ℳ für 100 fl. angesetzt werden, so würde die Abgabe auf dieser Wertbasis zu einer Vernichtung des Betriebes führen können.

Das Gesetz läßt dem abgabepflichtigen landwirtschaftlich genutzten Grundstücke gleichfalls entsprechende Schonung zuteil werden. Nach § 18 wird ihr Wert nicht nach dem 25, sondern nach dem 20fachen Reinertrag berechnet. Die allgemeine Wertung dieser beiden wirtschaftspolitisch bedeutsamen Bestimmungen bleibt den zusammenfassenden Ausführungen vorbehalten.

Das Reichsnotopfer ist eine einmalige Abgabe von dem nach den dargelegten Grundsätzen festgestellten Vermögen. Es liegt in ihrer Natur als einmalige Abgabe, daß sie auch auf einen einzigen, festen Zeitpunkt bezogen werden muß. Das Gesetz stellt die Ermittlung der persönlichen und sachlichen Steuerpflicht auf den 31. Dezember 1919 ab. Die Wahl gerade dieses Kalendertages war durch die Tatsache beeinflußt, daß der 31. Dezember 1918 als Stichtag für die Kriegssteuer 1918 und der 30. Juni 1919 für die Vermögenszuwachssteuer vorgesehen waren. Gegen den Stichtag wurden große Bedenken geäußert. Die Bedenken gegen den Stichtag richteten sich aber weniger gegen den vorgesehenen Kalendertag, den 31. Dezember 1919, als prinzipiell gegen einen Stichtag. Die gegnerische Kritik führte an, daß einem festen Stichtag bei einer einmaligen Abgabe eine Willkür zugrunde liege. Auch die wissenschaftliche Kritik hatte bereits in den Voruntersuchungen zur Vermögensabgabe die diesem starren System anhaftenden Mängel dargelegt. Es wurde darauf hingewiesen, daß in einer Zeit, in der sich die Umwertung aller Werte vollziehe und diese Bewegung noch nicht als abgeschlossen gelten könne, das Reich keine Veranlagung vornehmen lassen dürfe, die auf einen einzigen Tag gestellt sei. Hierdurch müßten Benachteiligungen für den Reichsfiskus, aber noch weit mehr für die Wirtschaft entstehen. Der mögliche Schaden für das Reich liege darin, daß es unter Umständen Vermögenswerte in einem Augenblick erwerbe, in dem diese Werte die allerhöchsten Preise aufwiesen. Mit diesen überteuerten Werten würde das Reich späterhin, wenn einmal das Preisniveau gesunken sei, nicht erfolgreich wirtschaften können. Andererseits wurden die Nachteile und Ungerechtigkeiten betont, die der Pflichtige tragen müßte, wenn seine Vermögensabgabe auf der Grundlage eines einzigen Tages festgestellt würde. Denn dieser Tag kann für ihn günstig, aber auch sehr ungünstig sein. Dietzel faßt diese Tatsachen in folgendem Urteil sehr gut zusammen:

„Als einmalige Steuer träfe das Reichsnotopfer die Pflichtigen gemäß dem Werte des ihnen im Moment eigenen Vermögens. Wer am 31. Dezember 1919 auf dieser Steuerstufe steht, später, vielleicht binnen kurzem, herabsinkt, hat den schweren Schlag weg; ihm wird, mag seine Leistungsfähigkeit auch kläglich einschrumpfen, die Last nicht erleichtert. Wer dann auf niedriger Stufe steht, später emporklimmt, für den bleibt es bei der leichten Wunde; ihm wird, mag seine Leistungsfähigkeit auch noch so stark wachsen, die Last nicht schwerer gemacht."[1])

Auf der Grundlage dieser Erwägungen über den Stichtag wurde noch während der Beratungen die Forderung hergeleitet, an die Stelle der einmaligen Vermögensabgabe eine laufende Vermögenssteuer zu setzen. Durch die laufende Vermögenssteuer würde das Steuersoll zum Vorteil des Pflichtigen und des Reichs in der Schwebe gehalten werden können. Denn die Vermögen würden durch die Nachwirkung der Kriegs- und Revolutionserscheinungen noch längere Zeit hindurch Umschichtungen erfahren. Diesen Gedanken ist Richtigkeit zuzusprechen. Ohne Zweifel werden in den ersten Jahren nach dem Kriege noch viele Vermögen auseinanderfallen und andere große Steigerungen erfahren. Der Friedensvertrag läßt in dieser Beziehung alle Befürchtungen offen. Aber auch bei einer annähernd stetigen Entwicklung der wirtschaftlichen Verhältnisse werden im ersten Jahrzehnt des Friedens erhebliche Vermögensänderungen nach oben und unten zu beobachten sein. Und nichts erscheint daher vom steuerpflichtigen Standpunkt aus nützlicher, als diesen Veränderungen in der steuerlichen Leistungsfähigkeit der Pflichtigen — natürlichen und juristischen Personen — die Besteuerungsgrundsätze anzupassen. Die Gesetzgebung hat sich diesen Tatsachen bei Vorlage gewisser Verhältnisse und für einen begrenzten Zeitraum auch nicht verschlossen. Sie sieht eine Neuveranlagung für den Fall vor, daß die Leistungsfähigkeit des Abgabepflichtigen nicht mehr mit den geltenden Grundsätzen in Einklang zu bringen ist. Der Abgabepflichtige kann dann eine neue Feststellung seines Vermögensstandes auf den 31. Dezember der Jahre 1920, 1921 oder 1922 forden (§ 57). Demnach gilt für ihn die Veranlagung auf den festen Stichtag 31. Dezember 1919 als eine erstmalige, die ihre entsprechende Korrektur an den genannten Zeitpunkten finden kann. Voraussetzung hierfür ist nur der Nachweis nach § 57, daß sich das Vermögen des Abgabepflichtigen zu einem der

[1]) Kölnische Zeitung vom 18. August 1919, Nr. 720.

genannten Zeitpunkte gegenüber dem Stande vom 31. Dezember 1919 infolge entgeltlicher Veräußerung von Vermögensteilen oder infolge eines Verlustes oder einer Entwertung von Vermögensteilen sowie auch bei außergewöhnlichen Unglücksfällen um mehr als ein Fünftel vermindert hat.

Diese vorsorgliche Bestimmung des Gesetzes wird insbesondere für die Gewerbetreibenden von Bedeutung sein. Ihre dauernden produktiven Anlagen in Grund und Boden, in den Fabriken und den sonstigen Betriebsstätten sind es vor allem, die noch für einige Zeit mannigfachen Wertänderungen unterworfen bleiben werden. Hier würde in der Tat die mechanische Wirkung eines starren Stichtages mit seinen erheblichen Bewertungsrisiken von verhängnisvollen wirtschaftlichen Wirkungen sein. Wenn der Gesetzgeber lediglich eine dreijährige Korrekturfrist für die endgültige Steuerfestsetzung läßt, so geht er wohl von der Voraussetzung aus, daß bis dahin sich die wirtschaftlichen Verhältnisse auf einer ruhigeren Linie konsolidiert haben werden.

Auf den Stichtag sind auch die Bewertungsgrundsätze abzustimmen. Und hierdurch gewinnt der starre Stichtag prinzipielle Bedeutung. Es bedarf keiner langen Ausführungen, um zu erkennen, daß ein 20-, 40- oder 60%iger Tarifsatz auf ein zu hoch bewertetes Vermögen bei einem wirtschaftlichen Rückschlag zur Vernichtung der persönlichen und wirtschaftlichen Existenz führen muß. Die Bewertungen der steuerbaren Vermögensteile werden den Erfolg oder Mißerfolg des ganzen Reichsnotopfers bestimmen. Sie beanspruchen daher ernste Aufmerksamkeit.

Für das Reichsnotopfer gelten die gleichen allgemeinen Bewertungsgrundsätze, wie sie für jede einzelne Reichssteuer nunmehr durch die Reichsabgabenordnung (RAO.) vorgesehen sind. In vorderster Linie steht nach § 138 der RAO. der Satz, daß für die Bewertung von Gegenständen der gemeine Wert maßgebend ist. Beim Reichsnotopfer ist der gemeine Wert des Stichtages, also der Wert des 31. Dezember 1919, für alle Vermögensteile maßgebend. Das ist ein Wert, der bereits zu diesem Zeitpunkt auf eine schwindelnde Höhe hinaufgeführt war. Es entspricht daher billigen wirtschaftlichen und steuerlichen Grundsätzen, die Wertermittlung und Veranlagung nicht zu dem gemeinen Wert des 31. Dezember 1919 vorzunehmen. Es kann dem Reichsnotopfer nicht ein Wert zugrunde gelegt werden, der als Phantasiegebilde zu bezeichnen ist. Das wirtschaftliche Interesse gebietet vielmehr eine allgemeingültige Preisgrundlage zu finden, die einer normalen Wirtschaftsverfassung nahekommt. Der gemeine Wert für die einmalige Abgabe wird etwa ein Preis sein müssen, den jeder ordentliche Kaufmann für ein Gut zahlen würde in der Annahme, daß er seinen Betrieb unter normalen Verhältnissen mit diesem Gut gewinnbringend weiterführen kann.

Auf diese theoretisch entwickelten Bedingungen, denen der gemeine Wert, falls er der Veranlagung zum Notopfer zugrunde gelegt würde, zu genügen hätte, läuft eine positive Vorschrift der RAO. hinaus, die für die Bewertung von Vermögensteilen, die einem Unternehmen gewidmet sind, aufgestellt ist. Diese Vorschrift bemerkt, daß die Bewertung derartiger Vermögensteile in einer Weise zu erfolgen habe, daß dem Unternehmen eine gewinnbringende Weiterführung ermöglicht sei. Sie schreibt daher für die Bewertung der dauernd dem Betrieb gewidmeten Gegenstände den Anschaffungs- oder Herstellungspreis abzüglich einer angemessenen Abnutzung vor. Es ist ersichtlich, daß diese besondere Bestimmung dazu angetan ist, die Unsicherheit bei der Bewertung der einzelnen Vermögensteile, die in den wirtschaftlichen Verhältnissen liegt, zu vermindern. Sie gilt zwar nur für einen begrenzten Kreis, für Vermögensteile, die dem Unternehmen dauernd gewidmet sind. Aber ihre Bedeutung ist dennoch allgemeiner, denn sie weist die Linie. Das kommt beispielsweise auch bei der Wertfestsetzung der Wertpapiere zum Ausdruck. Ihre Bewertung hängt nicht von den Zufallskursen ab. Die Steuerkurse werden vielmehr sorgfältig festgestellt.

Eine besondere Stellung hinsichtlich der Bewertung nehmen die Grundstücke ein. Nach dem allgemein geltenden Grundsatz der RAO. sind sie zum gemeinen Wert oder zum 25fachen Reinertragswert zu veranschlagen (§ 152 RAO.). In der Vorlage zum Reichsnotopfer war ursprünglich für die Bewertung der Grundstücke der gemeine Wert als Wertermittlungsgrundlage vorgesehen. Als Sicherung jedoch vor den Gefahren einer zu hohen Bewertung, die wegen der sprunghaften Preisentwicklung auf dem Grundstücksmarkt ebenso leicht möglich ist, sollte der auf der Grundlage des gemeinen Wertes ermittelte Wertansatz sich um ein Viertel ermäßigen. Die Vorlage bezeichnete die Wertermittlung des Grundstücks auf der Grundlage des gemeinen Wertes als einen Fortschritt zur gerechten Veranlagung des landwirtschaftlichen Grundbesitzes. Sie sieht in der Ertragsberechnung eine unzulässige Bevorzugung, zumal da der Grundbesitz während der Kriegszeit infolge des sinkenden Geldwertes eine ganz ungewöhnlich starke Wertsteigerung erfahren hat. Diese Werterhöhung des Grundbesitzes sollte nicht ausschließlich den Grundeigentümern zum Schaden der Reichskasse zugute kommen. Daher wollte der Entwurf den gemeinen Wert in Ansatz bringen. In den Kommissionsberatungen wurde jedoch der Ertragswert eingesetzt und dem Grundbesitz darüber hinaus noch eine zweite Vergünstigung gewährt. Es wird nämlich nach § 18 des Notopfergesetzes für die Bewertung der Grundstücke nicht allein der Ertragswert gemäß § 152 der RAO. eingeräumt, sondern es wird sogar der in der RAO. vorgesehene 25fache Reinertrag durch einen nur 20fachen Reinertrag ersetzt. Diese zweite weitgehende schonende Bewertung des Grundbesitzes schränkte der Gesetzgeber allerdings ein. Sobald der Abgabepflichtige sein Grundstück vor dem 1. Januar 1930 verkauft und der Verkaufspreis um ein Viertel höher ist als der bei der Veranlagung zur Abgabe angenommene Steuerwert, ist das Grundstück nochmals neu zu veranlagen. Bei der Neuveranlagung darf dann jedoch nicht über den gemeinen Wert vom 31. Dezember 1919 hinausgegangen werden.

Wie des näheren die einzelnen Vermögensteile der Steuerpflichtigen festzustellen sein werden, wie die Bewertungsvorschriften überhaupt den dargelegten privatwirtschaftlichen Grundsätzen gerecht werden, bleibt den Ausführungsbestimmungen zum Reichsnotopfer überlassen.[1])

Es ist bereits darauf hingewiesen worden, daß die Bewertungsvorschriften das Schicksal des Notopfers im Hinblick auf die hohen Steuersätze wesentlich bestimmen. Der Steuersatz selbst ist progressiv. Er beginnt mit 10% für die ersten angefangenen oder vollen 50000 *M* des abgabepflichtigen Vermögens und erreicht 65% bei den Vermögensteilen über 7 Millionen Mark. Die Wirkung des progressiv gestaffelten Steuertarifs geht aus nebenstehender Tabelle hervor. (Siehe Seite 109.)

Nachdem die öffentliche Kritik sich mit dem Gedanken des Notopfers abgefunden hatte, richteten sich die Anfeindungen insbesondere gegen die Höhe des Steuersatzes. Sehr zu Unrecht, denn die Betrachtung der absoluten Höhe des Steuersatzes kann, wie bereits erwähnt, für die Wirkung der Abgabe nicht als maßgebend angesehen werden. Entscheidend ist vielmehr die Bewertungsfrage. Absolut betrachtet, wirkt der Steuertarif durch die Staffelung

[1]) S. hierüber die Ausführungen im Kommentar zum Reichsnotopfer von Höpker, Dr. H., Berlin 1920. Höpker ist auch der Bearbeiter des Gesetzentwurfs über das Reichsnotopfer.

Ausmachender Betrag beim Reichsnotopfer.

Abgabepflichtiges Vermögen ℳ	Abgabebetrag ℳ	Verhältnis %
10000	1000	10
25000	2500	10
50000	5000	10
75000	8000	10,7
100000	11000	11
150000	18500	12,3
250000	36000	14,4
400000	66000	16,5
500000	91000	18,2
750000	161000	21,5
1000000	246000	24,6
3000000	1171000	39,3
5000000	2271000	45,4
8000000	4121000	51,5

bei den unteren und mittleren Vermögensstufen gewiß erträglich. Die Steuer beträgt beispielsweise bei einem kleinen Vermögen von 50000 ℳ für die Ehegatten mit zwei Kindern 3500 ℳ oder 7%, und bei einem mittleren Vermögen von 300000 ℳ 37935 ℳ oder 12,6% des Vermögens. In diesen Vermögensstufen wird im Hinblick auf die tatsächlichen wirtschaftlichen und geldlichen Verhältnisse unter Umständen sogar die kleinste Vermögensleistung als eine Last empfunden, auch wenn sie in der Zahl klein erscheint. Und in der Tat müssen diese Sätze als das Äußerste bezeichnet werden, was dem Vermögen in diesen Schichten zugemutet werden kann, immer absolut nach dem Steuersatz betrachtet. Das große Vermögen trägt eine empfindlichere Last. Bei einem Vermögen von 50 Millionen Mark beträgt die Abgabe rund 31,138 Millionen Mark oder 62,3% des Vermögens. Bei derartigen Sätzen tritt die Frage auf, ob das Höchstmaß nicht überschritten ist und damit die Grundlagen für eine produktive Arbeit der Privatwirtschaft angegriffen oder gar zerstört sind. Es wird hierüber in der Zusammenfassung über die möglichen volkswirtschaftlichen Wirkungen der Vermögensabgabe noch zu sprechen sein.

Neben dem wichtigen Bewertungsproblem steht die nicht minder bedeutsame Frage der Abgabenentrichtung. Nach der eingangs dargelegten Ansicht der Gegner mußte der ganze Plan einer Vermögensabgabe an den unüberwindbar erscheinenden Schwierigkeiten, die Steuer auch in realen Vermögenswerten leisten zu können, scheitern. Es konnte auf die verschiedenartige Struktur der Vermögen hingewiesen werden. Die Vermögen wurden im Hinblick auf ihre Verwendung als Steuerzahlungsmittel im großen und ganzen in zwei große Gruppen eingeteilt. Zur ersten Gruppe zählen Vermögen, die eine beliebig teilbare Masse bilden und von der ohne irgendeine schädliche wirtschaftliche Wirkung ein beliebig großer Teil fortgenommen werden kann. Hierzu gehört das Vermögen in Gestalt von Staatspapieren, Aktien, Hypotheken usw. Ein Rentner, der von den Zinsen oder Renten solcher Vermögenswerte lebt, erfährt durch die Kürzung des Vermögensstammes nur eine Kürzung seines Einkommens. Dem Steuerpflichtigen kann daher gleichgültig sein, ob seine steuerliche Belastung auf dem Wege einer mit 20% wirkenden Vermögens- oder Einkommenssteuer vorgenommen wird. Die zweite Gruppe von Vermögen dagegen stellt keine so leicht teilbare Masse dar. Es handelt sich bei dieser Gruppe vornehmlich um Erwerbsvermögen, die in den Betrieben der Landwirtschaft, der Industrie und des Handels verwendet werden. Diese Vermögen bilden, gleichgültig in welchem wirtschaftlichen Erwerbszweig sie tätig sind, in der Regel ein geschlossenes Ganzes. Und es ist ohne weiteres nicht möglich, beispielsweise das Vermögen einer Fabrik durch eine Steuerskala zu teilen und ihr den abgabepflichtigen Vermögensteil einfach zu entziehen. Die partielle und sofortige Leistung der Abgabe in natura, wie der technische Ausdruck hier lautet, d. h. also durch Übergabe des Grund und Bodens oder eines Teiles des Bergwerks usw., erscheint undurchführbar. Diese Vermögen können als Steuerschuld erst dann abgetragen werden, wenn sie flüssig gemacht werden. Die Steuerbelastung eines Bergwerks beispielsweise könnte nur auf einem indirekten Wege abgetragen werden, etwa auf dem Wege des Kredits oder des Verkaufs. Ähnlich liegt es in allen anderen Fällen. Damit können aber schwere Schädigungen des Abgabepflichtigen und seiner Wirtschaftsführung verbunden sein.

Die bedeutsame Frage, wie die einmalige Vermögensabgabe von denjenigen Abgabepflichtigen aufgebracht werden kann, die nicht den ganzen Betrag in bar oder in Bankguthaben oder in Reichsanleihen liegen haben, behandelte namentlich Somary.[1]) Somary nahm für die Abgabenleistung bei der Besteuerung des landwirtschaftlichen

---

[1]) Somary, Die Neuordnung . . .; I. Teil: Die finanzielle Durchführung einer einmaligen Vermögensabgabe (S. 85—104).

Grund und Bodens zweierlei Mittel in Aussicht, die Naturalleistung oder die Auferlegung von Grundschulden. Die effektive Abtretung von Grund und Boden an das Reich gäbe die Möglichkeit, dringende sozialpolitische Arbeit zu leisten, so insbesondere die Landsiedlung zu fördern. Die Kriegsinvaliden und Hinterbliebenen von Kriegsteilnehmern wären hier zu bevorzugen, wobei die Hingabe von landwirtschaftlichem Grund und Boden einer Kapitalabfindung gleichzuachten wäre. Als segensreiche volkswirtschaftliche Wirkungen buchte Somary die wahrscheinliche Entlastung des Arbeitsmarktes und eine billigere Versorgung mit Lebensmitteln. Auch beim Hausbesitz und städtischen Bauland empfahl Somary die Naturalleistung, d. h. also die Abtretung von Wohnhäusern oder von Bauland an das Reich. Dort, wo die Naturalleistungen nicht möglich seien, hätte eine Grundschuldbank dazwischenzutreten, die die Leistung der Abgabe finanzieren könnte. Ebenso müßte der Effektenbesitz mit Hilfe einer Bank (National-Effekten- und Industriebank) flüssig gemacht werden.

Somarys Grundgedanke fand Zustimmung, denn er bot in der Tat den einzig möglichen Ausweg, um auch die Besitzer von immobilen Sachvermögen der Abgabe zu unterwerfen. Es wurden nur Zweifel darüber geäußert, ob die Verwaltungsorganisation einer solchen Vermögensbank überhaupt diese Aufgabe würde leisten können. Aber das war Aufgabe des Gesetzgebers. Das Gesetz über das Reichsnotopfer sieht die Bar- und Naturalleistung vor. Im § 42 heißt es, daß die Abgabe außer in bar auch durch „Hingabe anderer Vermögenswerte" entrichtet werden kann. Die Entrichtung regelt das Gesetz in grundsätzlicher Beziehung durch die Vorschriften der §§ 43—46. Es können selbstgezeichnete und erworbene Kriegsanleihen des Reichs an Zahlungs Statt gegeben werden (§ 43). Nach § 45 wird eine besondere Anstalt mit eigener Rechtspersönlichkeit gegründet, die Vermögenswerte an Zahlungs Statt anzunehmen hat. Über diese Reichsvermögensbank gibt das Gesetz selbst keinen näheren Aufschluß. Aufbau und Geschäftstätigkeit dieser Bank bleiben einem besonderen Statut vorbehalten, das von der Reichsregierung mit Zustimmung der Nationalversammlung erlassen wird. Nach dem Gesetz wird der Abgabepflichtige, der Vermögenswerte an die Anstalt abgibt, von seiner Abgabe in Höhe des Annahmewertes befreit. Die Anstalt tritt alsdann dem Reich gegenüber an die Stelle des Abgabeschuldners (§ 46).

An sich ist damit die schwierige Aufgabe, steuerlich belastete immobile Vermögenswerte flüssig zu machen, gelöst. Es läßt sich aber nicht verkennen, daß das Reich als Steuerheber von Naturalvermögen gewissen wirtschaftlichen Gefahren ausgesetzt wird. Auch wenn von den Kosten, die für die vorgesehene besondere Vermögensverwaltung mit einem großen Stab von Arbeitskräften entstehen, abgesehen wird, so liegt das große Bedenken doch darin, daß das Reich vielleicht in größerem Umfang Werte erwirbt, die es späterhin nicht mehr ohne weiteres oder nur unter erheblichen Verlusten wird realisieren können. Denn das Reich wird nicht immer die besten Werte zur Hand bekommen. Zudem würden späterhin die urteilsfähigeren Privatunternehmer dem Reich nur die besten Werte und zu einer günstigen Konjunktur abkaufen, so daß das Reich letzten Endes auf unverkäuflichen Resten, wie man technisch zu sagen pflegt, sitzenbleiben würde. Diese Fragen hängen jedoch von der Ausgestaltung der Vermögensbank und von den Geschäftsstatuten und anderen Sicherungen ab. Sie bleiben der Praxis vorbehalten.

Noch ein Gedanke ist in Verbindung mit der Naturalleistung anzuführen, der von beachtlicher Seite als der Beginn der Sozialisierung des gewerblichen Lebens bezeichnet wurde. Es sind dies die Grundgedanken, die Goldscheid entwickelte.[1]) Die praktischen Vorschläge des Verfassers zielen dahin, daß der Staat die Vermögensabgabe nicht in Geld, sondern nur in Vermögenswerten in natura erheben solle. Diese Vermögen könnten dann in staatliche Bewirtschaftung gestellt werden. Auf diese Weise würde ein erheblicher Teil des Nationalvermögens in die Hände des Staates gelangen, der damit den Anfang zur sozialistischen Weltordnung machen könnte. Die an sich logische Fortentwicklung oder Anwendung des Gedankens der Naturalzahlung bis in die letzte Konsequenz, die wirtschaftspolitisch zum Kommunismus führt, kann im Rahmen dieser Arbeit keiner Betrachtung unterworfen werden. Es möge hinreichen, sie hier angeführt zu haben.

Die große einmalige Vermögensabgabe wurde durch eine Bestimmung im Reichsnotopfergesetz in ihrem Grundcharakter als eine einmalige Abgabe in entscheidender Weise geändert.[2]) Im § 31 wird die Ratenzahlung, die allmähliche Amortisation der Steuerschuld, zugelassen. Der Abgabepflichtige kann nach seinem Belieben

---

[1]) Siehe R. Goldscheid, Staatssozialismus und Staatskapitalismus. Ein finanzsoziologischer Beitrag zur Lösung des Staatsschuldenproblems. 2. Aufl. Wien und Leipzig 1917.

[2]) Vgl. hierzu die Ausführungen auf S. 123 ff. über das Gesetz vom 22. Dezember 1920, betreffend beschleunigte Veranlagung und Erhebung des Reichsnotopfers.

entweder die ganze Abgabe sofort abtragen oder die Ratenzahlung wählen. Im zweiten Fall beträgt die jährliche Tilgungsquote einschließlich der ab 1. Januar 1920 laufenden Verzinsung 6½%. Davon entfallen 5% auf den Zins und 1½% auf die jährliche Tilgungsrente. Eine besondere Vorschrift trifft das Gesetz für den Grundbesitz. Die Stundung für die Abgabenleistung, die dem Grundbesitz auferlegt ist, kann auch unter Eintragung als öffentliche Last in das Grundbuch erfolgen. In diesem Falle räumt das Gesetz eine längere Tilgungsfrist ein. Sie beträgt nach § 33, der eine jährliche Tilgungsrente von 5,5% festsetzt, etwa 50 Jahre. Diese weit längere Amortisationsfrist gewährt das Gesetz im Hinblick auf die im Grund und Boden liegende größere Sicherheit.

Über die Ratenleistung und ihre Bewegung unterrichten die nachstehenden Tabellen:

Ablösungsbeträge bei den jährlich zu zahlenden Teilbeträgen.

Jahresrente	Tilgungsrente von 6,5%				Tilgungsrente von 5,5% (Reichsnotzins)			
	Zinsen	Tilgung	Getilgt sind	Verbleibender Ablösungsbetrag	Zinsen	Tilgung	Getilgt sind	Verbleibender Ablösungsbetrag
Anfang des 1. Jahres	—	6,5	6,5	93,5	—	5,5	5,5	94,5
1. Jahr	4,67	1,83	8,33	91,7	4,73	0,77	6,27	93,73
2. "	4,58	1,92	10,24	89,8	4,69	0,81	7,09	92,91
3. "	4,49	2,01	12,25	87,75	4,65	0,85	7,94	92,06
4. "	4,39	2,11	14,37	85,63	4,60	0,90	8,80	91,20
5. "	4,28	2,22	16,58	83,42	4,56	0,94	9,80	90,20
10. "	3,67	2,83	29,45	70,55	4,30	1,20	15,25	84,75
11. "	3,53	2,97	32,43	67,57	4,24	1,26	16,50	83,50
12. "	3,38	3,12	35,55	64,45	4,17	1,33	17,80	82,20
20. "	1,89	4,61	66,85	33,15	3,54	1,96	31,12	68,88
25. "	0,61	5,89	93,60	6,40	3,00	2,50	42,50	57,50
26. "	0,32	6,18	99,78	0,22	2,88	2,62	45,10	54,90
27. "	0,01	0,21	100,00	—	2,74	2,76	47,90	52,10
35. "	—	—	—	—	1,43	4,07	75,50	24,50
40. "	—	—	—	—	0,30	5,20	99,10	0,90
41. "	—	—	—	—	0,00	0,80	100,00	—

In den wissenschaftlichen Untersuchungen fand die Frage der Ratenzahlung keine einheitliche Lösung. Es bildeten sich vielmehr prinzipielle Auffassungen heraus, die sich streng gegenüberstanden.

Während die eine Richtung den Zweck der Abgabe, die Schuldenabtragung, hochhielt und daher für eine sofortige und volle Leistung der gesamten Vermögensabgabe eintrat, stellte es die andere Richtung als ein unbedingtes wirtschaftspolitisches Erfordernis hin, die Abtragung der einmaligen Vermögensabgabe auf eine längere Reihe von Jahren zu verteilen. Von dem gesetzlichen Zugeständnis der Ratenleistung, das ohne Zweifel aus wirtschaftlichen Überlegungen heraus seine Rechtfertigung findet, wird von den Abgabepflichtigen in der Regel Gebrauch gemacht werden. Wenn auch mit einer verhältnismäßig weitverbreiteten Geldflüssigkeit der Privaten und der Wirtschaftenden gerechnet werden kann, so wird sie doch nicht allgemein bei allen Abgabepflichtigen anzutreffen sein. Die Leistung der Abgabe in bar oder in Schatzwechseln oder Kriegsanleihen darf daher zwar als die wahrscheinlich überwiegende, aber nicht als die einzige Zahlungsmöglichkeit angesprochen werden. Vielmehr mußte auch auf das immobile Kapital, das, wie bereits ausgeführt, nicht so ohne weiteres flüssig zu machen ist, Rücksicht genommen werden.

Aber die Bestimmung des § 33 wirkt auch noch nach einer prinzipiellen Seite hin, die das Reichsnotopfer in seinem materiellen Bestand berührt. Dadurch, daß das Notopfer innerhalb von 30 bzw. 50 Jahren in gleichen Raten gezahlt werden kann, und dem Pflichtigen es nun freigestellt ist, dem Reich die Rente ganz oder teilweise im ersten oder verteilt auf die 30 Jahre zu leisten, ist die einmalige Vermögensabgabe zu einer laufenden Vermögenssteuer geworden. Damit ist der einmaligen Abgabe ihr Grundcharakter genommen. Die Gegner der Abgabe haben sich diese Tatsache bereits im Stadium des Entwurfs des Gesetzes zunutze gemacht und die Forderung aufgestellt, daß auch das Notopfer nunmehr formell in eine laufende Vermögenssteuer umgewandelt werde.[1]) Eine auch nur bedingte Umwandlung der einmaligen Abgabe in eine laufende Steuer hat jedoch gewisse Nachteile. Es liegt im Wesen laufender Vermögenssteuern, daß sie vom Pflichtigen aus seinem Einkommen, in der Regel also von seinem Renteneinkommen, bestritten werden. Das Erwerbsvermögen trägt diese laufende Steuer aus den jährlichen Erträgnissen. Wenn nun das Notopfer aus den Einkommen und Wirtschaftserträgnissen getragen wird, so bedeutet dies nichts anderes als eine Verwandlung der Vermögensabgabe in eine Einkommen- und Ertragsteuer. Mit dieser Wandlung des

---

[1]) Siehe beispielsweise Dietzel: Kölnische Zeitung vom 18. August 1919 Nr. 720.

Notopfers sind aber harte Ungleichmäßigkeiten verbunden. Denn die nach dem Notopfergesetz zu leistenden jährlichen Zins- und Tilgungsraten stehen in keinem, nach irgendeinem Leistungsfähigkeitsprinzip eingestellten Verhältnis zur tatsächlichen Höhe des Ertrags oder Einkommens der betreffenden Jahre. Die Höhe der Last ist auf einen Zeitpunkt gestellt, der keine Rücksicht auf die spätere Entwicklung der Erträgnisse und Einkommensverhältnisse nimmt, während doch die Rentabilität des Vermögens wie die Höhe des Einkommens von Jahr zu Jahr schwanken. Bei den Real- und Einkommensteuern gehört es zum fundamentalen Grundsatz, die Besteuerung nach der Leistungsfähigkeit zu führen. Die Gewerbesteuer nimmt auf ein Sinken des Ertrags beim gewerblichen oder landwirtschaftlichen Betrieb durch eine Ermäßigung der Steuerlast entsprechende Rücksicht, und die Einkommensteuer paßt sich den Bewegungen des Einkommens an. Das laufende Reichsnotopfer jedoch läßt die jährliche Last gleich hoch und ohne Rücksicht darauf, ob Ertrag oder Einkommen steigen oder sinken. Bei sinkendem Erträgnis kann daher unter Umständen die gleich bleibende Rate ganz unerwartet die Vermögenssubstanz empfindlich erfassen. Das gleiche gilt auch für die Leistungen der Privaten aus ihren Einkommen. Hier tritt wiederum die hemmende Wirkung des starren Stichtags hervor.

Der Gesetzgeber konnte die wirtschaftlichen Wirkungen der Abgabe auf die Vermögenssubstanzen in ihrem vollen Umfange nicht übersehen, so daß die Ratenzahlung hier ein willkommenes Aushilfsmittel darstellte. An sich erfüllt also das Reichsnotopfer ein wirtschaftspolitisches Erfordernis, wenn es die Steuerlast auf einen längeren Zeitraum verteilt. Auf der anderen Seite allerdings wurde dadurch der starre Stichtag, der als Ausgangspunkt für die Bewertung der Steuer dient, zu einer steuerlichen Ungerechtigkeit. Denn der Besitzstand, wie er am Stichtag festgestellt ist, unterliegt heute, in einer Zeit der ungeregelten und geradezu wilden Preisbewegungen, mehr als je zuvor den größten Wertveränderungen. Die vom Gesetz vorgesehene letzte Korrektur am 31. Dezember 1922 gleicht diesen Fehler nicht sonderlich aus. Das Gesetz mußte daher einen zweiten Schritt gehen und mit der Ratenzahlung die Stundung der Abgabe verbinden. Sowohl bei einer großen Zahl der Privaten wie auch der Gewerbetreibenden mußte bei der relativ hohen Abgabe damit gerechnet werden, daß hier und dort auch die ratenweise Erhebung der Abgabe den Lebensunterhalt des einzelnen beeinträchtigen und die Wirtschaftsführung des Gewerbetreibenden stören könnte. Daher gestattet das Gesetz bei Vorlage gewisser Voraussetzungen allgemein eine zinslose Stundung der Abgabenleistung. Nach § 27 des Gesetzes darf das steuerbare Vermögen des Abgabepflichtigen 100000 ℳ und sein Jahreseinkommen 5000 ℳ nicht übersteigen. Sobald der Pflichtige diesen Voraussetzungen genügt, ist die Abgabe auf Antrag ganz oder teilweise zinslos zu stunden, falls er ohne Gefährdung des Lebensunterhalts die Abgabe nicht entrichten kann. Auch ohne daß obige Voraussetzungen vorliegen, kann dem Abgabepflichtigen auf Antrag die zinslose Stundung gewährt werden, falls, wie das Gesetz sagt, „sich bei billiger Berücksichtigung seiner wirtschaftlichen Verhältnisse die Einziehung und Verzinsung als eine besondere Härte erweist".

Die Stundungen sind zeitlich begrenzt. Sofern für sie die obigen Voraussetzungen nicht mehr vorliegen, wird eine nochmalige Stundung nicht mehr gewährt. Daraus folgt, daß der Abgabepflichtige, der vom Stundungsrecht Gebrauch gemacht hat, von Zeit zu Zeit einer behördlichen Nachprüfung unterworfen wird. Dadurch ist nicht allein Schutz vor mißbräuchlicher Ausnutzung des Stundungsrechtes gegeben, sondern es wird auch die freiwillige Zahlung der Steuerschuld gefördert. Eine periodische Kontrolle durch die Steuerbehörde dürfte in den seltensten Fällen als genehm empfunden werden. Das Gesetz geht, sobald die oben gekennzeichneten Voraussetzungen vorliegen, in seiner sozialpolitisch schonenden Tendenz noch weiter. Es gewährt die Stundung auch nach dem Tode des Abgabepflichtigen und auf Antrag sogar bis zum Ableben des überlebenden Ehegatten. Es ist ersichtlich, daß durch diese vorsorgliche Stundungsbestimmungen der Schutz des kleinen und mittleren Besitzes in einer denkbar vollkommenen Weise erreicht ist.

Das Reichsnotopfer umfaßt einen zweiten Kreis von Steuerpflichtigen: die juristischen Personen und inländischen Vermögen ohne juristische Persönlichkeit. Zu ihnen zählen die inländischen Aktiengesellschaften, Kommanditgesellschaften auf Aktien, Kolonialgesellschaften, Berggewerkschaften, Gesellschaften m. b. H., Versicherungsvereine auf Gegenseitigkeit, eingetragene Genossenschaften, die Kreditanstalten und die sonstigen inländischen juristischen Personen des bürgerlichen und öffentlichen Rechts. Die Steuerpflicht bei den Erwerbsgesellschaften u. dgl. erstreckt sich auf das gesamte Reinvermögen unter Abzug des eingezahlten Grund- und Stammkapitals, im übrigen auf das gesamte Vermögen. Das Gesetz umschreibt im § 17 für Erwerbsgesellschaften u. dgl. als abgabepflichtiges Vermögen das gesamte bewegliche und unbewegliche Gesellschaftsvermögen. Diesem abgabepflichtigen Vermögen sind außer den Schulden und Lasten, wie sie auch den natürlichen Personen nach § 15 als abzugsberechtigt zugestanden sind, noch besondere Abzüge gewährt. Neben dem bereits angeführten Grund- und Stammkapital (bei Berggewerkschaften, eingetragenen Genossenschaften und Versicherungsvereinen auf Gegenseitigkeit die entsprechenden Einlagen) sind insbesondere auch die Rücklagen für gemeinnützige oder Wohlfahrtszwecke, deren Verwendung zu diesen Zwecken als gesichert anzusehen ist, freigestellt. Die Versicherungsgesellschaften müssen die Rücklagen für die Versicherungssummen und die Prämienüberschüsse, die den Versicherten gewährt werden, absetzen (§ 17 Abs. 3).

Für die Steuerpflicht der juristischen Personen gelten hinsichtlich des Stichtages, der Wertermittlung, der Veranlagung usw. die gleichen Bestimmungen wie für die natürlichen Personen. Weiterhin genießen auch sie die Vorzüge der Ratenzahlung und möglichen Stundung. Abweichend vom progressiv gestaffelten Tarif bei den natürlichen Personen unterwirft das Gesetz die juristischen Personen und Vermögensmassen einem einheitlichen Satz von 10% (§ 25). Die Abbürdung der Steuerschuld, die nach §§ 30, 31 in den gleichen Ratenzahlungen erfolgen kann, wird den juristischen Personen noch durch eine besondere Bestimmung erleichtert. Die Aktiengesellschaften, Gesellschaften m. b. H. usw. dürfen die zur Barzahlung der Abgabe erforderlichen Mittel aus dem gesetzlichen Reservefonds entnehmen (§ 55).

Bei der Besteuerung der juristischen Personen taucht die Frage von der Doppelbesteuerung auf. Sie ist nach den allgemeinen Grundsätzen der Finanzwissenschaft unter allen Umständen und auch beim Notopfer zu vermeiden. Beim Notopfer wurde in dieser Hinsicht die Meinung vertreten, daß durch die Besteuerung der Einzelpersonen und der Gesellschaften der Aktionär oder Teilhaber steuerlich doppelt belastet würde und daß in der Freistellung des Aktienkapitals nur ein schwacher Schutz liege. Das Gesetz hat diese befürchtete Doppelbesteuerung formell und auch materiell durch die Bestimmung des § 55 vermieden, wonach die Abgabe aus dem gesetzlichen Reservefonds geleistet werden kann. Wenn also einerseits der Aktionär mit seinem Besitz an Aktien der Abgabepflicht unterliegt und andererseits die Gesellschaft steuerpflichtig ist, so bedeutet das nicht eine doppelte Besteuerung des Vermögensstammes. Denn das Aktienkapital wird, wie erwähnt, abgezogen und am Reservefonds hat der Aktionär nur einen indirekten Anteil.[1])

Andererseits war die Freistellung der Aktiengesellschaften vom Notopfer usw. grundsätzlich aus Gründen steuerlicher Gerechtigkeit unmöglich. Die Vermögensabgabe erfaßt bei den natürlichen Personen das Betriebsvermögen des einzelnen Unternehmers nach einem immerhin stark progressiven Steuersatz. Eine solche Belastung der privaten Einzelunternehmungen ohne gleichzeitige Besteuerung der Erwerbsgesellschaften würden wirtschaftspolitische Erwägungen nicht rechtfertigen. Gerade die gesellschaftliche Unternehmungsform ist in der Regel wesentlich kapitalkräftiger als eine Einzelunternehmung. Und die bisherige Anschauung, nach der das Kapital, das für andere arbeitet, nur beim Rentenempfänger und nicht beim arbeitenden Produzenten belastet werden darf, kann, wie die Begründung mit Recht hervorhebt, keinen Anspruch auf steuerliche Berücksichtigung erheben. Die Begründung stützt sich darauf, daß das Vermögen der Gesellschaften, das Erträge abwirft, dem Vermögen der Einzelpersonen gleiche, das Renten abwirft. Beide bilden selbständige Steuerobjekte. Hierzu komme noch ein steuertechnischer Vorzug, der es zweckmäßig erscheinen lasse, dieses zweite Steuerobjekt direkt zu besteuern: die Vermögensabgabe könne bei den Unternehmen in Gesellschaftsform verhältnismäßig am vollständigsten und reibungslos durchgeführt werden. Sie brauche nur bei einigen wenigen Steuersubjekten einzugreifen, während sie sonst eine Unmenge Einzelaktionäre oder Teilhaber usw. besonders zu erfassen hätte.

Es wurde bereits darauf hingewiesen, daß die Ausführungsbestimmungen zum Notopfer noch die wichtigsten praktischen steuerlichen Aufgaben zu lösen haben. Im Vordergrunde stehen hier

---

[1]) Natürlich kann die rein privatwirtschaftliche Auffassung von einer Doppelbesteuerung sprechen. Denn die Entnahme der Abgabe aus dem Reservefonds bedeutet lediglich eine Erleichterung für die Gesellschaft. Damit bleibt aber die Tatsache, daß dem Vermögen etwas entzogen wird, unberührt; denn der Reservefonds gehört zum Vermögen. Nun steuert der Aktionär als physische Person zum Notopfer und die Aktiengesellschaft als juristische Körperschaft desgleichen. Es kann also nach der privatwirtschaftlichen Auffassung von einer Doppelbesteuerung gesprochen werden. Sie wird allerdings praktisch erheblich gemindert, wenn folgende Überlegung angestellt wird. Durch das Notopfer wird der Wert der Aktien vermindert. Die Börse bringt das Sinken dieses Wertes im Kurse bis zum Stichtage, dem 31. Dezember 1919, zum Ausdruck. Der Aktionär sieht also seine Aktien in seiner Vermögensbilanz zu einem niedrigeren Kurs eingestellt, als wenn der Eingriff bei der Aktiengesellschaft nicht erfolgt wäre.

die Fragen der Wertermittlung, der Ausgestaltung jener Reichsvermögensbank, die nach § 46 des Notopfergesetzes an Zahlungs Statt hingegebene Vermögenswerte anzunehmen hat.[1]) Von der Lösung dieser Aufgaben wird die Ausführung des Notopfergesetzes zum guten Teil abhängen. Dann wird auch ein abschließendes Urteil über die große Vermögensabgabe zu fassen sein. Immerhin können bereits heute unter Einschränkung einige zusammenfassende Urteile über die volkswirtschaftlichen Wirkungen der Vermögensabgabe gegeben werden.

Das Reichsnotopfer führt eine neue steuerliche Belastungsmethode ein. Bisher ruhte der Schwerpunkt der steuerlichen Belastung auf dem Produktionsergebnis. Die Vermögensabgabe überträgt ihn nunmehr auf das Produktionskapital selbst; wenigstens formell und nur zum Teil auch materiell, weil das Gesetz durch Ratenzahlung und Stundungsrecht die volle materielle Wirksamkeit des Reichsnotopfers als einer einmaligen Abgabe auf das Vermögen durchbrochen hat. Dadurch erfaßt das Notopfer also unter Umständen das Produktionskapital, überhaupt den Vermögensstamm nicht. Sie wird durch diese wirtschaftspolitisch vorsorglichen Bestimmungen zu einer zeitlich begrenzten laufenden Vermögenssteuer, die, wie bereits ausgeführt, schließlich doch vom Ertrag oder Einkommen getragen werden kann. Damit entzieht die Abgabe das produktiv angelegte und arbeitende Vermögen der Wirtschaft nicht, überläßt es ihr vielmehr zur freien Arbeit. Das Reich nimmt dem Abgabepflichtigen keinen Acker, kein Kohlenbergwerk und keine Fabrik fort; das volkswirtschaftliche Vermögen bleibt also unberührt. Nur die Besitztitel an den Staat, die Kriegsanleihen, Schatzwechsel, sodann die in Guthaben bei den Banken, Sparkassen umgewandelten Ansprüche an das Reich erfahren eine Änderung, indem der Staat einen bestimmten Prozentsatz für sich als Steuerleistung abbucht. Der Verlust an Kapital, der durch das Reichsnotopfer rechnungsmäßig festgestellt wird, kommt nur einer Abschreibung auf die überdies vielfach schon abgebuchten Werte gleich. Die Abgabe wird hier zweifellos keine volkswirtschaftlichen Schäden hervorrufen. Es würde im Gegenteil eine unzweifelhaft nützliche Wirkung ausüben, falls die Abgabe in diesen Fällen sofort und in vollem Ausmaß geleistet würde. Kriegsanleihen, Noten- und Schatzwechselemissionen sowie die Bank- und Sparkassen-

[1]) Vgl. Höpker und das neue Gesetz, betr. die beschleunigte Veranlagung und Erhebung des Notopfers auf S. 111.

einlagen riefen jene große schädliche Inflation hervor, von der schon an anderer Stelle geschrieben wurde. Ihre Beseitigung kann für das Wirtschaftsleben nur vorteilhafte Folgen tragen. Die sofortige Tilgung für diese Kreise von Pflichtigen bedeutet auch durchaus keine heroische Tat, wie es anfangs in der Öffentlichkeit betont wurde. Sie bedeutet vielmehr nur einen einfachen kaufmännischen Akt, eine bilanztechnische Handlung. Durch sie kann die Produktivität nur gebessert und erhöht werden, denn die Quelle des Reichtums liegt heute nicht in der Masse papierner Titel, sondern in der Arbeit und in den Betriebsanlagen. Und die Vermögensabgabe wird den vielfach verlorenen Sinn und Willen zur Arbeit nicht nur beim Unternehmer, sondern auch namentlich bei den anderen Steuerpflichtigen heben können.

Nun hängen allerdings Arbeitswille und Freudigkeit von gewissen materiellen Voraussetzungen ab, nämlich einmal davon, daß genügendes Kapital vorhanden ist, um arbeiten zu können, und zweitens davon, daß mit Gewinnmöglichkeit gearbeitet wird. Wollte das Notopfer der wirtschaftlichen Arbeit produktives Kapital entziehen, so würde die Vermögensabgabe das Gegenteil von dem gesteckten Ziel erreichen, und wollte andererseits das Reichsnotopfer jede Gewinnaussicht nehmen, so würden schwerlich Gewerbetreibende und Industrielle geneigt sein, ihre Produktion weiterzuführen, geschweige denn, sie auszudehnen. Weder heute noch künftig wird ein Unternehmer aus volkswirtschaftlichen und sozialen Erwägungen die Produktivität seines Unternehmens steigern. Er wird seine Arbeitsleistung stets von der Rentabilität seines Unternehmens und weiterhin von seinem Anteil an dieser Rentabilität abhängig machen. Auf diese beiden entscheidenden ökonomischen Grundfragen, genügendes Kapital und Rentabilität des Unternehmens, war das Reichsnotopfer abzustellen.

Die Frage, ob die Vermögensabgabe der Volkswirtschaft die zur Produktion bestimmten Kapitalien entziehe oder nicht, ist im Hinblick auf die Umwandlung der einmaligen Abgabe in eine laufende Vermögenssteuer nicht mehr von der Bedeutung, wie sie sie bei den wissenschaftlichen Voruntersuchungen beanspruchen durfte. Dietzel und Homburger hatten dieser Frage eingehende Untersuchungen gewidmet. Homburger nahm an, daß der Kreislauf des Kapitals sich über die Vermögensabgabe nicht in einer schädlichen Weise abwickeln würde.[1]) Die der Produktion entzogenen Kapitalien

---

[1]) Homburger, Die Neuordnung ..., 1. Teil S. 271 ff.

würden zwar nicht vollständig, aber zu einem bestimmten Ausmaß wieder zur Verfügung gestellt. Denn was den Steuerzahlern genommen würde, das erhielten die Steuergläubiger, die Zins- und Rentenberechtigten, zurück. Allerdings brauchen die Staatsgläubiger — und das ist die Einschränkung — die ihnen aus der Rückzahlung zufließenden Kapitalien nicht zu wirtschaftlichen, produktiven Zwecken zu verwenden. Sie können sie zur Abtragung eigener Schulden benutzen oder in Genußgütern anlegen. Die immerhin noch möglichen Schäden nach der Kapitalseite hin schwächt die Ratenzahlung in sehr starkem Maße ab. So dürften entgegen allen geäußerten Bedenken ernste Störungen des gesamten Produktionsprozesses nicht eintreten. Dagegen unterliegt es keinem Zweifel, daß die Abgabe als eine auf dem Unternehmen lastende Steuerschuld eine gewisse Beeinträchtigung der Rentabilität bedeuten kann. Der Grad der Beeinträchtigung hängt von der Höhe der Abgabe sowie von den allgemeinen Rentabilitätsfaktoren ab, die im Unternehmen selbst ruhen. Lotz wies auf eine weitere unwirtschaftliche Folge hin.[1]) Er bezeichnet die Annahme, daß alles Vermögen sich gleichartig, und zwar mit 5 %, rentiere, als unzutreffend. Es gebe im Gegenteil Vermögen, die sich mit weit mehr als 5 % verzinsten. Wenn nun eine Steuerschuld, die mit 5 % zu verzinsen ist, mit einem Vermögensteil zu tilgen sei, der vielleicht einen 10 % igen Zins abwerfe, so liege hierin eine Unwirtschaftlichkeit. Und diese Unwirtschaftlichkeit, mit hoch rentierenden Vermögen niedrig verzinsliche Schulden zu tilgen, müsse allgemein zu einer Senkung der volkswirtschaftlichen und privatwirtschaftlichen Rentabilität führen. Die Möglichkeit einer derartigen unrationellen Abtragung der Steuerschuld ist trotz der vorteilhafteren, anderen Zahlungsmethoden gewiß gegeben. Es ist aber doch anzunehmen, daß sie nur sehr vereinzelt anzutreffen sein wird, zumal da die Reichsschuldverschreibungen und Schatzwechsel bei der überwiegenden Anzahl der Steuerpflichtigen zum Abstoßen bereit liegen werden.

Die Ansichten über den volkswirtschaftlichen Schaden des Notopfers sind geteilt. Während die Befürchtungen der einen Seite sehr weitgehend waren und noch sind, glauben die Anhänger, sie nicht teilen zu müssen. Schon als das Notopfer Gesetz war, wollte u. a. Kuczynski das Reichsnotopfer durch eine wirkliche einmalige Abgabe ersetzt sehen. Nach seinem Vorschlag sollte die Hälfte des gesamten steuerpflichtigen Vermögens am 2. Februar 1920 in das

---

[1]) Lotz a. a. O., Die Neuordnung ... 3. Teil.

Eigentum des Reichs übergehen. Für die praktische Durchführung dieses theoretischen Gedankens wäre eine kurzfristige, nach Wochen zählende Übergangszeit zu gewähren. Obwohl durch diese im einzelnen näher dargelegte Abgabe den Steuerpflichtigen schätzungsweise 130 Milliarden Mark entzogen würden, veranschlagt Kuczynski die volkswirtschaftlichen Wirkungen nicht als schädlich, sondern sogar als segensreich: „Alle Unternehmer aber, die großen wie die kleinen, brauchen nach Durchführung meines Vorschlags weniger Betriebskapital, weil er durch Einschränkung der Inflation zwangsläufig eine Hebung des Wertes der Mark im Inland und im Ausland bewirken muß."[1])

Mit den Fragen des Kapitalentzuges und der Beeinträchtigung der Rentabilität stehen die Befürchtungen in Verbindung über die Einwirkungen des Notopfers auf die Kreditfähigkeit. Schon frühzeitig sahen die Interessenvertreter von Handel und Industrie in der Vermögensabgabe den Zerstörer des Kredits. Es wurde darauf verwiesen, daß für viele Zweige des Wirtschaftslebens eine neue Kapitalbeschaffung auf dem Kreditwege sehr schwierig sein würde. Wenn nun das Reichsnotopfer noch Kapital entziehe, so seien namentlich die kleinen und mittleren Privatunternehmen auf den Bankkredit angewiesen. Die allgemeine steuerliche Erfassung des Kapitals führe aber allgemein zu einer starken Inanspruchnahme des Bankkredits, was ganz von selbst eine Schmälerung dieser Kreditquelle mit sich bringe. Diese kreditpolitischen Überlegungen können nur einen bedingten Wert besitzen. Denn es darf nicht übersehen werden, daß zahlreiche gewerbliche, industrielle und insbesondere auch landwirtschaftliche Unternehmungen durch Krieg und Revolution eine große finanzielle Stärkung erfahren haben. Sie stehen unter dem Zeichen einer Geldflüssigkeit, die es vielfach nicht erforderlich machen wird, Kredit für die weitere Wirtschaftsführung zu suchen, sogar falls die Abgabe sofort abgetragen würde. Aber auch wenn durch die Leistung der Abgabe das Kreditbedürfnis wesentlich verstärkt würde, so unterliegt es keinem Zweifel, daß der Kapitalentzug durch das Notopfer die Kreditfähigkeit des Unternehmens nicht berühren wird. Zweifellos ist es richtig, daß es ohne Kapital keinen Kredit gibt, und ebenso gilt der Satz, daß ohne in- und ausländischen Kredit keine Wirtschaft läuft. Zur Beurteilung der Kreditfähigkeit eines Betriebes gehört aber nicht allein das vorhandene Kapital. Es ist vielmehr stehende Regel, die Kreditfähigkeit ebensosehr nach der wirtschaftlichen Tüchtigkeit des

[1]) Siehe R. Kuczynski, Ein Reichsfinanzprogramm für 1920 (S. 18).

Unternehmers zu beurteilen. Wer eine sichere und gewinnbringende Arbeitsleistung gewährleistet, der ist kreditfähig. Das gilt auch im großen von der kreditbedürftigen deutschen Industrie gegenüber dem kapitalgebenden Ausland. Auch hier hängt der Grad der Kreditwürdigkeit der deutschen Industrie und Gewerbetreibenden weniger von der Masse an Papier- und Schuldverschreibungen ab, über die die Einzelwirtschaften verfügen, als von der Kreditfähigkeit, von dem Vertrauen, das das Ausland der Arbeitsfähigkeit der deutschen Volkswirtschaft und dann auch der politischen Leitung des Reichs entgegenbringt. Das sind vorauszusetzende Grundsätze für eine ordentliche und sichere Wirtschaftsführung. Das Gesetz hat aber auch diese Grundsätze wohl berücksichtigt, und zwar in einem Ausmaß, daß eine Beeinträchtigung des Kreditgedankens in keiner Weise zu befürchten ist. Alle Befürchtungen über Störung der privatwirtschaftlichen Funktionen des Vermögens und seiner kreditpolitischen Grundlage würden dann begründet sein, falls das Reich das Vermögen der Verfügungsgewalt des Abgabepflichtigen tatsächlich entziehen und als Sicherheit für seinen Anspruch fordern würde. Das geschieht jedoch nicht. Nach § 32 verlangt das Gesetz im allgemeinen keine Sicherheit für die gestundete Steuerschuld. Nur in besonderen Fällen ist Sicherheit zu stellen. Und zwar dort, wo die Tilgungsrenten wiederholt unpünktlich gezahlt werden und mit Rücksicht auf die Persönlichkeit oder den Vermögensstand der Renteneingang gefährdet ist, weiterhin auch dort, wo Tatsachen vorliegen, nach denen die Annahme gerechtfertigt ist, daß der Abgabepflichtige die in seinem Vermögen enthaltene Sicherheit gefährden will. Diese Voraussetzungen für das Verlangen einer Sicherheitsstellung sind so beschränkt, daß sie tatsächlich nur den treffen, der im kaufmännischen Sinne eben nicht mehr kreditfähig ist. Auch im Falle des Konkurses tritt das Reich zurück. Es erhebt nach § 40 als erster Konkursgläubiger nur Anspruch für die rückständigen und die für das Jahr der Konkurseröffnung laufenden Beträge auf die erste Stelle, dagegen nicht für die noch nicht fällige Steuerschuld. In diesen Bestimmungen kann ebensowenig eine Beeinträchtigung der Kreditgrundlage gesehen werden wie in den allgemeinen Richtlinien für die Sicherheitsstellung. Sie greifen zudem erst dann ein, sobald die Kreditwürdigkeit des Steuerschuldners durch die Tatsache der Konkurseröffnung verloren ist.

Bevor das Notopfergesetz vom 31. Dezember 1919 zur vollen Durchführung kam, sah sich die Reichsfinanzverwaltung genötigt, im Gesetz eine Änderung vorzunehmen. Ganz allgemein gesehen kann die Ergänzung oder Abänderung eines Gesetzes ihre Begründung im Gesetz selbst finden, aber auch durch die Veränderung der äußeren Verhältnisse, deren Entwicklung nicht leicht vorauszusehen war, bedingt sein. Für die Novelle, betreffend die beschleunigte Veranlagung und Erhebung des Reichsnotopfers, vom 22. Dezember 1920[1]) war der letzte Grund bestimmend.

Nach dem Notopfergesetz steht es in dem Belieben eines jeden Steuerpflichtigen, die Steuerschuld sofort in bar zu entrichten oder seine Steuerschuld durch eine jährliche Tilgungsrente allmählich in etwa 28 Jahren abzutragen. Nunmehr ist nach dem ergänzenden Gesetz ein Teil dieser Steuerschuld auf beschleunigtem Wege in kurzer Frist zu entrichten. In der Begründung der Novelle zum Notopfergesetz wird die Änderung damit gerechtfertigt, daß sie die schwebende Schuld des Reichs vermindern und ihr weiteres Anwachsen verhindern solle. Wenn das Reichsnotopfer für diesen wichtigen Zweck ausgenutzt werden soll, so könne das nur durch Verbindung von zwei Maßnahmen erreicht werden, einmal durch die sofortige Erhebung eines beträchtlichen Teils der Abgabe und zweitens durch ein beschleunigtes Verfahren in der Veranlagung, ohne die eine beschleunigte Erhebung der Abgabe nicht möglich sei.[2])

Die in der Begründung angeführte Rechtfertigung der Novelle fußt auf den verschärften finanziellen und währungspolitischen Gefahren der letzten Zeit. Seitdem das Reichsnotopfer Gesetz wurde (am 31. Dezember 1919), ist die schwebende Schuld unausgesetzt angewachsen. Sie ist es in erster Linie, die das Steigen der Papierflut verursacht. Diese Notenemission stellt heute ohne Zweifel eine wirkliche Inflation dar, und sie bedeutet den Anfang für die Assignatenwirtschaft. Die Rückwirkungen dieser Papierwirtschaft auf die Valuta, auf das Geldwesen im Inland sind verheerend. Und dennoch ist diese Entwicklung nicht aufzuhalten. Auch die Reichsbank, die Hüterin der Währung, steht vom währungspolitischen Standpunkt aus gesehen dieser Entwicklung machtlos gegenüber. Sie hat durch das Hineinpressen von gewaltigen überflüssigen Notenmengen in den Verkehr, sodann durch die großen Depositeneinlagen, Giroguthaben bei den Kreditinstituten die Herrschaft über den Geldmarkt verloren. Die schädliche Entwicklung könnte nur dann aufgehalten werden, wenn die Reichsbank die Diskontierung von Reichsschatz-

---

[1]) RGBl. Nr. 238 S. 2114. Die Novelle wurde von Geh. Reg.-Rat im Reichsfinanzministerium Dr. Dürr bearbeitet.

[2]) Siehe Reichstags-Drucks. Nr. 876 S. 6.

wechseln versagen wollte. Das würde aber noch weit schlimmere Folgen nach sich ziehen, als sie die Noteninflation hervorruft. Denn das Budget des Reichs weist für das laufende Rechnungsjahr einen Fehlbetrag von annähernd 80 Milliarden Mark auf. Würde dem Reich die im Augenblick ergiebigste Einnahmequelle, die Notenbank, gesperrt, so müßte es die Erfüllung seiner Verpflichtungen einstellen. So kann nur angesichts des hohen Fehlbetrags und der drohenden erneuten Anspannung der Notenbank die Entlastung auf dem steuerlichen Gebiet liegen. Es soll vor allem das Notopfer stärker, als es im alten Gesetz vorgesehen ist, zur teilweisen Abdeckung des Defizits herangezogen werden.

In der Öffentlichkeit und insbesondere in den politisch und wirtschaftlich interessierten Kreisen wurde über die Notwendigkeit der Konsolidierung der schwebenden Schuld nicht gestritten. Dagegen standen sich zwei Anschauungen über die Mittel zur Erreichung dieses Zieles gegenüber. Die eine Richtung wollte das Notopfer so verändert sehen, daß der Grundgedanke einer einmaligen großen Vermögensabgabe verwirklicht würde.[1]) Auf seiten der Gegner einer Änderung des Notopfers wurde für eine Zwangsanleihe eingetreten. Hier war insbesondere der Präsident der Reichsbank, Havenstein, führend. Sein Plan ging dahin, durch eine Zwangsanleihe die flüssigen Gelder zu binden. Sie sollte die bei den Kreditinstituten vorhandenen frei verfügbaren Guthaben und die überflüssigen Noten, die ja die Ursache für die vermehrte Nachfrage nach Sachgütern und damit für die Steigerung der Preise sind, aufsaugen. Die Zwangsanleihe sollte also keine neue Vermögenssteuer sein, sondern lediglich ein Zwang zur Änderung in der Anlage von freiem Kapital, wie Havenstein hervorhob. Nach seinen Plänen sollte die Zwangsanleihe sich einfach an die Deklaration und Veranlagung zum Reichsnotopfer anschließen. Es sollte jeder Notopferpflichtige ein Viertel des Vermögens in dieser Zwangsanleihe zeichnen, und dabei sollte die nachweislich selbstgezeichnete Kriegsanleihe in Zahlung gegeben werden können; desgleichen die Kriegsanleihe, die bereits als Barzahlung auf das Notopfer entrichtet wurde. Darüber hinaus sollte die Zwangsanleihe dadurch beweglich gemacht werden, daß sie zu ihrem Emissionskurs bei dem Reichsnotopfer in Zahlung gegeben werden sollte. Als Typ war eine vierprozentige Anleihe gedacht, die durch Auslosung tilgbar gestellt

---

[1]) Siehe beispielsweise Schwarz, „Reichsnotopfer" im „Roten Tag" vom 1. Dezember 1919.

werden sollte. Das anleihepolitische Ziel war, einen guten Renten- und Lombardtitel zu schaffen, so daß der Zwang zur Zeichnung dieser Anleihe für den Pflichtigen vielleicht hier und dort Vorteile bringen konnte. Vor allem aber sollten die Härten vermieden werden, die sich bei einer Änderung des Notopfers für den einzelnen Steuerpflichtigen und die Betriebsvermögen ergeben müßten.

Bei den Beratungen der Novelle im Steuerausschuß des Reichstags traten die Schwierigkeiten der Entscheidung, Notopfer oder Zwangsanleihe, in aller Schärfe auf. Der Reichsbankpräsident Havenstein hat daher dort persönlich seine Gedankengänge über die finanzielle und währungspolitische Lage des Reichs unter Einstellung auf die Frage Notopfernovelle oder Zwangsanleihe vorgetragen. Seine Ausführungen über den außerordentlichen Ernst der Lage und die Größe der zu erwartenden Gefahren eines währungspolitischen Zusammenbruchs haben auf den Steuerausschuß einen großen Eindruck gemacht. Havenstein bezeichnete die Novelle als das mindeste Erfordernis für die Bekämpfung der katastrophalen finanziellen Entwicklung, die nach seiner Ansicht allerdings kräftiger durch eine schärfere Zwangsanleihe gehemmt würde. Aber die Wirkung seiner Darlegungen war, wie die Frankfurter Zeitung treffend schreibt, leider nur von kurzer Dauer.[1]) Sie sprach offen ihre Meinung dahin aus, daß gewisse Parteien durch die eingeschlagene Verhandlungsmethode die schleunige Verabschiedung der Vorlage zu Falle bringen wollten; sie sprach von einer Verschleppung, die sich darin äußerte, daß der entscheidende § 1 der Vorlage, der die beschleunigte Erhebung der Abgabe vorschreibt, von den Beratungen abgesetzt wurde, um über die Modalitäten des Veranlagungsverfahrens und anderen nicht so wichtigen Fragen Zeit zu verlieren. Dennoch wurde die Vorlage noch vor den Weihnachtsferien des Parlaments verabschiedet und am 22. Dezember 1920 Gesetz.

Nach § 1 des Gesetzes ist die Abgabe, soweit sie 10 % des abgabepflichtigen Vermögens nicht übersteigt, mindestens aber bis zu einem Drittel beschleunigt zu entrichten. Bis zur Höhe von einem Drittel ist die Abgabe in zwei gleichen Teilbeträgen am 1. März und am 1. November 1921 zu zahlen. Der überschießende Teil (bis zu 10 % des abgabepflichtigen Vermögens) ist bis zum 1. Mai 1922 zu zahlen. Die praktische Wirkung dieser entscheidenden Bestimmung des neuen Gesetzes wird an einem Beispiel veranschaulicht werden können. Es mögen steuerpflichtige Vermögen,

---

[1]) Frankfurter Zeitung vom 18. Dezember 1920 Nr. 936.

d. h. also Vermögen, die sich nach Abzug der abgabefreien Vermögensteile vom Gesamtvermögen ergeben, von 50000 ℳ, 200000 ℳ und 1000000 ℳ dem Beispiele zugrunde gelegt werden.

	Steuerpflichtiges Vermögen in Mark		
	50000	200000	1000000
1. Höhe der Steuerschuld nach Notopfergesetz v. 31. Dez. 1919	5000	26000	246000
2. In Prozent des steuerpflichtigen Vermögens	10%	13%	24,6%
3. Beschleunigt zu entrichten gem. Novelle vom 22. Dez. 1920 . .	10% = 5000	10% = 20000	10% = 100000
a) $^1/_3$ d. steuerpfl. Vermögens in zwei gleichen Raten:			
am 1. März 1921	833	4333	41000
am 1. November 1921 . .	833	4333	41000
	1666	8666	82000
b) Rest bis zu 10% des steuerpflichtigen Vermögens . .	3334 5000	11334 20000	18000 100000
4. Verbleibender Rest ist in $6^1/_2$% ($5\frac{1}{2}$ %) Tilgungsrente zu amortisieren	—	6000	146000

Es geht aus diesem Zahlenbeispiel sichtbar hervor, wie in allen den Fällen, in denen die geschuldete Abgabe nicht mehr als 10 % des abgabepflichtigen Vermögens ausmacht, die ganze Abgabe beschleunigt zu zahlen ist. Die kleineren Vermögen der physischen Personen werden damit ihre Steuerschuld in $1\frac{1}{2}$ Jahren abgetragen haben. Da nach dem Notopfergesetz die juristischen Personen des bürgerlichen und öffentlichen Rechts (Aktiengesellschaft usw.) sowie die inländischen Vermögensmassen einem einheitlichen Steuersatz von 10 % unterliegen, so entrichten auch sie die Abgabe beschleunigt bis zu dem vom neuen Gesetz vorgesehenen Zeitpunkt.

Es bleibt natürlich der praktischen Ausführung des so veränderten Notopfergesetzes vorbehalten, ob der durch die Gesetzesänderung verfolgte Zweck, bares Geld zu erhalten, auch tatsächlich erreicht wird. Denn die Abgabepflichtigen, die der beschleunigten Entrichtung unterliegen, sehen ihr gesetzliches Recht, die selbstgezeichnete Kriegsanleihe in Zahlung zu geben, unberührt. So steht es fest, daß das Reich bis zum festgesetzten Zeitpunkt auf dem beschleunigten Wege mehr Kriegsanleihen empfangen wird als auf dem Wege der Ratenzahlung. Es ist aber zweifelhaft, ob die Barzahlungen sich in so starkem Maße geltend machen werden, wie es notwendig ist, um die angeführten finanziellen Schwierigkeiten beseitigen zu können.

In der öffentlichen Kritik hat die Änderung des Notopfergesetzes zum Teil keine günstige Aufnahme gefunden. Es wurde vor allem darauf hingewiesen, daß es für den einzelnen wie für die ganze Wirtschaft störend sein müsse, sich von einem als feststehend geltenden Steuergesetz auf eine neue Steuer umzustellen, dazu noch auf eine Steuer, die in der so veränderten Gestalt erhebliche wirtschaftliche Schwierigkeiten bereiten könne und unter Umständen zwinge, alle wohlerwogenen Dispositionen der Wirtschaftenden und Privaten umzustoßen.[1])

Durch die beschleunigte Erhebung des Notopfers wird in der Tat eine bedeutsame Änderung in die Staffel getragen. Folgende Tabelle dürfte dies veranschaulichen:

Abgabepflichtiges Vermögen ℳ	Regelmäßiger Prozentsatz des Notopfers nach dem Gesetz vom 31. Dez. 1919	Von der Notopferschuld sind 1921/22 zu entrichten
50000	10%	100%
100000	11%	90,9%
200000	13%	76,9%
500000	13,2%	59,9%
1000000	24,6%	40,7%
15000000	45,4%	33,3%

Von allen noch höheren Vermögen sind 1921 gleichmäßig 33,3% zu entrichten.

Die Tabelle zeigt, daß in der Progression der Abgabesätze geradezu eine Umkehrung eingetreten ist, soweit es sich um die Entrichtung des bestimmten Bruchteils der Notopferschuld im Jahre 1921/22 handelt. Es wird eine vollständige Progression nach unten durchgeführt. Die nähere Betrachtung der prozentualen Anspannungen zeigt, daß die größeren Vermögen für eine sofortige Leistung nicht stärker, als es sicherlich ertragbar sein dürfte, herangezogen sind. Obwohl heute die Geldflüssigkeit groß ist und viele Steuerpflichtige die Barmittel bzw. Kriegsanleihe für die Abgabeentrichtung bereitgestellt haben, konnte die Flüssigmachung umfangreicher Beträge, vor allem aber die Mobilisierung der Mittel der landwirtschaftlichen

[1]) Siehe beispielsweise Strutz, Deutsche Steuerzeitung Dezember 1920 Nr. 9.

und gewerblichen Betriebe, nicht zu weit getrieben werden, ohne Gefahr zu laufen, die wirtschaftliche Aktivität zu beeinträchtigen oder gar zu unterbinden. Denn es ist in der Regel zutreffend, daß es einem Rentier von einer Million Vermögen weit leichter fallen wird, die Abgabe, von der er nur 40 % beschleunigt zu entrichten hat, zu tragen, als dem kleinen Handwerker oder Gewerbetreibenden, der bei einem abgabepflichtigen Vermögen von 100000 *M* 90 % seiner Steuerschuld flüssig zu machen hat. Die Regelung nimmt jedoch keinerlei Rücksicht auf die Möglichkeit, die Steuerschuld flüssig zu machen, sondern sie geht rein rechnungsmäßig nach der Größe des Vermögens vor. Daher erschien es auch dem Gesetzgeber geboten, den Gedanken der Schonung, wie er im alten Gesetz weitgehendst verwirklicht wurde, auch hier zur Geltung zu bringen. Um gleichsam den Verstoß gegen die Folgerichtigkeit des Satzes, daß es kleineren Vermögen schwerer fällt, die Abgabe zu entrichten, als den größeren, wiedergutzumachen, hat die Novelle bestimmte Sicherungen für einen billigen Härteausgleich aufgenommen. Im § 1 Abs. 3 heißt es, daß die Vorschriften des § 1 keine Anwendung finden, soweit der Abgabepflichtige glaubhaft macht, daß die beschleunigte Entrichtung der Abgabe die Gefährdung der wirtschaftlichen Existenz, die Entziehung des für die Fortführung des Betriebes erforderlichen Kapitals oder Kredits oder die Beeinträchtigung des angemessenen Unterhalts für ihn oder seine Familie zur Folge haben würde; in diesen Fällen kann auch die Zahlung in den im Gesetz über das Reichsnotopfer (vom 31. Dezember 1919) vorgesehenen Teilbeträgen bewilligt werden. Der Steuerpflichtige kann diese Vergünstigung auch schon im Veranlagungsverfahren in Anspruch nehmen.

Die Wirksamkeit dieses gesetzlichen Schutzes bleibt der praktischen Übung vorbehalten, die, wenn sie nicht engherzig geführt wird, in der Tat als hinreichend bezeichnet werden kann. Es tauchen ja hier und dort Befürchtungen auf, daß die Härteschutzparagraphen überhaupt in ihrer Wirkung durch die angeblich rücksichtslose fiskalische Tendenz beeinträchtigt seien. Aber diese Befürchtungen gehen zu weit und sie entbehren auch jeder festen Grundlage. Denn jeder unberechtigte oder gar ungesetzliche Fiskalismus findet auf dem durch die RAO. vorgezeichneten Wege und schließlich bei der höchsten Instanz, beim Reichsfinanzhof, seine Grenzen und Korrektur. Im übrigen bestimmt das Gesetz für das beschleunigt zu erhebende Notopfer im § 1 noch weiterhin, daß die Einziehung der Abgabe auf Antrag auszusetzen ist, bis der Einspruchsbescheid zugestellt ist.

Die Novelle vom 22. Dezember 1920 enthält schließlich noch zwei Bestimmungen, die zum Ausgleich von Härten vorgesehen sind. Nach § 1 Abs. 5 bleiben die Vorschriften über die zinslose Stundung der Abgabe zum Ausgleich von Härten, wie sie der § 27 des alten Gesetzes gibt, unberührt. Hiernach können bekanntlich die Abgabepflichtigen die zinslose Stundung einholen, deren steuerbares Vermögen 100000 ℳ und deren Jahreseinkommen 5000 ℳ nicht überschreiten, sowie diejenigen, bei denen unter billiger Berücksichtigung der wirtschaftlichen Verhältnisse die Einziehung der Abgabe sich als besondere Härte erweisen würde.

Eine neue und letzte Erleichterung bringt schließlich der § 9 des Gesetzes vom 22. Dezember 1920. Er bestimmt, daß, wenn das nach Abzug der abgabefreien Teile festgestellte abgabepflichtige Vermögen den Betrag von 5000 ℳ nicht übersteigt, die Abgabe nicht erhoben werden soll. An einem Beispiel möge das ersichtlich werden: Das steuerpflichtige Vermögen eines Abgabepflichtigen, der verheiratet ist und fünf Kinder hat, möge 34000 ℳ betragen. Nach den §§ 23—26 des Notopfergesetzes ermäßigt sich sein steuerpflichtiges Einkommen um sechsmal 5000 ℳ = 30000 ℳ. Dann bleiben nach § 9 der Novelle nunmehr auch die restlichen 4000 ℳ steuerfrei.

Die grundsätzliche Bestimmung des § 1 über die beschleunigte Erhebung eines Teiles vom Notopfer zwingt, wie die Begründung bemerkt, auch zu Maßnahmen, durch die eine beschleunigte Veranlagung ermöglicht werden kann. Der § 2 des Gesetzes vom 22. Dezember 1920 schränkt die Anwendung der § 29 des Notopfergesetzes und § 205 Abs. 2, 4 der RAO. ein. Nach der Bestimmung des § 29 darf das Finanzamt von der Steuererklärung nur abweichen, nachdem es dem Abgabepflichtigen seine Bedenken in einer Aufforderung zukommen ließ, sich binnen einer bestimmten Frist zu äußern. Diese Schranke fällt nun weg. Auch die Mitwirkung der Ausschüsse, wie sie im § 25 der RAO. vorgesehen ist, wird ausgeschaltet. Das Finanzamt ist also demgemäß berechtigt, die Notopferschuld nach seinem Belieben festzusetzen, ohne irgendwie an die Steuererklärung und die Steuerausschüsse gebunden zu sein. Die Begründung zur Novelle hebt hervor, daß dieser Schutz der Steuerpflichtigen, wie ihn der § 25 der RAO. gibt, nicht verlorengehe, denn die Veranlagung trage nur einen vorläufigen Charakter. Der Zweck, dem diese Ausschüsse dienen, wird durch ihre Zuziehung bei der Nachprüfung der Veranlagung auch späterhin erreicht werden. Jetzt müßte die Einhaltung dieser Vorschriften in der Tat einen großen Zeit- und Kraftaufwand bringen, was natürlich dem Zweck einer beschleunigten Abgabenerhebung nicht dient. Hierzu kommt, daß diese Vereinfachung im Veranlagungsverfahren ein Gebot der Notwendigkeit war. Es ist bekannt, daß die lange Reihe neuer Steuergesetze auf die unteren Steuerorgane eine Arbeitslast gelegt hat, die ins unerträgliche stieg. Daher mußte hier bei einer so einschneidenden Gesetzesänderung auch Vorsorge dafür getroffen werden, daß diese vorläufige Veranlagung, auf die ja noch die endgültige zu folgen hat, nicht noch eine erhebliche Mehrarbeit angesichts der an sich schon so schweren Geschäftslast brachte. Eine so verkürzte Veranlagung wird auch geeignet sein, Verschleppungen bei der beschleunigten Einziehung der Teilbeträge des Notopfers zu unterbinden. Natürlich kann mit der Vereinfachung der Veranlagung unter Umständen auch eine Ungenauigkeit zum Schaden des Reichs oder des Abgabepflichtigen verbunden sein. Aus diesen Erwägungen heraus dürfte wohl die starke Anfeindung gerade dieser Bestimmungen in der Öffentlichkeit erfolgt sein. Strutz beispielsweise bezeichnete die im Entwurf angeführte Begründung für nicht stichhaltig, und er meinte, daß durch die Beseitigung dieser Bestimmungen der Rechtsschutz gegen den Steuerfiskalismus auf einen Tiefstand gesunken sei. Die Befürchtungen, die Strutz hegt, brauchen nicht geteilt zu werden. Dies um so weniger, als der § 4 der Notopfernovelle dem Steuerpflichtigen einen bestimmten Schutz gewährt. Sobald er nämlich gegen den einstweiligen Steuerbescheid Einspruch erhebt, ist die Einziehung des bestrittenen Teils der Abgabe bis zur Zustellung des Einspruchbescheides auszusetzen.

Die Frist zur Einlegung des Einspruches gegen den einstweiligen Steuerbescheid beginnt (nach § 8) für die Abgabepflichtigen allgemein mit einem Zeitpunkt, der von dem Finanzamt für seinen Bezirk bestimmt und öffentlich bekanntgemacht wird. Der Beginn der Frist kann für die einzelnen Steuerbezirke und Gemeinden besonders festgesetzt werden. Die Einlegung vor diesem Zeitpunkt macht den Einspruch nicht ungültig. Der Einspruch ist dann unter Anwendung des § 29 des Notopfergesetzes und unter Mitwirkung der im § 25 der RAO. vorgesehenen Ausschüsse zu erledigen. Dieser Einspruch hat allerdings nur dann eine aufschiebende Wirkung, soweit die Veranlagung von der Steuererklärung des Abgabepflichtigen abgewichen ist, und auch hier nicht, soweit der Einspruch das über die Steuererklärung hinaus festgestellte Vermögen nicht bestreitet. Im übrigen sind die Vorschriften des § 29 des Notopfergesetzes und der §§ 205 Abs. 2, 4 und 25 der RAO. in Wirksamkeit zu setzen, sobald es sich um die Veranlagung gemäß der §§ 56, 57 des Reichsnotopfergesetzes handelt. Sie bestimmen, daß drei Jahre lang Berichtigungen und Neuveranlagungen erfolgen können, sobald die Veranlagung zur Vermögensabgabe zu hoch oder zu niedrig erfolgt ist, und zweitens auf Antrag des Abgabepflichtigen. Die Vermögensabgabe ist nach dem auf den 31. Dezember 1920, 1921 oder 1922 neu festzustellenden Vermögen zu bemessen, sobald das Vermögen sich gegenüber dem Stande vom 31. Dezember 1919 um mehr als den fünften Teil vermindert hat.

Das Gesetz vom 22. Dezember 1920 sieht im § 1 als ersten Zahltag für die beschleunigte Entrichtung den 1. März 1921 vor. Es ist aber angesichts des Standes der Veranlagungsarbeiten nicht zu erwarten, daß trotz des vereinfachten Veranlagungsverfahrens alle Steuerpflichtigen ihren Steuerbescheid bis zu diesem Zeitpunkt erhalten werden. Im Abs. 2 des § 1 wird daher bestimmt, daß dann eine andere Ratenzahlung einzusetzen habe. Sobald der Steuerbescheid am 1. Februar 1921 noch nicht zugestellt ist, hat die erste Teilzahlung am Schlusse des auf die Zustellung folgenden Monats zu erfolgen und die zweite sechs Monate später, jedoch nicht vor dem 1. November, und die dritte Ratenzahlung weitere sechs Monate nach der Fälligkeit der zweiten Rate.

Schon bei den Kämpfen um das Reichsnotopfer bildete die Frage der Abgabenentrichtung den Hauptangriffspunkt der Gegner. Nach Ansicht der Gegner einer Vermögensabgabe mußte der ganze Plan an den von ihnen als unüberwindbar bezeichneten Schwierigkeiten scheitern. Es unterliegt keinem Zweifel, daß nunmehr, da ein Drittel der Abgabe im Verlaufe eines kurzen Zeitraums eingezogen wird, die zahlreichen Gefahren erneut dargestellt werden, die aus der beschleunigten Einziehung der Wirtschaft erwachsen können. Hier wird vor allem das stete ernste Bedenken in den Vordergrund gestellt werden, ob die Kapitalentziehung nicht zu einer Krisis führen und die Kapitalneubildung unterbinden muß. Diese Befürchtungen brauchen nicht geteilt zu werden. So bedeutsam die Bestimmungen des § 1 auch sind, so ändern sie nach der prinzipiellen Seite hin, die das Reichsnotopfer in seinem materiellen Bestand berührt, nicht viel. Dadurch nämlich, daß die Abgabe nach dem alten Gesetz innerhalb eines Zeitraumes von 30 bzw. 50 Jahren in gleichen Raten gezahlt werden kann, und es dem Pflichtigen freigestellt ist, sich die Rente stunden zu lassen, ist die einmalige Vermögensabgabe, wie das schon hervorgehoben wurde, materiell zu einer laufenden Vermögenssteuer geworden. Dieser Grundcharakter des Notopfers bleibt oder ist doch nur schwach, eben zu einem Drittel, abgeändert. Unter Berücksichtigung dieser entscheidenden Tatsache und der dargelegten Sicherungsbestimmungen ist das Gesamturteil dahin zu fassen, daß das Gesetz vom 22. Dezember 1920 die sozialpolitische und die wirtschaftspolitische Linie, die schon im Notopfergesetz gezogen ist, im Grundzug festhält. Dadurch wird die teilweise beschleunigte Erhebung des Notopfers aller Voraussicht nach zu keinerlei sozialen Härten oder wirtschaftlichen Störungen führen.

III. Die laufende Besteuerung des Vermögenszuwachses.

1. Die Besitzsteuer.

(Entwurf vom 3. März 1920.)

Aus den Darlegungen über das Reichsnotopfer ging hervor, daß die einmalige Abgabe für eine Anzahl von Jahren in eine laufende Vermögenssteuer umgewandelt wurde. Es wird an anderer Stelle von anderen laufenden Einnahmequellen, von den Einkommensteuern des Reichs, zu sprechen sein. Einkommen und Vermögen gelten zwar als die ergiebigsten Quellen, aus denen der Staat Einnahmen schöpfen kann. Aber mit diesen beiden Steuern, Vermögens- und Einkommensteuer, sind alle Möglichkeiten der Besteuerung von Einkommen und Vermögen noch nicht erschöpft. Denn der Einkommensteil, der nicht dem Verbrauch zugeführt wird, oder der Anfall einer Erbschaft bilden einen Zuwachs am Vermögen, also etwas Neues. Obwohl der Vermögenszuwachs seiner Entstehung nach mit Vermögen und Einkommen eng zusammenhängt, wird er als ein selbständiges steuerliches Merkmal angesehen, das der Staat auszuschöpfen berechtigt ist. Dieser Vermögenszuwachs wird daher auch gemeinhin als die dritte Quelle bezeichnet, die neben Vermögen und Einkommen Gegenstand des fiskalischen Zugriffs sein kann.

Es ist bereits bei der Darstellung der Kriegssteuern auf die finanzwissenschaftliche Bedeutung der Abgabe vom Vermögenszuwachs hingewiesen. Insbesondere war es die Kriegsabgabe vom Vermögenszuwachs des Jahres 1919, die den Gedanken, der dem alten Besitzsteuergesetz von 1913 zugrunde lag, fortentwickelte. In dem neuen direkten Steuersystem des Reichs nun sollte die Besteuerung des Vermögenszuwachses eine einfachere und vollendetere Behandlung erfahren, als dies durch die Kriegssteuergesetzgebung der Fall war. Einen Anhaltspunkt für diese steuerpolitische Arbeit bildete zunächst die alte Besitzsteuer von 1913. Ihr Aufbau wurde im Zusammenhang mit den Kriegssteuern dargelegt. Die alte Besitzsteuer blieb während des ganzen Krieges in Wirksamkeit und versteuerte den Zuwachs, der in der Zeit vom 1. Januar 1914 bis 31. Dezember 1916 erzielt wurde, und sie erfaßte erneut nach ihren Vorschriften den steuerpflichtigen Zuwachs der Zeit vom 1. Januar 1917 bis zum 31. Dezember 1919.[1]) Bei dieser Wiederholung hatte sie lediglich auf die Kriegsabgabe vom Vermögenszuwachs (Gesetz vom 10. September 1919) und auf die Erbschaftssteuer (Gesetz vom 10. September 1919) Rücksicht zu nehmen, soweit letztere die anfallenden Erbschaften und Schenkungen im Rahmen des neuen Erbschaftssteuergesetzes erfaßt. Unter diesen beiden Beschränkungen wirkte also die alte Besitzsteuer weiter.

Es lag nahe, die alte Besitzsteuer als Mittel der Besteuerung des Vermögenszuwachses einfach in dem neuen Reichssteuersystem weiterhin aufrechtzuerhalten, zumal da im Reichsnotopfer und in anderen Gesetzen auf das Grundgesetz vom 3. Juli 1913 Bezug genommen wird. Die Reformarbeit sah jedoch hiervon ab, weil die Besitzsteuer in ihrem alten Gewande nicht als ein brauchbares Glied in dem neuen Steuersystem angesehen wurde. Den bestimmenden Einfluß für eine vollkommene Umänderung der Besteuerung des Vermögenszuwachses übten die veränderten Grundlagen aus, auf denen die neue Einkommensteuer ruhen sollte. Die Einkommensteuer sollte durch eine zweckentsprechende Ergänzungssteuer in ihrem Ziel, die ideale Steuer zu sein, unterstützt werden. Denn so weitgehend die Einkommensteuer auch den Grundsatz von der Besteuerung nach der wirtschaftlichen Leistungsfähigkeit verwirklicht, so wohnt ihr doch noch ein Mangel inne: sie berücksichtigt wohl die beiden entscheidenden Faktoren der Leistungsfähigkeit, einmal die Höhe des Einkommens und zweitens die Höhe des Verbrauchs, aber den letzten Faktor, die Höhe des Verbrauchs, nicht bis zur letzten Vollendung. Den Verbrauch nach steuerlichem Gerechtigkeitsverlangen im Rahmen der Einkommensteuer zu berücksichtigen, ist aus fiskalischen Interessen nicht möglich. Wollte das Gesetz beispielsweise die beiden schonenden Privilegien, Existenzminimum und Ehe- und Kinderprivileg so erhöhen, daß sie wirklich den zur Lebensführung unumgänglich notwendigen Betrag darstellen und diesen Betrag steuerfrei lassen, so würden, da gerade in den unteren Einkommenstufen die Mehrzahl der Steuerpflichtigen steht, große Summen

---

[1]) Siehe Gesetz vom 30. April 1920 über die Veranlagung der Besitzsteuer zum 31. Dezember 1919 (RGBl. 1920 S. 875 Nr. 100).

des Einkommens von der Steuer freigestellt sein. Hierzu kommt, daß die Wirkungen einer selbst so ausgedehnten Erleichterung sich lediglich bei den untersten Einkommenstufen bemerkbar machen können, während schon die mittleren Einkommen diese Freistellungen nur sehr schwach spüren würden. Hier hat der zweite Maßstab wirtschaftlicher Leistungsfähigkeit, der Verbrauch des Einkommenträgers, einzusetzen. Der Einkommenträger hat nicht allein nach der Höhe des Einkommens, sondern ebenso nach dem Ausmaß seines Verbrauchs zu steuern.

In der wissenschaftlichen Literatur wurde die Reform der Einkommenbesteuerung nach diesem Gesichtswinkel bereits mehrfach gefordert. Weder im Reich noch in den Einzelstaaten gab es eine Vermögenszuwachssteuer, die auf den nichtverbrauchten Einkommensteil aufgebaut war. Diese Lücke fand ihre Erklärung in dem Aufbau der alten einzelstaatlichen Einkommensteuergesetze. Sie standen alle auf dem Boden der Quellentheorie, d. h. es wurden lediglich die Einnahmen besteuert, die aus ganz bestimmten Quellen stammten. Die Einnahmen also, die aus jenen Quellen stammten, gingen durch das steuerpflichtige Einkommen und wurden besteuert; die Einnahmen jedoch, die unmittelbar dem Vermögen zuflossen, ohne demnach das steuerpflichtige Einkommen zu berühren, blieben steuerfrei. Sofern diese letzteren Einkommenteile nicht verbraucht wurden, vermehrten sie das Vermögen. Der Verbrauch wurde auf indirektem Wege, durch die Besteuerung des Verbrauchs und Verkehrs, belastet. Sehr spät erst wurde jedoch auch die Ersparnis am Einkommen, die sich im Vermögenszuwachs äußert, durch das Reich der Besteuerung (Besitzsteuer) unterworfen. Bei der Besitzsteuer war es nun am Ende des Veranlagungszeitraums schwierig, festzustellen, ob ein solcher Vermögenszuwachs auf nicht verbrauchtem Einkommen oder auf anderen Gründen beruhte. Daher konnte lediglich ein Zuwachssteuergesetz, wie es das Besitzsteuergesetz darstellt, geschaffen werden: nämlich eine Besteuerung des Zuwachses, der innerhalb von drei Jahren entstanden ist, ohne Rücksicht darauf, ob er vom ersparten Einkommen oder aus einer Erbschaft, Schenkung oder aus Wertpapieren u. a. herrührte. So trug die alte Besitzsteuer in gewissem Sinne einen ergänzenden Charakter zu den einzelstaatlichen Einkommensteuern.

Die neue Einkommensteuer brachte, wie noch auszuführen sein wird, neue Grundlagen. Sie ruht auf dem Gedanken, daß alles, was der Steuerpflichtige vereinnahmt, zu versteuern ist. Dadurch wirkt sie nicht allein als Einkommensteuer, sondern auch gleichzeitig als eine allgemeine laufende Vermögenssteuer. Es erschien daher notwendig, eine Besitzsteuer aufzubauen, die sich lediglich auf den nicht verbrauchten Einkommenteil beschränkte. Hier greift der Kerngedanke ein, der dem Prinzip der steuerlichen Gerechtigkeit entspringt. Wird der ersparte Einkommenteil besteuert, so gebietet der Gerechtigkeitssinn, nicht nur den zu besteuern, der einen Teil seines Einkommens zu Ersparnissen verwandte, sondern auch den, der sein ganzes Einkommen verbraucht hat, obwohl er hätte sparen können. Hieraus ergab sich die Notwendigkeit, eine neue, besondere Steuer auf den außerordentlichen Verbrauch zu legen.

Der Gedanke, daß im außergewöhnlichen Verbrauch, im ungewöhnlichen Aufwand eine selbständige und leistungsfähige Steuerquelle liegt, ist richtig und in der finanzwissenschaftlichen Lehre nicht neu. In der jüngsten finanzwissenschaftlichen Literatur wird allerdings auf die ungemein große Schwierigkeit hingewiesen, eine genaue und vollständige Umschreibung aller Merkmale einer steuerlichen Leistungsfähigkeit bei außergewöhnlichem Verbrauch zu geben. Sie verweist zur Unterstützung auf eine Fiktion, die beispielsweise Lotz wie folgt umschreibt:

„Würde von allen Einkommen jährlich ein gleichbleibender Prozentsatz einerseits dem Verbrauche und andererseits der Ersparnis und Neuanlage gewidmet, so könnte der Aufwand als sehr brauchbares Symptom der Leistungsfähigkeit gelten.“[1])

Aber die in der Theorie aufgestellten Voraussetzungen sind in der Praxis nicht zu gewinnen. Lotz selbst verweist auf die Erfahrungen, die bei den von der „Hand in den Mund lebenden Schichten“ zu machen sind, wo der Verbrauch gleich dem Einkommen ist, andererseits auf die Beobachtungen bei den Reichen, die „große Einkommensteigerungen bequem zu Neuanlagen verwenden können, also bei einer Besteuerung nach dem Aufwande viel besser wegkommen als die ärmeren Schichten“. Die bisherige Besteuerung des Aufwandes bezog sich lediglich auf solchen Aufwand, aus dem auf eine größere Wohlhabenheit geschlossen werden konnte. Hieraus wurde, wie Lotz treffend bemerkt, ein Tummelplatz des wohlmeinenden Steuerdilettantismus gemacht. Jede alte Aufwandbesteuerung knüpfte an die verschiedensten äußeren Merkmale an, und die Folge war, daß eine bunte Reihe von Gegenständen der Aufwandbesteuerung zugrunde lagen. Neben der ernst zu nehmenden Wohnungssteuer trat die Steuer auf das Halten von Reit- und Wagenpferden, Wagen, Automobilen, auf den Besitz von Hunden, Katzen, Nachtigallen, so-

[1]) Finanzwissenschaft S. 483.

dann andererseits auf kosmetische Sachen, wie künstliches Haar, Puder und ähnliche Kulturerrungenschaften mehr. Trotz der Vielheit war und ist aber für die Erfüllung des steuerpolitischen Prinzips nur wenig gewonnen. Denn aus diesen Merkmalen kann auf eine erhöhte Leistungsfähigkeit des Besitzes oder Einkommenträgers doch nur sehr schwach geschlossen werden.

Hierzu kommt, daß für eine einigermaßen sorgfältige Veranlagung derartiger Aufwandsteuern ein großer Beamtenstab nötig wäre, der dann das finanzielle Ergebnis einer solchen bunten Aufwandbesteuerung ernstlich in Frage stellen würde. Aus diesen Gründen haben die Vorschläge zum Ausbau des Grundsatzes der Besteuerung nach der Leistungsfähigkeit als das geeignete Merkmal den übermäßigen Verbrauch bezeichnet.[1]) Es brauchte bei der Annahme dieser Grundlage alsdann nur der Begriff des übermäßigen Verbrauchs umschrieben zu werden. Die Lösung wurde darin gefunden, daß dem außerordentlichen Verbrauch ein ordentlicher Verbrauch gegenübergestellt wurde. Aus den mannigfachen Abhandlungen über diesen Gegenstand sei hier eingehender der Gedanke von Mombert über die Verbrauchseinkommensteuer, die dem Entwurf der Reichsregierung am nächsten kommt, dargelegt.[2])

Mombert bezeichnete es mit Recht als einen Mangel der geltenden Steuergesetzgebung, daß sie durch die indirekte Besteuerung den Massenverbrauch heranziehe, dagegen den Verbrauch von Luxusartikeln verhältnismäßig schonend behandle. Bis zum Jahr 1919, das die 15%ige Luxussteuer brachte, galt dieser Satz mit vollem Recht. Die Gründe für diese sozial ungerechte Lastenverteilung auf die verschiedenen Arten des Verbrauchs lagen in den steuertechnischen Schwierigkeiten, den eigentlichen Luxuskonsum (z. B. Vergnügungsreisen, teure Sammlungen usw.) zu erfassen. Mombert wollte daher die Steuerpflicht nicht an die Gegenstände knüpfen, sondern an den Teil des Einkommens, der über einen bestimmten Mindestbetrag hinaus dem Verbrauch zugeführt wird. Irgendeine Beachtung der Art des Verbrauchs sollte fortfallen. Mombert forderte lediglich die Berücksichtigung der Familie, des Alters, der sozia-

---

[1]) Die bekanntesten Vorschläge legten vor: Mrozek, Weißenborn (Die Besteuerung nach dem Überfluß, Leipzig 1911), F. Bendixen (Die Überflußsteuer). Über die einzelnen Vorschläge berichtet und urteilt zusammenfassend die Begründung zum Entwurf einer Ergänzungsabgabe, die vom Reichsrat abgelehnt wurde und daher nicht veröffentlicht werden konnte.

[2]) Paul Mombert, Eine Verbrauchseinkommensteuer für das Reich als Ergänzung zur Vermögenszuwachssteuer 1916.

len Stellung und läßt den Steuersatz von 2,2—6 %, der auf ein erhöhtes Minimum abgestimmt sein sollte, steigen. Daneben wünschte er eine Vermögenszuwachssteuer (nach den Vorschriften des Besitzsteuergesetzes von 1913) in Höhe von 0,5—2 %. Gegen den Mombertschen Gedanken wurden zahlreiche Einwände erhoben.[1])

Die Reichsfinanzverwaltung versuchte nun, den Mombertschen Grundgedanken zu verwirklichen, und zwar im Rahmen einer Ergänzungsabgabe zur Einkommensteuer.[2]) Der Entwurf wich allerdings von Mombert in einem wesentlichen Punkte ab. Er erhob keine Zuschläge auf ein erhöhtes Existenzminimum, sondern er stellte einfach dem außerordentlichen Verbrauch einen ordentlichen Verbrauch gegenüber. Der Nichtverbrauch des Einkommens wurde für sich betrachtet. Daher zerfiel auch der Entwurf über eine Ergänzungssteuer in zwei Teile:

1. in eine Besteuerung des nichtverbrauchten Einkommens,
2. in eine Besteuerung des außerordentlichen Verbrauchs, die sog. Aufwandsteuer.

Es wurde also scharf differenziert zwischen Ersparnis und Verbrauch. Der Sparsame sollte — das war der Kerngedanke — in der steuerlichen Belastung günstiger gestellt werden als der, der sein ganzes Einkommen verbraucht. Das nichtverbrauchte Einkommen sollte in folgendem Ausmaß besteuert werden: 1000 *M* wurden als steuerfrei abgesetzt. Für die erste zum Haushalt gehörende Person standen weitere 500 *M* und für jede weitere Person je 300 *M* steuerfrei. Der steuerpflichtige Vermögenszuwachs sollte bei einem Betrag von 10000 *M* mit 1 % belegt werden und die Abgabe durch Staffelung bei einem Zuwachs von 500000 *M* 10 % erreichen. Bei der zweiten Abgabe auf den außerordentlichen Verbrauch, der sog. Aufwandsteuer, lag das Schwergewicht auf der Umschreibung des Begriffs ordentlicher Verbrauch. Der Entwurf setzte hierfür folgende Richtlinien fest: Als ordentlicher Verbrauch gilt vorerst ein fester steuerfreier Betrag von 15000 *M*. Dieser Betrag wird um 5000 *M* für jede erste zum Haushalt gehörende Person und um je 2500 *M* für jede weitere Person erhöht. Zu diesen objektiven, starren Beträgen sollten noch Freistellungen kommen, die sich den individuellen Verhältnissen so weit anzupassen suchten, als

---

[1]) Strutz, Die Neuordnung der direkten Staatssteuern in Preußen. Weiterhin Buck in Schanz' Finanzarchiv 1917 Bd. 1.

[2]) Der Entwurf und seine wissenschaftlich vorzügliche Begründung ist das Werk von Dr. Zarden, Ministerialrat im Reichsfinanzministerium.

dies im Rahmen eines allgemeinen Gesetzes möglich erschien. Es sollten also in den an sich festen Begriff des ordentlichen Verbrauchs bewegliche Größen hineingetragen werden. Hierzu zählten:

1. ein Betrag von 10% des zur Einkommensteuer veranlagten Einkommens,
2. unvermeidliche Ausgaben, wie z. B. Ausgaben, die durch Geburten von Kindern, durch schwere Krankheiten entstanden sind; Ausgaben, die zur Erhaltung oder Erziehung von Kindern aufgewendet wurden, Ausgaben zu wohltätigen, gemeinnützigen, wissenschaftlichen und künstlerischen Zwecken usw.

Nach der Feststellung des ordentlichen Verbrauchs innerhalb dieser Grenzen setzte dann der als übermäßiger Aufwand bezeichnete Einkommenverbrauch ein. Der Steuersatz sollte dreimal so hoch sein wie bei der Steuer auf das nichtverbrauchte Einkommen.

Diese Form der Besteuerung stellte vom steuerpolitischen Gesichtspunkt aus gesehen ohne Zweifel eine Verfeinerung des Einkommensteuergedankens dar. Sie hätte auch die Besteuerung des Vermögenszuwachses auf eine ethisch höhere Stufe gestellt. Sie hätte weiterhin die unschönen Erscheinungen, die die jetzige Zeit darbietet, bekämpfen helfen und für die breiten Schichten des Volkes als erzieherisches Mittel dahin wirken können, daß sie wieder auf den Weg der alten guten Tugend der Sparsamkeit zurückzukommen haben. Dennoch erwuchs in der Öffentlichkeit eine wahre Flut von Angriffen gegen die geplante Aufwandsteuer. Die übertriebenen Anfeindungen waren zahlreicher als ruhige, sachliche Kritik. Es wurde da einmal von inquisitorischen Steuermethoden gesprochen, dann wieder von „einer Häufung der Steuerlast für die wohlhabenden Klassen der Bevölkerung"[1]) und sogar von einem „Attentat auf die Kultur".[2])

Angesichts der tatsächlichen Lage und des folgerichtigen Aufbaues der Ergänzungsabgabe stellten diese und ähnliche Anfeindungen maßlose Übertreibungen dar. Sie vergaßen vor allem den einen Satz: Eine Besteuerung des Vermögenszuwachses, also der Sparsamen, ist ohne gleichzeitige Besteuerung desjenigen, der nicht sparte, obwohl er hätte sparen können, eine steuerliche Ungerechtigkeit.

An dem Widerstand des Reichsrats, der durch einen Teil der öffentlichen Kritik in der gekennzeichneten Weise wirksam unterstützt

[1]) Staatsminister Dr. Friedberg im Berliner Tageblatt vom 18. Januar 1920.

[2]) Reichsfinanzminister a. D. Dr. Dernburg führte wörtlich aus: „Gegen dieses Attentat auf die Kultur Deutschlands erhebe ich Protest" (Berliner Tageblatt vom 11. Januar 1920).

wurde, ist diese Vorlage gescheitert. Die Reichsfinanzverwaltung zog den Entwurf einer Ergänzungssteuer zurück und reichte am 3. März 1920 der Nationalversammlung den Entwurf eines Besitzsteuergesetzes ein.[1])

Der Steuerausschuß der Nationalversammlung, dem die Beratung über diese neue Regierungsvorlage oblag, hat seine Arbeiten über den Entwurf nicht mehr beendet. Durch die Auflösung der Nationalversammlung hat einstweilen auch der Entwurf seine Erledigung gefunden. Es steht daher zunächst noch dahin, ob die Reichsregierung den ursprünglichen Entwurf einer Besitzsteuer dem Reichstag erneut vorlegen wird. Nach den Verlautbarungen der Reichsregierung sollte ja die Besitzsteuer den Schlußstein in dem großen neuen Reichssteuersystem bilden, und in der Tat ist diese Absicht eine natürliche Folge der neuen Steuergesetzgebung. Aus diesem Grunde scheint es angebracht, die wichtigsten Grundzüge des Entwurfes, wie er der Nationalversammlung im Frühjahr vorgelegt wurde, kurz wiederzugeben.

Der Entwurf hält an der einen Hälfte der steuerpolitischen Gründe, die zur Ergänzungsabgabe führten, fest, nämlich an der Erfassung des nichtverbrauchten Einkommens, der sich als Vermögenszuwachs äußert. Der Aufbau des neuen Besitzsteuergesetzes nähert sich der alten Besitzsteuer nur unter Abweichung der prinzipiellen Grundlinien, die durch die Einkommensteuer, Erbschaftssteuer und das Reichsnotopfer bedingt sind. Die Besitzsteuer erfaßt den Vermögenszuwachs der natürlichen Personen. Nach § 2 des Entwurfs erstreckt sich die persönliche Steuerpflicht in enger Anlehnung an den § 2 des Reichsnotopfers, unbeschränkt auf Deutsche, Staatenlose und Ausländer, die früher Deutsche waren und ihre deutsche Staatsangehörigkeit erst nach dem 31. Juli 1914 verloren und jetzt in Deutschland ihren Wohnsitz haben oder sich hier des Erwerbes wegen oder länger als 6 Monate aufhalten. Sie alle sind mit dem gesamten Vermögenszuwachs — einschließlich des aus ausländischen Grund- und Betriebsvermögen stammenden — steuerpflichtig. Die nach Maßgabe des § 2 der Einkommensteuer unbeschränkt steuerpflichtigen Ausländer sind mit dem Zuwachs an ihrem Vermögen ausschließlich ihres ausländischen Grund- und Betriebsvermögens steuerpflichtig. Der steuerbare Zuwachs erwächst aus der Gegenüberstellung des Endvermögens und des Anfangsvermögens. Nur das Reinvermögen wird dem Vergleich unterzogen. Als Reinvermögen gilt das gesamte bewegliche und un-

---

[1]) Drucks. Nat.-Vers. Nr. 2296.

bewegliche Rohvermögen nach Abzug der Schulden. Das Rohvermögen wiederum umfaßt drei Arten: Grund-, Betriebs- und Kapitalvermögen. Die Ermittlung der Vermögensarten erfolgt nach den gleichen Vorschriften, wie sie für das Reichsnotopfer getroffen sind. Bemerkenswert ist die Anpassung des Besitzsteuerentwurfs an das Notopfer. Zum Kapitalvermögen zählen neben den bekannten Teilen wie Bargeld, Aktien, Kapitalwerte der Rechte auf Renten usw. auch die nach dem 31. Dezember 1919 entgeltlich erworbenen Gegenstände aus edlem Metall, Edelsteine, Perlen, Luxusgegenstände aller Art, sofern der Anschaffungswert für den einzelnen Gegenstand 500 *M* und darüber oder für mehrere zusammengehörende Gegenstände 1000 *M* und darüber betragen hat. Vom Vermögen sind sowohl die persönlichen wie die dinglichen und alle anderen Schulden abzuziehen, wie sie den Bestimmungen des Reichsnotopfers gleichlaufen.

Der abgabepflichtige Vermögenszuwachs entsteht, wie schon angeführt, aus der Gegenüberstellung des Anfangsvermögens zum Endvermögen. Für die erste Veranlagung zur neuen Besitzsteuer würde als Anfangsvermögen nicht das Endvermögen, das für die letztmalig am 31. Dezember veranlagte alte Besitzsteuer ermittelt wurde, gelten, sondern der Vermögensstand, der zum Reichsnotopfer am 31. Dezember 1919 festgestellt wurde. Hierbei — und das ist das Bedeutsame und die Erklärung für die abweichende Regelung — muß aber für dieses Anfangsvermögen der ausmachende Betrag des Reichsnotopfers abgezogen werden.[1])

Die Festsetzung des Endvermögens soll nach den gleichen Vorschriften erfolgen, wie sie für das Anfangsvermögen gelten. Als Stichtag für das Endvermögen ist erstmalig der 31. Dezember 1922 angesetzt. Späterhin sind es Zeitabstände von 3 zu 3 Jahren, die die Anfangs- und Endpunkte der Veranlagung bilden. Bei der zweiten und dann folgenden Veranlagung gilt also immer das jeweilige Endvermögen als Anfangsvermögen. Der Gesetzesentwurf kennzeichnet außerdem das Anfangsvermögen noch besonders dadurch, daß es den ausmachenden Betrag der Besitzsteuer aus der letzten Periode vom Endvermögen abziehen läßt (§ 14).

Auch für die Wertermittlung der Grundstücke, der im Inland und Ausland befindlichen Betriebsvermögen usw. entlehnt der Entwurf seine Bestimmungen dem Gesetz über das Notopfer.

---

[1]) Siehe hierüber die Ausführungen und das Beispiel im Entwurf zum Besitzsteuergesetz (Drucks. Nat.-Vers. Nr. 2296 S. 18).

Nach der Umschreibung des steuerbaren Vermögenszuwachses gestattet der Entwurf noch gewisse Abzüge aus dem Erwerbe, der sich als Erbanfall äußert und durch die an sich schon hohe Erbschaftssteuer (gemäß §§ 20 und 40 des Erbschaftssteuergesetzes) erfaßt wird. Weiterhin werden die Kapitalabfindungen u. a. m. abgesetzt.

Nach dem Entwurf hat die Besteuerung nach den Grundsätzen der Leistungsfähigkeit zu erfolgen. Es soll daher ein Teil des Vermögenszuwachses, 5000 *M*, steuerfrei gestellt werden. Eine weitere grundsätzliche Bestimmung geht dahin, daß die Besitzsteuer ohne Rücksicht auf die Höhe der Vermögensvermehrung nur dann erhoben werden soll, sobald das Endvermögen den Gesamtwert von 20000 *M* übersteigt. Damit bleiben die kleinsten der Vermögen, die, wie dargelegt, rechnungsmäßig durch das Reichsnotopfer mit erfaßt werden, von der Zuwachsbesteuerung vollkommen frei. Diese Steuerfreiheit für die kleinsten Vermögen wird noch erweitert. Vermögen, die den Gesamtwert von 20000 *M* übersteigen, aber nicht über 30000 *M* hinausgehen, unterliegen nur dann der Besitzsteuer, falls die steuerfreie Grenze von 5000 *M* überschritten wird. In diesen Bestimmungen liegen sehr wertvolle Bevorzugungen für den unteren Kapitalbesitz und die normale Kapitalvermehrung in diesen Schichten.

Der Besitzsteuerentwurf stellt die obligatorische Deklaration auf, für alle Personen mit einem steuerbaren Vermögen ab 20000 *M*. Bei der Besitzsteuererklärung ist das Vermögen der Ehegatten zusammenzurechnen, sofern sie nicht dauernd voneinander getrennt leben.

Zu den Vergünstigungen eines steuerfreien Vermögenszuwachses und der evtl. Freistellung bis zu einem Vermögen von 30000 *M* sieht der Entwurf weitere Vergünstigungen vor durch das Kinderprivileg. Allerdings wird hier nicht die Form gewählt, daß ein bestimmter Vermögenszuwachsteil für ein Kind freigestellt wird, sondern es treten Steuerermäßigungen ein. Sofern der Steuerpflichtige ein Vermögen von unter 100000 *M* besitzt und seinen Kindern auf Grund gesetzlicher Verpflichtung Unterhalt gewährt, ermäßigt sich die Steuer für das dritte und jedes weitere minderjährige Kind um 5% ihres Betrages (§ 21 der Entwurfes). Diese Vergünstigung kommt namentlich kinderreichen Familien in den unteren und mittleren Vermögensschichten zugute.

Der Steuersatz soll nach dem Entwurf bei der neuen Besitzsteuer wesentlich höher sein als bei der alten. Die Besitzsteuer soll wie jede neue direkte Steuer einen gestaffelten Tarif führen. Er beträgt für die ersten angefangenen oder vollen 10000 *M* des steuerpflichtigen Vermögenszuwachses 1 %, für die nächsten 20000 ℳ 2 %, für die nächsten 30000 ℳ 3 % usw. und steigt bis zu 10 % bei einem Vermögenszuwachs von über 500000 ℳ.

Die Wirkung der Steuer ist an folgendem Beispiel zu erkennen:

Die Steuer stellt sich unter Berücksichtigung des steuerfreien Zuwachses von 5000 ℳ

bei	6000 ℳ	auf	10	ℳ	oder	0,15 %
„	10000 „	„	50	„	„	0,50 %
„	15000 „	„	100	„	„	0,66 %
„	20000 „	„	200	„	„	1,00 %
„	50000 „	„	950	„	„	1,90 %
„	80000 „	„	2000	„	„	2,50 %
„	100000 „	„	2800	„	„	2,80 %
„	300000 „	„	15150	„	„	5,50 %
„	500000 „	„	32050	„	„	6,40 %
„	1000000 „	„	82000	„	„	8,20 %

Die neue Besitzsteuer würde nach ihrem Aufbau und den materiellen Bestimmungen mit der neuen Steuergesetzgebung in einem weit besseren Zusammenhang stehen als die alte Besitzsteuer. Bei der alten Besitzsteuer war die persönliche Steuerpflicht auf den 1. Januar 1914 gegründet, und sie wirkte erst dann, sobald das Wehrbeitragsvermögen überschritten war. Solange ein Vermögenszuwachs diese Grenze nicht überschreitet, bleibt er also frei. Das Reichsnotopfer wird nun in überwiegender Zahl der Fälle die Vermögen für eine längere Zeit unter dem Stande des 31. Dezember 1913 lassen. Damit wäre für die alte Besitzsteuer keine Zugriffsmöglichkeit gegeben. Es müßte daher schon aus diesem Grunde ein neues Anfangsvermögen, das das Notopfer berücksichtigt, zugrunde gelegt werden. Hierzu kommen die im Reichsnotopfer sowie in der neuen Erbschaftssteuer vom 15. September 1919 vorliegenden, abweichenden materiellen Bestimmungen gegenüber dem Wehrbeitrag. Schließlich gebietet auch das fiskalische Interesse, einen neuen Steuertarif aufzustellen, der sich den neuartigen Vermögens- und Einkommensverhältnissen besser anpassen kann, als es die alte Besitzsteuer vermag.

Es bleibt nun die Frage zur Beantwortung offen, ob durch die kommende neue Besitzsteuer in Verbindung mit dem Reichsnotopfer eine Störung oder gar eine Unterbindung der Kapitalienneubildung zu befürchten ist. Beide Steuern erfassen das Erwerbs- und Genußvermögen, und beide Steuern sind fortlaufende, nominelle Vermögenssteuern. Bei den Darlegungen über die mutmaßlichen volkswirtschaftlichen Wirkungen des Notopfers wurde bereits darauf hingewiesen, daß eine Schädigung des produktiven Kapitals kaum zu erwarten sein dürfte. Die gleiche unschädliche Wirkung kann auch über die künftige Abgabe auf den Vermögenszuwachs vorausgesagt werden. Die Höhe der alle drei Jahre wirkenden Abgabe ist relativ gering, sogar auf der höchsten Stufe der Belastung keineswegs unerträglich. Sie würde einen Vermögenszuwachs von 50000 ℳ mit 950 ℳ belasten, das sind keine 2% der Vermögensvermehrung. Bis zu dieser Grenze liegt wohl auch die Mehrzahl der Vermögensvermehrungen. Angesichts einer knapp 2%igen Belastung der Vermögensbildung und der vorherrschenden Einkommensverhältnisse brauchen Befürchtungen über eine ernstliche Beeinträchtigung des Sparsinns und der Kapitalienneubildung nicht gehegt zu werden.

Die Besitzsteuer hat nicht nur den Zweck, den Vermögenszuwachs als Steuerquelle auszunutzen. Ihr ist zu gleicher Zeit auch die Funktion einer Kontrollsteuer zuzusprechen. Bei der Höhe der Steuersätze, welche vom Vermögen und vom Einkommen nunmehr erhoben werden, ist es sehr wesentlich, daß laufend, in einem gewissen Zeitraum, das Vermögen immer wieder festgestellt wird. Dadurch können Steuerhinterziehungen bei der Einkommensteuer, vornehmlich auch bei der laufenden Erbschaftssteuer, leichter aufgedeckt werden. Die periodische Feststellung des Vermögenszuwachses als Unterschied zwischen zwei Vermögensstufen, die sehr genaue Aufführung der Faktoren, aus denen sich der sichtbare Zuwachs zusammensetzt, sind in der Tat dazu geeignet, einer aufmerksamen Veranlagungsbehörde genügend Anhaltspunkte zur Aufdeckung falscher Steuerdeklarationen zu geben.

2. Die Reichserbschaftssteuer.
(Gesetz vom 10. September 1919.)

Ohne in die geltende Einteilung der Steuern, wie sie durch die Finanzwissenschaft bisher geschaffen ist, eine gewollte Gegensätzlichkeit zu tragen und ohne insbesondere in den alten, unentschiedenen Streit über die Eingliederung der Erbschaftssteuer in die veranlagten oder tarifierten Steuern einzutreten, soll die Erbschaftssteuer nach der dieser Arbeit zugrunde gelegten Einteilung unter die Besteuerung des Vermögens gestellt werden. Diese Eingliederung geschieht nicht ohne innere Berechtigung. Denn die Erbschaftssteuer ist tatsächlich nichts anderes als eine Besteuerung des Vermögens, das beim Todesfall einem rechtlichen Akt unterliegt, nämlich der rechtlichen Übereignung in die Hände des Erben.

Ähnlich ist der unentgeltliche Übergang von Vermögenswerten auf dem Schenkungswege zu werten. In jedem Falle liegt ein Vermögenszuwachs vor, wobei es gleichgültig an sich ist, ob der Zuwachs auf einen volkswirtschaftlichen oder privatrechtlichen Ursprung zurückzuführen ist.

Der Erwerb von Todes wegen und aus Schenkung wurde in Deutschland durch das Reich erst 1906 und 1913 nach einheitlichen Grundsätzen besteuert (Gesetz vom 3. Juni 1906 und 3 Juli 1913). Vorher lag die Erbschaftssteuer in den Händen der Einzelstaaten. Als die Besteuerung der Erbschaften zur Reichsangelegenheit wurde, behielten sich die Einzelstaaten noch ein Anteilrecht an ihr vor, sowie die Möglichkeiten, erstens Zuschläge zu erheben und zweitens die von der Reichserbschaftssteuer freigelassenen Abkömmlinge und Ehegatten einer selbständigen Besteuerung zu unterwerfen. Dadurch ging der Reichserbschaftssteuer der Charakter einer vollgültigen Abgabe verloren, denn der häufigste Fall der Erbschaften, der Erwerb der Abkömmlinge und Ehegatten, blieb frei und die Einzelstaaten waren nicht gewillt sie zu erfassen. Außerdem fehlte eine Nachlaßbesteuerung, die vor der Erbanfallsteuer hätte wirken können. So ließ die wissenschaftliche Kritik der alten Reichserbschaftssteuer das Urteil einer nur halben steuerpolitischen Maßnahme zuteil werden. Was die Belastung durch die alte Erbschaftssteuer anbetrifft, so ist zu sagen, daß die Steuersätze für die Verhältnisse vor dem Kriege verhältnismäßig hoch waren. Im einzelnen hing das Ausmaß der Steuer von dem Grad der verwandtschaftlichen Beziehungen des Erwerbers gegenüber dem Erblasser bzw. Schenkgeber und der Höhe der erworbenen Summe ab. Der niedrigste Satz in der ersten Klasse (Anfall an leibliche Eltern, Geschwister) bei einem Erwerb unter 50000 ℳ war 4 % und der höchste in der 5. Klasse (ohne Verwandtschaft) 12 % bei einem Erwerb unter 20000 ℳ (seit 1913, vorher 10 %). Hierzu kamen dann die nach der Höhe des Erwerbs abgestuften Zuschläge. Im Höchstfalle trat in der letzten Klasse eine Besteuerung von 30 % ein (seit 1913, vorher 25 %). Als steuerfrei galten Anfälle und Schenkungen unter 500 ℳ; der Erwerb durch Personen, die zum Erblasser in einem Dienst- oder Arbeitsverhältnis standen, war bis zu 3000 ℳ abgabefrei, bei Kirchen bis zu 5000 ℳ usw.

Obwohl die Steuer hoch war, so überschritt sie doch nicht die Leistungsfähigkeit, und es war dabei noch zu beachten, daß die Bewertungsvorschriften in der alten Erbschaftssteuer die weitgehendste Schonung des Besitzes darstellten. Trotz allebem wurden gegen sie schwere Vorwürfe erhoben. Insbesondere klagte der Grundbesitz darüber, daß er im Gegensatz zum beweglichen Besitz zu hart erfaßt würde. Dies zwinge ihn, Schulden zu machen, da der vererbte Betrag gewöhnlich in den Grundstücken oder in den Fabriken angelegt, die Steuer aber in bar zu zahlen sei. In Wirklichkeit waren die Vergünstigungen des Gesetzes gegenüber den land- und forstwirtschaftlich genutzten Grundstücken (die zum Ertragswert veranlagt wurden) eine direkte Bevorzugung des Besitzes.[1])

Im Gegensatz zu diesen interessepolitischen Anfeindungen suchte die wissenschaftliche Kritik durch eine organische Reform die in der alten Erbschaftsbesteuerung vorliegenden Schäden zu beseitigen. Die wissenschaftlichen Untersuchungen hoben namentlich die Unvollkommenheit der deutschen Erbschaftsbesteuerung durch Vergleiche mit der ausländischen Erbschaftsbesteuerung hervor. Das englische Beispiel wurde mit Recht als mustergültig hingestellt. England kannte eine systematisch aufgebaute Erbschaftssteuer, die allen Forderungen der finanzwissenschaftlichen Prinzipien standhielt. Bei der englischen Erbschaftssteuer sind zu unterscheiden:

1. die Nachlaßsteuer, die mit hohen Sätzen wirkt und nur nach der Höhe des Nachlasses gestaffelt ist, ohne auf Erbschaftsteil und verwandtschaftliches Verhältnis Rücksicht zu nehmen;
2. zwei Erbanfallsteuern:
   a) die sog. „Legacy Duty" für den beweglichen Besitz und
   b) die „Succession Duty" für unbeweglichen Besitz mit steigenden Sätzen nach den verwandtschaftlichen Beziehungen.

Außerdem wirkte eine besondere Steuer auf Erbschaften in gebundenem Vermögen und eine ergänzende Besteuerung der Toten Hand. Wenn auch die Besteuerung nach dem englischen Muster nicht einfach auf deutsche Verhältnisse übertragbar war, so galt sie in ihren Grundzügen doch als nachahmenswert.

Vorerst stand jedoch in Deutschland ein anderes Erfordernis voran: die Ausdehnung der Erbschaftssteuer auf das Gatten- und Kindeserbe. Gegen diese zeitgemäße Fortentwicklung der deutschen Erbschaftssteuer kämpften jedoch die Gegner mit einer Erbitterung, die offensichtlich antisozialen Motiven entsprang. Sie sagten, daß die Einbeziehung des Gatten- und Kindeserbe dem germanischen Familiensinn widerspreche. Lotz charakterisierte dieses Argument treffend, indem er sagte: „Diese Argumentation gehört

[1]) Siehe auch Lotz, Finanzwissenschaft S. 560.

zu jenen, über die es schwer ist, in höflicher Form ein Urteil zu sprechen." Er verwies auf den sachlichen Kern, der darin lag, daß die Kinder, die namentlich im bäuerlichen und kleinbürgerlichen Haushalt mithalfen, das Familienvermögen zu erwerben, durch eine Erbschaftssteuer geschädigt würden. Dem Gedanken des Vermögensmiterwerbs durch Kinder konnte jedoch eine Berücksichtigung gewährt werden, indem ein bestimmter Vermögensteil freigestellt würde.

Der tiefere Grund des Kampfes gegen die Reform der Erbschaftssteuer lag in einer anderen großen Befürchtung: die Erbschaftssteuer könnte nach und nach eine Auflösung der großen Vermögen erzwingen. Dieses Streben gehörte nach dem Erfurter Programm zum parteipolitischen Ziel der Linken. Daneben entsprach es auch nur zu sehr dem Gerechtigkeitsempfinden weiter Volksschichten. Denn an sich stellt ja die Erbschaftssteuer nichts anderes dar als eine Bereicherungssteuer, eine Steuer auf die Vermehrung des Besitzstandes, die nicht auf eigener Tätigkeit des Bereicherten beruht. Weiteste Erfassung der Erbschaften einschließlich des Gatten- und Kindeserbe und höchste Sätze waren daher die Forderungen. Allerdings konnte die alte Reichserbschaftssteuer wegen der Unvollkommenheiten in der Steuertechnik und der mangelnden Rücksichtnahme auf besondere Verhältnisse diesem sozialen Ausgleichsstreben nicht dienen. Daraus entsprang daher die Forderung nach einer umfassenden, fortschrittlichen Ausgestaltung der Erbschaftssteuer.

Hierbei trat noch ein neuer Gedanke auf, der namentlich in der Kriegszeit eine verstärkte Wiederbelebung erfahren hatte, nämlich der Gedanke, das Erbrecht der weit entfernten Verwandten zu beseitigen und dafür das Reich als Erbe einzusetzen. Für das Erbrecht des Reichs haben sich schon früher namhafte Rechtslehrer und Nationalökonomen, wie Sohm, Adolf Wagner, Brentano u. a., ausgesprochen. In der jüngsten Zeit trat für das Erbrecht des Reichs Bamberger sehr lebhaft ein.[1]) Er forderte als Grenze des Intestaterbrechts die Geschwister, höchstens noch die Geschwisterkinder. Kuczynski und Mansfeld verfolgten die Frage des Erbrechts des Reichs weiter und gelangten zum Pflichtteil des Reichs.[2]) Sie stellten den Grundsatz auf, die Bestimmung des Bürgerlichen Gesetzbuchs durch den Satz zu ergänzen: Hinterläßt der Erblasser nicht

---

[1]) Vgl. Bamberger, Erbrecht des Reichs und Erbschaftssteuer (1917).
[2]) Kuczinski, Pflichtteil des Reichs, Berlin 1917.

wenigstens drei Kinder oder Abkömmlinge von mindestens drei Kindern, so kann das Reich von dem Erbe den Pflichtteil verlangen. Als Pflichtteil des Reichs gilt die Hälfte des Wertes des gesetzmäßigen Erbteiles eines Kindes. Diese beiden Grundsätze werden nach mannigfacher Seite hin praktisch und juristisch durchdacht. In ihrem inneren Kern zielen sie jedoch mehr nach bevölkerungspolitischen als nach finanzpolitischen Wirkungen. Dadurch sollte die gewollte Beschränkung der Kinderzahl, die namentlich in den begüterten Klassen des Volkes als am weitesten verbreitet bezeichnet wird, bekämpft werden und auf der anderen Seite einer ungesunden Anhäufung der Vermögen durch die Vererbung entgegengewirkt werden. Auch Mombert pflichtet dem allgemeinen Grundgedanken bei, der der Erbschaftsbesteuerung eigen ist. Er spricht sich für das Erbe des Reichs aus, wobei er allerdings voraussetzt, daß die Mittel, die das Reich hierdurch bekommt, produktiv, d. h. für die arbeitende Wirtschaft, z. B. Bau von Eisenbahnen, Wasserstraßen, und auch für die Tilgung der Reichsschulden usw., verwendet werden.[1])

Während des Krieges wurde es im Hinblick auf die anwachsende Milliardenschuld klar, daß zur Deckung des kommenden Budgets die Erbschaftssteuer mit herangezogen werden müßte. Damit war auch zu erwarten, daß die Tage der Steuerfreiheit des Kinder- und Gattenerbes gezählt waren. Schon die finanziellen Anforderungen, die an die Erbschaftssteuer gestellt werden mußten, deuteten darauf hin, daß diese Erbschaften, die etwa 80 % aller Erbschaften ausmachen, steuerlich erfaßt würden. Weiterhin wurde es immer mehr klar, daß dem Besitz eine größere Last als bisher zugedacht werden mußte. Und hierfür erschien in erster Linie die Erbschaftssteuer als sehr geeignet. Bemerkenswerterweise wandten sich nunmehr in der Öffentlichkeit gegen eine das Gatten- und Kindeserbe erfassende Erbschaftssteuer und dazu mit relativ hohen Sätzen keine allzu lauten Stimmen. Nahezu zehn Jahre lang hatte diese Frage die Gemüter auf das heftigste bewegt. Jetzt rückte sie aber stark in den Hintergrund, weil der Gedanke an die große Vermögensabgabe alle Kräfte gegen diese Steuer anspannte. Es wurden unter dem Eindruck des bevorstehenden Notopfers im Gegenteil Stimmen laut, die in der Erbschaftssteuer das geeignete Mittel sahen, um die künftige Generation an der Abtragung der finanziellen Kriegskosten beteiligen zu können. Und von einigen Seiten der Wirtschaftenden

---

[1]) Siehe Mombert, Europäische Staats- und Wirtschaftszeitung, 3. Jahrg. Nr. 28 vom 14. Juli 1917 S. 696.

wurde aus volkswirtschaftlichen Erwägungen heraus der Gedanke angeführt, daß die durch den Krieg geschwächten wirtschaftlichen Unternehmungen durch eine laufende, erst beim Tode einsetzende Erbschaftssteuer weniger stark erfaßt würden als durch eine sofortige hohe einmalige oder dauernde Vermögenssteuer. Der Erbschaftssteuer wurde also im Vergleich mit der Vermögensabgabe eine allseitig schonende Tendenz zugrunde gelegt, und so mehrten sich die Stimmen, die für sie lebhaft eintraten.

Im Reichstag wurde der Ausbau der Reichserbschaftssteuer gleichfalls und wiederholt gefordert, so beispielsweise bei den Beratungen über die Kriegsgewinnsteuer im Jahre 1916[1]) und über die Kriegsabgabe für das Rechnungsjahr 1918, wo die Notwendigkeit einer Erbschaftssteuerreform erneut zur Sprache gebracht wurde.

Am 16. Juni 1919 endlich legte die Reichsregierung der Nationalversammlung den Entwurf eines neuen Erbschaftssteuergesetzes vor.[2]) In der Begründung konnte die Regierungsvorlage einleitend den alten und überwundenen Streitgedanken mit den Worten abtun:

„Der Ausbau der bestehenden Erbschaftsbesteuerung im Sinne ihrer Ausdehnung auf das Gatten- und Kindeserbe und der verschärften Heranziehung der entfernten Verwandtschaftsgrade ist aus einem früheren Gegenstande des Streites der Meinungen ein Gemeingedanke geworden."

Der Ausbau der alten Reichserbschaftssteuer sollte, wie der Entwurf weiterhin hervorhebt, nach einer dreifachen Richtung erfolgen:

1. der Nachlaß ist durch eine besondere Nachlaßsteuer vorweg zu belegen;
2. der Kreis der steuerpflichtigen Personen, die der Erbanfallsteuer unterliegen, ist auf die Ehegatten und Abkömmlinge auszudehnen;
3. die Steuersätze sind in Beziehung zu bringen
   a) zum Verwandtschaftsgrad,
   b) zur Höhe des Erbanfalles und
   c) zur Größe des Vermögens des Erben.

Zu der Nachlaß- und Erbanfallsteuer sollte eine Besteuerung der Schenkungen treten, die das Ziel verfolgt, Hinterziehungen der Erbschaftssteuer durch vorweggenommene Schenkungen unmöglich

[1]) Vgl. Bericht des Haushaltsausschusses Nr. 320/1916 S. 95 ff.

[2]) Siehe Drucks. Nat.-Vers. Nr. 376.

zu machen. Dagegen hielt es die Vorlage nicht für angebracht, angesichts der grundlegenden und weitgehenden Bestimmungen im neuen Erbschaftssteuergesetz auf die mehrfach in der öffentlichen Meinung vorgeschlagene Einführung eines Pflichtteilsanspruchs des Reichs einzugehen. Auch in der Kommissionsberatung sprach sich die Regierung gegen die Einführung des Pflichtteils mit dem Bemerken aus, daß die Erbschaftssteuer durch die Höhe ihrer Sätze den Anteil des Reichs an den Erbschaften genügend wahre.[1]) Die Abstimmung brachte auch die Ablehnung. Damit schied der Gedanke des Pflichtteils endgültig aus. Die Vorlage wurde am 10. September 1919 Gesetz.[2])

Nach § 1 des neuen Reichserbschaftssteuergesetzes vom 10. September 1919 werden entsprechend der Vorlage der Besteuerung unterworfen:

1. der Nachlaß eines Verstorbenen durch die Nachlaßsteuer,
2. der Erwerb von Todes wegen durch die Erbanfallsteuer,
3. Schenkungen unter Lebenden durch die Schenkungssteuer.

Es kommen also beim Tode einer Person zwei Steuern in Betracht: die Nachlaßsteuer und die Erbschaftssteuer. Auf der Erbschaftssteuer liegt der steuerliche Schwerpunkt. Bei Schenkungen unter Lebenden wird nur eine der Erbanfallsteuer im wesentlichen entsprechende Schenkungssteuer erhoben. Diese durch das neue Erbschaftssteuergesetz eingeführte Dreiteilung entspricht den wissenschaftlichen Anforderungen, die an die Besteuerung der Erbschaften im allgemeinen gestellt wurden. Allerdings herrscht keine einheitliche Auffassung über die Berechtigung einer allgemeinen Nachlaßsteuer. Sie entspricht in ihrem Grundcharakter einer Steuer auf das gesamte Vermögen, die keine Rücksicht auf die persönliche Leistungsfähigkeit nimmt, weil dieser Grundsatz ja immer nur auf den angewendet werden kann, der das Steueropfer bringt und empfindet. Das ist der Erb- bzw. Vermächtnisnehmer und nicht mehr der verstorbene Erblasser. Trotz alledem wurde nach dem Muster der englischen Estate Duty die Nachlaßsteuer der Erbschaftsbesteuerung vorangestellt.

Nach dem Gesetz sind nicht alle Nachlaßgegenstände steuerpflichtig. Die §§ 2 und 7 umschreiben des näheren das steuerbare Vermögen, das dem Nachlaß unterliegt. Hiernach gilt als Nachlaß das gesamte Vermögen des Verstorbenen, das bei seinem Tode

---

[1]) Siehe Bericht des 10. Ausschusses in der Nat.-Vers. Drucks. Nr. 941 S. 15.
[2]) RGBl. 1919 Nr. 173 S. 1543 ff.

vorhanden ist. Diese Vorschrift wird jedoch durch § 7 eingeengt, der den Hausrat, soweit sein Wert den Betrag von 50000 ℳ nicht übersteigt, und zweitens die nicht zur Veräußerung bestimmten Gegenstände, die einen geschichtlichen, wissenschaftlichen Wert haben und seit mindestens 20 Jahren im Besitz der Familie des Erblassers sind, freistellt. Die allgemeine Steuerfreiheit für den Hausrat- und Familienkunstbesitz erschien dem beratenden 10. Steuerausschuß als zu weitgehend. Daher wurden sie in den dargelegten Grenzen dem Notopfer unterworfen. Die an sich hohe steuerfreie Grenze findet ihre Begründung in den Preisverhältnissen und ist als billig anzusprechen, da nicht jeder Hausrat, nicht alle hochwertigen Möbel zum Zweck der Steuerhinterziehung angeschafft werden. Als Vermögen gilt wie bei allen Vermögenssteuern das Grund-, Betriebs- und Kapitalvermögen (s. § 3). In den §§ 4, 5 und 6 wird das Vermögen des näheren umschrieben. Zum Nachlaßvermögen werden sodann noch bestimmte Vermögenswerte ausdrücklich hinzugezählt, so die Lebens- und Unfallversicherungen, Bezüge aus Sterbekassen u. a. m. Insbesondere gehört auch zum Nachlaß, was der Erblasser als Vorerbe oder Fideikommißbesitzer besaß (§ 2 Abs. 1). Eine besondere Bestimmung enthält § 9, wonach Beträge aus Versicherungen zugunsten des Reichs, die zur Berichtigung der Erbschaftssteuern aufgenommen sind, zur Hälfte nicht zum Nachlaß gehören. Diese Vorschrift ist vom Ausschuß der Nationalversammlung mit der Begründung zugefügt, daß es bei den hohen Steuersätzen naheliege, daß der Erblasser schon zu seinen Lebzeiten durch Abschluß einer Versicherung für eine Entlastung von der Steuer sorge.

Die Steuer soll den Reinnachlaß treffen. Deshalb sind Schulden, die vom Erblasser herrühren, abzugsberechtigt. Auch die Kosten für die Bestattung des Erblassers und die Nachlaßregulierung sowie Prozeßkosten usw. (s. § 10) sind abzugsfähig. Als steuerfreien Nachlaß spricht das Gesetz einen Betrag von 20000 ℳ an, sofern der Gesamtwert des Nachlasses den Betrag von 200000 ℳ nicht übersteigt. Der steuerpflichtige Nachlaß unterliegt einer gestaffelten Abgabe. Sie beträgt für die ersten angefangenen oder vollen 200000 ℳ 1 %, für die nächsten angefangenen oder vollen 300000 ℳ 2 % usw. steigend, für die Beträge über 2 Millionen Mark 5 %. Es kann nicht behauptet werden, daß die Nachlaßsteuer mit diesen Sätzen empfindlich wirke, auch wenn berücksichtigt wird, daß sie lediglich eine Vorsteuer darstellt und keine Rücksicht auf die Leistungsfähigkeit der Erben nimmt. Die Nachlaßsteuer ist aus dem Nachlaß zu entrichten, wofür der Erbe mit den Mitteln des Nachlasses haftpflichtig ist.

Der Kern der Erbschaftsbesteuerung liegt in der zweiten Besteuerungsart, in der Erbanfallsteuer. Sie unterwirft der Steuer nach § 20 den Erwerb durch Erbanfall, durch Vermächtnis, den Erwerb auf Grund einer Nachfolge in ein Hausgut, den Erwerb durch Schenkung auf den Todesfall usw. Im Gegensatz zur Nachlaßsteuer kommt für die Steuerpflicht bei der Erbanfallsteuer in erster Linie der Erwerber in Betracht. Es kann hier nun nicht im einzelnen über die steuerrechtliche Behandlung der mannigfaltigen erbrechtlichen Vorgänge eingegangen werden. So bleiben hier unerörtert die Fragen über die erbanfallsteuerpflichtigen Vermögensübergänge bei fortgesetzter Gütergemeinschaft (§ 21), die Behandlung des Erwerbers auf Grund einer Nachfolge in ein Hausgut (§ 22), die Behandlung der Nacherben (§ 23) und andere spezielle steuerrechtliche Fragen, die den sachlichen Kommentaren und dem Richterspruch zu überlassen sind.[1])

Die räumliche Herrschaft des Gesetzes ist sehr weitgehend. Die Steuerpflicht ist gegeben, wo immer sie durch Staatsangehörigkeit, Wohnsitz oder Aufenthalt des Erblassers oder Erwerbers zu begründen ist. Außerdem ist das inländische Grund- und Betriebsvermögen stets steuerpflichtig (§ 24). Als erbanfallsteuerpflichtig bezeichnet das Gesetz denjenigen Betrag, um den der Erwerber durch den Erbanfall bereichert ist (§ 25). Die Bereicherung wird durch jede Aufwendung gemindert, die der Erwerber machen muß, um in den Genuß der erworbenen Gegenstände zu gelangen, so beispielsweise durch Aufwendungen zur Erfüllung einer von dem Erblasser gesetzten Bedingung für den Erwerb. Ausnahmsweise sind sogar Leistungen vor dem Erbanfall zu berücksichtigen, nämlich wenn der Erwerber nach Vollendung des 15. Lebensjahres im Betrieb des Erblassers ohne Barlohn Dienste geleistet und dadurch eine fremde Arbeitskraft erspart hat. Sofern diese Bedingungen erfüllt sind, kann der zehnfache Betrag des ortsüblichen Monatslohnes für die geleistete Dienstzeit vom Erbanfall abgezogen werden. Diese Vergünstigung kommt vor allen Dingen den kleinbäuerlichen und gewerblichen Familienbetrieben zugute.

Für die steuerlich gerechte Berechnung der Erbanfallsteuer werden die Erben in sechs Klassen eingeteilt.

---

[1]) Siehe den ausführlichen Kommentar zum Erbschaftssteuergesetz des Ministerialrats im Reichsfinanzministerium Ludw. Mirre. Berlin 1920.

Es gehören zur

1. Klasse: Ehegatten, eheliche Kinder und vom Vater anerkannte uneheliche Kinder,
2. „ : die Abkömmlinge der Kinder,
3. „ : Eltern sowie voll- und halbbürtige Geschwister,
4. „ : die Großeltern und die entfernteren Voreltern, die Schwieger- und Stiefeltern, die Schwieger- und Stiefkinder, Adoptivkinder, Neffen und Nichten,
5. „ : die Abkömmlinge zweiten Grades von Geschwistern, die Geschwister der Eltern und die richtigen Schwager,
6. „ : alle übrigen Erwerber (also schon Vettern).

Befreit sind jedoch Reich und Land (§ 32). Die Zuwendungen an Gemeinden, kirchliche, mildtätige oder gemeinnützige juristische Personen und zu derartigen Zwecken dagegen unterliegen einem Einheitssatz von 10% (§ 35).

Der Tarif der Erbanfallsteuer ist der folgende:

	in der Steuerklasse					
	I	II	III	IV	V	VI
	v. H.					
für die ersten angefangenen oder vollen 20000 ℳ des steuerpflichtigen Erwerbs	4	5	6	8	10	15
„ „ nächsten „ „ „ 30000 „	5	6	8	10	12	20
„ „ „ „ „ „ 50000 „	6	8	10	12	15	25
„ „ „ „ „ „ 50000 „	8	10	12	15	20	30
„ „ „ „ „ „ 50000 „	10	12	15	20	25	35
„ „ „ „ „ „ 100000 „	12	15	20	25	30	40
„ „ „ „ „ „ 200000 „	15	20	25	30	35	45
„ „ „ „ „ „ 250000 „	20	25	30	35	40	50
„ „ „ „ „ „ 250000 „	25	30	35	40	45	55
„ „ „ „ „ „ 500000 „	30	35	40	45	50	60
„ „ weiteren Beträge	35	40	45	50	60	70

Vor seiner Wirksamkeit gestattet das Gesetz den Abzug eines steuerfreien Betrages. Und zwar sind bei den Erbklassen 1, 2, bei Eltern und Adoptivkindern 5000 ℳ als steuerfrei abzurechnen, sonst 500 ℳ. In allen Klassen ist das System der sog. Durchstaffelung angewendet. Sie bewirkt es, daß eine gerechte nach der Leistungsfähigkeit begründete Besteuerung erreicht wird. Über den sich danach ergebenden Betrag der Steuer unterrichtet die nachfolgende Tabelle.

Wirkung der Erbanfallsteuer.

Ausmachender Betrag in Mark.

Steuerbarer Erwerb	Erbanfallsteuer in Steuerklassen							
	I	II	III_1	$IV_{1,5}$	III_2	$IV_{2,3,4}$	V	VI
500	—	—	—	—	—	—	—	—
1000	—	—	—	—	30	40	50	75
3000	—	—	—	—	150	200	250	375
5000	—	—	—	—	270	360	450	675
10000	200	250	300	400	570	760	950	1425
25000	800	1000	1200	1600	1560	2050	2540	3900
50000	2050	2500	3200	4100	3560	4550	5540	8900
75000	3500	4400	5600	7000	6050	7540	9275	15125
150000	8900	11300	14000	17350	14540	18025	23000	36350
500000	55550	71800	90850	111600	91975	112950	135425	183775
1000000	167550	208800	252850	298600	254425	300400	347875	446225
1500000	317300	383550	425600	523350	454400	525375	597850	746200

Klassen: I, II, III_1, $IV_{1,5}$ sind begünstigt durch § 27 Abs. 2.

Trotz dieser in allen Erbschaftsklassen immerhin hohen Steuersätze wurde im Parlament von der Linken eine Verschärfung der Sätze gefordert, zum Teil wohl auch nur aus parteitaktischen Erwägungen. Diesen Forderungen hat sich die Reichsregierung nicht angeschlossen und durchaus zu Recht. Denn das Reich erhebt auch noch andere laufende Steuern, die alle in ihrer Gesamtwirkung zu berücksichtigen sind.

Die Erbanfallsteuer berücksichtigt die Leistungsfähigkeit nicht allein nach dem Grad der Verwandtschaft und der Höhe der Erbschaft, sondern in dritter Linie auch nach dem Besitz des Erben. Das neue Ausgleichsmoment erscheint in der Gestalt von prozentualen Zuschlägen, die wiederum nach der absoluten Höhe des vorhandenen Vermögens gestaffelt sind. Die Zuschläge zur Erbanfallsteuer belaufen sich entsprechend dem Vermögen des Erwerbers z. B.:

wenn der Erwerber 200000 ℳ besitzt auf . . . . 10 %
„ „ „ 500000 „ „ „ . . . . 25 %
„ „ „ 1000000 „ „ „ . . . . 50 %
„ „ „ 2000000 „ und mehr besitzt, auf . . . . 100 %

Der Zuschlag nach der Höhe des Vermögens deckt sich durchaus mit dem Gedanken der Leistungsfähigkeit. Denn je mehr der Erbe schon besitzt, um so mehr kann er von einem Anfall abgeben, ohne daß es für ihn empfindlicher ist als für den anderen, der weniger besitzt. Durch die Verwirklichung auch dieses Gedankens erreicht die Erbschaftssteuer in ihrer Gesamtbelastung ohne Zweifel die weitgehendste Berücksichtigung des Prinzips der Leistungsfähigkeit.

Das Gesetz sieht schließlich Ermäßigungen und Befreiungen vor. Ermäßigungen treten ein, wenn in der engeren Familie bei rasch hintereinanderfolgenden Vererbungen die Besteuerung sich als eine Härte erweisen muß (§§ 36 u. 39). Ist ferner der Erwerber ein Abkömmling und hatte er zur Zeit des Anfalls des Erwerbs das 21. Lebensjahr noch nicht vollendet, so ermäßigt sich die Erbanfallsteuer für jedes fehlende volle Jahr bis zum 21. Lebensjahr um 5 %. Allerdings tritt diese Ermäßigung nur dann ein, wenn der Erwerb zusammen mit dem Vermögen des Erwerbers 50000 ℳ nicht übersteigt (§ 34). Im § 33 sind umfangreiche Befreiungen von der Erbanfallsteuer vorgesehen und im § 35 — wie bereits angeführt — die ermäßigte und einheitliche Steuer von 10 % für den Erwerb, der einer Gemeinde zur Verwendung für öffentliche Zwecke oder einer Kirche anfällt. Desgleichen gilt der 10%ige Satz bei Stiftungen und Zuwendungen zu kirchlichen, mildtätigen und gemeinnützigen Zwecken und schließlich für den Erwerb, der Kassen oder Anstalten anfällt, welche die zum Erblasser in einem Dienst- oder Arbeitsverhältnis stehenden Personen sowie deren Familienangehörige unterstützen. Befreit sind die Unterstützungen, die der Erbe nach § 1969 des Bürgerlichen Gesetzbuchs den Familienangehörigen des Erblassers gewährt; er ist verpflichtet, in den ersten 30 Tagen nach Eintritt des Erbanfalls in dem gleichen Umfange, wie es der Erblasser getan hat, den Familienangehörigen Unterhalt und Wohnung zu gewähren. Ein Erwerb, der in der Befreiung von einer Schuld besteht, ist unter besonderen Umständen steuerfrei. Von den Befreiungen sei schließlich noch hervorgehoben die des Erwerbs von Kriegswitwen und Kriegswaisen, sofern der Erwerb und das Gesamtvermögen des Erwerbers den Betrag von 100000 ℳ nicht übersteigen.

Im Rahmen der Reichserbschaftssteuer steht als dritte Abgabe die Schenkungssteuer. Ihre Bedeutung liegt, wie bereits hervorgehoben, in dem Ziel, etwaigen Steuerumgehungen aus Anlaß der hohen Erbschaftssteuer vorzubeugen. Die Neigung zur Umgehung der Erbschaftssteuer durch Verfügungen unter Lebenden ist bekanntlich um so stärker, je mehr es sich um die nächsten Angehörigen handelt. Das wird also namentlich für die Klassen 1 und 2 zutreffen. Aber die Schenkungssteuer erstreckt sich nicht allein auf die Klassen 1 und 2, sondern auf alle Erbklassen und besteuert sie in der gleichen Weise wie die Erbschaft selbst. Was als Schenkung anzusehen ist, umschreibt des näheren der § 40. Die

Steuerbefreiungen der Erbanfallsteuer sind auch auf die Schenkungssteuer anwendbar. § 42 enthält außerdem besondere Befreiungen. Es gelten hier als steuerfrei die Schenkungen beweglicher Sachen bis zu einem Wert von 5000 ℳ an Personen der Steuerklassen 3—5, sofern die Sachen dem persönlichen Gebrauch des Beschenkten dienen, sodann die Zuwendungen zum Zweck des angemessenen Unterhalts oder der Ausbildung des Bedachten, das Ruhegehalt und ähnliche Zuwendungen an frühere oder jetzige Angestellten oder Bedienstete. Desgleichen sind die üblichen Gelegenheitsgeschenke freigestellt.

Um eine Ersparung von Steuer durch Teilung von einheitlichen Zuwendungen zu verhindern, ist ferner allgemein bestimmt, daß alle Zuwendungen unter Lebenden und von Todes wegen für die Besteuerung zusammenzurechnen sind (§ 38).

Der Schenkungssteuer wurde rückwirkende Kraft bis 1. Januar 1917 verliehen, soweit es sich um Zuwendungen an Personen der Steuerklasse I und II handelt. Dies erschien zweckmäßig deshalb, weil im Hinblick auf die bevorstehende Neuregelung der Erbschaftssteuer vorher vielfach Schenkungen mit dem Zweck der Ersparnis an Steuer vollzogen wurden.

Noch ein Gedanke ist hier kurz aufzuführen: der Erbanfallsteuer ist eine Nachlaßsteuer als Vorausbelastung vorgestellt. Es lag nun nahe, auch die Schenkungen, die ja ein Stück des Nachlasses vorwegnehmen, mit einer Nachlaßsteuer zu belegen oder die Sätze der Schenkungssteuer etwas höher zu stellen als die der Erbanfallsteuer. Davon wurde jedoch Abstand genommen, weil eine ganz gleichmäßige Belastung von Erbschaften und Schenkungen praktisch kaum durchführbar erschien.

Für die Veranlagung und die Ermittlung des Wertes gelten einheitliche Bestimmungen bei allen drei Steuerarten. Nach § 47 gilt im allgemeinen der gemeine Wert, bei den Grundstücken der Ertragswert.

Die Gesamtbeurteilung der neuen Reichserbschaftssteuer wird ohne Zweifel dahin lauten können, daß sie einen großen und erfreulichen Fortschritt in der Entwicklung der Erbschaftsbesteuerung darstellt. Ihre hohe sozialpolitische Bedeutung wird die Erbschaftssteuer erst im Laufe der Jahre gewinnen, da ihre relativ hohen Sätze allmählich zur vollen Wirksamkeit kommen. Zunächst wirkt die Steuer nur mit 80 % des Steuerbetrages, der zur Erhebung gelangt. Von Jahr zu Jahr steigt der Satz an, zunächst um 2 %, später um 1 %. Die volle Erbanfallsteuer gelangt so erst bei Erbfällen vom 1. April 1935 an zur Erhebung. Kein anderer Vermögenszuwachs trägt deutlicher den Charakter des Unverdienten und daher sozialpolitisch ungerechtfertigten materiellen Vorteils in sich als der durch den Erbanfall. Aus sozialpolitischen und nicht zum geringsten auch aus wirtschaftlichen Erwägungen heraus ist die Erbschaftssteuer daher ein notwendiges Glied in der Besteuerung des Vermögens. Es wäre aber verfehlt, in ihr die Vorstufe für eine Steuer zu sehen, die in kurzer Zeit die Vergesellschaftung der privaten Vermögen erreichen soll und kann. Die Erbschaftssteuer ist nicht als eine alleinige Steuer zu betrachten, sondern stets im Rahmen der gesamten Vermögenssteuern, in die sie organisch hineingestellt ist und mit denen sie die ihr gestellten fiskalischen und sozialen Aufgaben zu lösen hat. Hieraus ergeben sich die Grenzen ihrer Wirksamkeit und Belastungshöhe.

C. Die Besteuerung des Einkommens.

I. Die Einkommensteuer.

(Gesetz vom 29. März 1920.)

In den wissenschaftlichen Untersuchungen zur grundlegenden Finanzreform bildete die Einkommensteuer den entscheidenden und bis zum letzten Augenblick viel umstrittenen Pfeiler. Eine Reichseinkommensteuer wurde von den Anhängern als Voraussetzung für eine organische Steuerreform hingestellt, während die Gegner diesen Gedanken in konsequenter Beharrlichkeit bekämpften. Vor dem Kriege erschien, wie schon einleitend dargelegt wurde, die Einkommensteuer für das Reich unerreichbar. Und noch während des Krieges stemmten sich die alteingewurzelten staatspolitischen Doktrinen mit Erfolg gegen jede Lösung zugunsten des Reichs. Alle Hinweise auf die große Lücke im Steuersystem des Reichs, auf den Mangel einer beweglichen Steuer, blieben unbeachtet. Als dann während des Krieges die immer höher anwachsende Verschuldung des Reichs den Wissenschaftlern die Frage vorlegte, welche neuen Steuergrundlagen geschaffen werden sollten, um diese Lasten einmal zu tragen, und die Beantwortung der Frage auch auf die Einkommensteuer hinwies, scheiterte die Verwirklichung des Gedankens immer wieder an den alten traditionellen Hemmnissen. (Siehe auch die Darlegungen auf Seite 56ff.)

Mombert suchte aus diesen fruchtlosen historischen Schwierigkeiten einen Ausweg zu finden und machte den Vorschlag, dem Reich eine Verbrauchseinkommensteuer zu bieten. Diese Verbrauchseinkommensteuer sollte — wie bereits dargelegt, Seite 137 — eine Besteuerung nach der Leistungsfähigkeit sein, und sie sollte durch die Ausgestaltung des Tarifs auch eine gewisse Beweglichkeit in das starre Abgabensystem des Reichs bringen. Gegen diese selbständige Verbrauchssteuer wurden jedoch Bedenken gehegt, weil in dem verbrauchten Einkommen allein kein Maßstab für den Grad der steuerlichen Leistungsfähigkeit zu sehen sei. Lotz beispielsweise wies auf die Unterschiede hin, die zwischen dem Verbrauch eines Steuerzahlers bestehen, der von seiner Hände Arbeit lebt, und dem Steuerzahler, der seinen Aufwand von Renten bestreitet.[1]) Der Mombertsche Gedanke fand keine Verwirklichung als eine selbständige Steuer. Der berechtigte Kern sollte vielmehr in Verbindung mit der Reichseinkommensteuer im Rahmen der bereits dargestellten Aufwandsteuer verwertet werden; aber sie ist über die Beratungen im Reichsrat nicht hinausgekommen.[2])

Neben dem positiven Vorschlag von Mombert liefen einige Anregungen, die die Gedankenverbindung zwischen Einkommensteuer und Reich auf indirekten Wegen zur Geltung zu bringen suchten. Auch diese erörterten Möglichkeiten wurden immer nur unter der These betrachtet, daß die Einkommensteuer als der Lebensnerv eines jeden Bundesstaates in dessen Händen bleiben müsse. Die eine Richtung der Anregungen wies auf den Weg der Beteiligung des Reichs an den einzelstaatlichen Einkommensteuern. Aber es herrschte keine einheitliche Auffassung über die äußere Form dieses Reichsanteils. Von wissenschaftlicher Seite wurde die Beteiligung in der Form der Reichszuschläge zu den einzelstaatlichen Einkommensteuern abgelehnt. Hiergegen sprachen die bestehenden Verschiedenheiten in den bundesstaatlichen Einkommensteuern. Der neue Zuschlag hätte das Übel von der ungleichmäßigen Steuerbelastung nur um ein Vielfaches erhöht. Eine zweite Anregung wurde als erwägenswerter hingestellt. Sie zielte nach einer besonderen selbständigen Reichseinkommensteuer, die neben den einzelstaatlichen Einkommensteuern entweder von allen oder nur von den hohen Einkommen erhoben werden sollte. Allerdings wurden auch zu dieser Regelung Bedenken geäußert wegen der verschiedenen Tarife bei den Landessteuern, zu denen die gemeindlichen Zuschläge und nun noch eine eigene Reichseinkommensteuer treten sollte. Dies hätte in der Tat nicht nur zu großen Ungleich-

[1]) Lotz, Die Neuordnung . . . Teil I S. 157.

[2]) Siehe die Darstellung über die Ergänzungsabgabe (Aufwandsteuer auf S. 138 ff).

mäßigkeiten, sondern auch zu Unzuträglichkeiten unter den drei Steuergläubigern geführt. Denn die von drei Seiten ausgehende Besteuerung hat neben den Gefahren, die in dieser Vielgestaltigkeit liegen, auch ihre steuerpolitischen Grenzen. Strutz wies darauf hin, daß bei einer solchen Lösung das Reich den Einzelstaaten und den Kommunen hinsichtlich der Bemessung ihrer Tarife keine freie Hand lassen könnte. Dies würde dann einem Verhältnis gleichkommen, wie es jetzt zwischen Staat und Gemeinden besteht und das Strutz als die Kommunalisierung der Einzelstaaten treffend bezeichnete und nicht ohne unliebsame Reibungen und Auseinandersetzungen aufrechterhalten werden könnte.[1]) Dieser dreifache Parallelismus der Einkommensteuern von den drei Steuergläubigern: Reich, Länder und Gemeinden müßte vor allem auch verwirrend auf die Steuerpflichtigen wirken. Ebenso würde die Arbeit der Behörden verdreifacht und damit den Steuerpflichtigen ein unerträgliches Maß von fiskalischer Belästigung zugemutet werden. Weder das Zuschlagsrecht des Reichs noch eine neben den bestehenden Einkommensteuern selbständig wirkende (obere) Reichseinkommensteuer hätten die Lösung der finanziellen Aufgaben bringen können.

Alle diese Erörterungen fanden ihren Abschluß, als die Revolution ausbrach. Sowohl die neue politische als die finanzielle Entwicklung brachten zwingende Gründe auch für eine Reichseinkommensteuer: es waren dies einerseits das Streben nach dem politischen Einheitsstaat und andererseits die ständig wachsende, große finanzielle Not. Das Argument der einzelstaatlichen Finanzhoheit, das schon früher durch zu häufigen Gebrauch ein wenig abgegriffen war, gehörte nun zu den Hemmnissen, die in der neuen politischen Verfassung des Reichs bei einiger Festigkeit als wirkungslos abfallen mußten.

Im damaligen Stadium der staatspolitischen Entwicklung konnte die Forderung der Länder nicht mehr „Staatshoheit", sondern nur noch „Selbstverwaltung" lauten. Höchste Staats- und Finanzhoheit sollten nach der Weimarer Verfassung nur noch dem Reich zukommen. Für die Übertragung der Einkommensteuer auf das Reich wirkte neben der politischen Verfassung noch wesentlich zwingender die einfache Tatsache, daß das Reich angesichts der riesenhaften Höhe seines Steuerbedarfs in allererster Linie aus der Einkommensteuer, die doch die vorzüglichste individuelle Steuer ist, alles herausholen mußte, was nur irgend aus ihr heraus-

---

[1]) Strutz, Die Neuordnung . . . Teil II S. 178.

geholt werden konnte. Voraussetzung für die Verfolgung eines so einseitigen fiskalischen Zieles war die gleichmäßige Belastung aller Steuerpflichtigen im ganzen Reich. Unterstützend kamen hinzu die durch die Umwälzungen stark in den Vordergrund gestellten sozialpolitischen Forderungen, die auf dem steuerlichen Gebiet eine Belastung nach den Grundsätzen der tatsächlichen Leistungsfähigkeit erstrebten. Aber die Prinzipien von der Gleichmäßigkeit und der Gerechtigkeit in der Besteuerung konnten nur von einer Stelle und nicht von zwei oder gar drei Steuergläubigern aus erfolgen. Die Bemessung der Höhe des steuerfreien Existenzminimums, der Steuertarif, die Art der Steuerveranlagung u. a. m. konnten eine befriedigende Lösung nur durch eine Reichseinkommensteuer erhalten.

Am 29. November 1919 legte die Reichsregierung der Nationalversammlung den Entwurf einer Einkommensteuer vor.[1]) Die Beratung lag im X. Steuerausschuß. Am 29. März 1920 wurde die Einkommensteuer Gesetz.[2])

Früher erfolgte die Besteuerung des Einkommens der natürlichen und juristischen Personen im Rahmen eines Gesetzes, z. B. in Preußen durch das preußische Einkommensteuergesetz. Auch die anderen bislang geltenden einzelstaatlichen Einkommensteuern kannten als Steuerpflichtige neben den natürlichen Personen auch noch die in der Form der juristischen Personen bestehenden Erwerbsgesellschaften (Aktiengesellschaften, Kommanditgesellschaften auf Aktien, Genossenschaften, Gesellschaften m. b. H. usw.), daneben auch die sonstigen juristischen Personen des bürgerlichen und öffentlichen Rechts. Nunmehr unterliegt die Besteuerung des Einkommens der natürlichen und juristischen Personen zwei selbständigen Reichsgesetzen:

1. das Einkommen der natürlichen Personen erfaßt das Einkommensteuergesetz,
2. das Einkommen der juristischen Personen sowie in gewissem Umfang das der Körperschaften ohne Rechtspersönlichkeit erfaßt das Körperschaftssteuergesetz.[3])

Diese Scheidung trifft § 1 des Einkommensteuergesetzes vom 29. März 1920, der vorschreibt, daß die Einkommensteuer nur von den natürlichen Personen erhoben wird. Es scheidet damit also aus der allgemeinen Einkommensteuer die Besteuerung der nicht physischen Personen aus. Die Einkommensteuer des Reichs erfüllt mit

---

[1]) Siehe Drucks. Nat.-Vers. Nr. 1624. Der Entwurf und seine Begründung sind von Geh. Reg.-Rat im Reichsfinanzministerium Kuhn verfaßt.

[2]) Siehe RGBl. 1920 Nr. 57 S. 359.

[3]) Hierüber vgl. die Ausführungen auf S. 207.

dieser Regelung eine in der wissenschaftlichen Literatur oft und lebhaft vertretene Forderung. Dort wurde die gemeinsame Behandlung der beiden Steuersubjekte in einem Einkommensteuergesetz als nicht zweckmäßig bezeichnet und verworfen. Strutz gebührt in erster Linie mit das Verdienst, schon frühzeitig darauf hingewiesen zu haben, daß die Besteuerung der Gesellschaften nicht in ein Einkommensteuergesetz für die natürlichen Personen hineingehöre. Er begründete sein Urteil damit, daß die Besteuerungsgrundlage für die Erwerbsgesellschaften nicht in der absoluten Höhe des Einkommens oder Ertrags liege, sondern in dem Verhältnis zwischen Gewinn und Gesellschaftskapital. Auf Grund der allseitigen Forderungen hatte schon die preußische Regierung 1908/09 den Versuch, die Scheidung vorzunehmen, ohne Erfolg unternommen. In der jüngsten Zeit trat u. a. auch Lotz für die Scheidung ein:

> „Eine Reichseinkommensteuer müßte sich aber, wenn sie nicht eine Menge Mängel aufweisen wollte, jedenfalls auf die physischen Personen beschränken."[1])

Es blieb der Verwirklichung des Gedankens einer Reichseinkommensteuer vorbehalten, die nichtphysischen Personen, die der Entwurf als einen Fremdkörper in der Einkommensteuer der natürlichen Personen bezeichnete, auszuscheiden.[2])

Die persönliche Steuerpflicht der natürlichen Personen erstreckt sich nach § 2 des Gesetzes vom 29. März 1920 auf alle Reichsangehörigen. Der unbeschränkten Steuerpflicht mit ihrem gesamten Einkommen unterliegen Deutsche, soweit sie nicht länger als zwei Jahre dauernd im Ausland sich aufhalten, ohne im Inland einen Wohnsitz zu haben; weiterhin Nichtdeutsche, also Ausländer und Staatenlose, sofern sie in Deutschland einen Wohnsitz haben oder sich des Erwerbs wegen oder länger als sechs Monate aufhalten. Das Gesetz unterwirft weiterhin alle natürlichen Personen ohne Rücksicht auf Staatsangehörigkeit, Wohnsitz oder Aufenthalt der Steuerpflicht, sofern sie Einkommen aus inländischem Grundbesitz und Gewerbebetrieb oder aus einer im Inland ausgeübten Erwerbstätigkeit ziehen. Persönliche Steuerfreiheit kennt das Gesetz prinzipiell nur dort, wo es sich um Gegenseitigkeit nach den allgemeingültigen völkerrechtlichen Grundsätzen (oder um noch zu schaffenden anderen Vereinbarungen) handelt. Sonst besteht keinerlei persönliche Steuerfreiheit. In dieser neuen Fassung der unbe-

[1]) „Die Neuordnung . . ." Teil I S. 163.
[2]) Siehe Drucks. Nat.-Vers. Nr. 1624 S. 17.

grenzten Steuerpflicht liegt ein bedeutsamer Fortschritt gegenüber der bisherigen Rechtslage. Bei den einzelstaatlichen Einkommensteuergesetzen bestand eine ausgedehnte persönliche Steuerfreiheit, so zunächst für die regierenden deutschen Fürsten. Weiterhin waren für den Mobilmachungsfall die militärischen Diensteinkommen aller Angehörigen des aktiven Heeres von Staatssteuern frei, im Frieden das Militäreinkommen der Mannschaften und Unteroffiziere. Es bestanden außerdem noch Vergünstigungen und Freistellungen für die Militärs und Zivilbeamten von der Kommunalbesteuerung. Alle diese Vorrechte kennt das neue Einkommensteuergesetz nicht. Die allgemeine und ausnahmslose persönliche Steuerpflicht, wie sie im neuen Einkommensteuergesetz festgestellt ist, ist ein Gebot der Gerechtigkeit und entspricht nur dem ersten Grundsatz in einem Rechtsstaate, daß die Gesetze ohne Unterschied der Person zu gelten haben. Dieser Grundsatz ist heute auszudehnen auf den Satz, daß Steuergesetze gegenüber jedermann, ohne Rücksicht auf Geburt oder irgendeine hervorragende soziale Stellung, zu gelten haben, sowohl für den Präsidenten des Reichs als auch für den letzten Tagelöhner.

Nachdem das Gesetz die persönliche Steuerpflicht umschrieben hat, bestimmt es den Begriff des steuerbaren Einkommens. Als Einkommen gilt nach § 4 der Gesamtbetrag der in Geld oder Geldeswert bestehenden Einkünfte unter Abzug bestimmter Beträge.

Der Begriff des steuerbaren Einkommens gehört zu einer der großen Streitfragen, die in der Lehre über die Einkommensteuer anzutreffen sind. Die Ursache liegt zum Teil darin, daß die volkswirtschaftliche Theorie in der Bestimmung des Einkommenbegriffes noch zu keiner völlig einheitlichen Lösung gelangt ist. Der geltende Einkommenbegriff, wie er durch die bisherige Gesetzgebung und Rechtsprechung herausgebildet wurde, entspricht mehr dem praktischen Bedürfnis als dem wissenschaftlichen Erfordernis. Daher ruhten die Auseinandersetzungen über den Einkommensbegriff nicht. Es ist nun hier nicht der Platz, alle jene übereinstimmenden und abweichenden Anschauungen der Theoretiker über den Einkommenbegriff zu entwickeln; es seien vielmehr nur die beiden grundsätzlichen mit der vergangenen und heutigen Einkommenbesteuerung verbundenen Anschauungen über ihn kurz angeführt.[1])

Zwei scharf herausgearbeitete Definitionen stehen sich gegenüber: einmal der Schanzsche Einkommenbegriff und dann die

[1]) Vgl. die eingehenden Ausführungen in der Begründung zum Entwurf einer Einkommensteuer. Drucks. Nat.-Vers. Nr. 1624 S. 17 ff.

sog. Quellentheorie. Schanz knüpft an die alte Herrmannsche und von Schmoller weitergeführte Definition an, die alles als Einkommen bezeichnet, was eine Person vereinnahmt. Schanz bezeichnet daher als Einkommen jeden Vermögenszugang, also auch alle Gewinne aus einmaliger Tätigkeit, aus Veräußerungsgeschäften, Erbschaft und Schenkung u. a. m. einschließlich der Nutzungen und geldwerten Leistungen Dritter. Die Quellentheorie dagegen will nur dasjenige Einkommen der Steuer unterwerfen, das aus bestimmten und an einem bestimmten Tage fließenden Quellen stammt. Sie beschränkt demnach den Einkommenbegriff, sie will lediglich die Gesamtheit derjenigen wirtschaftlichen Güter erfassen, die dem Einkommenträger alljährlich aus dauernden Erwerbsquellen zufließen und ohne Minderung des Stammvermögens aufgezehrt werden können. Diese Abhängigkeit von den einzelnen Quellen des Einkommens trat auch in der Einteilung der Einkünfte zutage, wo unterschieden wurde zwischen Einkünften aus Grundbesitz, Gewerbebetrieb, Kapitalvermögen und gewinnbringender Beschäftigung. Auf dieser Grundlage war die Mehrzahl der einzelstaatlichen Einkommensteuern abgestimmt, so in Preußen, Bayern, Sachsen, Württemberg, Baden, Hessen u. a. Über die Vorteile oder Mängel, die dem Aufbau der Einkommensteuer auf der Quellentheorie anhaften, liegen eingehende Untersuchungen vor; mit ihnen setzt sich die Begründung auseinander.[1]) Als den bedeutsamsten Einwand gegen die Quellentheorie bezeichnet die Begründung die Tatsache, daß es der Einkommensteuer auf der Grundlage der Quellentheorie nicht möglich sei, die einmaligen, nicht aus dauernden Quellen fließenden Einkünfte der Steuer zu unterwerfen. Hierdurch entstehe ein Ausfall von steuerpflichtigen Einkommenteilen, der unter den heutigen finanziellen Verhältnissen weder vom fiskalischen Gesichtswinkel noch von dem der steuerlichen Gerechtigkeit aus zu billigen sei. Denn es ständen nicht allein die gerade heute so zahlreich auftretenden Zwischengewinne frei, sondern auch die ebenso zahlreichen Spekulationsgewinne, Einkünfte aus den steten Veräußerungen von Grundstücken und Wertpapieren, die Abfindungen, Einkünfte aus gelegentlichen Dienstleistungen und ähnliches mehr.

Diese Feststellungen entsprechen den tatsächlichen Erscheinungen. Außerdem konnte die Begründung noch darauf hinweisen, daß selbst die einzelstaatlichen Einkommensteuern derartige einmalige außerordentliche Einnahmen der Einkommensteuer unterwarfen, also

---

[1]) Siehe Druckf. Nat.-Verf. Nr. 1624 S. 20 ff.

die Quellentheorie bereits durchbrochen haben. Sie zieht hieraus die Berechtigung, für die neue Einkommensteuer die Quellentheorie ablehnen zu können. Sie übernimmt an ihrer Stelle grundsätzlich den Schanzschen Einkommenbegriff, aber nicht in reiner Gestalt, sondern unter Einführung einer Reihe von Abänderungen, die zum Teil erhebliche Abweichungen vom ursprünglichen Begriff bringen. Die Abänderungen entsprechen den Einwänden, die von wissenschaftlicher Seite gegen den Schanzschen Begriff geltend gemacht wurden und sind in der Begründung des näheren aufgeführt.[1])

Das Einkommensteuergesetz führt im § 5 die Einkünfte auf, die das steuerbare Einkommen bilden. Es sind dies die Einkünfte aus Grundbesitz, Gewerbebetrieb, Kapitalvermögen und Arbeit, sowie sonstige Einnahmen, ohne Rücksicht, ob sie einmalige oder wiederkehrende Einkünfte darstellen. Dieser äußeren Einteilung der Einkünfte, die der alten Gliederung bei den bisherigen einzelstaatlichen Einkommensteuern entspricht, kommt nur eine untergeordnete Bedeutung zu. Entscheidend ist die Bestimmung des § 4 des Einkommensteuergesetzes, wonach der Gesamtbetrag der in Geld oder Geldeswert bestehenden Einkünfte steuerpflichtig ist, natürlich unter Berücksichtigung der durch das Gesetz zugebilligten Abzüge (s. § 13). Wenn sodann in den §§ 6—9, 11 die einzelnen Einnahmearten fest umschrieben werden, also die Einkünfte, die als Einkommen aus Grundbesitz (§ 6), aus Gewerbebetrieb (§ 7), aus Kapitalvermögen (§ 8), aus Arbeit (§ 9) und sonstigen Einkünften (§ 11) anzusehen sind, so will das neue Einkommensteuergesetz damit lediglich die verschiedensten Fälle des Einkommens unter die gesetzlichen Begriffe bringen und sie den Pflichtigen vor Augen führen. Denn für die Steuerpflicht sind ja grundsätzlich alle vereinnahmten Einkünfte fällig. Auf dieses grundlegende Prinzip ist es auch zurückzuführen, daß im § 10 eine Art Generalklausel vorgesehen ist, die besagt, daß neben den aufgezählten Fällen von Einkünften aus Grundbesitz, Gewerbebetrieb, Kapitalvermögen und Arbeit gemäß den §§ 6—9 auch solche Einkünfte anzusehen sind, die nach der Verkehrsauffassung der einzelnen Einkommenart zuzurechnen sind. Im übrigen sind die gesetzlichen Bestimmungen über die einzelnen Einkommensarten den bisherigen Einkommensteuergesetzen angepaßt.

Es verdient noch hervorgehoben zu werden, daß unter die

---

[1]) Vgl. die Ausführungen im Gesetzentwurf S. 22 ff.

sonstigen Einnahmen (§ 11) in erster Linie die unvererblichen Renten, also wiederkehrende Bezüge, fallen, auf die der Pflichtige einen Rechtsanspruch hat (Leibrenten, Leibgedinge, Zeitrenten usw.). Die vererblichen Rentenbezüge fallen unter das Einkommen aus Kapitalvermögen (§ 8 Abs. 6). Auch Zuschüsse gelten als sonstige Einnahmen, ohne Rücksicht darauf, ob dem Pflichtigen auf ihren Bezug ein Rechtsanspruch zusteht oder ob sie auf einer freiwilligen Zuwendung beruhen. An dritter Stelle stehen die Entschädigungen, die als Ersatz für entgehende Einnahmen gewährt werden. Diese Einkünfte bilden im Wirtschaftsleben eine häufige Erscheinung, und ihre steuerliche Erfassung ist um so gebotener, als es sich in der Regel um recht mühelos erzielte Einnahmen handelt; sodann Lotteriegewinne und ähnliche Einnahmen und schließlich die sehr wichtigen Gewinne, die durch einzelne Veräußerungsgeschäfte erzielt sind (Ausnahme bei Grundstücksverkäufen gemäß § 12 Abs. 13). Die Heranziehung der Lotteriegewinne und aus einzelnen Veräußerungsgeschäften erzielten Gewinne entspricht den wissenschaftlichen Forderungen, Spekulationsgewinne als Einkommen zu erklären und steuerpflichtig zu machen. Bei dieser Regelung wurde nicht verkannt, daß zwar die Einkommensteuer hierdurch nicht verbessert wurde. Aber andererseits war es klar, daß mit der Ausdehnung des steuerpflichtigen Einkommensbegriffes auf diese Gewinnarten die Besteuerung gefördert würde, weil es sich um eine notorische steuerliche Leistungsfähigkeit handelt.

Das Gesetz hebt sodann unter bestimmter Aufzählung die Einkommenteile hervor, die **nicht zum steuerbaren Einkommen** gehören, die also als Abzüge gelten. Nach § 12 des Einkommensteuergesetzes zählen zu diesen Abzügen die einmaligen Vermögensanfälle, die unter die Erbschafts- und Schenkungssteuer vom 10. September 1919 fallen, sowie die Ausstattungen und Aussteuer. Es gelten weiterhin als steuerbares Einkommen nicht die Kapitalempfänge auf Grund von Lebens-, Unfall- und sonstigen Kapitalversicherungen; auch die mannigfaltigen Kapitalabfindungen und Versorgungsgebührnisse gemäß § 12 Abs. 2—9 gehören hierher:

2. Kapitalempfänge auf Grund von Lebens-, Unfall- und sonstigen Kapitalversicherungen;
3. Kapitalabfindungen, die als Entschädigung für den durch Körperverletzung oder teilweisen Verlust der Erwerbsfähigkeit an den Steuerpflichtigen gezahlt wurden, sowie Kapitalabfindungen auf Grund der Reichsversicherung, der Militärversorgung und der Beamtenpensionsgesetze;

4. Kapitalabfindungen, die auf Grund der §§ 1298, 1299, 1300, 1712, 1714, 1715, 1716 des Bürgerlichen Gesetzbuchs bezahlt werden;
5. Kapitalabfindungen, die dem Steuerpflichtigen als Entschädigung für die durch Unfall oder Verschulden eines Dritten erfolgte Tötung eines gegenüber dem Steuerpflichtigen Unterhaltsverpflichteten gezahlt wurden;
6. die auf Grund der Militärpensions- und Versorgungsgesetze bezogenen Verstümmelungs-, Kriegs-, Luftdienst-, Alters- und Tropenzulagen, Pensions- und Rentenerhöhungen;
7. sonstige Versorgungsgebührnisse, die auf Grund einer infolge eines Krieges erlittenen Dienstbeschädigung bezogen wurden, soweit sie zusammen mit den in Nr. 6 genannten Gebührnissen den Betrag von 2000 ℳ nicht übersteigen;
8. die Naturalbezüge der Angehörigen der Wehrmacht (Reichswehr und Reichsmarine);
9. die mit deutschen Kriegsdekorationen verbundenen Ehrensolde.

Des weiteren sind die Bezüge des Steuerpflichtigen steuerfrei, die aus einer Krankenversicherung und aus öffentlichen Mitteln, die als Unterstützung wegen Hilfsbedürftigkeit oder für Zwecke der Erziehung und Ausbildung bewilligt sind, stammen; sodann die Gewinne, die durch die Veräußerung von Gegenständen erzielt sind und nach § 8 des Besitzsteuergesetzes (vom 3. Juli 1913) zum nichtsteuerbaren Vermögen gehören, sowie schließlich die Gewinne, die durch die Veräußerung von Grundstücken erzielt sind, soweit sie nicht innerhalb der letzten zehn Jahre oder zum Zwecke der Wiederveräußerung erworben wurden.

In einem zweiten Kreis regelt das Gesetz in einer erschöpfenden Weise die Frage der Abzüge. An erster Stelle wird hier ein Gedanke verwirklicht, der einer jeden modernen Einkommensteuergesetzgebung zugrunde zu liegen hat, nämlich der Gedanke, daß als steuerbares Einkommen zwar die Gesamteinkünfte zu gelten haben, aber erst nach Abzug der Produktionskosten. Das Gesetz bezeichnet in § 13 des näheren die Mittel, die zur Erwerbung, Sicherung und Erhaltung des steuerbaren Einkommens aufgewandt werden und von den Einnahmen abzuziehen sind, und wählt hierfür die geläufige Bezeichnung: die Werbungskosten. Über diesen Kostenbegriff stimmen die Ansichten der Rechtsprechung und Wissenschaft überein, so daß das Gesetz sich darauf beschränken kann, zum festen Begriff nur noch einige bestimmte Einkünfte als zu den Werbungskosten gehörig zu bezeichnen. Als zugehörig werden bezeichnet die Ertragssteuern, die öffentlichen Abgaben und Beiträge zur Versicherung von Gegenständen, die zu den Geschäftsunkosten oder Verwaltungskosten zu rechnen sind; sodann die Tilgungsrenten (als abzugsfähige Schuldzinsen), die für das Reichsnotopfer zu leisten sind (§ 14). Zu den Werbungskosten überhaupt zählen die regelmäßigen jährlichen Absetzungen für die Abnutzung, Wertverminderung von Gebäuden, Maschinen und beweglichem Betriebsinventar, bei den Bergbauunternehmungen u. a. die Abschreibung für Verminderungen der Substanz. Im § 13 Abs. 1d nimmt das Gesetz auch den von der Wissenschaft einstimmig geforderten Abzug der notwendigen Ausgaben für Fahrtkosten von und zur Arbeitsstätte auf. Schließlich stellt das Gesetz die Mehraufwendungen für den Haushalt, die durch die Erwerbstätigkeit der Ehefrau notwendig sind, unter den Begriff der Werbungskosten. Dagegen schließt das Gesetz (nach § 15 Abs. 3) jeden Aufwand, der zur Bestreitung des Haushalts und des Unterhalts der Familienangehörigen bestimmt ist, vom Abzug aus. Hierfür kennt die Einkommensteuer den besonderen, festen Begriff des steuerfreien Existenzminimums. Durch seine zahlenmäßige Umgrenzung will das Gesetz zum Ausdruck bringen, daß dieser oder jener Betrag als das Mindestmaß der Kosten für den Lebensunterhalt des Steuerpflichtigen angesehen wird und daher freizustellen ist. Dieser steuerfreie Betrag wird durch das Ehegatten- und Kinderprivileg erhöht. In jedem Fall wollen diese Freistellungen nur die fiskalische Auffassung wiedergeben, daß sie den Mindestbetrag zum Lebensunterhalt darstellen. Es ist natürlich nicht möglich, das Einkommen allgemein und schrankenlos als zum Lebensunterhalt notwendig zu bezeichnen, weil in der Mehrzahl der Fälle das Einkommen gleich dem Lebensunterhalt ist und dies zu einer Verneinung der Einkommensteuer führen müßte. Deshalb schließt die Einkommensteuer den Aufwand zum Lebensunterhalt ausdrücklich von der Abzugsberechtigung aus.

Nach § 13 Abs. 2—8 läßt das Gesetz des weiteren bestimmte Abzüge vom Gesamteinkommen frei, so die vom Steuerpflichtigen gezahlten Schuldzinsen und die auf besonderen privatrechtlichen usw. beruhenden Renten, soweit sie nicht mit Einnahmen im wirtschaftlichen Zusammenhang stehen, die bei der Veranlagung außer Betracht zu lassen sind. Weiterhin alle Beiträge, die mit der sozialen Fürsorgegesetzgebung im Zusammenhang stehen, also Beiträge, die der Steuerpflichtige für sich selbst und seine nicht selbständig veranlagten Angehörigen zu Kranken-, Unfall-, Haftpflicht-, Angestellten-, Invaliden- und Erwerbslosenversicherungskassen, sowie an die Witwen-, Waisen- und Pensionskassen zahlt. Auch Beiträge zu Sterbekassen bis zu einem Jahresbetrag von 100 *M* und Versicherungsprämien auf den Todes- oder Lebensfall für sich selbst und Angehörige bis zu einem Jahresbetrag von 600 *M* sind abzugsberechtigt, schließlich die Beiträge zu öffentlich-rechtlichen Berufs- und Wirtschaftsvertretungen, deren Zweck nicht auf einen wirtschaftlichen Geschäftsbetrieb gerichtet ist, sowie an kulturfördernde, mildtätige, gemeinnützige und politische Vereinigungen, soweit ihr Gesamtbetrag 10 % des Einkommens nicht übersteigt; und endlich noch die bei einem einzelnen Veräußerungsgeschäft erlittenen Verluste, außer wenn im Falle der gewinnbringenden Veräußerung der Gewinn nicht zum steuerbaren Einkommen gehören würde.

Das Gesetz hat nicht alle Forderungen, die von wissenschaftlicher Seite hinsichtlich der Abzüge aufgestellt wurden, erfüllt. Es hat allerdings eine Reihe dieser Forderungen auf die „Kann-Vorschrift" verwiesen. Nach § 26 können besondere wirtschaftliche Verhältnisse, durch die der Steuerpflichtige in seiner Leistungsfähigkeit wesentlich beeinträchtigt wird, Berücksichtigung finden. Im § 26 Abs. 2 führt das Gesetz des näheren auf, welche besonderen wirtschaftlichen Verhältnisse diese Ermäßigung begründen. Zu den Umständen, die die Leistungsfähigkeit des Steuerpflichtigen wesentlich beeinträchtigen, zählen insbesondere die Belastungen durch den Unterhalt und die Erziehung der Kinder, die Verpflichtung zum Unterhalt mittelloser Angehöriger, durch Krankheit, Körperverletzung, Verschuldung, Unglücksfälle. Auch die besonderen Aufwendungen im Haushalt infolge einer Erwerbstätigkeit der Ehefrau sind an dieser Stelle nochmals als abzugsberechtigt aufgeführt. Das Recht auf Rücksicht findet jedoch seine Grenze bis zu dem Einkommen von 30000 *M*, und außerdem wird die Erleichterung innerhalb der 30000-*M*-Grenze nach der Höhe der Einkommen gestaffelt. Bei einem Einkommen bis zu 10000 *M* kann die Abgabe ganz erlassen werden, bei einem Einkommen bis zu 20000 *M* zur Hälfte und bei einem Einkommen bis zu 30000 *M* um höchstens ein Viertel des Steuerbetrages. Das hier angewandte Prinzip der Degression in der Ermäßigung bei steigenden Einkommen kann nur gebilligt werden.

Die dargelegten Vergünstigungen sind namentlich unter Berücksichtigung der Ermäßigungsgründe im Ehegatten- und Kinderprivileg sowie durch das Existenzminimum für die untersten und mittleren Einkommenstufen als hinreichend zu bezeichnen. Allerdings werden zunächst die praktischen Ergebnisse der ersten Jahre zeigen, inwieweit diese gesetzlichen Vorzüge mit den fiskalischen Forderungen an die Einkommensteuer zu halten sein werden oder verändert werden müssen. Durch diese wenn auch bedingten Freistellungen ist jedenfalls in die Einkommensteuergesetzgebung ein großer und auch weitgehenden sozialpolitischen Ansichten genügender Fortschritt hineingetragen. Es sei nur noch erwähnt, daß der Gesetzgeber den heutigen wirtschaftlichen Verhältnissen in begrenztem Ausmaß Rechnung getragen hat und so beispielsweise die in den Versicherungskassen steckenden Rücklagen für den Fall der Arbeitslosigkeit steuerfrei gestellt.

Eine Reihe von Forderungen erfüllt das Gesetz allerdings nicht. So kennt es keine Steuerfreiheit gegenüber vorsorglichen Rücklagen für unproduktive Altersperioden, für die Auslagen bei Anschaffung von Arbeitsmaterialien und Arbeitsräumen, wie es beispielsweise Lotz forderte. Lotz begründete diese seine Forderung vom kapitalistischen Standpunkt aus:

„Kapitalistisch betrachtet, müßten alle Personen, welche Arbeitseinkommen beziehen, von ihrer Einnahme Amortisationen in Abzug bringen, da sich die Grundlage der produzierten Arbeit, die leistungsfähige Persönlichkeit, abnutzt und dahinschwindet, da ferner die Arbeitseinkünfte nur produziert werden können, wenn die Grundlage derselben, die Persönlichkeit, ihren Lebensbedarf bestreiten kann."[1]

Entsprechend dieser Auffassung verlegte Lotz seine Forderungen auf Berücksichtigung der wesentlichen Produktionskosten der Arbeit, während die bisherigen Einkommensteuergesetze die Abzüge nur in Nebenpunkten zuließen. Hierin liege eine soziale Ungerechtigkeit, die noch dadurch verschärft würde, daß das fundierte und unfundierte Einkommen mit einem gleichmäßigen Steuersatz belastet würden, obwohl es sich beim unfundierten Einkommen um Roheinnahmen handle, die Belastung also der Leistungsfähigkeit weniger angepaßt sei als im zweiten Falle, dem fundierten Einkommen, wo ein wirkliches Reineinkommen vorliege.

Die Reform in der Besteuerung des Einkommens hat den von Lotz mit Recht hervorgehobenen Mangel zum Teil dadurch ausgeglichen, daß das fundierte Einkommen durch eine zweite Steuer, die 10prozentige Kapitalertragsteuer, vorweg belastet wird. Dadurch ist die Unvollkommenheit in der Einkommenbesteuerung, wie sie auch früher die preußische Ergänzungssteuer nicht beseitigen konnte, wenn auch ein wenig roh, so doch einheitlich im ganzen Reiche ausgeglichen. Soweit nun des weiteren Lotz unter der großen Menge von Selbstkosten der Arbeit neben den vom Gesetz zuge-

---

[1]) Lotz, Finanzwissenschaft S. 449.

billigten Abzügen für Arbeitslosigkeit, Krankheit, Alter u. a. auch noch die Ausgaben für Nahrung, Kleidung und Wohnung fordert, wird ihm nicht gefolgt werden können.[1]) Das sind Fragen, die sich im Rahmen des Gesetzes weder einheitlich noch individuell lösen lassen. Den gegebenen Rahmen für diese Freistellungen bilden die unter der Bezeichnung Existenzminimum, Ehegatten- und Kinderprivileg geläufigen Abzüge. Daß durch diese objektiven Merkmale die ungemein vielgestaltigen Verhältnisse der Steuerpflichtigen nicht genügend berücksichtigt werden, steht außer Zweifel, denn die Lebensverhältnisse und das Preisniveau sind von Ort zu Ort anders gelagert.

Im Gegensatz zu den gesetzlich zulässigen Abzügen wird im § 15 hervorgehoben, welche Aufwendungen vom Gesamtbetrag der Einkünfte nicht abgezogen werden dürfen. Hierunter fallen erstens die Ausgaben zur Bestreitung des Haushalts und zum Unterhalt der Familienangehörigen, die, wie schon weiter oben angeführt, nicht abzugsberechtigt sind (§ 15 Abs. 3). Des weiteren dürfen die Aufwendungen, die dazu dienen, das Vermögen zu verbessern und zu vermehren, nicht in Abzug gebracht werden, soweit sie hierfür bereits unter den Werbungskosten abgesetzt wurden (§ 15 Abs. 1). Ebensowenig sind abzugsberechtigt die Zinsen für das im Betrieb angelegte eigene Vermögen des Steuerpflichtigen und schließlich die vom Steuerpflichtigen zu entrichtende Einkommensteuer sowie sonstige Personalsteuern.

Das Gesamtbild der Abzüge ist durch die eingehenden Festsetzungen bestimmter umrissen, als dies bei den alten Einkommensteuergesetzen der Fall war. Wenn auch der Gesetzgeber das von der Wissenschaft als ideal aufgestellte Ziel, alle Werbungskosten im weitesten Sinne des Wortes freizustellen, nicht verwirklichte, so kann im Gesamturteil die im Gesetz getroffene Regelung dennoch als fortschrittlich und sozialpolitisch ausreichend bezeichnet werden.

Es gehörte früher mit zu den Forderungen der steuerlichen Gerechtigkeit, jeden Einkommenträger gesondert für sich zu behandeln. Die alten Einkommensteuergesetze haben allerdings überwiegend die Besteuerung nicht an das Individuum, sondern an den Haushalt angeknüpft. Auch in der neuen Einkommensteuer wurde der Haushalt zur Grundlage der Besteuerung erhoben. Danach wird das Einkommen der Ehegatten sowie der Kinder, soweit sie minderjährig sind und es sich bei ihnen nicht um Arbeitseinkommen im Sinne des § 9

---

[1]) Siehe Bankarchiv 1915/16, 15. Dezember 1916 S. 111.

des Einkommensteuergesetzes handelt, zusammengerechnet. Der Gesetzgeber will durch diese Regelung die steuerfreien Grenzen, wie sie durch das Existenzminimum für jeden Einkommenträger gezogen sind, nicht außer Wirksamkeit setzen; die Haushaltsbesteuerung soll, wie die Begründung anführt, im Gegenteil einen steuerlichen Ausgleich zwischen den Haushaltungsvorständen schaffen, die mit der gleichen Kinderanzahl jeder für sich ein gleich hohes Einkommen haben, wo aber in dem einen Fall neben dem Haushaltungsvorstand auch seine Haushaltungsangehörigen eigenes Einkommen besitzen. Die letzteren werden steuerlich leistungsfähiger, sobald die Einkommen im Haushalt als ein einheitliches steuerpflichtiges Einkommen behandelt werden. Aus dieser tatsächlich erhöhten steuerlichen Leistungsfähigkeit zieht das Gesetz die natürliche Berechtigung, die Haushaltsbesteuerung weitgehendst durchzuführen.

Die Besteuerung nach Haushaltungen war in der wissenschaftlichen Literatur sehr umstritten. Auf der einen Seite stellte die rein juristische Betrachtungsweise es als unmöglich hin, jemanden für ein Einkommen steuerlich in Anspruch zu nehmen, das rechtlich nicht sein Einkommen, sondern das eines anderen sei. Dieser Auffassung stand auf der anderen Seite die wirtschaftliche Überlegung gegenüber, die in der Vereinigung der Einkommen innerhalb einer Haushaltsgemeinschaft eine verstärkte Möglichkeit sieht, größere Bedürfnisse befriedigen oder Ersparnisse machen zu können. Vom objektiven Standpunkt aus wird der letzteren Ansicht durchaus zuzustimmen sein. Denn die von einzelnen Angehörigen eines Haushalts erworbenen Einkommen werden in der Familie üblicherweise nicht nach juristischen Erwägungen behandelt; sie bilden vielmehr eine Einheit und geben damit dem Haushalt in der Tat einen stärkeren materiellen Rückhalt, als das bei einer Zersplitterung der Familienangehörigen der Fall ist. Es entspricht daher durchaus der steuerlichen Gerechtigkeit, wenn der Einkommensteuer die Haushaltungsbesteuerung zugrunde gelegt wird. Dieses Prinzip entspricht zudem der langjährigen Übung in den Einkommensteuergesetzen zahlreicher ausländischer Staaten. Die Begründung rechtfertigt sie auch aus fiskalischen Interessen mit dem Hinweis auf die hohen Sätze des Tarifs. Denn mit höherem Einkommen wächst ja der Steuerbetrag.

Das Gesetz bestimmt im § 16, daß bei der Veranlagung zur Einkommensteuer das Einkommen der Ehegatten zusammenzurechnen ist. Aus den näheren Bestimmungen, die durch die §§ 16, 17, 18 getroffen werden, ist des weiteren hervorzuheben, daß das Einkommen der Ehefrau bei der Veranlagung dem Einkommen des Ehemannes, ohne Rücksicht auf den Güterstand, die Gütertrennung oder einen selbständigen Erwerb der Frau, zuzurechnen ist. Die Frage der Zusammenzählung der beiden Einkommen wird auch heute noch je nach der Auffassung von der Ehegemeinschaft verschieden beurteilt. Während die eine Richtung dafür eintritt, die Ehefrau selbständig zu veranlagen und selbständig zur Steuer heranzuziehen, weil dies dem heutigen Rechtsempfinden entspreche, weil die Frau im Staate eine selbständige Stellung habe — auch soziale Gründe werden angeführt, nämlich der Ehefrau die gleichen Vergünstigungen des Gesetzes zuteil werden zu lassen, wie sie dem Haushaltungsvorstand zugebilligt sind —, wird auf der anderen Seite die Zusammenrechnung der Einkommen beider Ehegatten mit dem Hinweis darauf gerechtfertigt, daß die Ehe eine Lebensgemeinschaft darstelle und daß sich aus der häuslichen Gemeinschaft auch die steuerliche Zusammengehörigkeit ergebe.[1]) Es wird der letzten Auffassung nur zuzustimmen sein.

Nach dem Grundsatz der Haushaltsbesteuerung ist neben dem Einkommen der Ehefrau auch das Einkommen der minderjährigen Kinder gleichfalls dem Einkommen des Haushaltungsvorstandes hinzuzurechnen, und zwar ohne Rücksicht darauf, ob diesem Einkommen eine elterliche Nutznießung zusteht oder nicht. Hier macht das Gesetz eine Einschränkung lediglich für das Arbeitseinkommen im Sinne des § 9 des Einkommensteuergesetzes. Das Einkommen des minderjährigen Kindes aus Arbeit wird also gesondert veranlagt. Soweit nun das Einkommen des Kindes der Haushaltsbesteuerung unterliegt, hatte das Gesetz eine rechtliche Schwierigkeit zu überwinden, denn der Haushaltungsvorstand wird verpflichtet, die Steuer von einem Einkommen zu entrichten, über das er rechtlich keine Verfügung besitzt. Hieraus entsprang ja auch die Ablehnung der Haushaltsbesteuerung von der juristischen Seite. Das Gesetz beseitigt diese Schwierigkeit durch die Bestimmung, daß im Falle der Zusammenrechnung sowohl der Haushaltungsvorstand als auch die Kinder nebeneinander für die auf ihrem Einkommen lastende Steuer gesamtschuldnerisch haftbar sind (§ 17 Abs. 3). Als Kinder gelten neben den Abkömmlingen des Haushaltungsvorstandes auch die Stief-, Schwieger-, Adoptiv- und Pflegekinder sowie deren Abkömmlinge (§ 17 Abs. 2), so daß Umgehungen unterbunden sind.

Die materielle Wirkung der Zurechnung des Ehegatten- und

---

[1]) Siehe Drucks. Nat.-Vers. Nr. 1624 1. Lesung S. 18.

Kindeseinkommens zum Einkommen des Haushaltungsvorstandes läuft auf eine Erhöhung der Steuer hinaus. In der öffentlichen Kritik wurde die Zurechnung des Kindeseinkommens im Hinblick auf die starke Progression der Steuersätze als eine ungerechtfertigte und deshalb ungerechte Verschärfung der Einkommensteuer bezeichnet, die noch durch die Tatsache vergrößert würde, daß dem Haushaltungsvorstand die Nutznießung dieser zugerechneten Einkünfte seiner Familienangehörigen häufig nicht zustehe.[1]) Der erste Hinweis kann nicht zuungunsten der Haushaltsbesteuerung angeführt werden, denn es bleibt die Tatsache entscheidend, daß das Haushaltseinkommen eine erhöhte steuerliche Leistungsfähigkeit in sich trägt und daher eine stärkere Belastung gerechtfertigt ist. Was die geringe Nutznießung des Haushaltungsvorstandes aus dem Einkommen der Familienangehörigen anbetrifft, so dürfte dies sehr vereinzelt anzutreffen sein und für die Frage der Beseitigung oder Beibehaltung der Haushaltsbesteuerung nicht ins Gewicht fallen. An der inneren Berechtigung des Gesetzes, das Prinzip der Haushaltsbesteuerung anzuwenden, wird somit nicht zu rütteln sein.

Im Verlauf der Darstellung wurde bereits wiederholt hervorgehoben, daß das Existenzminimum ein wesentlicher Bestandteil der Einkommensteuer ist. Es gehört zu den entscheidenden Leitsätzen über die Einkommensteuer, jeden Steuerzahler nach seiner tatsächlichen wirtschaftlichen Leistungsfähigkeit zu treffen. Die Maßstäbe für die Festsetzung dieser wirtschaftlichen Leistungsfähigkeit liegen, wie das schon bei der Besitzsteuer eingehend dargelegt wurde, einmal in der Höhe des Einkommens und dann in der Höhe des für den Steuerpflichtigen unbedingt notwendigen Verbrauchs.[2]) Somit bedarf es keiner längeren Begründung, daß Einkommenteile, die zur Befriedigung der dringendsten Ausgaben für die Lebensbedürfnisse verbraucht werden, zur Steuer nicht herangezogen werden können. Sie sind mit dem Namen „Existenzminimum" bezeichnet und gelten als steuerfrei. Bei den bisherigen einzelstaatlichen Einkommensteuergesetzen war das steuerfreie Existenzminimum verschieden hoch bemessen; es schwankte zwischen 300 ℳ (in Sachsen-Koburg-Gotha) bis herauf zu 1100 ℳ (in Württemberg).

Das Einkommensteuergesetz vom 29. März 1920 stellt 1500 ℳ als Existenzminimum steuerfrei (§ 20). Für die Bemessung dieses Betrages waren die verminderte Kaufkraft der Mark und das fis-

---

[1]) Siehe Frankfurter Zeitung vom 28. Februar 1920.

[2]) Siehe die Ausführungen auf S. 136.

kalische Interesse bestimmend. An sich ist ja die zahlenmäßige Festsetzung des Existenzminimums in erster Linie eine Frage der Preis- und Wirtschaftsverhältnisse; für sie war aber unter den heutigen schwankenden Verhältnissen eine feste Grundlage nicht zu gewinnen. Das Auf und Ab des inländischen Markwertes wird es daher immer zweifelhaft erscheinen lassen, ob die Summe richtig gewählt ist oder nicht und ob dann Änderungen in der steuerfreien Grenze geboten sind.

In zweiter Reihe steht bei der Betrachtung des Existenzminimums das fiskalische Interesse. Das gebietet, einesteils, die kleinen und kleinsten Einkommen wegen ihrer großen Zahl nicht ganz steuerfrei zu lassen, zum anderen Teil wegen der begrenzten Leistungsfähigkeit der Steuerbehörden nicht zu tief zu gehen. Der Entwurf glaubte als steuerfreie Grenze einen Betrag von 1000 ℳ in Ansatz bringen zu können. Das Parlament setzte ihn jedoch auf 1500 ℳ hinauf.

Das Existenzminimum gilt im ganzen Reich. In dieser Einheitlichkeit liegt eine gewisse Willkürlichkeit, wie sie allerdings allen zahlenmäßigen Festsetzungen innewohnt.

Bei einer einheitlichen Bemessung des Existenzminimums üben die wirtschaftlichen Verhältnisse, die von Landesteil zu Landesteil, ja von Gemeinde zu Gemeinde verschiedenartig gelagert sind, gewisse Ungleichheiten aus. Trotz alledem hat der Gesetzgeber es abgelehnt, durch abgestufte steuerfreie Grenzen diesen Verschiedenheiten und den hierdurch bedingten Ungerechtigkeiten Rechnung zu tragen. Denn die Auswahl von allen diesen Verschiedenheiten gerecht werdenden Ziffern ist unmöglich; auch sie werden stets mehr oder weniger den Eindruck von willkürlich gegriffenen Zahlen machen, gleichgültig ob diese Zahlen auf die Größe der Gemeinden oder auf deren wirtschaftliche Struktur abgestimmt sind.

Einen Ausgleich sollen überdies nach dem Landessteuergesetz die Gemeinden (Gemeindeverbände) schaffen.[1]) Die Gemeinden können nach § 30 des Landessteuergesetzes beschließen, das von der Einkommensteuer freigestellte Existenzminimum, soweit dies nicht durch Landesgesetz ausgeschlossen ist, zu besteuern. Damit kann das Existenzminimum tatsächlich herabgesetzt werden. In der Begründung zum Entwurf eines Landessteuergesetzes wird diese Bestimmung mit dem Hinweis darauf gerechtfertigt, daß die äußere Gleichmäßigkeit, wie sie durch das Existenzminimum geschaffen wird, in

[1]) Vgl. die Ausführungen über das Landessteuergesetz auf S. 222.

Wirklichkeit eine Ungleichmäßigkeit bedeute, „denn derselbe Geldbetrag hat nicht überall dieselbe Bedeutung für die Kosten der Lebenshaltung".[1]) Dieser Satz hat, wie bereits dargelegt, seine Richtigkeit, und es trifft auch die weitere herangezogene Begründung zu, daß die verschiedenartige Bemessung des Existenzminimums in einem Reichsgesetz nicht angängig sei, weil sich für das ganze Reich keine einheitlichen Merkmale aufstellen lassen. Aber vom Standpunkt des einmal gegebenen steuerpolitischen Grundsatzes, ein einheitlich bestimmtes und festes Existenzminimum freizustellen, ist es bedauerlich, daß dieses Prinzip durch die Vorschriften des Landessteuergesetzes durchbrochen werden kann. Auch wenn den von der Begründung angeführten Tatsachen sachliche Richtigkeit zuzubilligen ist, so erscheint das Recht der Gemeinden, in das Existenzminimum eine Steuer hineinzulegen, als bedenklich. Der Gesetzgeber ging bei dieser Regelung von der Ansicht aus, daß es der einzelnen Gemeinde am leichtesten sein würde, zu beurteilen, welchen Betrag sie innerhalb ihres Bezirkes freistellen könne. Aber gerade in dieser Freiheit liegt die Gefahr. Denn nicht nur die Gemeinden, deren Einwohner dank billiger Lebensverhältnisse bei dem für sie zu hohem reichsgesetzlichen Minimum noch Ersparnisse machen können, werden das eingeräumte Recht nutzen, sondern vor allem die Industriegemeinden, und sie ganz besonders ausgiebig, werden in das von der Einkommensteuer nicht erfaßte Mindesteinkommen ihre gemeindlichen Zuschläge legen. Dies zerstört das im Einkommensteuergesetz gewonnene und hoch zu veranschlagende Ergebnis der Gleichmäßigkeit.

Auf der anderen Seite stellt das Landessteuergesetz den Gemeinden frei, für jedes einzelne Steuerjahr zu beschließen, daß der ihnen zugewiesene Anteil an der Einkommensteuer ganz oder teilweise unerhoben bleibt (§ 29 des Landessteuergesetzes). Auch diese Bestimmung durchbricht die Einheitlichkeit der Einkommensteuer, die ebensowenig begrüßenswert ist wie die im § 30 gegebene, obwohl sie hier zum Vorteil der Steuerpflichtigen geht.

Der Grundsatz, daß die Leistungsfähigkeit des Steuerpflichtigen in zweiter Linie durch die Höhe des Verbrauches bestimmt wird, führt zu der Vorsorge, einen kleinen Teil des Einkommens für die Personen freizustellen, die auf dieses Einkommen mit angewiesen sind. Das geschieht durch das Ehefrauen- und Kinderprivileg.

Die Steuerermäßigungen gelten für Personen, die zum Kreise

---

[1]) Siehe Drucks. Nat.-Vers. Nr. 1623 S. 24.

des Haushalts gehören. Nach dem Entwurf sollten für die Ehefrau 500 ℳ, für jedes Kind 300 ℳ steuerfrei bleiben, der Steuerausschuß hat jedoch auch diese Sätze erhöht. Es werden nach § 20 für jede zum Haushalt zählende Person 500 ℳ steuerfrei gestellt, also sowohl für die Ehefrau 500 ℳ und als auch für jedes Kind je 500 ℳ. Darüber hinaus wird diese Erleichterung für die kleinen Einkommenträger erweitert. Zu den Voraussetzungen für die verstärkte Steuerfreiheit gehören ein steuerbares Einkommen von höchens 10000 ℳ und eine bestimmte Anzahl sowie ein Mindestalter für die zum Haushalt zählenden Personen: für die zweite und jede weitere Person, die das 16. Lebensjahr nicht vollendet hat, dürfen weitere 200 ℳ abgesetzt werden.

Auch die Beurteilung über die angemessene Höhe der Abschläge hängt von der Wertschätzung der Kaufkraft des Geldes ab. Obwohl die Mark in ihrer Kaufkraft auf dem inneren Markt geschwächt ist, kann ein steuerfreier Betrag von 4100 ℳ für eine fünfköpfige Familie mit minderjährigen Kindern wenn auch nicht als vollkommen hinreichend, so doch als ansehnlich bezeichnet werden. Im Ausschuß wurden allerdings noch viel weitergehende Anträge gestellt. Es wurde die Ansicht vertreten, daß unter den heutigen Verhältnissen wenigstens ein Betrag von 8000 ℳ als Existenzminimum in Ansatz zu bringen sei.[1]) Nach den Veranschlagungen der Reichsfinanzverwaltung würden diese weitgehenden Ermäßigungsgründe mehrere Milliarden Mark Einkommen steuerfrei gestellt haben; sie wurden daher als unannnehmbar bezeichnet. Und in der Tat würde ein solch hoher steuerfreier Betrag das Ergebnis der Steuer stark gefährden, obwohl die Einkommenverhältnisse sich wesentlich, und zwar in allen Schichten der Bevölkerung — wenigstens in Papiermark berechnet —, gebessert haben.

Mit der Frage der Haushaltsbesteuerung stand schließlich auch der Gedanke einer Sonderbehandlung der Junggesellen zur Erörterung. Seit langer Zeit gehört die Junggesellensteuer zu einem volkstümlichen Steuerobjekt. Die Anhänger einer gesunden Bevölkerungspolitik benutzten sie als Mittel, mit dessen Hilfe sie den Junggesellen zur Ehe glaubten zwingen zu können. Die Junggesellensteuer als Erziehungsmittel zur Ehe steht hier nicht zur Erörterung. Vom steuerpolitischen Gesichtswinkel aus steht allerdings unzweifelhaft fest, daß eine alleinstehende Person gegenüber einem Familienvater bei gleich hohem Einkommen steuerlich wesentlich leistungsfähiger

---

[1]) Siehe Drucks. Nat.-Vers. Nr. 1624, Bericht des X. Ausschusses S. 24.

ist. Wenn auch die Annahme zutreffen sollte, daß der Junggeselle teurer als die Hausfrau wirtschaftet, so ist die Wegsteuerung derselben Einkommensquote für den Junggesellen nicht in dem Maße fühlbar wie für einen wenn auch kinderlos Verheirateten. Diese Überlegungen gelten jedoch nur bei den kleinen und mittleren Einkommen. In diesen Einkommenteilen ist ein Junggeselle mit 5000 oder 10000 ℳ Einkommen steuerlich leistungsfähiger als ein Steuerpflichtiger, der bei gleich hohem Einkommen drei oder mehr Kinder hat. In der Begründung wird hervorgehoben, daß von einer Sonderbelastung der Junggesellen im Hinblick auf die Steuerermäßigungsgründe für die Familie abgesehen wurde.

Der Steuertarif ist progressiv und durchstaffelt (§ 21). Er setzt bei 10% für die ersten angefangenen oder vollen 1000 ℳ des steuerpflichtigen Einkommens ein und steigt zunächst von 1000 zu 1000 ℳ um je 1%, dann von 2000 zu 2000 ℳ usw. bis zu 60% bei einem Einkommen über 500000 ℳ.

Absolut betrachtet, sind die Sätze des Tarifs hoch. Die Begründung führt an, daß für eine dergestalt straffe Ausgestaltung des Tarifs der Gedanke maßgebend war, aus der Einkommensteuer einen hohen Betrag herauszuholen. Allerdings seien bei der Bemessung des Steuersatzes die wirtschaftspolitischen Erfordernisse der Steuerpflichtigen in sorgfältiger Weise berücksichtigt. Hierzu hält ja schon der Aufbau des neuen Steuersystems auf das Einkommen und Vermögen an. Denn kein Einkommenträger, sei er Privatmann oder Wirtschaftender, kann eine Steuerlast auf sich nehmen, die seine persönlichen oder wirtschaftlichen Existenzgrundlagen berührt. Wenn das Gesetz auch bereits in der ersten Stufe mit dem relativ hohen Satz von 10% wirkt, so kann es zur Rechtfertigung die Freigrenze und Entlastungsgründe anführen. Ebenso rechtfertigt den hohen Tarif die große Verschiebung der Einkommenverhältnisse auf der Grundlage einer sehr starken Steigerung der Löhne und Gehälter. Sie sind zu einem Teil gewiß eine Folge des emporgeschnellten Preisniveaus und in Papiermark gezahlt. Immerhin ist aber doch zu bemerken, daß die Lohneinkommen im Durchschnitt 12000 bis 15000 ℳ und mehr erreichten und daß der Zuzug in diese Einkommenhöhe aus den untersten Einkommenstufen stammt. Die zweite breite und neue Schicht lagert zwischen 15000 und 30000 ℳ. Aus diesen Erscheinungen zog das Gesetz die Berechtigung, schon beim ersten steuerpflichtigen Tausend mit einem 10prozentigen Satz einzusetzen. Der Steuersatz ist bei den hohen und höchsten Einkommen ohne Zweifel empfindlich hoch. Die letzte Beurteilung über seine Wirkungen auf die Einkommensverhältnisse wird auch hier bis zur Vorlage der ersten Veranlagungsergebnisse zurückstehen müssen. Über die Wirkungen des Tarifs unterrichtet die nachstehende Tabelle:

Steuerbelastung durch die Einkommensteuer.

Betrag des steuerbaren Einkommens in Mark	Absolute Belastung des Einkommens in Mark	Belastung des Einkommens in Prozent
6000	530	8,8
7000	675	9,6
8000	830	10,4
9000	995	11,1
10000	1170	11,7
12000	1550	12,9
15000	2195	14,6
20000	3440	17,2
30000	6305	21,0
40000	9540	23,9
50000	13060	26,1
100000	33625	33,6
200000	83120	41,6
500000	252115	50,4
800000	432100	54,0
1000000	552100	55,2
2000000	1152100	57,6
5000000	2952100	59,0
10000000	5952100	59,5

Die Besteuerung des steuerpflichtigen Einkommens erfolgt grundsätzlich durch den in § 21 aufgestellten Tarif. Nur in Sonderfällen wird eine abweichende Besteuerung außerhalb des Tarifs vorgenommen. Erstens soweit es sich um Gewinne aus einzelnen Veräußerungsgeschäften handelt. Nach § 22 kommt dann der Hundertsatz zur Anwendung. Desgleichen werden zweitens die Einnahmen, die eine Entlohnung für eine sich über mehrere Jahre erstreckende Tätigkeit darstellen, nach dem Hundertsatz versteuert. Die gleiche Vergünstigung genießen schließlich die Einnahmen bei außerordentlichen Waldnutzungen, die über regelmäßige Nutzungen hinausgehen, sowie die Einnahmen, die nicht regelmäßig wiederkehren (§§ 24, 25). Mit dieser bevorzugten Behandlung durch den Hundertsatz will das Gesetz Härten vermeiden, die dann eintreten müßten, sobald diese über einen längeren Zeitraum verteilten Einnahmen als eine einmalige Jahreseinnahme veranlagt würden. Die vom Gesetz vorgesehene Regelung entspricht durchaus billigem Ermessen.

Das neue Einkommensteuergesetz hatte aus den grundsätzlichen Abweichungen gegenüber den bisherigen Einkommensteuern die weiteren Folgerungen zu ziehen. So machte es insbesondere die Aufgabe der Quellentheorie oder, mit anderen Worten, die Anwendung des Schanzschen Einkommenbegriffs notwendig, zum Prinzip der Besteuerung nach der Vergangenheit überzugehen. Bislang standen die Landeseinkommensteuergesetze auf dem Boden, daß den Gegenstand der Besteuerung nur das Einkommen des laufenden Steuerjahres bilden könne. Daher ging die Veranlagung von der Annahme aus, daß das Einkommen des laufenden Steuerjahres dem Einkommen des vergangenen Steuerjahres gleich sein werde. Nunmehr, da die Einkommensteuer des Reichs das tatsächlich vereinnahmte, also das quellenmäßig und das einmalig fließende Einkommen der Steuerpflicht unterwirft, erschien es angebracht, eine andere Veranlagungsmethode einzuführen. Nach § 29 des Einkommensteuergesetzes erfolgt die Veranlagung jeweils für ein Rechnungsjahr.[1]) Für die Veranlagung ist jetzt das steuerpflichtige Jahreseinkommen maßgebend, das der Pflichtige in dem Rechnungsjahr bezog, das dem Kalenderjahr unmittelbar voranging. Wer im Laufe eines Rechnungsjahres steuerpflichtig wird, wird nach dem Jahreseinkommen veranlagt, das dem mutmaßlichen Betrag des steuerbaren Einkommens im ersten vollen Jahre entspricht. Diese Grundsätze für die Veranlagung sind einem Verfahren entnommen, das in den drei Hansastädten in guter Übung war. Der Vorzug dieser Veranlagung nach der Vergangenheit besteht darin, daß die Steuer von dem tatsächlich bezogenen Einkommen erhoben wird. Andererseits ist mit diesem Vorzug auch ein Nachteil verbunden, der nicht gering zu veranschlagen ist. Er liegt in der großen zeitlichen Spanne zwischen Veranlagungs- und Erhebungstermin. Dem Steuerpflichtigen kann nicht zugemutet werden, die Steuer in einer Summe zu zahlen. Daher sind Ratenzahlungen nach § 42 vorgesehen. Sie bewirken praktisch, daß die beispielsweise im Kalenderjahr 1921 bezogenen Einkommen, die im Frühjahr 1922 veranlagt werden, erst in der Zeit vom Mai 1922 bis Februar 1923 die Steuer zu entrichten haben. Es ist ersichtlich, daß der Zeitpunkt, an dem die Steuer zu entrichten ist, von der Zeit, in der das Einkommen bezogen wurde, zu weit entfernt liegt. Die Begründung selbst bezeichnet dies als einen unleugbaren, aber gleichzeitig als einen unvermeidbaren Mißstand. Sie führt zur Rechtfertigung für die Be-

[1]) Vgl. hierzu die Novelle zum Einkommensteuergesetz auf Seite 194 ff.

steuerung nach der Vergangenheit die hohen Sätze der Einkommensteuer an. Eine Besteuerung nach dem mutmaßlichen Einkommen würde nach Ansicht der Begründung wegen des relativ hohen Tarifs nicht zu rechtfertigen sein. In Wahrheit würde die Steuer dem Prinzip der Besteuerung nach der Leistungsfähigkeit unzweifelhaft erst dann gerecht, wenn die Steuer sich auf das tatsächlich vereinnahmte Einkommen bezöge. Die ideale Veranlagung liege also in der Veranlagung nach der Vergangenheit. Aber zu diesem Ideal gehöre auch, daß die Zahlung der Steuer in die Zeit falle, in der Einkommen bezogen wird. Dieses vollkommene Ideal konnte, wie die Begründung hervorhebt, seine Verwirklichung nicht finden, weil die Einkommensteuer nicht restlos an der Quelle erhoben wird. Und die vollständige Durchführung des Quellenprinzips ist nach zwei Richtungen hin beschränkt.[1]) Erstens, die Erhebung an der Quelle ist nur dort anzuwenden, wo es sich um Zahlungen handelt, die als wirkliches Einkommen feststehen. Hierher gehören beispielsweise die Einkommen aus Kapitalvermögen und aus festen Bezügen (diese Einkommen heißen derivative Einkommen). Das Prinzip ist aber bei den Einkommen nicht anwendbar, die beispielsweise der Landwirt, der Gewerbetreibende oder der Angehörige des freien Berufs erzielt. Bei diesen Einkommen — sie heißen originäre Einkommen — tritt das Einkommen erst dann in seiner reinen Gestalt hervor, was der Veräußerer über seinen eigenen Anschaffungs- oder Herstellungspreis hinaus erzielt.

Zu dieser inneren Schwierigkeit, die in der gekennzeichneten Verschiedenartigkeit der Einkommen liegt, kommt noch ein zweites Hindernis. Es ist nicht möglich, die Einkommensteuer allgemein und restlos an der Quelle zu erheben, weil die persönlichen Verhältnisse der Steuerpflichtigen und die im Gesetz zugebilligten Ermäßigungsgründe nicht ohne weiteres abzuziehen sind. Für den Gesetzgeber stand aus den angeführten Gründen fest, insbesondere aus der Tatsache, daß das originäre Einkommen nicht an der Quelle zu erfassen ist, daß das Prinzip, die Einkommensteuer an der Quelle zu erheben, nicht geeignet sei, das Veranlagungs- oder Hebungsverfahren der Einkommensteuer zu ersetzen. Nur in einem Falle, und zwar beim Arbeitslohn, sollte das Prinzip der Erhebung an der Quelle eine beschränkte Anwendung finden. Im übrigen ruht die volle Veranlagung auch bei der neuen Einkommensteuer auf der Deklaration. Zur Abgabe einer Einkommen-

[1]) Vgl. im einzelnen die Ausführungen der Begründung eines Entwurfs zur Einkommensteuer S. 35 ff.

steuererklärung ist nach § 39 jeder verpflichtet, dessen steuerbares Einkommen den Betrag von 3000 ℳ übersteigt. Die Einkommensteuer beschränkt sich lediglich auf die Feststellung der Deklarationspflicht, ohne eine nähere Bestimmung darüber zu treffen, welche Folgen, insbesondere Rechtsnachteile mit der Unterlassung der Deklarationen verbunden sind. Diese Fragen regelt die Reichsabgabenordnung.[1]) Die im § 40 vorgesehene Verpflichtung der Arbeitgeber, dem Finanzamt die Lohn- und Gehaltsempfänger zu melden, stellt eine Sicherung für die Bestimmung über die Selbstdeklarationen dar und ergänzt nur die Vorschriften der Reichsabgabenordnung.

Die Deklarationspflicht war in den früheren Einkommensteuern ebenfalls allgemeines Prinzip. In Preußen beispielsweise setzte die Deklarationspflicht bei einem Einkommen von mehr als 3000 ℳ ein. Ehedem wie jetzt ist also die Veranlagung zur Einkommensteuer auf die bereitwillige Mitwirkung der Steuerpflichtigen angewiesen. Eine der wesentlichen Voraussetzungen für diese Mitwirkung ist allerdings einmal, daß der Steuerpflichtige fähig ist, seine geldlichen und geldwerten Einkünfte selbst zu schätzen. Wenn auch die Mehrzahl der Pflichtigen dieser Voraussetzung entweder allein oder mit Hilfe der Steuerbehörden im allgemeinen Genüge leisten wird, so wiegt eine zweite Voraussetzung wesentlich schwerer. Sie ist politischer Natur. Für die Befolgung der Vorschriften über die allgemeine Deklarationspflicht und der ordnungsmäßigen Steuerzahlung überhaupt ist eine der ersten Voraussetzungen die Übereinstimmung zwischen den Regierten und der Regierung. Stehen aber diese Beziehungen unter Spannungen oder unter dem Zeichen sichtlicher Abneigung, so werden sich Widerstände bemerkbar machen, die eine geordnete Steuerveranlagung und damit eine sichere Erhebung der Steuer ungemein erschweren, ja unmöglich machen können. Die Neigung der Steuerpflichtigen, der Steuerbehörde in die privaten Angelegenheiten weitgehenden Einblick zu gewähren, war und ist überhaupt nicht sonderlich groß. Daher geben die Bestimmungen der Reichsabgabenordnung den Finanzämtern auf diesem steuerpolitisch so bedeutsamen Gebiete weitgehende Rechte.[2]) Trotz alledem ist der Fiskus aber bei der Einkommensteuer wie bei keiner anderen Steuer unbedingt auf die getreuliche und wahrhaftige Mitarbeit der Pflichtigen angewiesen. Das Bewußtsein in der Be-

---

[1]) Vgl. hierüber die Ausführungen auf S. 236.

[2]) Vgl. Reichsabgabenordnung S. 238 ff.

völkerung, daß die steuerliche Last gleichmäßig verteilt ist, mag die Abneigung zwischen Steuererheber und -zahler ausgleichen Eine Sicherheit hierfür besteht jedoch nicht, und in diesem Falle erscheint es geboten, noch andere Erhebungsmethoden zur Anwendung zu bringen, die diese Unsicherheiten wenigstens zu einem Teil ausschalten können. Hierin liegt auch einer der Gründe für die partielle Quellenerhebung der Einkommensteuer: für den 10%igen Abzug vom Arbeitslohn, über den noch weiter unten ausführlicher zu berichten ist.[1])

Die Ermittlung des steuerbaren Einkommens im neuen Einkommensteuergesetz wird auf strengere und einheitlichere Grundlagen gestellt, als das bei den bisherigen Einkommensteuern anzutreffen war. Zunächst unterliegen die Begriffe des Einkommens aus Grundbesitz und des Einkommens aus Gewerbe einer gleichmäßigen Festsetzung. Ebenso sind für die Ermittlung des steuerbaren Einkommens aus Veräußerungsgeschäften festere Grenzen gezogen. Im einzelnen unterrichten hierüber die Bestimmungen der §§ 31—35 des Einkommensteuergesetzes. Von den Vorschriften über die Ermittlung des steuerbaren Einkommens mögen hier lediglich die Hauptlinien hervorgehoben werden. Nach § 31 ist das Einkommen aus Grundstücken und Gebäuden, die verpachtet oder vermietet sind, nach dem Pacht- oder Mietzins zu ermitteln. Es werden auch die dem Pächter oder Mieter zum Vorteil des Verpächters oder Vermieters obliegenden Natural- und Nebenleistungen hinzugerechnet. Für die Ermittlung des steuerbaren Einkommens aus selbstbewirtschaftetem Grundbesitz hingegen kommt der Betriebsgewinn in Betracht. Er ist nach § 32 durch einen Vergleich der Betriebseinnahmen mit den Betriebsausgaben festzustellen. Dabei wird der Wertunterschied des beweglichen Anlagekapitals und der Wirtschaftserzeugnisse, Waren und Vorräte, am Anfang und am Ende der Wirtschaftsperioden berücksichtigt. Grundsätzlich kommt für die Wertermittlung der gemeine Wert in Ansatz, nur dort, wo ein Anschaffungs- oder Herstellungswert vorhanden ist, kann er gemäß der Einstellung in die Schlußbilanz auch in die Wertberechnung eingesetzt werden. Dort jedoch, wo in einem land- oder forstwirtschaftlichen Betrieb eine geordnete Buchführung vorliegt, wo also der Reinertrag aus der Buchführung nachgewiesen wird, gelten die Abschlüsse dieser Bücher als Grundlage für die Ermittlung des Betriebsgewinns.

---

[1]) Vgl. die Ausführungen über den Lohnabzug auf S. 185.

In der gleichen Weise regelt das Gesetz im § 33 die Ermittlung des steuerbaren Einkommens aus dem Gewerbebetrieb. Das Gesetz unterscheidet, so wie das im preußischen Einkommensteuergesetz geschah, zwischen Gewerbetreibenden, die nach den Vorschriften des Handelsgesetzbuches Handelsbücher führen und solchen, die das nicht tun. Zur Feststellung des Geschäftsgewinns bei den nicht Buch führenden Gewerbetreibenden gelten die gleichen Bestimmungen wie bislang. Der Geschäftsgewinn wird also durch den Vergleich der Betriebseinnahmen und der Betriebsausgaben festgestellt, genau wie in dem dargelegten Fall beim land- oder forstwirtschaftlichen Betrieb. Der Wertunterschied zwischen beweglichem Anlagekapital und den Erzeugnissen, Waren und Vorräten, Betriebskapital usw. findet Berücksichtigung. In diesem Falle wird wiederum genau so wie bei der Festsetzung des land- und forstwirtschaftlichen Betriebsgewinns der gemeine Wert bzw. der Anschaffungs- oder Herstellungswert als Grundlage für die Ermittlung in Ansatz gebracht. Sofern jedoch die Gewerbetreibenden Handelsbücher nach den Vorschriften des Handelsgesetzbuches führen, wird der Geschäftsgewinn unter Beachtung der Bestimmungen des § 15 des Einkommensteuergesetzes (unzulässige Abzüge) nach den Grundsätzen berechnet, wie sie für die Inventur und Bilanz durch das Handelsgesetzbuch vorgeschrieben sind.

Besondere Vorschriften für die Wertermittlung gibt das Gesetz im § 35 für Gewinne oder Verluste bei den Veräußerungsgeschäften. Hier gilt als Gewinn und als Verlust der Unterschied zwischen dem bei der Veräußerung erzielten Erlös und dem Anschaffungs- oder Herstellungspreis dieses Gegenstandes. Dabei bestimmt das Gesetz für den Gegenstand, der vor dem 1. Januar 1920 erworben ist, als Herstellungs- oder Anschaffungspreis den Wert, der beim Reichsnotopfer zugrunde gelegt wird. Der steuerlichen Behandlung des Veräußerungsgewinns durch die Einkommensteuer ist besondere Aufmerksamkeit zuzuwenden. Denn das Gesetz rechnet den Gewinn, der aus einem Veräußerungsgeschäft erzielt wird, nach § 11 Abs. 5 ausdrücklich zum steuerbaren Einkommen, und es läßt nach § 13 Abs. 8 ebenso klar nur den tatsächlich erlittenen Verlust als vom Gesamtbetrag der Einkünfte abzugsberechtigt zu. Diese Vorschriften gelten allgemein für alle Veräußerungsgeschäfte, so daß die sachliche Grundlage des Geschäftes für die Steuerpflicht grundsätzlich gleichgültig ist. Wer also beispielsweise Wertpapiere erworben hat mit dem Ziel, sie als Vermögensanlage zu betrachten, und sie nach Jahren zu einem guten Kurse wieder verkauft, sieht den Gewinn einkommensteuerpflichtig. Nach dem Einkommensteuergesetz liegt ja ein Gewinn immer dann vor, wenn der Veräußerungserlös höher ist als der Anschaffungs- oder Herstellungspreis. Derartige Gewinne entstehen nun nicht nur aus Wertpapierkäufen und -verkäufen, sondern aus den verschiedenartigsten einmaligen Geschäften. Sie waren in der Kriegszeit nur allzuhäufig und auch vielfach so hoch, daß sie mit dem sonstigen Einkommen in keinem rechten Verhältnis standen oder stehen. Ebenso zahlreich und hoch sind sie noch heute und werden sie auch späterhin anzutreffen sein. Es bedarf daher keiner näheren Rechtfertigung, diese Gewinne der Steuer zu unterwerfen. Allerdings läßt ihnen das Gesetz, wie schon kurz erwähnt, eine Sonderbehandlung zuteil werden, die in ihrem Wesen begründet und gerechtfertigt ist. Die Begründung führt zu Recht aus, daß es unbillig wäre, diese Gewinne mit dem Steuersatz zu belegen, der dem Tarif entspricht. Hier würde die Anwendung des stark progressiven Tarifs auf eine zufällig in dem Steuerjahr stark erhöhte Leistungsfähigkeit in der Regel nicht billig sein, weil beim Pflichtigen keine dauernde erhöhte Leistungsfähigkeit vorliegt. Daher wird, wie bereits angeführt, die Steuer von dem gesamten Einkommen nach dem Satz erhoben, der nach dem Tarif anzuwenden wäre, „wenn die Steuer von dem übrigen Einkommen zuzüglich des Betrags erhoben würde, der sich bei gleichmäßiger Verteilung des Gewinns auf die vollen Jahre der Besitzdauer ergibt" (§ 22). Es entspricht schließlich durchaus dem Gerechtigkeitsprinzip, wenn die Verluste hier bei der Feststellung des Einkommens berücksichtigt werden, wie das ja auch mit den Verlusten bei der Ermittlung der steuerpflichtigen Gewerbeeinkommen automatisch durch das Bilanzprinzip geschieht.

Wie die Anwendung des Schanzschen Einkommenbegriffs es als notwendig erscheinen ließ, die Veranlagung in die Vergangenheit zu verlegen, so bedingt es wiederum dieser Veranlagungsgrundsatz, die Steuerentrichtung, wie schon angeführt, in die Zeit nach Ablauf des Veranlagungsjahres zu verlegen. Nun können hier Umstände eintreten (Tod des Ernährers, Arbeitslosigkeit usw. im laufenden Einkommenjahr), die dem Steuerpflichtigen die Entrichtung der Steuer von dem von ihm vorher bezogenen Einkommen erschweren. Das Gesetz schafft für diese Fälle eine Erleichterung; es läßt die Vergünstigung jedoch nur dann wirken, sobald das Arbeitseinkommen durch den Tod des Steuerpflichtigen fortfällt. Gemäß § 42 ist die Steuer sodann unter Berücksichtigung des Fortfalls nur für den Rest des Rechnungsjahres anderweitig festzustellen und zu den Nachlaßverbindlichkeiten zu schlagen, sonst ist aber vom Steuerpflichtigen die Abgabe pünktlich zu entrichten. Die gewissenhaften Steuerzahler werden also eine Rücklage für ihre Steuerschuld zu schaffen haben. Diese vorsorgliche Aufspeicherung des Steuergeldes wird um so allgemeiner und dringlicher sein, als es keine Seltenheit darstellen dürfte, daß ein Steuerpflichtiger am Fälligkeitstermin volle 500 oder 1000 ℳ zu entrichten haben wird. Und eine solche Summe zu zahlen, wird nicht immer leicht sein.

Nicht zum geringsten aus diesen Erwägungen heraus ist der steuerpolitische Gedanke erwachsen, wenigstens bei einem Teil der steuerpflichtigen Einkommensträger die teilweise Entrichtung der Steuer durch Abzug an der Quelle zu bewirken, und zwar noch vor der endgültigen Veranlagung, also im laufenden Einkommensjahr. Natürlich konnte dieser Entrichtung, die der Veranlagung voranläuft, nur der Charakter einer gleichsam vorläufigen Steueranzahlung gegeben werden, die vielleicht in bestimmten Fällen sich mit der endgültigen, auf der vom Gesetz vorgezeichneten Veranlagung beruhenden Steuerschuld übereinstimmen oder aber in der Regel sie unter Umständen unter- oder überschreiten wird. Das Einkommensteuergesetz führt das partielle Quellenprinzip durch die §§ 45—52 ein. Der § 45 bestimmt, daß jeder Arbeitgeber bei der Lohnzahlung 10 % zu Lasten des Arbeitnehmers einzubehalten, dafür Steuermarken in eine Steuerkarte einzukleben und zu entwerten hat. Hierzu brachte eine ergänzende gesetzliche Bestimmung vom 21. Juli 1920 weitgehende Änderungen.

Das Prinzip des Lohnabzugs beruht auf der steuerpolitischen Überlegung, daß die Stellen, die anderen Einkommen auszuzahlen haben, weniger Widerstand leisten dürften, einen Teil der Steuer zu entrichten, als die Empfänger des Einkommens selbst. Es ist schon darauf hingewiesen, daß die Deklaration heute mehr als je eine Frage des Vertrauensverhältnisses zwischen dem Steuerpflichtigen und dem Staat ist. Heute befindet sich aber die Bevölkerung nur sehr selten in Übereinstimmung mit der Regierung und ihren Maßnahmen. Diese staatspolitische Erscheinung ist um so ernster, als nicht allein der Autorität der Regierung wenig Achtung entgegengebracht wird, sondern selbst die als gewissenhaft geltenden Schichten der Steuerpflichtigen vielfach eine heftige Abneigung bekunden, ihren steuerlichen Pflichten nachzukommen. Mit Strafen, auch wenn sie mit Geldstrafen in 5—20fachem Betrag der hinterzogenen Steuer ausgestattet sind, und mit inquisitorischen Verfahren wird gegen diese Untugend kein Erfolg erzielt werden können.

In dieser Lage ist es taktisch richtiger, wie Lotz bemerkt, „es mit einem anderen System zu versuchen, welches nicht an die Mitwirkung der Steuerzahler appelliert".[1]) Sofern dieser Satz verwirklicht werden soll, würde die Erhebung der Einkommensteuer vollkommen nach dem Prinzip der Erhebung an der Quelle zu erfolgen haben. Das erschien jedoch als unmöglich. Die Begründung betonte vielmehr, daß die Einkommensteuer auf das regelrechte Veranlagungsverfahren abzustellen sei und daß die Steuerzahlung auf Grund des in einem Veranlagungsbescheide festgestellten Steuerbetrages zu erfolgen habe. Immerhin glaubte der Gesetzgeber für einen begrenzten Kreis von Steuerpflichtigen doch nicht vollständig auf die Erhebung an der Quelle zu verzichten und sah das Lohnabzugsverfahren für das Einkommen aus Arbeit vor.

Für den Abzug an der Quelle kommen gemäß § 51 die Einkommen aus Arbeit, wie sie im § 9 Abs. 1 und 3 aufgeführt sind, in Betracht, also die Gehälter, Besoldungen, Löhne, Tantiemen, Gratifikationen oder unter sonstiger Benennung gewährte Bezüge der in öffentlichen oder in privatem Dienste angestellten oder beschäftigten Personen. Sodann die Wartegelder, Ruhegehälter, Witwen- und Waisenpensionen und andere Bezüge für frühere Dienstleistung oder Berufstätigkeit.

Dagegen unterliegen nicht dem Abzug die Zulagen auf Grund der Militärpensions- und Versorgungsgesetze (Verstümmelungs-, Kriegs-, Alters-, Tropenzulagen u. dgl.) und sonstige Versorgungsgebührnisse; weiterhin die Bezüge aus einer Krankenversicherung, die Wartegelder, Ruhegehälter, Witwen- und Waisenpensionen usw. unter 1500 ℳ Jahresbetrag.

Es gehört zum Pflichtkreis des Arbeitnehmers, sich von der Gemeindebehörde seines Wohn- oder Beschäftigungsortes eine Steuerkarte ausstellen zu lassen und sie seinem Arbeitgeber vorzulegen. Der Arbeitgeber hat gemäß § 45 die Pflicht, bei der Lohnzahlung 10% des Arbeitslohnes einzubehalten und für den einbehaltenen Betrag Steuermarken in die Steuerkarte des Arbeitnehmers einzukleben. Die Steuermarken sind zu entwerten (§ 45).

Der Abzug vom Lohn in Höhe von 10% sollte ursprünglich ohne Berücksichtigung der Ermäßigungsgründe erfolgen. Es war daher gewiß, daß der einfache Abzug in den schwächeren sozialen Schichten, die nicht steuerkräftig genug sind und demgemäß von den weitgehenden Erleichterungen des Einkommensteuergesetzes Gebrauch

---

[1]) Lotz, Finanzwissenschaft S. 452.

machen werden, also bei den kinderreichen und in tieferen Einkommensschichten liegenden Familien u. a. m. Härten auslösen würde. Härten mußten sich namentlich dort bemerkbar machen, wo der 10%ige Abzug die endgültig zu entrichtende Einkommensteuer wesentlich überstiegen hätte. Das dürfte in der Regel bei kinderreichen Familien eintreffen, wo ja die Ermäßigungsgründe die Höhe der Abgabe erheblich mindern. Aber auch in anderen Fällen. Das Gesetz suchte mit dem § 48 eine Erleichterung dadurch zu schaffen, daß es die Steuerkarten als Zahlungsmittel bei der Entrichtung der Einkommensteuer zuläßt. Hierfür ist, je nachdem die endgültige auf Grund der regelrechten Veranlagung zu zahlende Einkommensteuer den Wert der Steuerkarte übersteigt oder unter ihm bleibt, eine doppelte Regelung vorgesehen, und zwar:

a) bleibt der Wert der Steuermarken unter der vorläufig zu entrichtenden Einkommensteuer, so ist der fehlende Betrag in bar oder bargeldloser Überweisung nachzuzahlen;

b) übersteigt der Wert der Steuermarken die vorläufig zu entrichtende Einkommensteuer, so wird der Wert der Steuermarken bis zur Höhe des Einkommensteuerbetrages angerechnet. Über den nicht angerechneten Wert der Steuermarken wird dem Arbeitnehmer eine Empfangsbescheinigung ausgehändigt. Diese kann mit der Steuerquittung verbunden werden. Der Wert dieser Empfangsbescheinigung wird sodann nach der endgültigen Veranlagung der Einkommensteuer in Zahlung gegeben. Es findet eine einfache Aufrechnung auf die etwa nachträglich zu entrichtende Einkommensteuer statt oder, falls eine Einkommensteuer nicht mehr nachträglich zu entrichten ist, eine bare Rückerstattung.

Diese erste Regelung war für die vorläufige Veranlagung und Erhebung der Einkommensteuer im Rechnungsjahr 1920 vorgesehen. Aus ihr ging hervor, daß das Abrechnungsverfahren erst nach Abschluß der endgültigen Veranlagung erfolgen würde. Der § 48 Abs. 2 hebt zwar ausdrücklich hervor, daß die Rückerstattung des überschüssigen Betrages in bar alsdann sofort zu erfolgen habe, aber für zahlreiche Steuerpflichtige bedeutet schon jede steuerliche Überleistung eine Härte, die mitunter trotz der Aussicht auf Rückzahlung im Augenblick und bis zur Rückerstattung recht fühlbar sein kann.

Der 10%ige Lohnabzug wurde durch die Verordnung vom 14. Mai 1920 am 25. Juni eingeführt, d. h. alle Lohn- und Gehaltszahlungen hatten vom 25. Juni ab nur unter Einbehaltung von 10% zu erfolgen. Noch bevor er in Wirksamkeit gesetzt wurde entwickelte sich gegen ihn eine heftige Gegnerschaft. Es wurde unter Verkennung der gesetzlichen und tatsächlichen Grundlagen von einer Sonderbehandlung der Arbeiterschaft gesprochen, auf die drückende Vorbelastung und zeitraubenden, unbequemen Erhebungsmethoden hingewiesen. In zahlreichen Auslassungen wurden Befürchtungen dahin geäußert, daß erhebliche wirtschaftliche Störungen eintreten würden. Vielfach herrschte die Ansicht vor, daß dem Arbeitgeber die Einkommensteuer aufgebürdet würde, da bei einer Weigerung der Unternehmerschaft, den Lohnabzug durch eine Lohnerhöhung auszugleichen, Mißstimmung und Streik einsetzen würden. Diese und ähnliche Ausführungen lebten nicht allein in der Presse, sondern auch durch die mündliche Agitation unter der Arbeiterschaft und den Angestellten. Viel künstliche Nahrung erhielt diese Bewegung durch die Tatsache, daß der Einzug der Steuern, die den Besitz erfassen, nicht rascher und nicht mit sichtbaren Erfolgen vor sich ging. So erreichte die Abwehrbewegung gegen den 10%igen Lohnabzug ihren Höhepunkt durch den interfraktionellen Antrag der Parteien, den Abzug überhaupt aufzuheben. Die „Frankfurter Zeitung“ schrieb hierzu, daß schon die Einbringung eines solchen Antrags auf das lebhafteste zu bedauern sei.[1]) Es war dies in der Tat ein Verkennen der schwierigen steuerpolitischen und steuerpsychologischen Lage, die doch nach allen leicht zu beobachtenden Erscheinungsformen geradezu zwingt, die Steuererhebung in der vorgezeichneten Weise zu gestalten. Der erste Ansatz des Lohnabzugs brachte zwar große politische und zum Teil auch verwaltungstechnische Schwierigkeiten. Für die Reichsfinanzverwaltung stand jedoch steuerpolitisch fest, daß der Lohnabzug einer der glücklichsten Gedanken in der Einkommensteuergesetzgebung sei und daß an dieser vorläufigen Erhebungsform festgehalten werden müßte. Sie trägt in sich den Vorteil, daß dem Reiche laufend, regelmäßig und sicher die Steuereinnahmen aus einem Teil der Einkommensteuer zufließen, sie verlegt einen Teil der Arbeitslast auf die Schultern der Arbeitgeber, erspart also damit dem Reich in einem gewissen Umfange Beamte. Andererseits erschien es als ein Gebot der Steuerpsychologie, den Einkommensteuerpflichtigen die Steuerleistung zu erleichtern. Allerdings bedeutet die wochen- oder monatsweise Ratenzahlung materiell eine Erleichterung für die Steuerzahlenden nur dann, sobald der Standpunkt eingehalten wird, daß die Einkommensteuer in jedem Falle zu zahlen sei. Es kann dann nicht erwartet werden, daß alle

---

[1]) Frankfurter Zeitung 26. Juni 1920 Nr. 464.

Arbeiter und Angestellte von ihren Bezügen die Rücklagen, aus denen sie die hohen Einkommensteuerbeträge leisten könnten, von selbst schaffen. Mit dem Steuereingang aus den unteren Einkommenstufen hatte die Steuerverwaltung ja im allgemeinen keine sehr guten Erfahrungen gemacht. Die Steuerbeträge mußten bekanntlich unter vielen Ermahnungen, Zwangseintreibungen und Pfändung eingeholt werden und dazu kamen die vielen Ausfälle. Diese Erscheinungen werden nicht mit dem Tage des Inkrafttretens der neuen Einkommensteuer verschwunden sein. Es stand im Gegenteil zu erwarten, daß diese Übung sich im vergrößerten Maßstabe erhalten und erweitern würde. Mit der partiellen Erhebung der Einkommensteuer an der Quelle konnte daher die Erwartung gehegt werden, daß die Steuerzahlung gerade dieser Steuerpflichtigen gewährleistet wurde.

Den Anstürmen der Öffentlichkeit, die stellenweise sogar zu Streiks und zwangsweisen Schließungen der Betriebe führten, kam die Reichsregierung durch eine Milderung des einfachen 10%-Lohnabzugsverfahrens entgegen. Durch das Gesetz vom 21. Juli 1920[1]) wurde der § 45 des Einkommensteuergesetzes ergänzt. In einem § 45a wurde vorgesehen, daß bei den ständig beschäftigten Arbeitnehmern, deren Erwerbstätigkeit durch das Dienstverhältnis vollständig oder hauptsächlich in Anspruch genommen wird, der Abzug von 10% zu unterbleiben hat, sobald der auszuzahlende Arbeitslohn:

a) im Falle der Berechnung des Arbeitslohns nach Tagen für 5 ℳ täglich,
b) im Falle der Berechnung des Arbeitslohns nach Wochen für 30 ℳ wöchentlich,
c) im Falle der Berechnung des Arbeitslohns nach Monaten für 125 ℳ monatlich

nicht übersteigt.

Damit sind die kleinen Arbeitseinkommen, die das steuerfreie Existenzminimum von 1500 ℳ nicht überschreiten, vom 10%igen Abzug frei. Die Erleichterung erstreckt sich auch auf das Ehegatten- und Kinderprivileg, indem für jede zur Haushaltung des Arbeitnehmers zählende Person im Sinne des § 20 Abs. 2 des Einkommensteuergesetzes der abzugsfreie Betrag sich erhöht

in dem Falle des Abs. 1a um	1,50 ℳ
in dem Falle des Abs. 1b um	10,— „
in dem Falle des Abs. 1c um	40,— „

das macht aufs Jahr für eine Person umgerechnet 500 ℳ.

---

[1]) RGBl. S. 1463.

Ob und inwieweit die neuen Vorschriften im einzelnen Falle anzuwenden sind, ist von dem Arbeitgeber festzustellen. Auf Antrag des Arbeitnehmers ist in Betrieben, in denen ein Betriebsrat besteht, der Betriebsausschuß oder der Betriebsobmann gutachtlich zu hören. Auf Anrufen eines Beteiligten entscheidet das Finanzamt endgültig.

Das ergänzende Gesetz vom 21. Juli schafft des weiteren in einem § 45b für Arbeitnehmer, die nicht unter § 45a fallen, Erleichterungen. Sie können bei dem Finanzamt die Ausstellung einer Bescheinigung über den Hundertsatz des Arbeitslohns verlangen, der von jedem Arbeitgeber bei der Lohnzahlung in Abzug zu bringen ist. Das Finanzamt hat den Hundertsatz nach dem mutmaßlichen Jahresbetrage des Einkommens zu ermitteln.

Schließlich ist der feste 10%ige Satz durch einen Tarif ersetzt (§ 45c). Sobald der Arbeitslohn auf das Jahr umgerechnet den Betrag von 15000 ℳ übersteigt, so gilt für den einzubehaltenden Betrag nachstehender Tarif:

von 15000 bis 30000 ℳ	15 vom Hundert
von mehr als 30000 bis 50000 ℳ	20 „ „
„ „ „ 50000 „ 100000 „	25 „ „
„ „ „ 100000 „ 150000 „	30 „ „
„ „ „ 150000 „ 200000 „	35 „ „
„ „ „ 200000 „ 300000 „	40 „ „
„ „ „ 300000 „ 500000 „	45 „ „
„ „ „ 500000 „ 1000000 „	50 „ „
„ „ „ 1000000 ℳ	55 „ „

Das Gesetz trat am 1. August 1920 in Kraft.

Der Abzug vom Arbeitseinkommen bringt in das deutsche Steuererhebungssystem eine Neuerung. Bis zur Reichseinkommensteuer erhoben die Einzelstaaten in Deutschland gegenüber dem englischen System die Einkommensteuer nicht an der Quelle, beim Auszahlenden, sondern ausschließlich beim Einkommenbezieher. Beide Methoden der Steuererhebung wurden in zahlreichen und eingehenden Untersuchungen auf ihren Wert geprüft. Sie fanden je nach der wissenschaftlichen Auffassung oder politischen Überlegung eine ablehnende oder zustimmende Beurteilung. In einer jüngsten wissenschaftlichen Untersuchung dieser Frage kommt Dietzel[1]) zu dem Ergebnis, daß die Anwendung des englischen Prinzips bei

[1]) Heinrich Dietzel, Englische und preußische Steuerveranlagung. Schriften des Vereins für Sozialpolitik 157. Band. Neue Beiträge zur Neuordnung der deutschen Finanzwirtschaft 2. Teil.

der Einkommensteuer, die Erfassung an der Quelle — die sog. indirekte Methode —, die Erträge nicht nur reichlicher fließen würden, sondern auch die Steuerlast gleichmäßiger und gerechter verteilt würde. Dietzel legt in dieser Arbeit die absolute Reformbedürftigkeit der alten preußischen Erhebungsmethode dar, die heute, da es gilt, das Schwergewicht des Steuerbedarfs durch direkte Steuern tragen zu lassen, in ihrer alten Verfassung diese Aufgabe nicht mehr erfüllen dürfte. Und alle innere Gerechtigkeit in den Steuergesetzen sei von problematischer Natur, solange nicht auch äußerlich ein technisch einwandfreies Veranlagungsverfahren den Steuerpflichtigen die Gewähr für die volle Gleichmäßigkeit auch der Steuererhebung biete. Dieser Gedanke von Dietzel gilt natürlich in einem verstärkten Maße heute, wo die Steuermoral durch Krieg und Revolution am Boden liegt. Vor Steuerhinterziehungen schützen tüchtige Steuerbeamte, weitgehende Kontroll- und Überwachungsvorschriften der Reichsabgabenordnung sowie ihre strengen Steuerstrafen nur in einem begrenzten Ausmaß. Dietzel belegt den von ihm aufgestellten Satz auch rechnungsmäßig für die Besteuerung des Einkommens aus Kapitalvermögen im letzten Friedensjahr; dort sei das Steuererträgnis um reichlich ein Drittel hinter dem Aufkommen, das bei wahrheitsgemäßer Deklaration hätte erzielt werden müssen, zurückgeblieben.

Die Frage Quellenprinzip oder preußisches Veranlagungssystem ist im Zusammenhang mit den Steuerermäßigungsgründen Existenzminimum, Kinderprivileg usw. zu betrachten. Sie können beim Quellenprinzip ganz allgemein nicht berücksichtigt werden. Das Ergänzungssteuergesetz vom 21. Juli 1920 hat aber auch hier schon den Weg gewiesen, auf welche Weise die Ermäßigungsgründe in gewissen Grenzen sich wohl berücksichtigen lassen. Dietzel wies in seiner Arbeit darauf hin, daß das englische Veranlagungsverfahren die Steuerbefreiung und Steuerermäßigung auf den Weg der Restitution verweise, wo die Ermäßigungsgründe ihre Berücksichtigung fänden, wenn auch nach einem umständlichen und zeitraubenden Verfahren. Einen ähnlichen Weg sucht im Prinzip die Reichseinkommensteuer mit § 48 Abs. 2 und den Ausführungsbestimmungen zu gehen.

Die ergänzenden Bestimmungen über den Lohnabzug vom 21. Juli 1920 bringen auch nur eine teilweise Lösung des Quellenprinzips, die aber gegenüber dem glatten Abzugsverfahren ohne Zweifel einen Fortschritt bedeutet. Es unterliegt auch keinem Zweifel, daß der Gedanke des Lohnabzuges in der Einkommenbesteuerung ein Verfahren darstellt, über dessen Auswirkungen die wissenschaftliche Forschung später ein weites Untersuchungsfeld finden wird. Die bisherigen Vorgänge bieten hierfür noch zu wenig Anhaltspunkte. Auch die weitere technische Ausgestaltung dieses Verfahrens bleibt den künftigen Ausarbeitungen, die Änderungen im Einkommensteuergesetz bringen können, vorbehalten. Wenn überhaupt eine Entwicklungsrichtung schon jetzt gezeichnet werden kann, so müßte sie dahin gehen, daß jede neue Regelung versuchen sollte, bei der Quellenerhebung das Höchstmaß der Veranlagung aufzunehmen. Sie wird aber immer nur die objektiven die allgemeingültigen Merkmale berücksichtigen können, wie das Existenzminimum, Ehegatten- und Kinderprivileg, Abzüge für gesetzliche Beitragsleistungen usw. Dagegen wird die direkte Verbindung zwischen dem Steuerpflichtigen und seiner Steuerbehörde dort bestehenbleiben müssen, wo es sich um Freistellungen, namentlich gemäß § 26 des Einkommensteuergesetzes, handelt. Desgleichen dürften das Finanzamt und der Steuerpflichtige in Berührung dann kommen, sobald beim letzteren Merkmale erhöhter steuerlicher Leistungsfähigkeit auftreten, die sich nicht in einer einfachen Steigerung des reinen Arbeitseinkommens äußern.

Im Hinblick auf die verschiedenartige steuerpolitische Behandlung der Einkommenträger, einmal die Anwendung des Deklarationsprinzips bei den freien Berufen, den Gewerbetreibenden und Landwirten und dann das Abzugs- bzw. Veranlagungsverfahren an der Quelle, bei den Trägern von Arbeitseinkommen — wird eine Tatsache von hoher steuerpsychologischer Bedeutung sein, nämlich die Gewißheit bei den vom Quellenprinzip Betroffenen, daß sie nicht schlechter als die anderen behandelt werden. Die Belastung aller Pflichtigen nach der Leistungsfähigkeit bildet die Voraussetzung für die Durchführung der Einkommensteuer. Und wohl an keiner Stelle der Einkommensteuer tritt die Notwendigkeit, auf die Steuerpsychologie zu achten, schärfer hervor als gerade beim Quellenprinzip. Denn die Empfindung, daß der Nachbar als freier Berufstätiger oder Landwirt auf Grund der Deklaration etwa weniger Steuern zahlen könnte als der Lohnempfänger, dessen Gesamteinkommen dem Steuerfiskus zu 100 % offenliegt, müßte Erscheinungen zeitigen, die die ganze Einkommensteuer gefährden oder zum mindesten den finanziellen Erfolg in Frage stellen könnten. Eine verschiedenartige Belastung würde vor allem wegen der verhältnismäßig hohen Steuersätze der Einkommensteuer zu Här en und Ungerechtigkeiten führen. Der Steuerzahler nun, der gemäß seinem vollen, wirklichen Einkommen erfaßt wird, der andere aber nicht, ist im wirtschaftlichen Leben weniger konkurrenzfähig, in seinem persönlichen Verbrauch beschränkter als dieser. Es bedarf auch keiner längerer Begründung, daß das Reich ein fiskalisches Interesse daran hat die Veranlagung möglichst genau der Wirklichkeit anzupassen, nicht nur wegen des Prinzips der gleichen und gerechten Behandlung aller Steuerpflichtigen vor dem Gesetz, sondern vor allem auch wegen des Ertrages.

Das Einkommensteuergesetz trat mit dem Tage seiner Verkündigung, dem 29. März 1920, in Kraft. Es veranlagt gemäß § 52 nach seinen Grundsätzen das Einkommen, das der Steuerpflichtige im Kalenderjahr 1920 bezogen hat. Damit wirkt die Einkommensteuer erstmalig für das Rechnungsjahr 1920. Es war jedoch nicht angängig, die erste regelrechte Veranlagung nach den Vorschriften des Einkommensteuergesetzes bereits im Laufe des Jahres 1920 vorzunehmen. Eine Reihe von Schwierigkeiten, wie insbesondere die Einrichtung der Finanzämter sowie die umfassenden technischen Vorarbeiten fehlten noch. Das Gesetz sah daher eine vorläufige Regelung vor: in Ergänzung der gesetzlichen Bestimmungen des § 58 Abs. 2 gibt ein zweites Gesetz vom 31. März 1920, das zur Durchführung der Einkommensteuer erlassen wurde, zum § 58 einen neuen Absatz. In ihm wird der Reichsminister der Finanzen ermächtigt, anzuordnen, daß bis zum Empfang des vorläufigen Steuerbescheides für das Rechnungsjahr 1920 die Einkommensteuer weiterzuzahlen ist, die nach der letzten landesrechtlichen Veranlagung zugunsten der Länder und Gemeinden zu entrichten war oder zu entrichten wäre. Nach den näheren Bestimmungen einer Verordnung vom 20. April 1920 über die vorläufige Erhebung der Einkommensteuer wurde daher unterschieden zwischen

1. der endgültigen Erhebung nach den Vorschriften der §§ 19 bis 21 des Gesetzes vom 29. März 1920 und
2. der vorläufigen Erhebung.

Die Frage, welche Wirkungen die neue Einkommensteuer auf die Wirtschaft und die Lebenshaltung der Privaten ausüben wird, muß wie bei all den anderen großen Abgaben den kommenden Erfahrungen überlassen werden. In der Einkommensteuer sah ein Teil der wissenschaftlichen Kritik das vorzügliche Mittel zur Bekämpfung der Inflationserscheinungen, unter denen das Wirtschaftsleben so stark leidet. Inwieweit die Einkommensteuer auch diese Aufgabe mit lösen kann, wird ihre Anwendung zu zeigen haben.

Die Novelle zum Einkommensteuergesetz vom Dezember 1920.

Noch bevor die Veranlagungsarbeiten auf der Grundlage des Einkommensteuergesetzes vom 29. März 1920 in Angriff genommen wurden, hat die Reichsregierung sich entschlossen, eine Novelle zur Änderung des alten Gesetzes im Dezember vorzulegen. An sich sind Änderungen von Gesetzen keine erfreuliche Erscheinung, und es ist bereits bei der Novelle zum Notopfer auf die möglichen zwingenden Gründe derartiger Änderungen hingewiesen.[1]) Neben der Entwicklung der Verhältnisse, die ja seit der Verabschiedung der Steuergesetze bis zum Ende des Jahres eine erhebliche Umgestaltung erfahren haben, kommt noch hinzu, daß sie zum Teil die natürlichen Schäden einer allzu raschen parlamentarischen Beratung aufnehmen mußten. Das gilt auch für die Einkommensteuer. Der Entschluß, schon vor den ersten Veranlagungsarbeiten die bestehenden gesetzlichen Vorschriften zu ändern, war durch die doppelte Besteuerung des Einkommens aus dem Kalenderjahr 1920 bedingt. Sie konnte, wie die Begründung hervorhebt, auf dem Verwaltungswege nicht beseitigt werden. Die Beseitigung der Härten, die sich aus dieser doppelten Besteuerung ergaben, war nur durch eine Änderung des Gesetzes zu erreichen. Es mußte das im Einkommensteuergesetz vorgesehene Veranlagungsverfahren selbst dahin geändert werden, daß das Einkommen eines Kalenderjahres in jedem Falle nur einmal, und zwar möglichst in dem Kalenderjahr versteuert wird, in dem es erzielt wurde.

Nach dem geltenden Gesetz erfolgt die Veranlagung grundsätzlich nach dem tatsächlichen Einkommen des vorangegangenen Jahres. Es ist also beispielsweise für das Jahr 1922 das im Jahre 1921 bezogene Einkommen maßgebend. Nur für das Jahr 1920 sollte von diesem grundsätzlichen Veranlagungsprinzip abgegangen werden. Nach § 58 des Einkommensteuergesetzes hatte die erstmalige Veranlagung für das Rechnungsjahr 1920 (1. April 1920 bis 31. März 1921) nach dem Einkommen des Kalenderjahres 1920 zu erfolgen, d. h. also nach dem Jahr, das auch für die Veranlagung des Rechnungsjahres 1921 maßgebend ist. Das Einkommensteuergesetz suchte die sich aus dieser doppelten Besteuerung des Jahres 1920 ergebenden Härten durch die Vorschriften des § 59 zu mildern, wonach bei der zweiten Besteuerung des Jahres 1920 für das Rechnungsjahr 1921 außerordentliche Einnahmen dieses Jahres

[1]) Siehe S. 123.

außer Ansatz bleiben sollten. Diese Regelung ist als unvollkommen zu bezeichnen, obwohl die Härteparagraphen des Einkommensteuergesetzes hier einen gewissen Schutz vor einer ungebührlichen Belastung bieten können. Die Reichsfinanzverwaltung hat sich daher zu einer grundsätzlichen Änderung des ganzen Veranlagungsverfahrens entschlossen.

Nach der vorliegenden Novelle[1]) soll die künftige Regelung so erfolgen, daß die Besteuerung des Einkommens nicht mehr nach dem Einkommen erfolgt, das dem Rechnungsjahr vorangegangen ist, sondern das mit dem Kalenderjahr zusammenfällt. Es ist also praktisch für das Rechnungsjahr 1921 nicht das Kalenderjahr 1920 maßgebend, sondern das Kalenderjahr 1921. Im Rechnungsjahr 1921, das vom 1. April 1921 bis 31. März 1922 läuft, soll demnach das Einkommen versteuert werden, das der Pflichtige in der Zeit vom 1. Januar bis 31. Dezember 1921 erzielte. Dadurch wird die endgültige Entrichtung der Steuer in die Nähe des Zeitpunktes gebracht, in dem das Einkommen bezogen wurde. Rein theoretisch gesehen könnte also die Steuer für das am 31. Dezember 1920 abgelaufene Kalenderjahr bereits im Januar 1921 zur Entrichtung gelangen. Allerdings wird die Praxis dieses theoretische Ideal nicht verwirklichen können. Einmal sind die Finanzämter bei der bestehenden Belastung nicht in der Lage, mit der hierfür notwendigen Schnelligkeit zu arbeiten; hierzu kommt, daß die Gewerbetreibenden vielfach erst im Laufe des neuen Jahres die Geschäftsabschlüsse für das vergangene Jahr anfertigen. Dann besteht auch die Möglichkeit, daß bei Verschlechterung der Einkommensverhältnisse die Steuerschuld nicht bezahlt werden kann. Das sind Nachteile, die mit der Veranlagung am Schlusse des Rechnungsjahres verbunden sind. Ihnen soll dadurch begegnet werden, daß die Steuer des laufenden Jahres einstweilen in der Höhe des im Vorjahre gezahlten Steuerbetrages als vorläufige Steuer entrichtet werden muß. Auf diese Weise würde in der Steuerzahlung keine Unterbrechung eintreten. Nach Ablauf des Rechnungsjahres hätte dann die Berichtigung zu erfolgen, wobei natürlich, wie es im Grundgesetz vorgesehen ist, die zuwenig gezahlten Beträge nacherhoben und die zuviel gezahlten zurückerstattet werden sollen. Für die Vorerhebung in der Einkommensteuer sieht die Novelle die einvierteljährliche Abschlagszahlung vor. Es sind auch besondere Bestimmungen vorgesehen, durch die die Abschlagszahlungen dem

[1]) Siehe Reichstags-Druckſ. Nr. 1205.

wahrscheinlichen Betrage des für das laufende Jahr steuerbaren Einkommens angepaßt sein werden.

Es ist sodann aus der Novelle noch hervorzuheben, daß gemäß Art. 2 das steuerfreie Existenzminimum sich für die Rechnungsjahre 1920 und 1921 für die Angehörigen des Steuerpflichtigen erhöhen soll, und zwar von 500 ℳ für Frau oder Kind auf 1000 ℳ (siehe § 20 Abs. 2, 3, 6 des alten Gesetzes). Damit im Zusammenhang wird für das Rechnungsjahr 1921 auch der abzugsfreie Betrag für jede zur Haushaltung des Arbeitnehmers zählende Person (im Sinne des § 20 Abs. 2 des Einkommensteuergesetzes) erhöht, und zwar im Falle der Berechnung des Arbeitslohnes nach Tagen um 3,50 ℳ täglich bzw. 20 ℳ wöchentlich bzw. 85 ℳ monatlich. Inwieweit diese Erhöhung einen angemessenen Ausgleich gegenüber der inzwischen eingetretenen Teuerung darstellt oder nicht, soll hier nicht beurteilt werden. Des weiteren enthält die Novelle in sozialpolitischer Hinsicht auch noch eine Erleichterung für die Kleinrentner. Während bisher die Kapitalertragssteuer gemäß § 44 bei Einkommen bis 7500 ℳ zu 75 % angerechnet wurde, soll sie jetzt zu 100 %, also voll, angerechnet werden. Von den übrigen Änderungen, die in der Novelle vorgesehen sind, seien noch angeführt: die Aufhebung der Steuerfreiheit für die Beiträge an gemeinnützige, kulturfördernde, mildtätige und politische Vereinigungen (§ 13 Nr. 7 des Einkommensteuergesetzes); die Erhöhung der steuerfreien Grenze bei Verstümmelungszulagen, Pflegezulagen und Schwerbeschädigtenzulagen gemäß § 11 Abs. 6 des Einkommensteuergesetzes von 2000 ℳ auf 5000 ℳ.

Über die vorgeschlagene neue Regelung des Veranlagungsverfahrens soll ein Urteil zurückgestellt werden. Es wird den Beratungen im Reichstag vorbehalten bleiben, ob die in der Novelle vorgeschlagene Regelung eine Verbesserung gegenüber dem alten Zustand darstellt, ob durch sie allen Möglichkeiten Rechnung getragen ist und die Härten, die vermieden werden sollten, auch tatsächlich beseitigt sind und nicht neue als ungerecht empfundene Schwierigkeiten hervorgerufen werden.

II. Das Kapitalertragssteuergesetz.

(Gesetz vom 29. März 1920.)

Auf die Dauer kann einem Staat nur der erarbeitete und zur freien Verfügung stehende Überschuß des wirtschaftlichen Erfolges als laufende Einnahmequelle dienen. In einem jeden Abgabensystem ist daher nach dem Urteil der Wissenschaft und nach den Erfahrungen der Wirklichkeit die Einkommensteuer der tragende Pfeiler, der Schwerpunkt aller steuerlichen Möglichkeiten überhaupt. Die Einkommensteuer vom 29. März 1920 erschöpft jedoch nicht alle Möglichkeiten der Besteuerung des Einkommens. Sie erfaßt nur die Einkommenträger, die natürliche Personen sind. Neben ihnen gelten als Einkommenträger aber auch die nichtphysischen Personen. Daher werden diese Einkommen ergänzend durch eine der allgemeinen Einkommensteuer verwandte zweite Steuer, die Körperschaftssteuer, erfaßt.[1]) Aber auch die Besteuerung der natürlichen Personen als Einkommenträger ist noch nicht erschöpft. Zu der allgemeinen Einkommensteuer tritt eine Abgabe, die eine zusätzliche Belastung des fundierten Einkommens bringt. Sie wird durch die Kapitalertragssteuer vollzogen. Einkommen- und Kapitalertragssteuer, die also beide die natürlichen Personen als Steuersubjekt haben, stehen in einer inneren Beziehung zueinander: sie unterwerfen das Einkommen einer differenzierten Belastung. Die Einkommensteuer erfaßt das Gesamteinkommen nach den geltenden Ansichten von der Leistungsfähigkeit, die Kapitalertragssteuer dagegen soll das reine Renteneinkommen durch einen Zuschlag vorbelasten. Als Begründung für diese Sonderbehandlung gelten soziale Erwägungen, die einen Ausgleich in der Behandlung von Arbeits- und Renteneinkommen fordern.

In der geltenden Steuertheorie wird die Sonderbelastung des Einkommens aus Besitz gutgeheißen. Sie erstreckt sich auf die Erträge aus dem Kapitalvermögen, dem Grund- und Betriebsvermögen. Die steuerpolitische Arbeit der Vorbelastung auf die Erträgnisse aus diesen Quellen leisten die Kapitalertragssteuer, die Grund-, Gebäude- und Gewerbesteuer. Während die drei Ertragssteuern, Grund-, Gebäude- und Gewerbesteuern, nach den Bestimmungen der später noch darzustellenden Landessteuer den Ländern und Gemeinden überlassen bleiben, hat das Reich jetzt die vierte Ertragssteuer, die Besteuerung der Kapitalerträge, in eigene Hand genommen. Dies gebot der Aufbau des neuen Abgabensystems auf das Einkommen und Vermögen, das seinen Schwerpunkt in der Einkommensteuer sieht. In diesem System ist die Kapitalertragssteuer ein notwendiges Glied. Auch in der alten steuerlichen Verfassung, wie sie die Einzelstaaten aufzuweisen hatten, war die unterschiedliche Behandlung des fundierten und un-

[1]) Siehe Seite 207 der Ausführungen.

fundierten Einkommens anzutreffen. Das Reich mußte also aus diesen beiden Gründen an einer Kapitalertragssteuer festhalten. Aber die alte Behandlung des Arbeits- und Renteneinkommens war recht uneinheitlich. Preußen beispielsweise erfaßte das aus Kapitalvermögen fließende Einkommen nur mit einer Nebensteuer, der Ergänzungssteuer; andere Länder dagegen belegten den Kapitalertrag mit einer selbständigen Ertragssteuer, der Kapitalrentensteuer. Es waren dies Bayern, Württemberg, Sachsen-Altenburg und Anhalt.

Als nun das Reich die Einkommensteuer übernahm, war auch die weitere Folgerung zu ziehen und die sporadisch verteilte einzelstaatliche Kapitalrentenbesteuerung in eine geschlossene und einheitliche Reichsbesteuerung umzugestalten. Hierfür sprachen zudem zwingende Gründe. Einmal waren die bestehenden Kapitalertragssteuern nicht restlos ausgeschöpft; die Belastung bewegte sich im Durchschnitt bis zu höchstens 2%. Ein höherer Steuersatz galt jedoch unter den damals obwaltenden Verhältnissen als unmöglich, weil die Kapitalien aus den steuererhebenden Landesteilen in steuerfreie Gebiete des Reichs abgeströmt wären. Bei einer Kapitalertragssteuer aber, deren Geltungsbereich sich über das ganze Reich erstreckt, konnte diese Befürchtung hinfällig werden. Dann konnte auch der fiskalische Gedanke, der eine stärkere Erfassung des Renteneinkommens wünschenswert erscheinen ließ, verwirklicht werden.

Die Kapitalertragssteuer war noch aus einem weiteren bedeutsamen Grunde als Reichssteuer auszugestalten: ihre Erhebung durfte nicht auf das Deklarationsprinzip gestellt werden, sondern sie mußte an der Quelle erhoben werden. Für die Anwendung des vollkommenen Quellenprinzips schienen zwei Tatsachen bestimmend. Ein einfach gestalteter Abzug der Steuer vom Zins, von der Rente u. a. ließ erstens die Erhebung beim Schuldner zu, so daß die Steuerbehörden erheblich entlastet wurden. Die Anwendung der Deklaration hätte im Hinblick auf die zahlreichen anderen zu veranlagenden Steuern die Behörden in einer möglicherweise unerträglichen Weise belastet. Hierzu kamen zweitens die Erfahrung und das wissenschaftliche Urteil, daß bei keiner Steuer die Möglichkeiten der Hinterziehung so leicht liegen wie bei der Kapitalertragssteuer. Auch die neuen und weitgehenden Vorschriften der Reichsabgabenordnung, insbesondere die vorgeschriebene Auskunftspflicht der Banken, Sparkassen usw. würden hier keinen hinreichenden Schutz bringen. Wollte also die Kapitalertragssteuer auf den Deklarationsweg verwiesen werden, so würden Steuerschiebungen und Bilanzverschleierungen sich bis zur Unerträglichkeit steigern.

Daher war es notwendig, die Steuern an der Quelle beim Auszahlenden zu erheben, ohne dabei auf die individuelle Leistungsfähigkeit des Betroffenen irgendwelche Rücksicht zu nehmen. Ein solcher Zugriff steht gewiß mit den Grundsätzen einer modernen Steuergesetzgebung in einem krassen Widerspruch. Dennoch mußte aus den oben dargelegten Gründen diese Erhebungsform ohne Rücksicht auf die Grundsätze der steuerlichen Gerechtigkeit eingeführt werden. Sie fanden überdies dennoch ihre gehörige Berücksichtigung in Verbindung mit der allgemeinen Einkommensteuer, wie noch darzulegen ist.

Ein erster Entwurf zur Kapitalertragssteuer fand in der öffentlichen Kritik heftige Gegnerschaft.[1]) Er wurde zurückgezogen und später in zeitlicher Verbindung mit dem Einkommensteuergesetz durch einen zweiten Entwurf ersetzt, der am 29. November 1919 vorgelegt wurde.[2]) Am 29. März 1920 wurde das Gesetz verkündet.[3])

Die Grundlage der Kapitalertragssteuer bildet der Ertrag aus Kapitalvermögen. Im § 2 zerlegt das Gesetz die steuerbaren Kapitalerträge mit Rücksicht auf die Erhebungsart in zwei Gruppen nämlich:

1. in inländische Kapitalanlagen,
2. in ausländische Kapitalanlagen.

Alle inländischen Kapitalanlagen werden mit Ausnahme der Erträgnisse aus der Diskontierung von Wechseln stets an der Quelle versteuert. Der Schuldner hat also von der an seinen Gläubiger abzuführenden Rente 10% einzubehalten. Dagegen werden die ausländischen Kapitalanlagen stets auf Grund einer Deklaration versteuert. Hier mußte auf die Deklaration zurückgegriffen werden, da ein zum Abzug verpflichteter inländischer Schuldner fehlt; die Quelle liegt ja außerhalb des gesetzlichen Geltungsbereichs.

Nach § 2 zählen zu den inländischen Kapitalerträgnissen:

1. Dividenden, Zinsen und sonstige Gewinnanteile, die auf Aktien usw. entfallen;
2. Zinsen aus Anleihen von öffentlichen und privaten Schuldverschreibungen, aus Eisenbahn- und Industrieobligationen, Pfandbriefen;
3. Zinsen, die bei Lebens-, Kapital- und Rentenversicherungsunternehmen auf die Prämienreserve entfallen;

---

[1]) Der Entwurf einer Kapitalertragssteuer wurde dem Staatenausschuß am 18. März 1919 vorgelegt.

[2]) Siehe Drucks. Nat.-Vers. Nr. 1625.

[3]) Siehe RGBl. Nr. 54 S. 345 ff.

4. Zinsen von Forderungen, die auf Grund einer Vereinbarung entrichtet werden (Darlehen, Kautionen, Einlagen bei Sparkassen, Bankguthaben);
5. Zinsen von Grundschulden, Hypotheken und Rentenschulden;
6. vererbliche Rentenbezüge;
7. Diskontbeträge von Wechseln (einschließlich Schatzwechsel).

Auch die Erträge aus ausländischen Kapitalanlagen, die den gleichen oben aufgeführten Quellen entstammen, sind steuerpflichtig.

Der Steuer unterliegen alle diese Kapitalerträgnisse. Das Gesetz macht lediglich bei den Zinsen von Forderungen einen Vorbehalt, soweit es sich um gesetzliche Zinsen handelt. Diese Zinsforderungen brauchen nicht immer aus Schuldvereinbarungen zu stammen, sie können auch aus einem Handelsgeschäft herrühren, also Warenschulden sein. Es würde nun eine ungerechtfertigte Belastung des Geschäftsverkehrs bedeuten, sollte die gegen Zins kreditierte Warenschuld zur Steuer herangezogen werden. Daher sieht das Gesetz für diesen Fall im § 2 Abs. 4 vor, daß die Steuerpflicht erst dann einsetzt, wenn die Fälligkeit der Forderung länger als sechs Monate bzw. zwei Jahre zurückliegt (zwei Jahre in den Fällen, in denen es sich um Ansprüche der in den §§ 196 und 197 des Bürgerlichen Gesetzbuchs bezeichneten Art handelt, also kurz gesagt um Geschäfte des täglichen Lebens und wiederkehrende Leistungen, die nach dem Bürgerlichen Gesetzbuch eine kurze Verjährungsfrist haben). Erst nach Ablauf dieses Zeitpunktes nimmt der Gesetzgeber an, daß sich die gewerbliche Forderung in eine Kapitalforderung umgewandelt hat, die dann steuerpflichtig wird. Die Unterscheidung, ob es sich um einen Geschäftskredit oder um eine Kapitalanlage handelt, ist durch den gesetzlich festgelegten Fristablauf von dem Pflichtigen und der Steuerbehörde objektiv und leicht festzustellen. Damit ist also die zinspflichtige Kreditierung des normalen Handelsverkehrs steuerfrei gestellt.

Für die umfassende Steuerpflicht aller Kapitalerträge war nach der amtlichen Begründung der Gedanke maßgebend, daß bei Freistellungen die Steuer sehr leicht umgangen werden könnte. Aber die wirtschaftlichen und sozialen Verhältnisse geboten dennoch, diesen Grundsatz zu durchbrechen und für bestimmte Kapitalerträgnisse die Steuerfreiheit auszusprechen. Der § 3 stellt diese Steuerbefreiungen des näheren fest. Im § 3 Abs. 1 werden die Kapitalerträge freigestellt, die den öffentlichen Sparkassen und den Trägern der reichsgesetzlichen Kranken-, Unfall-, Invaliden-, Hinterbliebenen- und Angestelltenversicherungen, soweit sie unter staatlicher oder öffentlicher Verwaltung stehen, zufließen. An zweiter Stelle sind die Kapitalerträge steuerfrei, die den Universitäten, Hochschulen zufließen, sowie den gemeinnützigen und mildtätigen Stiftungen und Anstalten, den öffentlich-rechtlichen Berufsvertretungen und den Berufsverbänden ohne öffentlich-rechtlichen Charakter. Auch die Geldinstitute und Vermittlungsanstalten, also die Banken, Bankiers, unter Staatsaufsicht stehende Hypothekenbanken und Schiffspfandbriefbanken, öffentlich-rechtliche Kreditanstalten und Kreditgenossenschaften genießen die Steuerfreiheit, soweit es sich um steuerbare Kapitalerträge gemäß § 2 Nr. I 4, 5 und 7 handelt (Zinsen von Forderungen, Zinsen von Grundschulden, Diskontbeträge von Wechseln). Die Befreiung liegt bei diesen Anstalten in der Art ihres Geschäftsbetriebes begründet. Sie gelten vor dem Gesetz lediglich als Vermittlungsinstitute, die sich mit der Aufnahme von Geldern und ihrer Ausleihung gegen Zins befassen. Der eigene Vorteil besteht also lediglich in der Zinsdifferenz. Des weiteren sind die Kapitalerträge aus Anteilen an Genossenschaften, bei denen das Geschäftsguthaben der einzelnen Genossen satzungsgemäß 5000 ℳ nicht übersteigt, steuerfrei gestellt; desgleichen die Kapitalerträge, die auf die Anteile an Gesellschaften m. b. H. mit einem Stammkapital unter 300000 ℳ entfallen, schließlich auch die Kapitalerträge, die dem Reich, den Ländern und Gemeinden, den Kirchen und den religiösen Gemeinschaften zukommen. Nach Art. 7 des § 3 sind sodann die Kapitalerträge aus Wertpapieren oder Schuldbuchforderungen, die als Deckung für ausgegebene Pfandbriefe, Kommunal- und Kleinbahnobligationen dienen, freigestellt. Weiterhin seien noch aufgeführt die Steuerfreiheit für Zinsen und Dividenden, wenn Gläubiger und Schuldner eine Person sind, und die Befreiung der Kriegsanleihezinsen von der Steuer, soweit ihnen Darlehnszinsen gegenüberstehen und die Darlehen nachweislich zur Zeichnung von Kriegsanleihen oder zur Aufrechterhaltung des Besitzes aufgenommen wurden; jedoch mit einer Einschränkung: in diesem Falle beschränkt sich die auf den Gesamtbetrag der Kriegsanleihezinsen errechnete Steuer auf den Betrag, um den die Kriegsanleihezinsen die Darlehnszinsen übersteigen (§ 3 Abs. 9). Schließlich sind die Kapitalerträge, die einer Aktiengesellschaft usw. aus der Beteiligung an einem anderen derartigen Unternehmen zufließen, und deren Beteiligung mindestens ein Fünftel der gesamten Aktien usw. umfaßt, steuerfrei.

Die Steuerpflicht der Kapitalerträge ist nach der Lage der Steuerquellen bestimmt. Die im § 2 unter I Abs. 1 Nr. 1—3 aufgeführten Erträge (Dividenden, Anleihezinsen, Prämienreserven) sind steuerpflichtig, sofern der Ort der Leitung oder der Wohnsitz des Schuldners im Inland liegen. Es kommt hier auf die persönlichen Verhältnisse des Gläubigers nicht an. Bei den Dividenden, Zinsen von Anleihen und Prämienreserven ist also die Quelle entweder die Gesellschaft oder das belastete Grundstück, und die Steuerpflicht ist in jedem Fall dann gegeben, sobald diese Quelle im Inland liegt. Zinsen aus Forderungen, für die eine Hypothek auf einem inländischen Grundstück bestellt ist, sind kapitalertragssteuerpflichtig, auch wenn z. B. der Gläubiger ein im Ausland wohnender Ausländer ist. Dagegen sind die im § 2 I Abs. 4 und 6 aufgeführten Erträge nur dann steuerpflichtig, wenn der Gläubiger einkommen- oder körperschaftssteuerpflichtig ist (§ 4 Abs. 4), d. h. Deutscher ist oder als Nichtdeutscher in Deutschland einen Wohnsitz hat, des Erwerbes wegen oder länger als sechs Monate in Deutschland seinen Wohnsitz hat und schließlich bei juristischen Personen, deren Ort der Leitung im Inland liegt. Im Gegensatz hierzu sind Erträge aus den ausländischen Kapitalanlagen nur unter der allgemeinen Voraussetzung steuerpflichtig, daß der Berechtigte der inländischen Steuerhoheit unterliegt. Bei ihnen fehlt die inländische Quelle, die zum Abzug verpflichtet werden könnte, nämlich der Schuldner. Aus diesem Grunde muß hier die inländische Steuerhoheit zur Voraussetzung erhoben werden.

Der Steuer unterliegt der volle Kapitalertrag, so daß für die Erträgnisse aus den inneren Kapitalanlagen keinerlei Abzüge gestattet sind. In der finanzwissenschaftlichen Literatur wird allgemein die Auffassung vertreten, daß die Steuern nur vom Reinertrag zu erheben seien, daß also Schuldzinsen, Unterhaltungs-, Abnutzungskosten, Versicherungsbeiträge und andere den Reinertrag kürzende Ausgaben abgezogen werden müßten. Lotz beispielsweise vertritt hinsichtlich der Kapitalrentensteuer die Ansicht, daß die Abzüge für die Kosten der Erhebung, Sicherung und Erhaltung der Roheinkünfte gestattet werden sollten. Sie sind nach seiner Ansicht Kosten für die Vermögensverwaltung.[1]) Das Gesetz läßt jedoch keinerlei Abzüge zu. Vom Kapitalertrag dürfen weder die Schuldzinsen noch die Werbungskosten und letzten Endes auch die Kapitalertragssteuer selbst nicht abgezogen werden. Das ist durch die Anwendung des Quellenprinzips bedingt. Denn die Berücksichtigung dieser Kosten würde das Deklarationsprinzip zur Voraussetzung haben. Für die Erträgnisse aus den ausländischen Kapi-

[1]) Lotz, Finanzwissenschaft S. 371.

talanlagen können allerdings die auf ihnen ruhenden ausländischen Steuern abgezogen werden. Hier herrscht ja das Deklarationsprinzip vor, so daß diese Lasten abgesetzt werden können.

Nach § 6 beträgt der Steuersatz für alle Kapitalerträge einheitlich 10%. Dieser Satz kommt also zur Anwendung ohne Unterschied, ob es sich um Kapitalanlagen innerhalb oder außerhalb des Reichs handelt, ob die Kapitalerträge als Zins ausgezahlt oder zum Kapital geschlagen werden, ob sie regelmäßig wiederkehrende Erträge oder besondere Entgelte darstellen, in jedem Falle beträgt die Steuer 10% des Kapitalerträgnisses. Der einheitliche Steuersatz ist durch das Erhebungsverfahren an der Quelle bedingt.

Die Kapitalertragssteuer ist die einzige Steuer im neuen Steuersystem auf das Vermögen und Einkommen, die keine Staffelung und damit keine Berücksichtigung der wirtschaftlichen Leistungsfähigkeit kennt. Das ändert jedoch nichts daran, daß in der einheitlichen, unterschiedslosen 10%igen Besteuerung aller Gläubiger, auch der kleinsten Rentner, die ihre Renten vielfach kaum zur Deckung ihrer einfachsten Lebensbedürfnisse ausreichend sehen, eine große sozialpolitische Härte liegt. Sie mußte ihren Ausgleich finden und fand ihn in der Einkommensteuer. Nach § 44 des Einkommensteuergesetzes wird die Kapitalertragssteuer auf Antrag und nach Erfüllung bestimmter Voraussetzungen angerechnet: die Anrechnung erfolgt, sobald der Steuerpflichtige über 60 Jahre alt oder erwerbsunfähig oder vorübergehend behindert ist, seinen Lebensunterhalt durch eigenen Erwerb zu bestreiten. Die Anrechnung ist nach der Höhe des Einkommens gestaffelt und bis auf ein Höchsteinkommen von 12500 ℳ beschränkt. Sie erfolgt

bei einem Einkommen bis zu 7500 ℳ in Höhe von	75%[1])
„ „ „ „ „ 10000 „ „ „ „	50%
„ „ „ „ 12500 „ „ „ „	25%

Durch diese Anrechnung bei der Einkommensteuer wird in die „rohe“ Steuer eine gewisse Verfeinerung getragen. Sie darf bei den unteren Einkommenträgern als ausreichend betrachtet werden. Für den Fall, daß die Kapitalertragssteuer auf das Prinzip der Selbstdeklaration der Rentenbezieher gestellt wurde, hätte die Frage der Abstufung der Steuer nach der Leistungsfähigkeit sicherlich in einer besseren Weise berücksichtigt werden können. Dann war die Möglichkeit gegeben, ein steuerfreies Existenzminimum zu

[1]) Nach der Novelle zur Einkommensteuer 100%. (Siehe S. 196.)

schaffen, etwa auf Krankheit, Erwerbsunfähigkeit u. a. m. Rücksicht zu nehmen. Auch der Steuersatz hätte progressiv ausgestaltet werden können. Die Anwendung des Quellenprinzips jedoch ließ so nur jene dargelegte beschränkte Berücksichtigung zu. Indessen ist zu bemerken, daß die getroffene gesetzliche Bestimmung über die nachträgliche und begrenzte Wiedergutmachung dem Gerechtigkeitsempfinden sehr entgegenkommt. Eine allzu weite Berücksichtigung erscheint auch schon deshalb nicht geboten, wenn in Betracht gezogen wird, daß die drei anderen Realsteuern als reine Objektsteuern die persönliche Leistungsfähigkeit des Eigentümers nicht beachten. Ein mit hohen Hypotheken belastetes Haus eines kleinen Mannes unterliegt der gleichen Grundwertsteuer, wie das gleichwertige schuldenfreie Haus eines wohlhabenden Hausbesitzers. Es gehört eben zum Wesen der Ertragssteuer, im allgemeinen auf die Leistungsfähigkeit keine Rücksicht zu nehmen. Dieser Nachteil haftet auch der Kapitalertragssteuer an.

Die Erleichterungen und Befreiungen, die den kleinen Rentnern zugute kommen sollen, sind dargelegt. Das Gesetz gibt die Vorschriften, wann die tatsächlich entrichtete Kapitalertragssteuer wiedererstattet werden kann, sobald obige Voraussetzungen erfüllt sind. Grundsätzlich wird der Steuerbetrag bei der Einkommensteuer berücksichtigt, die für das folgende Rechnungsjahr geschuldet wird. Die Berücksichtigung erfolgt, wie erwähnt, in der Weise, daß die Einkommensteuer um einen entsprechenden Betrag gekürzt wird. Sofern nach der Veranlagung zur Einkommensteuer die Steuerfreiheit des Rentenempfängers feststeht, muß nur noch das Anrechnungsverfahren auf die Einkommensteuerzahlung, wie das im § 44 des Einkommensteuergesetzes vorgesehen ist, durch eine rasche Wiedererstattung, die bare Herauszahlung, ersetzt werden, weil sonst die vom Gesetz beabsichtigte Schonung der sozial schwachen Einkommenträger verlorenginge. Inzwischen ist diese bedeutsame Frage der praktischen Steuerverwaltung durch einen Erlaß vom 17. Juli 1920 der Reichsfinanzverwaltung an die Landesfinanzämter geregelt. Hiernach kann den einkommensteuerpflichtigen Personen, die über 60 Jahre alt oder erwerbsunfähig oder nicht bloß vorübergehend behindert sind, ihren Lebensunterhalt durch eigenen Erwerb zu bestreiten und deren Einkommen sich hauptsächlich aus Kapitaleinkommen zusammensetzt, zur Vermeidung von Härten die in einem Kalenderjahr entrichtete Kapitalertragssteuer nach Ablauf dieses Jahres über die im § 44 des Einkommensteuergesetzes vorgeschriebenen 75 % hinaus in voller Höhe erstattet werden, sofern sie nach den Vorschriften des Einkommensteuergesetzes keine Einkommensteuer zu entrichten haben.

Über die praktische Handhabung des Abzugs an der Quelle bei der Kapitalertragssteuer mögen einige kurze Bemerkungen das Wesentliche hervortreten lassen. Im § 9 und durch die Ausführungsbestimmungen wird der Abzug an der Quelle näher geregelt. Der Schuldner ist in jedem Falle angehalten, die Steuer für Rechnung des Gläubigers, der ja der Steuerträger ist, einzubehalten und innerhalb eines Monats nach Fälligkeit an sein zuständiges Finanzamt abzuführen. Für die Entrichtung des Steuerbetrages haftet der Schuldner, und dort, wo es sich um Zinsen von Forderungen und vererblichen Rentenbezügen handelt, auch der Gläubiger. Der abzuführende Betrag wird von dem Gesamtbetrage der Zinsen, die ein Schuldner an einem Fälligkeitstage jeweilig zu entrichten hat, berechnet. Mit der Abführung des einbehaltenen Steuerbetrags hat der Schuldner den Namen, den Wohnort und die Wohnung seines Gläubigers, Kapitalschuld, Zinsfuß, Zinsbetrag und die Zeit, für die der Zins gezahlt wird, anzugeben. Sofern das Reich, die Länder, Gemeinden, sonstige öffentliche Verbände, Hypothekenbanken, Schiffspfandbriefbanken, öffentlich-rechtliche Kreditanstalten, Kreditgenossenschaften, Sparkassen usw. Zinsschuldner sind, können sie den Gesamtbetrag in einer Summe ohne Nennung des Namens der einzelnen Gläubiger angeben und überweisen. Die Hypotheken- und sonstigen Darlehnsschuldner sowie diejenigen Personen, die vererbliche Renten auszuzahlen haben, sind verpflichtet, für Rechnung des Gläubigers 10% Zinsen einzubehalten, binnen einem Monat nach der Zinszahlung an das Finanzamt abzuführen und die ihnen vom Finanzamt erteilte Quittung an den Gläubiger zu übersenden. Dieses Verfahren vereinfacht die Steuererhebung und -entrichtnng ungemein. Die weitere Ausgestaltung der Steuer und ihrer Ertragsfähigkeit bleiben der Zukunft überlassen.

Das Kapitalertragssteuergesetz trat am 31. März 1920 in Kraft. Von diesem Zeitpunkt unterliegen also der Steuer die Kapitalerträge, die am 31. März 1920 oder später fällig werden. Daraus folgt, daß alle Kapitalerträge, die vor dem 31. März 1920 fällig werden, steuerfrei sind, auch wenn sie nach dem 31. März 1920 ausgezahlt werden. Dagegen sind Zinsscheine, die auf den 1. April 1920 laufen, steuerpflichtig, gleichgültig, ob sie vor oder nach dem 31. März ausgezahlt werden. Diese für die Übergangszeit beachtlichen Bestimmungen sahen auch Ausnahmen vor, und zwar für Dividenden aus Beteiligungen an Erwerbsgesellschaften (Berggewerkschaften, Reichsbank, Kolonialgesellschaften, Genossenschaften, Gesellschaften m. b. H.). Sie waren steuerfrei, falls das Geschäftsjahr spätestens am 31. Dezember 1919 endete; steuerfrei blieben weiterhin die spätestens am 1. April 1920 fälligen Zinsscheine, die vor dem 3. März 1920 eingelöst oder gutgeschrieben wurden. Wenn der steuerpflichtige Gläubiger demnach für die Zinsscheine Steuerfreiheit beanspruchte, so hatte er durch eidesstattliche Versicherung nachzuweisen, daß er die Zinsscheine vor dem 3. März 1920 durch Bezahlung oder Gutschrift eingelöst hat. Der Gläubiger hatte diese Erklärung dem Schuldner zuzustellen und ihn zu ermächtigen, diese Erklärung dem Finanzamt vorzulegen. In diesem Falle waren solche Zinsscheine steuerfrei. Schließlich gelten die Erträge als steuerfrei, die für eine vor dem 1. Oktober 1919 liegende Zeit gezahlt werden.

Vom Standpunkt der Steuerdoktrin mag manches gegen die Kapitalertragssteuer angeführt werden. Und mit vollem Recht erklärte Moesle in den Ausschußberatungen, daß er selbst für eine solche Steuer vor dem Kriege nicht zu haben gewesen wäre. Entscheidend und alle Bedenken zerstreuend war jedoch der große finanzielle Bedarf des Reichs. Er zwang nicht nur zum hohen Steuersatz, sondern auch zur Erhebung an der Quelle, die auch in dem Steuersystem auswärtiger Länder (England, Amerika) längst einen bedeutsamen Faktor ausmacht. Die Anwendung des Quellenprinzips bei der Kapitalertragssteuer ist überdies auch als eine Folge ihrer Verbindung mit der Einkommensteuer zu betrachten. In der Einkommensteuer wird das Arbeitseinkommen an der Quelle versteuert, und es erscheint daher in keiner Weise angängig, das Einkommen aus Kapitalvermögen nicht an der Quelle zu erheben. Das gebietet schon die steuerpsychologische Rücksicht auf die Bezieher von Arbeitseinkommen.

Die Kapitalertragssteuer bringt in ihrem Kern den notwendigen Ausgleich gegenüber der Besteuerung des Einkommens aus Arbeit. Und ein solcher Ausgleich ist nach den heutigen sozialpolitischen Auffassungen über die beiden Produktionsfaktoren Arbeit und Kapital auch notwendig. Für den Fiskus bedeutet der Steuerabzug, wie schon betont, eine große Sicherheit des Steuerertrages, sowie eine zweckdienliche Erleichterung für den Steuerapparat. Aber es muß auch für den Gläubiger bequemer sein, den Abzug durch den Schuldner bewirkt zu sehen, als den Kapitalertrag erst voll zu erhalten und später auf Grund einer Deklaration und eines Steuerbescheides einen Teil als Steuer wieder abzugeben.

Es bleibt nun noch die Frage nach den rein wirtschaftlichen

Wirkungen der Kapitalertragssteuer offen. Die gegnerische Kritik sah als ungünstige Wirkung der Kapitalertragssteuer voraus, daß sie für den Schuldner eine Kreditverteuerung bewirken müsse. Diese Befürchtung wird jedoch nicht in ihrem vollen Ausmaß zu teilen sein. Denn die Überwälzung auf die Schuldner ist deshalb nicht leicht, weil die Kapitalisten keine organisierte Interessenschicht darstellen. Aber in Verbindung mit der an sich hohen Einkommensteuer und der noch zu behandelnden Körperschaftssteuer muß ausgesprochen werden, daß die Belastung durch diese Abgabe ernstere wirtschaftspolitische Bedeutung dann erhalten kann, sobald in nächster Zeit die allgemeine Kapitalknappheit und damit die Kapitalverteuerung einsetzen werden. Auch hier werden letzten Endes die tatsächlichen Folgewirkungen der Kapitalertragssteuer von der zukünftigen wirtschaftlichen Entwicklung Deutschlands abhängen.

III. Die Körperschaftssteuer.

(Gesetz vom 30. April 1920.)

In die Einkommenbesteuerung wurde, wie schon angeführt, eine doppelte Gliederung hineingelegt: es wird zwischen der Besteuerung der physischen und der nichtphysischen Personen unterschieden. Die ersteren unterliegen dem Einkommensteuergesetz vom 29. März 1920 und die nichtphysischen dem Körperschaftssteuergesetz vom 30. März 1920.[1]) Das Körperschaftssteuergesetz bildet also ein natürliches Ergänzungsstück zur Einkommensteuer.

Die besondere steuerliche Behandlung der nichtphysischen Personen außerhalb des Rahmens der allgemeinen Einkommensteuer entspricht den Auffassungen, wie sie bereits seit einiger Zeit von wissenschaftlicher Seite vertreten wurden. Tatsächlich waren auch wegen der verschiedenen Grundlagen die Gesellschaften in den einzelstaatlichen Einkommensteuern mehr oder weniger gekünstelt eingegliedert; es fehlte der innere Zusammenhang. Beide Steuerobjekte haben verschiedene Maßstäbe, die für die Beurteilung ihrer Leistungsfähigkeit bestimmend sind. Die steuerliche Leistungsfähigkeit der natürlichen Personen liegt ja in der absoluten Höhe des Einkommens und des Verbrauchs, während die steuerliche Leistungsfähigkeit der Erwerbsgesellschaften grundsätzlich nicht nach der absoluten Höhe des Gewinnes, sondern nach dem Verhältnis des Gewinnes zum Gesellschaftskapital beurteilt werden muß. In

---

[1]) Entwurf s. Drucks. Nat.-Vers. Nr. 1976, Gesetz s. RGBl. Nr. 60 S. 393.

Erkenntnis dieser Sachlage und gefördert durch die wissenschaftlichen Untersuchungen hat die preußische Finanzverwaltung bereits im Jahre 1908 den Entwurf eines besonderen Gesellschaftssteuergesetzes vorgelegt. Es sollte, der wissenschaftlichen Forderung entsprechend, an die Stelle der Rentabilität das Verhältnis des Einkommens zum Grund- und Stammkapital gesetzt werden. Der Entwurf wurde jedoch nicht Gesetz.

Im Kriege trat Strutz wiederum, wie schon seit langer Zeit, für die Besteuerung der Gesellschaften in einem eigenen Gesetz ein. Er entwickelte eine Reichsgesellschaftssteuer.[1]) Bemerkenswert ist vorerst die Forderung, daß die Besteuerung der Erwerbsgesellschaften von Reichs wegen erfolgen solle. Strutz begründet diese Reichssteuer mit dem Hinweis darauf, daß das Reich ein einheitliches Wirtschaftsgebiet sei, und daher die Besteuerung der Gesellschaften einheitlich erfolgen müsse. Zudem verdankten die Erwerbsgesellschaften ihre Existenz der Rechtsordnung des Reichs, das sie geschaffen hat, und so sei es primäres Recht des Reichs, die Besteuerung in die Hand zu nehmen. In die Gesellschaftssteuer wollte nun Strutz nicht nur die Erwerbsgesellschaften stellen, sondern auch die anderen juristischen Personen, die im wirtschaftlichen Wettbewerb mit den steuerpflichtigen, physischen und nichtphysischen Personen stehen und Überschüsse erzielen, so insbesondere die Korporationen des öffentlichen Rechts und Stiftungen, wie auch die Tote Hand.

Das Körperschaftssteuergesetz vom 30. März 1920 ähnelt in wesentlichen Punkten dem Strutzschen Vorschlag. Nach § 1 unterliegen dieser Steuer:

1. die juristischen Personen des öffentlichen und des bürgerlichen Rechts und alle Berggewerkschaften,
2. die nicht rechtsfähigen Personenvereinigungen und Zweckvermögen (Anstalten, Stiftungen u. dgl.), soweit ihr Einkommen nicht unmittelbar bei einem anderen Steuerpflichtigen der Einkommensteuer der natürlichen Personen oder der Körperschaftssteuer unterliegt.

Die Begründung zum Entwurf hebt hervor, daß die juristischen Personen des öffentlichen Rechts auch ihre private wirtschaftliche Seite hätten, da sie am Wirtschaftsleben in der gleichen Weise teilnähmen wie die Privatpersonen. Ihre steuerliche Heranziehung sei also durchaus geboten. Diese Überlegung trifft zu. Allerdings bringt die Besteuerung der juristischen Personen durch die Körper-

[1]) Vgl. Herkner, Die Neuordnung . . . Teil II S. 179 ff.

schaftssteuer eine doppelte Belastung. Denn nachdem die Erwerbsgesellschaft als solche ihre Gewinne zur Einkommensteuer versteuert hat, wird der einzelne Gesellschafter als natürliche Person ohne jede Ermäßigung nochmals zur Einkommensteuer und Kapitalertragssteuer herangezogen. Diese tatsächlich vorliegende doppelte Belastung war es auch, die einen der Haupteinwände gegen die selbständige Besteuerung der Erwerbsgesellschaften bildete.

Die Begründung erkennt jedoch diese doppelte Belastung nur in bedingtem Ausmaß an. Sie hält sie sogar für gerechtfertigt. Denn, so sagt die Begründung wörtlich:

„Die Verleihung der Rechtspersönlichkeit gewährt den Erwerbsgesellschaften so viele Rechte, daß sie die Folgen der Selbständigkeit auch auf einem Gebiete tragen müssen, auf dem sie für sie nachteilig ist. Die Vorteile der Rechtsform, in der sie ihre Zwecke verfolgen können, sind vor allem, neben der völligen Gleichstellung mit den natürlichen Personen auf allen Verkehrs- und Wirtschaftsgebieten, die bedeutende Verstärkung der Kreditfähigkeit, die in der fast unbeschränkten Möglichkeit der Erweiterung des Kapitals liegt."[1])

Vom wissenschaftlichen Standpunkt wird gegen diese Auffassung geltend gemacht werden können, daß diese Doppelbelastung in einem Widerspruch mit den geltenden steuerpolitischen Prinzipien steht. Diese Empfindlichkeit in den Auffassungen über strengste Vermeidung von Doppelbelastungen wird bei der heutigen Finanzlage des Reichs jedoch zurückgestellt werden müssen; denn das rein fiskalische Interesse reicht hart bis an die äußerste Grenze des wirtschaftlich Zulässigen. Und es ist auch nicht zu bestreiten, daß hier im Sinne der Begründung eine erhöhte steuerliche Leistungsfähigkeit vorliegt, die der Gesetzgeber eben zur Steuer herangezogen hat. Dennoch wird die objektive Kritik sich des Eindrucks nicht erwehren können, daß der Gesetzgeber in der Belastung zu weit gegangen ist, sobald die zusammen gehörigen Steuern betrachtet werden. Das Reich fordert, streng betrachtet, sogar ein Dreifaches: einmal eine Steuerleistung vom Dividendeneinkommen innerhalb der allgemeinen Einkommensteuer, sodann zweitens eine zusätzliche Steuerleistung von dieser Dividende als Kapitalertrag, und schließlich drittens eine Einkommensteuer von der Aktiengesellschaft selbst.

Die im § 1 umschriebene persönliche Steuerpflicht in der Körperschaftssteuer geht an sich sehr weit. Das Gesetz sieht nur für bestimmte Gruppen der nichtphysischen Personen die Steuerfreiheit

---

[1]) Siehe Drucks. Nat.-Vers. Nr. 1976 S. 15. Der Entwurf und Begründung zum Landessteuergesetz haben Geh. Reg.-Rat im Reichsfinanzministerium Dr. Dürr zum Verfasser.

vor. Im allgemeinen sind von ihr befreit: die Träger wichtiger allgemeiner Aufgaben und Zwecke des öffentlichen Lebens, so insbesondere das Reich, die Länder, die Gemeinden, die Reichsbank, die Träger der Kranken-, Unfall-, Invaliden- und Angestelltenversicherung und die inländischen Personenvereinigungen und Zweckvermögen, die ausschließlich gemeinnützigen und mildtätigen Zwecken dienen.

Hinsichtlich der Steuerfreiheit dieser Körperschaften ist zu bemerken, daß sie gerechtfertigt ist; denn ein öffentlicher Körper wird sich nicht selbst besteuern. Insbesondere wird das Reich seine eigenen Einkünfte nicht steuerpflichtig stellen. Hierfür spricht nicht nur die Pflicht, Ersparnisse in der Verwaltungsarbeit zu machen, sondern es ist auch der sozialpolitische Zweck dieser Vermögen im Auge zu behalten. Die steuerfrei gestellten Erträgnisse des öffentlichen Vermögens dienen der Erfüllung von sozialpolitisch wertvollen Aufgaben, und es ist nur ein Symptom der Wertschätzung des Reichs gegenüber den kulturellen Bestrebungen jener Vereinigungen, wenn es die Steuerbefreiung für diese Zwecke vorsieht.

Das Gesetz umschreibt sodann den Begriff des steuerbaren Einkommens. Es bezeichnet grundsätzlich als Gegenstand der Besteuerung das Einkommen und lehnt sich damit an das Einkommensteuergesetz an. Diese enge Anlehnung hält die Begründung für vorteilhaft, weil damit die praktischen Verwaltungserfahrungen und die Rechtspflege auf dem Gebiet der alten Einkommensteuern für die nunmehr selbständige Körperschaftssteuer nutzbar gemacht werden können. Nach dem Gesetz bildet das steuerbare Einkommen grundsätzlich der Gesamtbetrag der in Geld und Geldeswert bestehenden Einkünfte, gekürzt um festumgrenzte Abzüge (siehe § 6 Abs. 1—10), von denen die wichtigsten die Werbungskosten und die Schuldzinsen sind. Indes sind gewisse Einnahmen, vor allem Erbschaften und Schenkungen, nicht steuerbar. Bei einer bestimmten Gruppe von Steuerpflichtigen, den Versicherungsvereinen auf Gegenseitigkeit, den Erwerbs- und Wirtschaftsgenossenschaften und ihren Zentralen beschränkt sich das steuerbare Einkommen auf die Einkünfte aus Grundbesitz, Kapitalvermögen und Gewerbebetrieb. Bei einer anderen Gruppe von Steuerpflichtigen, die mit dem genannten steuerbaren Einkommen steuerpflichtig sind, werden andererseits bestimmte Einkünfte als nicht steuerbar erklärt, und zwar nach der Art der Verwendung der Einkünfte für kirchliche, gemeinnützige, mildtätige Zwecke oder nach der besonderen Aufgabe, die ihnen durch die Organisation des Steuerpflichtigen zugewiesen ist (Rücklagen bei Versicherungsvereinen u. dgl.; siehe § 6). Ferner gehören zu den steuerbaren Einkünften nicht die Einnahmen aus Steuern, Umlagen auf öffentlich-rechtlicher Grundlage, Mitgliedsbeiträgen von Personenvereinigungen sowie aus gesellschaftlichen und genossenschaftlichen Einlagen.

Für den Umfang und die Berechnung der Einkünfte sind grundsätzlich die Bestimmungen des Einkommensteuergesetzes maßgebend. Dies ist, wie die Begründung sagt, die unmittelbare und erwünschte Folge der Annahme des Einkommenbegriffs der Einkommensteuer, also des Schanzschen Begriffs für dieses Gesetz. Der Einkommenbegriff erfährt nur eine Erweiterung. Als steuerbar gilt nicht nur das Einkommen der einzelnen Jahre, sondern im Falle der Auflösung bestimmter Gruppen von Steuerpflichtigen, der sog. Erwerbsgesellschaften, und bei ihrer Verlegung ins Ausland wird mit gewissen Einschränkungen auch der Liquidationsgewinn für steuerbar erklärt.

Im § 7 bestimmt das Gesetz des näheren die Abzüge vom Gesamteinkommen. An erster Stelle stehen hier die Zuwendungen an die Unterstützungs-, Wohlfahrts- und Pensionskassen des Betriebs, sofern ihre Verwendung für diese Zwecke gesichert ist. Auch die Kriegsabgabe vom Mehrgewinn und die Grunderwerbssteuer (gemäß § 10 des Grunderwerbssteuergesetzes vom 12. September 1919) können abgesetzt werden. Besondere Hervorhebung verdient schließlich der zugebilligte Abzug für die Deckung von Unterbilanzen. Schließlich hebt § 8 hervor, daß die Aufwendungen für die Erfüllung von Zwecken, die durch eine Stiftung oder durch Satzung vorgeschrieben sind und unter § 13 Abs. 1 Nr. 2 des Einkommensteuergesetzes fallen, nicht abgezogen werden können, ebensowenig ist auch die Körperschaftssteuer abziehbar.

In der Besteuerung sind zwei Gruppen von Steuerpflichtigen zu unterscheiden:

1. die Erwerbsgesellschaften (Aktiengesellschaften, Kommanditgesellschaften auf Aktien, Gesellschaften m. b. H., Berggewerkschaften und gewisse, auf die Erzielung wirtschaftlicher Vorteile abgestellte Personenvereinigungen),
2. die übrigen Steuerpflichtigen.

Entsprechend dieser Einteilung wird ein doppelter Tarif in Ansatz gebracht.

Zunächst für Gruppe 1: die Erwerbsgesellschaften. Die Steuer ist wiederum eine doppelte:

a) eine feste Steuer von 10% des gesamten steuerbaren Einkommens;

b) eine Zuschlagsteuer von dem ausgeschütteten Gewinn jeglicher Art, gestaffelt nach dem Verhältnis der ausgeschütteten Beträge zum Grund- oder Stammkapital. Der Zuschlag beträgt,

wenn der ausgeschüttete Betrag 4 % des Grund- oder Stammkapitals nicht übersteigt, 2 % der ausgeschütteten Beträge:

bei 6 % des Kapitals 3 %,
„ 8 % „ „ 4 %,
„ 10 % „ „ 5 %
usw. steigend;
bei 18 % des Kapitals 9 %
und darüber . . . 10 %.

Vom Zuschlag frei sind also nur die ersten 3 % der ausgeschütteten Beträge.

Sodann für Gruppe 2: den sonstigen Steuerpflichtigen. Hier beträgt die Steuer 10% des steuerbaren Einkommens.

Bei den ausländischen Erwerbsgesellschaften unterliegt dem Zuschlag der Teil der ausgeschütteten Gewinne, der verhältnismäßig auf das inländische Grundvermögen und den inländischen Gewerbebetrieb fällt. Im übrigen sind die Steuersätze dieselben.

Wie ersichtlich, ist die Besteuerung der Erwerbsgesellschaft zum Teil auf die Höhe des Einkommens abgestellt, zum Teil auf die Rentabilität, also auf das Verhältnis des Einkommens zum Kapitalvermögen unter Abzug der Schulden. Entsprechend diesem Verhältnis ist der Tarif steigend gestaffelt. Strutz hatte bereits in seinem Vorschlag einer Reichsgesellschaftssteuer eine Staffelung gefordert, die nicht nach der Höhe des verteilten oder gesamten Reingewinns, sondern nach dem Verhältnis des Reingewinns zum Gesellschaftskapital bemessen ist. Während das Gesetz diesen Grundgedanken verwirklichte, fand jedoch die weitergehende Anregung von Strutz, die Leistungsfähigkeit der Gesellschaften auch nach dem Verhältnis der Reserven zum Grundkapital festzustellen, keine Berücksichtigung. Es ist nicht zu verkennen, daß in den Reserven ein brauchbarer Maßstab für die Beurteilung der steuerlichen Leistungsfähigkeit einer Gesellschaft liegt. Die Gesetzgebung hat diesen schwer bestimmbaren Maßstab nicht mit angelegt, zum Teil um das Gesetz nicht zu erschweren.

Die Bemessung des Tarifs hatte Rücksicht zu nehmen auf die wirtschaftspolitischen Erfordernisse und künftige Aufgabe der Erwerbsgesellschaften. Aber auch das fiskalische Interesse durfte nicht im Hintergrund stehen. Deshalb hielt sich der Tarif in einer mittleren Linie. Inwieweit die Steuersätze hier richtig gegriffen sind, wird der Zukunft überlassen bleiben. Es fehlt ja an jedem Vorgang, der einen Anhaltspunkt für eine sichere Beurteilung bieten könnte; der Gedanke der Besteuerung nach der Rentabilität ist praktisch noch nicht erprobt.

Die Veranlagung zur Körperschaftssteuer knüpft nicht an einen bestimmten Stichtag an. Sie unterwirft vielmehr der Steuer das Einkommen, das innerhalb eines bestimmten Zeitraumes erzielt ist, und zwar grundsätzlich nach Ablauf des Wirtschaftsjahres (Geschäftsjahres). Es kann auch das Einkommen des Kalenderjahres der Veranlagung zugrunde gelegt werden.

Das Körperschaftssteuergesetz trat am 15. April 1920 in Kraft. Da die Besteuerung nach der Vergangenheit geführt wird, hatten Übergangsbestimmungen die vorläufige Wirksamkeit der Körperschaftssteuer zu regeln. Nach diesen Bestimmungen werden der Veranlagung die Ergebnisse des abgelaufenen Geschäftsjahres oder Kalenderjahres zugrunde gelegt, so daß erstmalig also die Besteuerung der nach dem 14. April 1920 abgelaufenen Geschäftsjahre zu erfolgen hätte. Im § 34 Abs. 1 der Übergangsvorschriften wird nun dem Gesetz eine rückwirkende Kraft dahin verliehen, daß es das Einkommen der Geschäftsjahre erfassen kann, die nach dem 31. März 1919 abliefen (bzw. das Einkommen des Kalenderjahres 1919). Die Geschäftsjahre, die auf diese Weise von der Körperschaftssteuer umfaßt werden, können zu den verschiedensten Zeitpunkten vom 2. April 1918 bis zum 31. März 1919 ihren Anfang genommen haben. Bei dieser Regelung können Unbilligkeiten entstehen, weil das Einkommen des nach dem 31. März 1919 abgelaufenen Geschäftsjahres noch zur landesrechtlichen Einkommensteuer herangezogen wird. In diesem Falle würde eine Besteuerung sowohl nach dem Landesrecht als nach dem Körperschaftssteuergesetz eintreten. Daher bestimmt § 34 Abs. 2 Satz 1, daß die landesrechtliche Einkommensteuer aus den Ergebnissen solcher nach dem 31. März 1919 abgelaufenen Geschäftsjahre noch erhoben werden darf, soweit die Staats- und Gemeindesteuer auf den bis 31. März 1920 laufenden Zeitraum des landesrechtlichen Jahres entfällt.[1])

Die Körperschaftssteuer bildet den Abschluß der Einkommenbesteuerung. Genau so wie bei den anderen Einkommensteuern ist

---

[1]) Des Näheren s. die Ausführungen in der Deutschen Allgemeinen Zeitung vom 3. Juni 1920 Nr. 259.

auch das zusammenfassende Urteil über sie mit Vorsicht aufzustellen, weil die Abgabe in der Wirklichkeit erst standzuhalten hat. Welche letzten wirtschaftlichen Wirkungen einerseits diese für das Erwerbsleben ebenfalls hoch bedeutsame Steuer ausüben wird, wie hoch andererseits ihr fiskalischer Wert zu veranschlagen sein wird, hat erst die Zukunft zu lehren.

Die Reform in der Besteuerung des Vermögens und Einkommens zeigt in ihrem Aufbau eine geschlossene Einheitlichkeit. Dies ist schon am äußeren Aufbau erkenntlich. In systematischer Übersicht bieten die einzelnen Steuern das folgende Bild:

1. im Rahmen der Besteuerung des Vermögens stehen:
   a) das Reichsnotopfer,
   b) die Besitzsteuer,
   c) die Erbschaftssteuer;
2. im Rahmen der Besteuerung des Einkommens stehen:
   a) die Einkommensteuer,
   b) die Kapitalertragssteuer,
   c) die Körperschaftssteuer.

Die Einkommensteuer ist der eine Pol im neuen Abgabensystem des Reichs. Um die Einkommensteuer legen sich die das Einkommen erfassenden Nebensteuern: die Kapitalertrags- und Körperschaftssteuer. Vom fiskalischen Standpunkt ist die Einkommensteuer die bedeutungsvollste Steuer; denn aus ihr sollen Reich, Länder und Gemeinden einen hohen Teil der Budgetbedürfnisse befriedigen. Von der Einkommensteuer hängt auch letzten Endes die gesamte steuerpolitische Entwicklung ab. Den anderen Pol in diesem Abgabensystem bildet die Vermögenssteuer, das Notopfer. Zum Notopfer kommen die Besitz- und Erbschaftssteuer. Alle drei Steuern auf das Vermögen werden in der Zukunft bedeutungsvolle wirtschaftspolitische und soziale Wirkungen ausüben.

Es wurde vermieden, bei den einzelnen Steuern auf ihren Ertrag einzugehen, weil die Veranschlagungen nur mit den größten Vorbehalten aufgestellt sind. Für die Berechnung der Erträgnisse und die Beurteilung ihrer möglichen Entwicklung fehlen heute in der Tat auch alle tatsächlichen und sicheren Anhaltspunkte. Die wiederholten amtlichen Auslassungen betonen, daß der mutmaßliche Ertrag unter Zuhilfenahme einer künstlichen Konstruktion, des sog. Beharrungszustandes, berechnet wurde. Es bedarf zur richtigen Wertung der Zahlen hier nur des einfachen Hinweises, daß die für eine solche angenommene Wirtschaftsverfassung aufgestellten Berechnungen natürlich nur veranschaulichen und nicht Gewißheit geben können. Sofern die Schätzungen vom tatsächlichen Ergebnis mehr oder weniger weit abweichen sollten, so wird hieraus der Finanzverwaltung kein Vorwurf zu machen sein; denn es ist wohl zu beachten, daß Schätzungen über den möglichen Ertrag der neuen Steuern sehr schwierig sind, daß die Steuern auf das Vermögen und Einkommen in einen Wirtschaftskörper und Produktionsprozeß eingreifen, der durch die Anforderungen des Krieges ausgeschöpft und vielfach umgestaltet wird und der auch jetzt keine Ruhe, sondern große Bewegung zeigt. Noch immer gehen neben gewaltsamen Eingriffen in die Gütererzeugung die Preiswellen auf und nieder, und damit steigen oder fallen noch immer die Vermögen und Nominaleinkommen. Bis die Verhältnisse sich so weit gefestigt haben, daß Veranschlagungen für Steuererträgnisse mit einiger Sicherheit vorgenommen werden können, dürften wohl noch einige Jahre vergehen. Dann werden auch die ersten festen Ergebnisse der ersten Veranlagungen vorliegen, die eine notwendige Stütze für die Ertragsschätzung sind. Jetzt fehlen für das Notopfer und die Körperschaftssteuer sogar alle Anhaltspunkte für eine auch nur begriffliche Wertung ihrer Ertragskraft. Sie kennen kein Vorbild, und über die Neuschichtung der Vermögensverhältnisse sowie über die Prosperität der Erwerbsunternehmen unter Einwirkung der gesamten Steuerlast lassen sich keine konkreten Unterlagen gewinnen. Einer ordnungsmäßigen und einigermaßen zuverlässigen Schätzung stellt sich auch noch ein anderes Hemmnis entgegen. Die Mehrzahl der Steuern wird zunächst vorläufig veranlagt und erhoben, so daß also die vollen gesetzlichen Voraussetzungen vorerst gar nicht zur Geltung kommen. Auf diese Weise werden auch nicht die Wirkungen der Bewertungsvorschriften sichtbar, ebensowenig die Einwirkungen, die durch die weitgehenden Ermäßigungsgründe, Freistellungen und letzten Endes durch die Tarife zu erwarten sind.

Schließlich beeinflußt eine weitere Tatsache das Steuererträgnis. Das Geltungsbereich der Steuern, das für die Höhe des Ertrags mitbestimmend ist, ist noch nicht festgelegt. Die Gewißheit über die endgültigen neuen Reichsgrenzen werden erst die restlichen Abstimmungen bringen, vor allem über Oberschlesien. Vorerst wird mit einem Verlust von einem Zehntel der alten deutschen Fläche gerechnet. Schon der Verlust, den diese Ziffer ausdrückt, zeigt an, wie stark der Ausfall an materieller Steuerkraft durch die räumliche Schwächung sein muß. Aber die Beeinträchtigung des Steuerergebnisses infolge der Gebietsabtrennungen ist um ein

Vielfaches zu erhöhen, sobald der wirtschaftspolitische und materielle Wert der verlorenen Landesteile veranschlagt wird.

Unter diesen angeführten wichtigsten Einschränkungen ist das veranschlagte Soll der neuen Steuern des Reichs zu beurteilen. Die letzte amtliche Schätzung ergibt als Ergebnis im Beharrungszustand eine Ziffer von $15\frac{1}{4}$ Milliarden Mark. Diesem Erträgnis aus den Steuern auf das Vermögen und Einkommen stehen die Eingänge aus den Verbrauchs- und Verkehrsabgaben mit 13,2 Milliarden Mark und schließlich die Zölle mit 2,5 Milliarden Mark gegenüber. Für die Erträgnisse aus den Verbrauchs- und Verkehrsabgaben sowie aus den Zöllen gelten die gleichen allgemeinen Einschränkungen. Hierzu kommt bei ihnen noch die Beeinträchtigung durch die jeweilige Besonderheit des Steuerobjektes. In der Gesamtsumme sollen alle Steuern einen jährlichen Rohertrag von 31 Milliarden Mark erbringen. Nur um das Bild von der Verteilung dieser großen Steuerlast zu veranschaulichen, sei schließlich nachfolgend eine tabellarische Übersicht von den Erträgnissen gegeben.

Ertragsschätzung der Reichssteuern und Zölle im Beharrungszustand der Volkswirtschaft.

I. Steuern auf das Vermögen und Einkommen.

1. Vermögenssteuern:		
a) Reichsnotopfer	2250 Mill. ℳ	
b) Besitzsteuer	100 „ „	
c) Erbschaftssteuer	700 „ „	3050 Mill. ℳ
2. Einkommensteuern:		
a) Einkommensteuer	9000 Mill. ℳ	
b) Kapitalertragssteuer	1300 „ „	
c) Körperschaftssteuer	900 „ „	11200 „ „
		Summa 14250 Mill. ℳ

II. Steuern auf Verbrauch, Verkehr und Zölle.

1. Umsatzsteuer		4000 Mill. ℳ
2. Verbrauchssteuern:		
a) Kohlensteuer	4500 Mill. ℳ	
b) Tabaksteuer	1200 „ „	
c) Getränkesteuer (Bier, Wein, Schaumwein, Mineralwässer, Branntweinmonopol)	1640 „ „	
d) andere Verbrauchssteuern (Zucker, Salz, Essig, Zündwaren, Leuchtmittel)	294 „ „	7634 „ „
3. Reichsstempel		762 „ „
4. Verkehrsabgaben und sonstige indirekte Steuern		803 „ „
5. Zölle		2500 „ „
		Summa: 15699 Mill. ℳ

Gesamtsummen:

I. Steuern auf Vermögen und Einkommen	14250	Mill. M
II. Steuern auf Verbrauch, Verkehr und Zölle	15699	„ „
Gesamteinnahmen	29959	Mill. M

Diese Zahlen sind Ertragsschätzungen, die auf einen bestimmten wirtschaftlichen Zustand abgestellt sind. Es sei hier auf die Abweichungen hingewiesen, die sich aus einem Vergleich mit der im Anhang (s. S. 256 ff.) aufgeführten Gesamtübersicht über die Einnahmen und Ausgaben des Reichs im Jahre 1920 ergeben.

Neuordnung in der Finanzhoheit und -verwaltung.

1. Das Landessteuergesetz.

(Gesetz vom 30. März 1920.)

Aus dem Aufbau der Reform in der Besteuerung des Vermögens und Einkommens wurde ersichtlich, daß diese Reform die alten steuerpolitischen Grundlagen und Verhältnisse verließ. Sie entzog damit gleichzeitig den Einzelstaaten und Gemeinden, die bislang Hauptträger der Steuern auf das Einkommen und Vermögen waren, jede materielle Grundlage, sie nahm ihnen das heißumkämpfte Rückgrat ihrer Haushalte, die Einkommensteuer. Nunmehr standen Länder und Gemeinden in einem luftleeren Raum. Ihre politische Existenz machte es aber dem Reiche zur Pflicht, auch für ihren finanziellen Bedarf Deckungsmittel zu schaffen. Und diese Aufgabe bildete mit einen wesentlichen Bestandteil der Reichsfinanzreform. Denn das Reich konnte weder staats- noch finanzpolitisch die einfache Linie verfolgen, für die Deckung seiner eigenen Ausgaben auf Kosten der Länder und Gemeinden vorzusorgen, den beiden Körperschaften dagegen irgendeinen Rest von Besteuerungsmöglichkeiten zu überlassen.

Die Pflicht des Reichs, auf Länder und Gemeinden entsprechende Rücksicht zu nehmen, führte zunächst zu der dringenden Notwendigkeit, eine klare und bestimmte Aufteilung in dem neuen Gebiet der Steuerhoheit vorzunehmen und in zweiter, nicht minder bedeutsamer Linie, die materiellen Beziehungen zwischen Reich, Ländern und Gemeinden neu festzulegen. Beide Aufgaben trugen hohen finanzpolitischen Charakter. Hierzu kam, daß die materiellen Auseinandersetzungen angesichts der unstetigen Verhältnisse, der Ungewißheit über die Ergiebigkeit der neuen Steuern und vor allem wegen des großen Steuerbedarfs aller drei Körperschaften, die Arbeiten ungemein erschwert wurden. Widerstände waren nur zu natürlich; denn in der Zeit, als die Reform im Flusse war, sahen Länder und Gemeinden einerseits ihre steuerlichen Fundamente schwinden und andererseits die Schuldenlast wachsen. Ihre Besorgnis um die eigene Lebensfähigkeit ließ sie daher auf das erste und weit dringendere Bedürfnis des Reichs wenig Rücksicht nehmen.

Es galt, den Widerstreit der Interessen zwischen dem Reich und den betroffenen alten Steuerträgern auszugleichen und für beide mit der klaren Abgrenzung der Steuerhoheit gleichzeitig auch die finanzielle Festigung zu gewinnen, die eine sichere und alle Teile befriedigende finanzielle Existenz und Entwicklung gewährleisten konnte. Das Landessteuergesetz vom 30. April 1920 sucht die gestellte steuerpolitische Aufgabe zu lösen.[1])

Das Gesetz führt im § 1 an der Spitze den Satz, daß Länder und Gemeinden (sowie Gemeindeverbände) berechtigt seien, Steuern nach Landesrecht zu erheben. Es schränkt diesen Satz aber sofort wieder mit der Bestimmung ein, „soweit nicht die Reichsverfassung und die gemäß der Reichsverfassung erlassenen reichsrechtlichen Vorschriften entgegenstehen". An sich besitzen Reich und Länder gleichermaßen das Recht, Steuern kraft ihrer Autonomie zu erheben. Die Berechtigung, Steuern zu erheben, wird also den Ländern nicht erst durch das Landessteuergesetz verliehen. Das Gesetz bringt nur zum Ausdruck, daß neben Reichssteuern keine gleichartigen Landessteuern und es fügt sofort hinzu, auch keine gleichartigen Gemeindesteuern erhoben werden dürfen. Auch das Recht, zu den Reichssteuern Zuschläge zu erheben, wird von einer reichsgesetzlichen Ermächtigung abhängig gemacht (§ 2). Allerdings gewährt das Landessteuergesetz selbst durch § 15 eine grundsätzliche Ausnahme. Es gestattet den Religionsgesellschaften des öffentlichen Rechts, zu den Reichssteuern, die an die Stelle der bisherigen Landes- und Gemeindesteuern getreten sind, einen Zuschlag zu erheben. Dadurch ist einmal das alte Zuschlagsrecht der Religionsgesellschaften zur Einkommensteuer erhalten und gleichzeitig weitergehend auch den Religionsgesellschaften, die bisher kein Zuschlagsrecht besaßen, dieses Sonderrecht eingeräumt. Das Gesetz läßt noch weitere Zuschläge zu, so die schon behandelte Besteuerung der reichssteuerfreien Einkommenteile (§ 30) und dann den Zuschlag zur Grunderwerbssteuer (§ 40).

---

[1]) Landessteuergesetz: RGBl. 1920 Nr. 60 S. 402.

Das Gesetz grenzt das Gebiet der Reichssteuern noch nach einer dritten Seite ab: es untersagt den Ländern und Gemeinden, Steuern zu erheben, wenn diese geeignet wären, die Einnahmen des Reichs zu schädigen und wenn überwiegende Interessen der Reichsfinanzen entgegenstehen (§ 3). Es entspricht nur der Anwendung des § 3 des Landessteuergesetzes, wenn die beiden Körperschaften des weiteren angehalten werden, bestehende steuerliche Bestimmungen, die den im § 3 ausgesprochenen Vorschriften widersprechen, abzuändern (§ 4). Dabei sind die Landesbehörden angehalten, dem Reichsminister der Finanzen Mitteilung über etwaige neue Steuerordnungen der Gemeinden zu geben. Durch diese Vorschriften sind die allgemeinen Steuerhoheitsgrenzen und die Bewegung in ihnen klar festgelegt. Ihr finanzpolitischer Wert liegt darin, daß Doppelbesteuerungen und damit übermäßige Belastungen der Steuerpflichtigen unterbunden werden. Sie gewähren auch einen gewissen Schutz vor ständigen staatspolitischen Auseinandersetzungen zwischen Reich und Ländern, die vor dieser Reform so häufig und dem Reichsgedanken so schädlich waren. Sofern Meinungsverschiedenheiten auftreten, so kann für die Fälle des Widerspruchs nach Art. 13 der Reichsverfassung von beiden Teilen der oberste Gerichtshof des Reichs angerufen werden. Überall dort, wo in der Frage über die finanzielle Schädigung des Reichs keine einheitliche Auffassung zu erzielen ist, entscheidet endgültig und nach freiem Ermessen der Reichsrat.

Die zweite große Aufgabe des Landessteuergesetzes liegt darin, Ländern und Gemeinden für die entzogenen eigenen Steuern eine neue Grundlage zu geben. Dies erfolgt in einer zweifachen Weise:

1. den Ländern und Gemeinden werden eigene Steuern zur Verfügung gestellt;
2. sie werden an dem Ertrage bestimmter Reichssteuern beteiligt.

Bevor jedoch die beiden Körperschaften an den Erträgnissen jener Reichssteuern teilnehmen können, haben sie einer Verpflichtung zu genügen; sie haben die Steuern, die unstreitig in ihr Steuerhoheitsgebiet gehören, nach Maßgabe ihres Bedarfs auszunutzen. Erst wenn diese Voraussetzung erfüllt ist, erwächst ihnen das Recht der Beteiligung an den Erträgen der im Landessteuergesetz bestimmten Reichssteuern. Wenn auch die Anteilsquote der beiden Körperschaften damit praktisch nicht nennenswert geringer wird, so bietet sie doch eine Sicherheit gegen einfache Überlassung ländlicher und kommunaler Finanzsorgen an das Reich.

Zu den Steuern, die den Ländern und Gemeinden zur freien Ausschöpfung überlassen bleiben, gehören die Steuern vom Grundvermögen und Gewerbebetrieb (§ 8). Das Reich überläßt es den Ländern, diese Steuern nach ihrem Ermessen umzugestalten und ertragreicher zu machen. Es legt ihnen bei dieser Reformarbeit nur die Beschränkung auf, die Steuern nicht wie Einkommensteuern auszubauen, d. h. ihnen nicht als Besteuerungsmerkmal die Berücksichtigung der persönlichen Leistungsfähigkeit des Steuerpflichtigen zugrunde zu legen (§ 9).

Das Landessteuergesetz greift sodann in den Kreis der Landessteuern mit einer allgemeinen Vorschrift ein, die eine doppelte Besteuerung verhindern soll. Es stellt den Grundsatz auf, daß Steuern vom Ertrag des Grundvermögens und des Gewerbebetriebes nur in dem Lande erhoben werden dürfen, in dessen Gebiet der Grund- und Gebäudebesitz liegt oder eine Betriebsstätte zur Ausübung des stehenden Gewerbes unterhalten wird. Das Gesetz gibt damit im wesentlichen das geltende Recht wieder, wie es im Doppelsteuergesetz vom 22. März 1909 vorliegt. Eine Neuerung gibt das Landessteuergesetz insoweit, als es allerdings die Bestimmungen über die Doppelbesteuerung — abweichend vom Doppelsteuergesetz — auch auf die Gemeindesteuern ausdehnt (§ 11). Die Bestimmungen suchen hier den Steuerpflichtigen, der zu gleichartigen Landes- und Gemeindesteuern veranlagt wird, und, soweit die Gemeinden verschiedenen Ländern angehören, vor einer mehrfachen Heranziehung zu schützen.

Neben den Ertragssteuern stehen den Ländern und Gemeinden noch einige Stempel- und Gebühreneinnahmen zur eigenen Verfügung. Außerdem überläßt ihnen das Landessteuergesetz die Vergnügungssteuer (§ 12). Die Gemeinden sind verpflichtet, sie einzuführen, sofern nicht ein höherer Gemeindeverband oder das Land sie für sich selbst in Anspruch nimmt. Ursprünglich sollte die Vergnügungssteuer eine Reichssteuer werden. Aber in den parlamentarischen Verhandlungen über den Gesetzentwurf einer Reichsvergnügungssteuer wurde dieser Gedanke fallen gelassen und die Vergnügungssteuer den Gemeinden zugesprochen. Es ist Grund zur Annahme, daß größere Gemeinden aus dieser Steuerquelle hohe Erträge vereinnahmen können.

In einer allgemeinen Bestimmung legt das Gesetz den Ländern und Gemeinden nahe, ihre eigenen Steuern nach den gleichen Grundsätzen zu veranlagen und zu erheben, wie das Reich. Diese Bestimmung zielt dahin, die Reichsabgabenordnung, über die noch zu berichten ist, einheitlich auch für die Landes- und Gemeindesteuern und damit für alle Steuern gelten zu lassen. Hoffentlich werden Länder und Gemeinden diesen gesetzlichen Hinweis befolgen und auch befolgen können. Dafür sprechen schon Gründe der Ersparnis (Verwaltungskosten). Vor allem aber würde die Einheitlichkeit, in der dann die gesamte Steuerverwaltung geführt würde, hoch zu veranschlagen sein. Sie wird der Verwaltung selbst und nicht zum geringsten auch den Steuerpflichtigen nur Vorteile bringen.

Die vorläufigen Schätzungen über den möglichen Ertrag aus den eigenen Steuern belaufen sich auf 1,1 Milliarden Mark. Der zahlenmäßige Bedarf der Länder und Gemeinden wurde jedoch zur Zeit der Beratung des Gesetzentwurfs auf etwa $6^1/_2$ Milliarden Mark veranschlagt. Es entsteht also für das Reich die Aufgabe, den Unterschiedsbetrag zu decken.

An die Stelle der entzogenen selbständigen Steuern setzt das Gesetz den Anteil an vier Reichssteuern:

1. an der Einkommen- und Körperschaftssteuer,
2. an der Erbschaftssteuer,
3. an der Grunderwerbssteuer,
4. an der Umsatzsteuer.

Das Landessteuergesetz regelt den Anteil der Länder und der Gemeinden. Es überläßt jedoch die Beteiligung der Gemeinden an den Überweisungen aus den Reichssteuern der jeweilig zuständigen Landesgesetzgebung und begnügt sich damit, allgemeine Grundsätze aufzustellen, die von den Ländern bei dieser Zuteilung zu beachten sind.

Länder und Gemeinden werden an dem Ertrage der Einkommen- und Körperschaftssteuer mit zwei Drittel des Aufkommens beteiligt (§ 17). Die Verteilung erfolgt nach dem örtlichen Aufkommen, so daß jedes Land seinen Anteil von den Steuereinnahmen erhält, die aus seinem Gebiet eingehen. Auch die Zuweisung an die Gemeinden richtet sich nach dem Aufkommen in der Gemeinde. Ihr Anspruch erstreckt sich auf einen Anteil an den Steuererträgnissen der physischen und nichtphysischen Personen, die in der Gemeinde einen Wohnsitz haben oder dort (auch ohne einen Wohnsitz zu haben) Grund und Gewerbevermögen besitzen und Handel oder Gewerbe treiben (§ 20). Die praktische Verteilung des Steueraufkommens aus den beiden Einkommensteuern liegt bei den Veranlagungs- und Erhebungsorganen, den Finanzämtern. Das Finanzamt zerlegt bei der Veranlagung das Aufkommen sofort in die vorgesehenen Anteile der Steuergläubiger und benachrichigt von dem Ergebnis die beteiligten Länder und Gemeinden (§ 44). Dieses Verfahren zur Berechnung der Anteile ist also recht einfach. Es war eben auch nur deshalb möglich, weil das örtliche Aufkommen als Verteilungsschlüssel zugrunde gelegt ist.

Der Entwurf begründet die Bemessung der Anteile nach dem örtlichen Aufkommen mit dem Hinweis darauf, daß die Verteilung der Einkommensteuer nicht an die bisherigen Einnahmeziffern anknüpfen könne, sondern nach gleichmäßigen Grundsätzen erfolgen müsse. Durch die Beteiligung am örtlichen Aufkommen interessiere das Reich zudem auch die Gemeinden und Länder an einem hohen Aufkommen aus den Einkommensteuern. Ursprünglich sah der Entwurf eine staffelförmige Beteiligung an den Steuererträgnissen aus der Einkommensteuer vor. Es waren hierfür sieben Steuerstufen aufgestellt. In der ersten Stufe, die bis zum Einkommen von 15000 *M* reichen sollte, war der Länderanteil mit 90% bemessen, in der zweiten bis 25000 *M* Einkommen mit 80%, in der dritten bis 50000 *M* Einkommen mit 70%, in der vierten bis 100000 *M* Einkommen mit 60% usw. Die Anteilsbemessung der Gemeinden wiederum war im einzelnen den Ländern überlassen, wobei die hierfür im Landessteuergesetz aufgestellten Grundsätze zu beachten waren. In den Ausschußberatungen wurde jedoch der im Entwurf vorgeschlagene Schlüssel fallen gelassen und den Ländern und Gemeinden ein einheitlicher Gesamtbetrag in Höhe von zwei Drittel des Gesamtaufkommens aus der Einkommen- und Körperschaftssteuer zugesprochen. Eine Ausnahme ist für die steuerschwachen Länder vorgesehen, denen hierdurch eine besondere Fürsorge zuteil werden soll. Nach § 33 sieht das Gesetz für die Anteilsermittlung folgenden Schlüssel vor: es wird der Gesamtbetrag der Anteile aller Länder auf den Kopf der Gesamtbevölkerung berechnet; dieser Satz gilt als der Durchschnittssatz. Jedes Land nun, dessen Anteile auf den Kopf der Bevölkerung berechnet 20% unter diesem Durchschnittssatz stehen, erhält aus den Einnahmen, die dem Reich aus der Einkommensteuer verblieben sind, einen nachträglichen Zuschuß bis zu 20%.

Das Prinzip des Anteils an dem Erträgnis der Einkommensteuer wird durch die Bestimmungen der §§ 30 und 31 des Landessteuergesetzes durchbrochen. Sie geben den Gemeinden ein Besteuerungsrecht auf die von der Reichseinkommensteuer nicht erfaßten Einkommenteile. Über die Bedeutung dieses Sonderrechts wurde bereits gesprochen.[1])

---

[1]) Vgl. die Ausführungen auf S. 174.

In dem Zweidrittel-Anteilsschlüssel liegt durch die ihm innewohnende Objektivität noch eine Reihe von anderen Vorzügen. Er befreit vor allem von der großen Schwierigkeit, die Verteilung der Anteile auf die einzelnen Länder und Gemeinden nach ihrem Haushaltsbedürfnis vorzunehmen. Eine solche Regelung würde in jedem Jahr eine Prüfung des Bedarfs der Länder und Gemeinden, ein Eindringen in deren Haushalte voraussetzen und damit zu weitgehenden Eingriffen in die Selbstverwaltung namentlich der Gemeinden führen. Die Folge wären unerwünschte politische Weiterungen. Auch die Verteilung nach der Kopfzahl lehnte die Begründung zum Entwurf ab. Sie würde die Unterschiede zwischen steuerschwachen und steuerkräftigen Ländern und Gemeinden völlig ausschalten und zu einer unerwünschten Gleichmachung führen. Mit Recht wird in der Begründung darauf hingewiesen, daß die größere Steuerkraft auf natürlichen Vorzügen beruhe, vor allem auf der geographischen Lage, den Verkehrsbeziehungen, in den Bodenschätzen und in den wirtschaftlich gegebenen Verhältnissen. Sie hat der Gesetzgeber zu beachten. So erschien als brauchbarster Maßstab nur das örtliche Aufkommen. Dieser Maßstab kommt nicht allein für die Einkommensteuern, sondern auch für die anderen Steuern zur Anwendung.

An zweiter Stelle steht der Anteil der Länder an der Erbschaftssteuer. Sie werden an dem Erträgnis aus der Erbschaftssteuer mit 20% beteiligt. Den Schlüssel für die Verteilung der Anteile bildet hier wiederum das örtliche Aufkommen, das von den Finanzämtern im Bereich des Landes veranlagt und erhoben wird.

Es folgt sodann an dritter Stelle der Anteil an der Grunderwerbssteuer mit 50%, und zwar wiederum nach dem örtlichen Aufkommen von Grundstücken, die innerhalb des Landesgebietes gelegen sind. Für die Gemeinden, die an der Grunderwerbssteuer beteiligt sind, schafft das Gesetz im § 39 eine Übergangsbestimmung. Sie erhalten nach ihr, sofern sie schon vor dem 1. Januar 1918 diese Abgaben erhoben haben, bis zum 31. März 1923 eine Sonderzuweisung in Höhe von ein Viertel des in ihrem Bezirk aufkommenden Reichsanteils.

Wie bereits angeführt ist, gewährt das Gesetz den Ländern und Gemeinden das Zuschlagrecht zur Grunderwerbssteuer (§ 40). Allerdings darf dieser Zuschlag für die beiden Körperschaften 20% des steuerpflichtigen Wertes nicht übersteigen. Das Land hat hieran im Höchstfalle einen Anteil von 1%.

An letzter Stelle schließlich führt das Gesetz den Anteil der Länder und Gemeinden an der **Umsatzsteuer** auf (§§ 41 ff.). Länder und Gemeinden werden je für sich beteiligt, und zwar die Länder mit 10 % des Ertrags, die Gemeinden mit 5 %. Für beide Anteilsberechtigte wird hier abweichend von der bisherigen Regelung ein anderer Berechnungsschlüssel angewandt. Der Länderanteil richtet sich nach der Bevölkerungszahl, der Gemeindeanteil jedoch wiederum nach dem örtlichen Aufkommen.

Das Landessteuergesetz läßt die Möglichkeit offen, die Beteiligung der Länder und Gemeinden später einer Nachprüfung zu unterziehen. Sofern vor dem 1. April 1923 keine Änderung erfolgt, bleiben die im Landessteuergesetz gegebenen Vorschriften bis zu einer gesetzlichen Neuregelung in Gültigkeit. Ausschlaggebend und richtunggebend für die Beibehaltung oder Neuregelung der Anteile wird das finanzielle Ergebnis sein.

Da die Wirkung der Anteilschlüssel auf die Haushalte der einzelnen Länder und Gemeinden sich nicht im voraus mit Sicherheit erkennen läßt, wählte das Gesetz für die Übergangszeit einen sicheren objektiven Maßstab. Es gewährleistet den Ländern die Einnahmen, die Länder und Gemeinden bisher aus den durch die Einkommensteuer, Körperschaftssteuer, Kapitalertragssteuer und Erbschaftssteuer ersetzten Steuern gezogen haben (§ 56). Der Anteil der Länder an der Einkommensteuer soll nicht nur das bisherige Aufkommen erreichen, sondern dieses Aufkommen wird noch durch einen Zuschlag von 25 % erhöht. Den Gemeinden ist dagegen die Möglichkeit, nachträglich Steuererhöhungen zu beschließen, nur um einen höheren Anteil am Steueraufkommen zu erhalten, genommen. Das Gesetz sieht vor, daß Änderungen, die nach dem 10. März 1920 beschlossen wurden, für die Berechnung des Anteils im allgemeinen nicht mehr berücksichtigt werden sollen.

Bis zum 1. April 1921 können nach § 57 des Landessteuergesetzes die Anteile auch der Gemeinden durch die Landesgesetzgebung einer neuen Regelung unterzogen werden. Hierbei sind die Grundsätze anzuwenden, wie sie für die Neuregelung des Anteilverhältnisses zwischen Reich auf der einen Seite sowie den Ländern und Gemeinden auf der anderen Seite im § 56 vorgezeichnet sind.

Die finanzielle Hilfe des Reichs für die Länder und Gemeinden erschöpft sich nicht allein in den Zuwendungen aus den Erträgnissen der Reichssteuern. Das Reich nimmt ihnen außerdem noch einen großen Teil der Kriegslasten ab. Diese Lasten waren es, die den Haushalt der Länder und Gemeinden schwer bedrückten. Nach

§ 59 übernimmt das Reich von den Ländern und Gemeinden die von ihnen geleisteten Ausgaben in der Familienunterstützung sowie die Kosten, Zinsen usw., die von den Ländern und Gemeinden für die Beschaffung der Mittel zur Zahlung jener Unterstützungen aufgewendet wurden; schließlich gehen alle sonstigen Aufwendungen auf dem Gebiete der Kriegswohlfahrtspflege auf das Reich über. Den Ländern wird außerdem eine besondere Entlastung dadurch zuteil, daß das Reich die Auslagen, die von den Ländern an die Beamten als Beschaffungsbeihilfe geleistet wurden, auf seine Rechnung übernimmt. Das finanzielle Ergebnis dieser Entlastungsaktion ist sehr hoch zu veranschlagen: das Reich nimmt den Ländern und Gemeinden rund 16 Milliarden Mark Lasten ab und davon freiwillig und ohne jede gesetzliche Verpflichtung rund 11 Milliarden Mark.[1])

Neben dieser unmittelbaren Entlastung sorgt das Landessteuergesetz auch für den Schutz vor künftigen Lasten, die den Ländern und Gemeinden in ihrem staatlichen Zusammenleben mit dem Reich erwachsen können. Trotz des Verlustes ihres selbständigen finanziellen Lebens bewahren ja die Länder und Gemeinden ihren eigenen kulturellen Aufgabenkreis, und in der Zeit der großen sozialen Fürsorge dürften ihnen zahlreiche neue und Kosten verursachende Aufgaben erwachsen. Für diese Fälle sieht das Landessteuergesetz eine Lastenverteilung zwischen Reich und Ländern bzw. Gemeinden vor. Das Reich soll von vornherein einen Teil der Kosten übernehmen, wenn es den Ländern oder Gemeinden Aufgaben zuweist. Darüber hinaus wird das Reich angehalten, im Falle des Bedürfnisses einen Kostenzuschuß zu leisten, wenn Länder oder Gemeinden Unternehmen auf kulturellem, wirtschaftlichem und sozialem Gebiete betreiben, deren Bedeutung sich auf das ganze Reichsgebiet oder über die Grenzen des Landes hinaus erstreckt. Das Landessteuergesetz sorgt schließlich auch noch für einen Lastenausgleich unter den Ländern und Gemeinden, insbesondere auf dem Gebiete der Armen-, Schul- und Polizeilasten.

Es unterliegt keinem Zweifel, daß die Bedeutung des Landessteuergesetzes im Rahmen der Finanzreform ungemein hoch zu veranschlagen ist. Die Bestimmungen greifen auf das tiefste in die Finanzgebarung der Länder und Gemeinden hinein. Denn das Landessteuergesetz beschränkt die Steuerhoheit der Länder erheblich und verweist sie nahezu vollkommen auf das Reich.

Das neue steuerpolitische Verhältnis zwischen Reich, Ländern

[1]) Siehe Ausschußbericht S. 5.

und Gemeinden berührt zwar in keiner Weise die politische Hoheit, die Autonomie der beiden Körperschaften. Immerhin ist aber durch die geschaffene finanzielle Verbindung dem Reich ein weitgehendes finanzielles Aufsichtsrecht eingeräumt. Das kommt auch im § 60 des Landessteuergesetzes zum Ausdruck, der den Reichsminister der Finanzen ermächtigt, von den Landes- und Gemeindebehörden Auskunft über Landes- und Gemeindesteuern zu verlangen. Er kann des weiteren Einsicht in die Haushaltspläne und Jahresrechnungen nehmen zur Durchführung der Lastenverteilung. Damit wird also die Einnahme- und Ausgabewirtschaft zum Teil mit in das Ermessen des Reichs gestellt.

Inwieweit diese durch das Gesetz gezogenen Grenzen im Steuerhoheitsgebiet mit der lebendigen wirklichen Entwicklung Schritt halten wird, muß auch hier letzten Endes die Entwicklung erweisen. Vorerst steht jedoch fest, daß durch das Landessteuergesetz der notwendige einheitliche Steueraufbau im Reich und die klare Einteilung in diesem Steueraufbau gewonnen sind.

2. Die reichseigene Steuerverwaltung und das Reichssteuerrecht.

(Reichsabgabenordnung vom 13. Dezember 1919.)

Aus den Darlegungen über die Steuerreform wurden die Triebkräfte erkenntlich, die dazu führten, dem Reich das Gebiet der Steuern auf das Vermögen und Einkommen zu erschließen. Mit der Reform der Steuern und der Abgrenzung der Steuerhoheit zwischen sich und den Ländern, wie sie in dem dargelegten steuerlichen Gesetzgebungswerk vollzogen wurde, konnte das Reich sich jedoch nicht begnügen. Wenn das Reich das fiskalisch so schwer und sozialpolitisch so hoch gestellte Ziel erreichen wollte, so mußte es auch die ausführenden Organe, also die Steuerverwaltungen im ganzen Reich, in einem einheitlichen Rahmen und nach einheitlichen Richtlinien arbeiten lassen. Denn die gerechte Verteilung der Steuerlasten, auf die es angesichts des großen steuerlichen Druckes sehr ankommt, und die Absonderung der Länderanteile konnte nur dann erreicht werden, wenn es gelang, die Voraussetzungen für eine einheitliche Handhabung der Steuergesetze im ganzen Reichsgebiet zu schaffen. Diese Voraussetzungen waren für das Reich nur in einer eigenen Steuerverwaltung zu finden.

Der Weg zu einer eigenen Reichssteuerverwaltung führte über große politische Schwierigkeiten. Eine eigene Reichssteuerverwaltung bedeutete trotz der staatspolitischen Umwälzung des 9. November 1918 immer noch einen tiefen Eingriff in die Landesverwaltung, der bei den Ländern schwere politische Bedenken auslöste. Entgegen allen Hemmnissen wurde jedoch an dem Grundgedanken einer reichseigenen Verwaltung aller Reichssteuern festgehalten. Das Reich war allerdings auch für den Fall vorbereitet, daß die Länder ihre Steuerverwaltung nicht in die Hände des Reichs gelegt hätten. Nach der Verfassung ist die Reichsfinanzverwaltung an sich verpflichtet, für die Zölle und Verbrauchsabgaben eine eigene Steuerverwaltung zu halten. Die neue Steuergesetzgebung legte der Reichsfinanzverwaltung die weitere Pflicht auf, ihre Abgaben auf das Einkommen und Vermögen, falls sie von den Ländern verwaltet würden, einer Kontrolle zu unterwerfen. Es hätten also von Reichs wegen Aufsichtsbehörden eingerichtet werden müssen, die, mit umfangreichen Machtmitteln ausgestattet, eine laufende Prüfung der Tätigkeit der Landesbehörden über die gerechte und gleichmäßige Ausführung der Reichssteuergesetze zu üben hätten. Daneben hätte zudem noch das Reich für sein Vermögen aus den Heeresbeständen und für die aus dem Notopfer erwarteten Vermögenswerte besondere Behörden zu errichten. Es war klar, daß diese doppelte oder gar dreifache Behördenorganisation mit vielerlei Störungen innerhalb der staatlichen Verwaltungen verbunden gewesen wäre. Darüber hinaus würde eine solche Kontrollverwaltung, insbesondere die Nachprüfung der steuerlichen Veranlagungsarbeiten der Landesbehörden, den Steuerpflichtigen vielfach große und unerfreuliche Belästigungen gebracht haben. Beides müßte auf die Steuerwilligkeit schädlich einwirken und damit auch die schon an sich sehr müde Reichsfreudigkeit stark beeinträchtigen. Hierzu kommen schließlich die hohen, ja vielleicht unnötig doppelten Kosten und nicht zum geringsten die Ungewißheit, ob eine solche Reichsaufsicht auch bei einem guten Ausbau die notwendigen Sicherheiten für eine gerechte und gleichmäßige Steuerverwaltung bieten würde. Aus all diesen Gründen hielt die Reichsfinanzverwaltung an ihrem Gedanken der eigenen, der Reichssteuerverwaltung fest. Sie konnte zudem die reichseigene Steuerverwaltung mit dem sehr stichhaltigen Hinweis begründen, daß die Länder etwa nur ein Zehntel, dagegen das Reich über drei Viertel des gesamten Steueraufkommens beansprucht. Früher war das Verhältnis umgekehrt. Das Reich besaß nicht einmal die selbständige Verwaltung der wenigen Steuern auf das Vermögen, die seinerzeit in seinen Händen lagen, so daß das Reich bislang der Kostgänger bei den Einzelstaaten war. Wenn das Reich nunmehr als erster Steuersouverän auch die Steuerverwaltung forderte, so war das rein äußerlich betrachtet nur eine natürliche Folge der völligen Umgestaltung der finanziellen Bedürfnisse und der Verschiebung der praktischen Steuergewalt.

Durch die neue Verfassung, die dem Reich auf dem Gebiet der Steuergesetzgebung eine große und ungemein erweiterte Zuständigkeit brachte, sowie durch die Richtung der Steuerreform mußte es als die nächste Aufgabe betrachtet werden, eine reichseigene Steuerverwaltung mit einheitlichem Behördenaufbau ins Leben zu rufen. Als Träger der Steuerhoheit aller wichtigen Abgabenzweige konnte das Reich auf eine eigene Steuerverwaltung nicht mehr verzichten.

Die große politische Streitfrage fand ihre Lösung in Weimar durch die geschickte politisch-parlamentarische Vertretung des damaligen Reichsfinanzministers Erzberger. Durch das Gesetz vom 10. September 1919 wurde in einem Teil der Reichsabgabenordnung (§§ 8—50 der Reichsabgabenordnung; in der Folge RAO. abgekürzt), der vorweg beschlossen wurde, die neue Reichssteuerverwaltung eingeführt.[1])

Bei der Einrichtung der neuen reichseigenen Finanzverwaltung war es gegeben, die bestehenden Verwaltungen der Länder zu übernehmen. Hierfür sprachen nicht allein Gründe der Sparsamkeit, sondern die entscheidende Tatsache, daß die neue Steuerverwaltung die sachkundigen Beamten vorerst nur in der alten Steuerverwaltung finden könnte. Es brauchten vielfach die bestehenden Einrichtungen nur übernommen zu werden, insbesondere dort, wo sie bereits in guter Verfassung vorlagen. Diese Finanzverwaltungen brauchten alsdann lediglich mit den notwendigen Erweiterungen versehen zu werden und sie konnten sofort in Wirksamkeit treten. Dort jedoch, wo diese Voraussetzungen fehlten, mußte von Grund auf neu eingerichtet werden. Das galt in erster Linie für den Norden und Osten Deutschlands.

Der Aufbau der Finanzverwaltung sowie ihre Geschäftsführung sind durch Gesetz und Verordnung und eine vorläufige Geschäftsordnung festgelegt.[2]) Die unteren Organe in der Verwaltung bilden die Finanzämter und ihre Hilfsstellen. Das Finanzamt ist in Süddeutschland bereits bekannt, und zwar in Baden als Be-

---

[1]) RGBl. Nr. 176 S. 1591 (Gesetz über die Reichsfinanzverwaltung).

[2]) Siehe die Verordnung vom 18. Dezember 1919 und die vorläufige Geschäftsordnung für die Landesfinanzämter: Amtsblatt der Reichsfinanzverwaltung Januar 1920 Nr. 2 und Juli 1920 Nr. 22.

zirkssteueramt, in Württemberg als Kameralamt und in Bayern als Rentamt usw. Die Bezeichnung „Finanzamt" umfaßt die Hauptzollämter, Besitz-, Umsatz-, Erbschaftssteuerämter usw. Den Finanzämtern ist die praktische Steuerveranlagung und Erhebung der Steuern übertragen. Ihnen sind besondere Ausschüsse zur Seite gestellt, deren Aufgabe darin besteht, in der Steuerverwaltung mit beschließender Stimme, also nicht nur gutachtlich, mitzuwirken.

Über den Finanzämtern steht als zusammenfassende Oberbehörde das Landesfinanzamt. Jedes Landesfinanzamt gliedert sich in der Regel in drei Abteilungen, und zwar:

I. Abteilung für Besitz- und Verkehrssteuern, die die Steuern von Einkommen und Besitz, Erbschafts-, Umsatz-, Grunderwerbs-, Stempel- und Verkehrssteuern umfaßt;
II. Abteilung für Zölle und Verbrauchssteuern;
III. Abteilung für Reichsvermögensverwaltung.

Das Landesfinanzamt verwaltet als Oberbehörde der Reichssteuerverwaltung alle Steuern im Sinne des § 1 der RAO. Der Bezirk eines Landesfinanzamts entspricht etwa dem Gebiet des Landes oder den größeren Verwaltungsbezirken der großen Länder. Als eine der vornehmsten Aufgaben der Landesfinanzämter gilt die Überwachung der gesamten praktischen Steuerveranlagungs- und -erhebungsarbeiten der Finanzämter. Außerdem kann der Reichsfinanzminister den Landesfinanzämtern (auf Antrag der Landesregierung) und den ihnen unterstellten Behörden (Finanzämter usw.) die Verwaltung von Landesabgaben und von anderen öffentlich-rechtlichen Abgaben, insbesondere von Kirchensteuern, übertragen. (§ 19.)

In ihren Geschäftsbereich gehört sodann die Rechtsprechung. Sie sind als Rechtsmittelinstanz gegenüber den Finanzämtern im Beschwerdeverfahren tätig. Den Landesfinanzämtern sind Finanzgerichte angegliedert, die bei den Steuern auf das Vermögen und Einkommen, Umsatz- und Verkehrssteuern als Berufungsgerichte entscheiden. Hierdurch soll eine gewisse Gleichmäßigkeit der Gesetzesanwendung in den Landesfinanzamts-Bezirken und durch den Reichsfinanzhof im ganzen Reich gesichert werden.

Die Spitze in dem organisatorischen Verwaltungsaufbau bildet das Reichsfinanzministerium und das Reichsschatzministerium. In den Geschäftsbereich der Steuerverwaltung des Reichsfinanzministeriums fallen:

1. die Steuern auf das Vermögen und Einkommen,
2. die Zölle, Verbrauchs- und Verkehrssteuern, sowie sonstige Reichsabgaben.

Dagegen ist die dritte Abteilung der Landesfinanzämter, die Verwaltung des reichseigenen Vermögens, dem Reichsschatzministerium unterstellt. Die höchste Rechtsprechung in Reichssteuersachen wird vom Reichsfinanzhof ausgeübt.

Durch die umfassende organisatorische Neuordnung in der Steuerverwaltung darf die gleichmäßige Anwendung der Steuergesetze in allen Landesteilen Deutschlands als gewährleistet angesehen werden. Für den Steuerpflichtigen wird diese verwaltungsmäßige Einheit in der Steuerveranlagung und -erhebung von großem Nutzen sein. Unabhängig davon, in welchem Landesteile der Pflichtige wohnt, er steht immer einer nach gleichen Prinzipien arbeitenden Verwaltung gegenüber. Die neue Verwaltung bringt auch nach der rein verwaltungstechnischen Seite hin die Vorzüge der Einheitlichkeit, Stetigkeit und damit den Vorteil eines reibungsloseren Verkehrs zwischen Steuerpflichtigen und Steuerbehörde.

Aber die rein verwaltungsmäßige Einheit ist so lange unvollständig, als nicht auch das anzuwendende Recht in seinen Grundlinien in allen Landesteilen des Reichs einheitlich ausgestaltet wird. Bisher waren die Rechte und Pflichten der Steuerzahler recht vielgestaltig. Jedes Land kannte sein eigenes Steuerrecht. Hierzu kam aber noch, daß jeder Einzelstaat jedem seiner Steuergesetze abweichende Bestimmungen über die Besteuerung, über die Veranlagung, Erhebung und die Strafen zugrunde legte. Auch das Reich seinerseits kannte ein eigenes Steuerrecht für seine Verbrauchs- und Verkehrsabgaben und Zölle. Diese große Zersplitterung war sehr beklagenswert. Sie erschwerte es, eine klare und übersichtliche Kenntnis des geltenden Steuerrechts schon auf einem Teilgebiet zu bekommen. Nach der materiellen Seite hin brachte sie die sehr fühlbare praktische Wirkung mit sich, daß die Abgabepflichtigen unterschiedlich veranlagt wurden, was zu großen Unzuträglichkeiten führte. Bei den so tief eingreifenden neuen Reichssteuergesetzen mußten sich diese Fehler bedenklich verstärken. Es erschien daher geboten, eine neue und zugleich einheitliche und damit gerechte steuerrechtliche Grundlage für alle Steuerpflichtigen zu schaffen. Dies konnte nur auf der Grundlage eines Reichssteuerrechts geschehen. Die RAO. vom 13. Dezember 1919 gibt diese neue Grundlage.[1])

[1]) RGBl. S. 1993. Der Entwurf einer Reichsabgabenordnung und die eingehende Begründung sind das Werk des Reichsgerichtsrats am Reichsfinanzhof München, Dr. Becker. Vgl. Drucks. Nat.-Vers. Nr. 759 vom 6. August 1919.

Zum ersten Teil der RAO. gehören die bereits dargelegten Bestimmungen über die Behörden. Im zweiten und dritten Teil sind die Vorschriften aufgenommen:

a) über die Besteuerung und

b) über das Steuerstrafrecht.[1])

Die in der RAO. getroffenen Bestimmungen gelten, soweit in den künftigen Steuergesetzen über sie nichts Abweichendes vorgeschrieben wird, für alle Steuern, die ganz oder zum Teil zugunsten des Reichs erhoben werden. Alle Steuergesetze, die vor der RAO. in Kraft traten, werden daher gemäß den Bestimmungen der Übergangsvorschriften (§§ 451 ff. der RAO.), von besonderen Ausnahmen abgesehen, der RAO. angepaßt.

Es ist von wissenschaftlichem Interesse, hervorzuheben, daß die RAO. eingangs im § 1 die Definition des Begriffs Steuer gibt. Sie versteht unter Steuern einmalige oder laufende Geldleistungen, die folgenden Erfordernissen genügen müssen. Sie dürfen

1. keine Gegenleistung für eine Leistung darstellen und müssen
2. von einem öffentlich-rechtlichen Gemeinwesen, das hieraus Einkünfte ziehen will, auferlegt werden.

Die Begriffsbestimmung entspricht im allgemeinen den geltenden Anschauungen. Im einzelnen kann hier nicht abgestimmt werden, inwieweit auch eine Übereinstimmung mit den in den wissenschaftlichen Arbeiten niedergelegten Ansichten vorliegt oder nicht. Das Gesetz verfolgt durch die vorangestellte Definition weniger einen theoretischen, als mehr einen praktischen Zweck. Eine der praktischen Wirkungen dieser gesetzlichen Definition ist, daß die Beiträge und Gebühren nicht als Steuern anzusprechen sind und daher den Vorschriften der RAO. nicht unterliegen. Diese Ausscheidung bedeutet keine Einengung der RAO., weil die Beiträge und Gebühren eine verhältnismäßig nachgeordnete steuerpolitische Bedeutung haben.

Die erste allgemeine Vorschrift der RAO. stellt den bedeutsamen Leitsatz auf, daß bei der Auslegung der Steuergesetze ihre wirtschaftliche Bedeutung zu berücksichtigen ist (§ 4). In dieser Vorschrift liegt ein Schutz für die Steuerpflichtigen. Wohl keine der eingangs zur RAO. getroffenen allgemeinen Bestimmungen

---

[1]) Die vorliegende Darstellung über die Besteuerung und das Steuerstrafrecht folgt im Gedankengange und im Aufbau der Arbeit über die RAO. vom Ministerialrat im Reichsfinanzministerium Dr. Dorn. (Siehe Blätter für Gesetzeskunde 1. Jahrg. 2. Heft.)

kann einen höheren allgemeinen Wert beanspruchen als diese Vorschrift. Denn heute sehen sich die Steuerpflichtigen Steuern gegenüber, die den engsten Zusammenhang zwischen Staat und Wirtschaft herstellen und mit hohen Tarifen in das produktive Volksvermögen und in das Einkommen von Millionen von Arbeitenden eingreifen. Wieweit diese allgemeine Bestimmung zur nützlichen Anwendung kommen wird und kann, wird eine Frage der praktischen Übung sein. Sie ist jedenfalls als Ziel, das seinen klaren gesetzlichen Ausdruck gefunden hat, hoch zu bewerten.

In einem zweiten allgemeinen Satz sucht die RAO. allgemeine Vorsorge gegen Steuerhinterziehungen zu treffen. Im § 5 der RAO. wird der Satz aufgestellt, daß die Steuerpflicht unter Mißbrauch von Formen und Gestaltungsmöglichkeiten des bürgerlichen Rechts nicht umgangen werden kann. Die RAO. läßt vier Voraussetzungen zusammentreffen, bis sie einen Mißbrauch im Sinne der Vorschrift des § 5 als vorliegend erachtet. Zunächst muß die Absicht der Steuerumgehung feststehen. Sodann muß durch die Umgehung wirtschaftlich wesentlich dasselbe erreicht sein, was auf dem der Steuer unterworfenen Wege erreicht worden wäre. Es müssen weiterhin etwaige Rechtsnachteile, die der gewählte Weg mit sich bringt, tatsächlich nicht ins Gewicht fallen. Schließlich muß die gewählte Rechtsform ungewöhnlich sein und den wirtschaftlichen Verhältnissen nicht entsprechen.[1]) Die Grenzen für die Umgehung oder Minderung der Steuer sind demnach zwar weit, aber streng gezogen. Der Kerngedanke dieser gesetzlichen Bestimmung liegt in dem Streben, im Verkehr zwischen Steuerpflichtigen und Staat den gleichen Grundsatz zu entwickeln, wie er in der allgemeinen Rechtsentwicklung unter den Privaten im Geschäftsleben herrscht, nämlich den Grundsatz von Treu und Glauben. Ohne Zweifel würde die Verwirklichung dieses guten alten Grundsatzes auf steuerlichem Boden das sittliche Verhältnis zwischen Staat und Bürger auch nach der politischen Seite hin auf eine höhere Stufe stellen können.

Schon diese wenigen allgemeinen Richtlinien tragen in die Steuerwirtschaft eine bedeutungsvolle Rechtssicherheit. Der Vorzug dieser Bestimmungen liegt auch noch in dem zeitlichen Gewinn, nämlich darin, daß die Sicherheit nicht mehr durch die Rechtsprechung in zeitraubenden Einzelarbeiten gewonnen zu werden braucht. So trägt u. a. die objektive Festsetzung der Merkmale für die Steuerumgehung unzweifelhaft eine Festigkeit und Zuver-

---

[1]) Vgl. Dorn, a. a. O. S. 6.

lässigkeit in die praktische Steuergebarung hinein, die in einzelnen Urteilen der Finanz- usw. Gerichte nicht sobald zu erzielen wäre. Hierdurch ist auch eine leichte Bekämpfung der Steuerhinterziehung möglich, die gleichzeitig durch die klare Fassung der Bestimmungen zu einem persönlichen Schutz für die ehrlichen Abgabepflichtigen wird. Denn die Belastung des Ehrlichen wird höher, wenn dem Unehrlichen der Weg für die Steuerschiebung offengehalten wird. Und neben der Gerechtigkeit in der neuen Steuergesetzgebung war es mit eine der wichtigsten Erfordernisse, die Steuerhinterziehung zu unterbinden.

Nach den einleitenden grundsätzlichen Vorschriften gibt die RAO. in ihrem ersten Teil den bereits dargelegten Aufbau der reichseigenen Steuerverwaltung wieder. Diesem Teil schließt sich ein zweiter an, der die Besteuerung behandelt. In einem dritten Teil finden das Strafrecht und Strafverfahren seine Behandlung.

Der Abschnitt über die Besteuerung regelt in eingehenden Vorschriften die Formen der praktischen Steuerarbeit der Behörde und des Steuerpflichtigen, angefangen von der Entstehung der Steuerschuld bis zu ihrer Beendigung mit der vollkommenen Bezahlung. Neben den allgemeinen Vorschriften über die örtliche Zuständigkeit für die Besteuerung von Einzelpersonen, von juristischen Personen, über die Fragen des Wohnsitzes, über den Ort der Leitung, über die Zuständigkeit des Finanzamts (geregelt in den §§ 51—63) werden in den §§ 64—71 der RAO. die Fälligkeiten der Steuerschulden behandelt, sodann die Gewährung von Nachsicht wegen unverschuldeter Versäumung von Rechtsmittelfristen und die Zustellung. Besondere Bedeutung beanspruchen auch die Vorschriften über die Verfügungen (§§ 73—78). In diesem Abschnitt finden sich zum erstenmal grundsätzliche Bestimmungen für das Gebiet des ganzen Reichs über das Wirksamwerden von Entscheidungen, Beschlüssen und anderen Anordnungen. Die Verfügungen werden nach § 73 dadurch wirksam, daß sie den Steuerpflichtigen zugehen. Das Finanzamt kann diese Verfügungen wieder zurücknehmen, sie abändern oder durch neue ersetzen. Unter gewissen Voraussetzungen sind diese Verfügungen ungültig, nämlich dann, wenn sie von einer unzuständigen Stelle erlassen wurden oder sobald sich die tatsächlichen Verhältnisse, die für die Verfügung maßgebend waren, geändert haben.

In einem weiteren Abschnitt (§§ 79—136) behandelt die RAO. die sog. sachlichen Vorschriften. Hierunter fallen die Fragen, wann der Steueranspruch des Reichs entsteht (nach § 81 entsteht die Steuerschuld, sobald der Tatbestand, an den das Gesetz die Steuer knüpft, verwirklicht ist), wann er fällig wird, auf welchem Wege für ihn Sicherheit zu leisten ist (§ 109), wie er getilgt werden kann, wann die bargeldlose Zahlung, die Stundung zulässig sind (§§ 102—106) und schließlich, welches die Folgen einer nicht rechtzeitigen Zahlung sind. Hinsichtlich des letzten Punktes ist bemerkenswert, daß die RAO. dem säumigen Steuerschuldner, soweit die einzelnen Gesetze nichts anderes vorschreiben, schonungslos eine 5 % ige Verzinsungspflicht von der Fälligkeit der Steuer ab auferlegt (§ 104). Diese Bestimmung wird hoffentlich günstige Wirkung ausüben. Bisher gehörte es zu einer der vielen unschönen Gepflogenheiten gewisser Steuerpflichtiger, die Zahlung ihrer Steuerschuld über alle gesetzten Fristen und trotz vielfach wiederholter Mahnungen aufzuschieben, und dies lediglich aus dem Grunde, um die Zinsen für die Zwischenzeit zu sparen. Die RAO. will diese Untugend mit einem 5 %igen Debetzins bekämpfen, der vom Tage der Fälligkeit der Steuerschuld vom Steuerpflichtigen zu leisten ist.

Nach den §§ 107 und 108 können Steuern niedergeschlagen oder nicht erhoben werden. Die Steuer wird niedergeschlagen, sobald der Versuch, sie einzutreiben, aussichtslos ist oder wenn die Kosten der Eintreibung in keinem Verhältnis zum Ertrage stehen. Die Einziehung von Steuern kann für einzelne Fälle, nämlich dann, sobald dies nach Lage der Sache unbillig wäre, ganz oder zum Teil erlassen werden. Wann diese Voraussetzungen gegeben sind, unterliegt der Entscheidung des Reichsministers der Finanzen. Diese Befugnis kann auch für bestimmte Fälle den Landesfinanzämtern oder Finanzämtern übertragen werden.

Die RAO. gibt weiterhin eine Aufzählung über die Art der Pfandobjekte, mit denen der Steuerpflichtige für seine Steuerschuld die schon erwähnte Sicherheit leisten kann. Nach § 109 kommen hierfür u. a. in Betracht: die Hinterlegung von Geld, von mündelsicheren Schuldverschreibungen, die Verpfändung von Guthaben bei inländischen, öffentlich-rechtlichen Sparkassen, die Verpfändung von Schuldbuchforderungen, die Bestellung von Hypotheken usw.

Aus den objektiven Steuervorschriften beanspruchen die Bestimmungen über die Vertretung des Steuerpflichtigen eine erhöhte Aufmerksamkeit. Nach § 88 Abs. 1 der RAO. kann sich der Steuerpflichtige vertreten lassen, sobald er abwesend oder verhindert ist, die Pflichten selbst zu erfüllen, die ihm im Interesse der Besteuerung obliegen oder um seine Rechte wahrzunehmen. Zur Vertretung sind nach dem gleichen Paragraphen im allgemeinen

Rechtsanwälte und Notare, sowie die Vertreter beruflicher und gewerkschaftlicher Vereinigungen für die von ihnen in dieser Eigenschaft vertretenen Personenkreise zugelassen.

Mit der Vertretung ist auch die Frage der Haftung verbunden. Für die Haftung gilt im allgemeinen der Satz, daß der Steuerschuldner für seine Abgabe haftet, und sofern mehrere Personen nebeneinander für die Zahlung einer Steuerschuld haften, sind sie als Gesamtschuldner dem Reich gegenüber verpflichtet. Daneben besteht nun aber auch die Haftpflicht für die Vertreter der Steuerpflichtigen. Sie hängt davon ab, daß durch schuldhafte Verletzung der Vertreterpflicht das Reich in seinem Steueranspruch beeinträchtigt wurde. Besondere Vorschriften trifft die RAO. über die Rechtsanwälte im § 90 Abs. 2. Sie sind für ihre Handlungen bei der Beratung in Steuersachen (in Ausübung ihres Berufes) nur dann schadenersatzpflichtig, wenn diese Handlungen eine Verletzung ihrer Berufspflichten enthalten. Die Feststellung, ob eine solche Verletzung der Berufspflicht vorliegt, wird auf Antrag des Landesfinanzamts in einem ehrengerichtlichen Verfahren entschieden.

Sämtliche Ansprüche des Reichs unterliegen der Verjährung (§§ 120—126). Die Verjährung beginnt mit dem Ablauf des Jahres, in dem der Anspruch entfallen ist (§ 122). Sie wird durch Stundung unterbrochen.

Schließlich regelt die RAO. die Erstattungs- und Vergütungsansprüche, die ein Steuerpflichtiger an das Finanzamt haben kann. Der Anspruch kann sich auf Grund einer Berichtigung in der Steuerfestsetzung u. a. gründen. In welcher Weise er nun befriedigt wird, regeln des näheren die Bestimmungen in den §§ 127—136. (Schriftliche oder mündliche Geltendmachung des Anspruchs beim Finanzamt, ein abgelehnter Anspruch ist zu begründen, die erstatteten Beträge über 300 ℳ sind von der Entrichtung an mit 5 % zu verzinsen usw.)

Nach diesen allgemeinen Vorschriften über die Besteuerung trifft die RAO. eingehende Bestimmungen über die Wertermittlung. Hieran reihen sich die Vorschriften über die Ermittlung und Festsetzung der Steuer an, sodann das Einspruchsverfahren und schließlich die Beitreibung. Von den aufgezählten Abschnitten über die Besteuerung beansprucht vor allem die Frage der Bewertung hohes Interesse. Die RAO. zieht für die Wertermittlung feste und klare Linien. Für die Bewertung ist grundsätzlich der gemeine Wert maßgebend (§ 137). Und weiterhin: jede wirtschaftschaftliche Einheit, z. B. ein Betriebsunternehmen, ein Landgut usw. ist für sich als ein Ganzes einheitlich zu bewerten, ohne Rücksicht auf Zahl und Art der in ihr enthaltenen Gegenstände. Der § 138 Abs. 1 bestimmt den Begriff des gemeinen Wertes: der gemeine Wert wird durch den Preis bestimmt, der im gewöhnlichen Geschäftsverkehr nach der Beschaffenheit des Gegenstandes unter Berücksichtigung aller den Preis beeinflussenden Umstände bei einer Veräußerung zu erzielen wäre. Diese Definition entspricht den herrschenden Auffassungen in der Rechtsprechung und auch in der wissenschaftlichen Meinung. Bei der Bewertung des Betriebsvermögens ist nach § 139 davon auszugehen, daß das Unternehmen bei der Veräußerung nicht aufgelöst, sondern weitergeführt wird. Dagegen ist nach dem gleichen Paragraphen Abs. 2 eine Ausnahme für die Gegenstände geschaffen, die dem Betrieb dauernd gewidmet werden. Für sie soll der Anschaffungs- oder Herstellungspreis entscheidend sein, falls er hinter dem gemeinen Wert zurückbleibt.

In den Einzelvorschriften werden sodann Bestimmungen über die Bewertung von kursfähigen Wertpapieren, von Aktien, Kuxen und Anteilen ohne Kurswert, für Kapitalforderungen und Schulden, für Forderungen und Rentenansprüche, sowie für bedingte Ansprüche und Lasten getroffen, schließlich für den Wert von Nutzungen oder Leistungen. Bei der Bewertung finden keinerlei persönliche oder ungewöhnliche Verhältnisse Berücksichtigung. Dabei gelten sogar Geldwertschwankungen als ungewöhnliche Verhältnisse.[1]) Das ist gerade für die Gegenwart sehr bedeutsam.

Besondere Vorschriften stellt die RAO. für die Bewertung von Grundstücken auf (§§ 152—161). Sie sind nach § 152 in der Regel mit dem gemeinen Wert anzusetzen. Dagegen kann ihnen auch der Ertragswert zugrunde gelegt werden.

Die RAO. trifft sodann eingehende Vorschriften über die Ermittlung und Festsetzung der Steuer. Das Verfahren, das dieser praktischen Arbeit dient, ist sorgsamst aufgebaut (§§ 162 bis 216). Zwei Gesichtspunkte werden hierbei vom Gesetz verfolgt: das Gesetz will einmal dem Reich die Befugnisse geben, die zur nachdrücklichen Verfolgung seines Steueranspruchs erforderlich sind, und es will auf der anderen Seite den Steuerpflichtigen vor einem Übereifer der Steuerbehörden schützen. Das Gesetz verfolgt also das Ziel einer objektiven und gleichmäßigen Wahrung der Staats- und der Privatinteressen und glaubt dies auf eine doppelte Weise gesichert zu haben. Es gewährt den Finanzämtern weitgehende

---

[1]) Siehe Dorn, a. a. O. Seite 10.

Rechte und Befugnisse und legt den Steuerpflichtigen bestimmte Pflichten auf. Jeder Steuerpflichtige ist angehalten, die steuerlichen Verhältnisse den Finanzämtern in einer weitgehenden Form freizulegen und sichtbar zu machen. Da diese Entkleidung auch vor der Behörde ihre Gefahren in sich schließt, gibt das Gesetz den Pflichtigen den notwendigen Schutz vor Mißbrauch der Angaben durch die Beamten. Die Beamten werden durch scharfe Strafandrohungen zum Schweigen angehalten (§ 376).

Von den besonderen Bestimmungen aus dem Pflichtkreis der Zensiten seien in erster Linie die Vorschriften über die Buchführung aufgeführt. Der § 162 gibt sehr eingehende Vorschriften darüber, wer Buch zu führen hat, wie die Eintragungen zu bewirken sind, welche äußeren Formen dabei zu beachten sind usw. Nach § 164 ist jeder Steuerpflichtige mit einem Einkommen von über 10000 *M* angehalten, über seine Einnahmen Aufzeichnungen zu machen. Das trifft vornehmlich die freien Berufe. Ebenso werden eingehende Vorschriften über die Errichtung von Bankkonten gegeben (§ 165). Es ist verboten, auf einen falschen oder erdichteten Namen für sich oder einen anderen ein Konto zu errichten, Wertpapiere usw. zu hinterlegen u. a. m. Jeder Besitzer eines Grundstücks hat dem Finanzamt auf Verlangen sämtliche Bewohner des Grundstücks mit Namen, Berufsstellung, Geburtsort und -tag anzugeben (§ 167). Die Finanzämter wiederum haben das Recht, zu prüfen, wie die Bücher und Aufzeichnungen geführt werden usw. Diese Befugnis wird streng zu üben sein, damit jene, die ehrliche Kaufmannschaft so entehrende Erscheinung der Kriegszeit, die mit dem Namen „doppelte" doppelte Buchführung bezeichnet wurde, beseitigt wird.

Im allgemeinen hat der Steuerpflichtige bei seinen Steuererklärungen zu versichern, daß er seine Angaben nach bestem Wissen und Gewissen gemacht hat (§ 168). Darüber hinaus muß der Steuerpflichtige auf Verlangen des Finanzamts persönlich Auskunft und weitere Nachweisungen geben (§ 172). Grundsätzlich hat der Steuerpflichtige die Richtigkeit seiner Angaben zu beweisen, insbesondere den Sachverhalt klarzulegen und urkundlich zu belegen (§ 173). Im äußersten Falle ist eidesstattliche Erhärtung der Angaben vorgeschrieben. Diese kann indessen nur mit Genehmigung des Landesfinanzamtes und soll nur dann verlangt werden, wenn alle anderen Mittel zur Erforschung der Wahrheit erfolglos geblieben sind (§ 209 Abs. 3).

Den von der RAO. dem Steuerpflichtigen vorgeschriebenen Pflichten, bei der Veranlagung mitzuwirken, wird der Steuerpflichtige wohl am sichersten genügen, wenn er alle wichtigen Tatsachen, die seine Steuerpflicht begründen, in den jeweiligen amtlichen Vordrucken gewissenhaft ausfüllt.

Und nun die Rechte der Steuerbehörden. Die Behörden können sich bei der Ermittlung der Steuer auf den Beistand Dritter berufen, und zwar nicht nur auf die Hilfe der Behörden, sondern auch der Privatpersonen. Die behördliche Beistandsleistung ist in den §§ 191 und 192 näher geregelt. Sie verpflichtet alle Behörden des Reichs und des Landes und darüber hinaus alle Beamten und Notare, sowie Verbände und Vertretungen von Betriebs- und Berufszweigen, jede Hilfe zu leisten, die der Durchführung der Besteuerung und der den Finanzämtern obliegenden Prüfung und Aufsicht dient. Es ist insbesondere Einsicht in die Bücher, Verhandlungen, Listen und Urkunden zu gewähren. Dabei ist aber die Unverletzbarkeit des Post-, Telegraphen- und Fernsprechgeheimnisses ausdrücklich vorbehalten.

Die Privatpersonen sind zu Hilfeleistungen gegenüber dem Finanzamt verpflichtet. Sie erstrecken sich auf die Auskunftserteilung, auf Erstattung gewisser steuerlich gebotener Anzeigen, auf Gewährung von Einsicht in Bücher und Schriftstücke und auf die Erstattung von Gutachten (§§ 177—190). Ohne Zweifel ist die Auskunftspflicht sehr weitgehend. Aber es ist zu beachten, daß es sich dabei nicht um eine Schädigung der Steuerpflichtigen, sondern um einen rechtlichen Anspruch des Reichs handelt. Daher nutzt auch keine Berufung auf das Geschäfts- oder Gewerbe- oder Familiengeheimnis. Von dieser Auffassung aus verpflichtet die RAO. sogar die nahen Angehörigen der Steuerpflichtigen zur Auskunft. Als naher Angehöriger gelten nach § 178 der Verlobte, der Ehegatte (auch wenn die Ehe geschieden ist) und die Verwandten in gerader Linie oder in der Seitenlinie bis zum 2. oder 3. Grade. Eine Schranke kann nur die Gefahr strafgerichtlicher Verfolgung bilden. Die weitere Einschränkung bringt § 179, der unter gewissen Voraussetzungen Rechtsanwälten, Ärzten und deren Gehilfen das Recht gibt, die Auskunft zu verweigern. Ein Geistlicher darf nicht über solche Tatsachen befragt werden, über die er nicht aussagen kann, ohne die ihm als Seelsorger obliegende Pflicht der Verschwiegenheit zu verletzen.

Wenn von diesen Ausnahmen abgesehen wird, so darf gesagt werden, daß die Nachforschungsbefugnisse sehr weit gehen. Das an sich ausgedehnte Recht zur Befragung entspricht aber dem Empfinden der Bevölkerung. Die Begründung hebt mit Recht hervor, daß es in weiten Kreisen Beunruhigung hervorrufen müßte, wenn unter dem Vorwande der Wahrung des Geschäfts- oder Familiengeheimnisses u. dgl. den Steuerhinterziehungen Tor und Tür geöffnet würde. Eine wirtschaftliche Schädigung tritt durch dieses Recht nicht ein. Sie könnte, auch wenn sie erfolgen würde, der Steuerbehörde um so weniger zur Last gelegt werden, als die Auskünfte regelmäßig erst dann eingeholt werden, sobald die Verhandlungen mit dem Steuerpflichtigen zu keinem Erfolg geführt haben oder falls deren Erfolglosigkeit von vornherein feststeht.

Der Auskunftspflicht unterliegen auch die Banken. In den §§ 189—190 wird die alte als unverbrüchlich gehaltene Verschwiegenheit der Banken und Sparkassen aufgehoben. Es war eine viel umstrittene Frage, ob das Bankgeheimnis trotz der finanziellen Notlage des Reichs aufrechterhalten werden müßte oder nicht. Die gesetzgebenden Körperschaften haben dies verneint, denn die Öffentlichkeit betrachtet Banken und Sparkassen, wie die Begründung sagt, „geradezu als Bollwerk gegen die Ansprüche des Steuerfiskus“.[1]) Das Bankgeheimnis ist in einer schonenden Weise gelöst.[2]) Banken und Sparkassen und die ihnen gleichstehenden Unternehmungen sind lediglich verpflichtet, die Namen ihrer Kunden, nicht auch die Höhe der bei ihnen ruhenden Guthaben der Finanzbehörde in regelmäßigen Zeitabschnitten bekanntzugeben. Der praktische Wert des § 189 wird in der Zukunft sich zu erweisen haben. Es war aber eine unbedingte Pflicht der Reichsfinanzverwaltung, das Bankgeheimnis zu lösen, sonst würde nach den bisherigen Erfahrungen die Steuerdefraudation einen noch weit stärkeren Umfang angenommen haben. Aber auch wenn der praktische Wert des § 189 in Zweifel gezogen wird, so steht doch eine günstige psychologische Wirkung fest. Dem Steuerpflichtigen wird das Gefühl unbedingter Sicherheit vor der Entdeckung seiner Steuerhinterziehung genommen, er lebt vielmehr unter dem Druck der Empfindung, daß seine Hinterziehung jederzeit entdeckt werden kann. Letzten Endes wird es von der Geschicklichkeit der einzelnen Finanzämter abhängen, aus dieser an sich weitgehenden Machtbefugnis den für die Steuerveranlagung wertvollen Gebrauch zu machen.

Auf das emsige Bestreben, die Steuerumgehung überall zu bekämpfen, ist die auch beachtliche Vorschrift des § 200 zurückzuführen. Sie stellt Unternehmungen, die in Steuerangelegenheiten Rat und Hilfe erteilen, unter die Aufsicht der Finanzämter. Diese Maß-

---

[1]) Siehe Begründung Drucks. Nat.-Vers. Nr. 759 S. 117.

[2]) Siehe Verordnung vom 27. Januar 1920 (RGBl. S. 126).

nahme ist in der Tat nur geeignet, den Schutz der ehrlichen Steuerzahler zu verstärken; andererseits ist sie auch eine Warnung für die Steuerzahlenden, sich unkontrollierten Auskunfteien und Beratungsstellen in Steuersachen anzuvertrauen.

Die RAO. gibt den Finanzbehörden auch die erforderliche Macht, um ihre Ansprüche in der Steuerermittlung durchzusetzen (§ 202). Als Zwangsmittel sind Geldstrafen sowie die Ausführung auf Kosten des Pflichtigen vorgesehen.

Sobald die Ermittlungsarbeiten auf der Grundlage dieser Vorschriften abgeschlossen sind, empfängt der Steuerpflichtige von seinem Finanzamt den Steuerbescheid (§§ 211—220). Damit hat er die Unterlage in der Hand, von der aus er sich nunmehr nach einer doppelten Richtung hin entscheiden kann. Der Steuerpflichtige kann sich mit dem empfangenen Steuerbescheid beruhigen und seine Steuerschuld bezahlen, oder der Steuerpflichtige kann im Rechtsmittelwege gegen den Steuerfestsetzungsbescheid angehen. Im zweiten Falle zeigt die RAO. in einem weiteren Abschnitt hierzu den Rechtsmittelweg (§§ 217—297).

Das Verfahren der Berufung gegen einen Steuerbescheid ist verschieden gestaltet. Es hängt im einzelnen davon ab, ob es sich um Zölle und Verbrauchsabgaben oder um andere Steuern handelt. Für Zölle und Verbrauchsabgaben ist das Anfechtungsverfahren an das Landesfinanzamt und gegen den Anfechtungsbescheid des Landesfinanzamts die Rechtsbeschwerde an den Reichsfinanzhof gegeben. Bei anderen Steuern, insbesondere bei Steuern vom Einkommen und Vermögen (einschl. der Erbschaftssteuern), aber auch bei den Verkehrssteuern und der Umsatzsteuer greift das Berufungsverfahren Platz. Hier ist gegen den Steuerbescheid des Finanzamts der Einspruch zugelassen. Auf den Einspruch entscheidet zunächst das Finanzamt selbst. Gegen den Einspruchsbescheid des Finanzamts kann Berufung an das Landesfinanzamt und gegen das Berufungsurteil die Rechtsbeschwerde an den Reichsfinanzhof eingelegt werden.

Von den allgemeinen Vorschriften seien nur hervorgehoben die Bestimmungen über die Einlegung eines Rechtsmittels, deren Frist einen Monat beträgt und die dabei zu beachtenden Formalitäten (§§ 234—236: schriftliche Einreichung oder Erklärung zu Protokoll, Prüfung der Zulässigkeit des Rechtsmittels usw.). Der Steuerpflichtige hat das Recht, sich im Rechtsmittelverfahren durch Rechtsanwälte vertreten zu lassen (§§ 238, 239). Gegen das Urteil kann Einspruch erhoben und Berufung eingelegt werden. Für diesen Fall gibt die RAO. eingehende Vorschriften über das ganze Berufungsverfahren (§§ 247—264), z. B. über die Akteneinsicht der Beteiligten, Beifügung von genügendem Schriftsatz, Öffentlichkeit der mündlichen Verhandlungen, Rechte des Vorsitzenden, Beschlußfassung des Gerichts, das Ergehen der Urteile. Ebenso eingehend sind die Bestimmungen über die Rechtsbeschwerde und das bei ihr zur Anwendung zu bringende Verfahren. Von Interesse sind schließlich auch noch die Vorschriften über die Kosten (§§ 285—297). Nach § 285 hat der Steuerpflichtige die Kosten für das von ihm eingelegte Rechtsmittel zu tragen, wenn es im endgültigen Ergebnis erfolglos ist. Bei einem Teilerfolg trägt er Teilkosten, insbesondere seine eigenen Kosten. Die Kostenlast umfaßt im übrigen die Erstattung der beiderseitigen notwendigen Auslagen. Über die Höhe der Gebühren unterrichtet § 289 der RAO.

Ein fünfter Abschnitt im Besteuerungsverfahren nimmt die Vorschriften über die Beitreibung der Steuern auf. Der § 298 spricht dem Finanzamt das Recht zu, die Vermögens- und Einkommensverhältnisse des Pflichtigen zu ermitteln, falls er den geschuldeten Steuerbetrag nicht bezahlt. Es kann in sein bewegliches und unbewegliches Vermögen die Zwangsvollstreckung durch Pfändung gelegt werden (§ 316). Die Grundsätze der Beitreibung, die hier nicht im einzelnen dargelegt werden können, lehnen sich im wesentlichen an die ZPO. an.

In ihrem dritten Teil trifft die RAO. die Vorschriften über das Strafrecht und das Strafverfahren. Das Strafrecht gibt im wesentlichen die Begriffsbestimmungen über Steuerzuwiderhandlungen (§§ 356, 357), Steuerhinterziehungen u. a. Die Definition des Begriffs der Steuerhinterziehung umschreibt der § 359.

Für den Tatbestand der Steuerhinterziehung genügt es schon, daß infolge einer solchen Handlung ein geringerer Steuerbetrag vom Finanzamt festgesetzt oder ein Steuervorteil zu Unrecht gewährt oder belassen wird. Die Strafen können nach §§ 364, 365 verschärft werden. Wenn wegen Steuerhinterziehung auf eine Gefängnisstrafe von mindestens drei Monaten erkannt wird, so kann gleichzeitig auf Verlust der bürgerlichen Ehrenrechte erkannt werden usw. Sehr streng sind auch die Strafen bei Steuerhinterziehungen auf Grund falscher Aufzeichnungen oder Buchführung im Betrieb oder Beruf oder bei Vorlage unrichtiger Geschäftsabschlüsse und ähnlicher arglistiger Mittel. Wer wegen dieser Verfehlungen (wegen Steuerhinterziehung) wiederholt bestraft ist, kann unter Umständen seinen Betrieb durch das Landesfinanzamt untersagt erhalten (§ 366).

Die RAO. gibt sodann im § 368 die Begriffsbestimmung über die Steuerhehlerei, die gleichfalls unter Strafe gestellt wird. Bemerkenswert sind andererseits die Bestimmungen über Straffreiheit bei Rechtsirrtum (§ 358) und dann die Bestimmungen über die Haftung der Vertreter, die sich Steuerzuwiderhandlungen zuschulden kommen ließen (§ 381).

Das Strafrecht kommt in einem besonderen Strafverfahren zur Anwendung, und zwar unterscheidet die RAO. ein Verwaltungsstrafverfahren und ein gerichtliches Verfahren. Das Verwaltungsstrafverfahren liegt in den Händen des Finanzamtes (§§ 388—425). Die Finanzämter sind des weiteren befugt, nach ihrem Ermessen sich der Untersuchung oder Entscheidung zu enthalten und die Sache an die zuständige Staatsanwaltschaft zu übergeben (§ 390).

Das gerichtliche Verfahren (§§ 426—442) kann auf eine doppelte Weise eingeleitet werden.[1]) Aus dem Strafverfahren verdient hervorgehoben zu werden, daß der Reichsminister der Finanzen befugt ist, ein Verwaltungsstrafverfahren niederzuschlagen und Strafen zu erlassen. Dagegen können die Strafen, die im gerichtlichen Verfahren verhängt werden, nur von der zuständigen Landesregierung erlassen werden (§ 443).

Es wurde bereits einleitend auf die große Verschiedenheit im einzelstaatlichen Steuerrecht hingewiesen, und daß es mit eines der Hauptziele der RAO. war, diese Zersplitterung zu beseitigen und einen einheitlichen Rechtsboden für das ganze Reich und für alle Steuern zu schaffen. Aber das neue Steuerrecht kann nicht sofort und in seinem vollen Ausmaß an die Stelle des alten gesetzt werden. Hier muß eine Überleitung Platz greifen, die der Gesetzgeber durch die Übergangs- und Schlußvorschriften der RAO. (§§ 444—463) auch vorgesehen hat. Der Reichsminister der Finanzen wird ermächtigt, die zur Überleitung der Steuergesetzgebung erforderlichen Bestimmungen selbständig zu treffen. Dies erfolgte durch die Verordnung zur Einführung der RAO.[2]) Die Verordnung will das alte Recht so bald als möglich, aber schonend, in den neuen Rechtszustand hinüberführen. Das ist aber nur mög-

---

[1]) Über das Strafverfahren unterrichtet in eingehender Weise die Arbeit von Dorn, a. a. O. Seite 14 ff.

[2]) 18. Dezember 1919 (RGBl. S. 2101).

lich, wenn für eine gewisse Übergangszeit Ausnahmen zugelassen werden.[1])

Die erste allgemeine Beurteilung der RAO. kann sich nur auf einige Gedanken beschränken. Denn bei keinem Gesetz hängt das Werturteil von der tatsächlichen Entwicklung stärker ab als bei der alle Steuergesetze umfassenden RAO. Die RAO. soll ja Einheit, Klarheit und Schutz des Rechtes für den Steuerpflichtigen wie für das Reich in der ganzen großen Anzahl der Abgaben bringen. Dies war, abgesehen von der Beseitigung der Zersplitterung im Steuerrecht, auch ein Erfordernis wegen der verhältnismäßig sehr eiligen Erledigung der großen Steuergesetze. Die ausgedehnten Arbeiten des Parlaments an der Verfassung und anderen wichtigen Materien einerseits und die Dringlichkeit der Finanzreform andererseits brachten es mit sich, daß das Steuergesetzgebungswerk rasch durchgeführt werden mußte. Dabei konnten vielfach die Zusammenhänge zwischen den einzelnen Steuern nicht genügend gewahrt werden, so daß sich hier und dort Lücken bemerkbar machen, die Hindernisse für eine ruhige und sichere Rechtsentwicklung bilden würden. Der Ausgleich wird in der RAO. geschaffen. Die Zusammenfassung aller formellen und materiellen Vorschriften in einem besonderen, geschlossenen Gesetz wird auch für die künftige Gesetzgebung Vorteile bringen. Auf Grundlage der RAO. können die einzelnen Steuergesetze kürzer und einfacher gehalten werden, wie das schon zum Teil für die Steuergesetze aus der Reformzeit möglich war.

Auch nach der rein verwaltungspolitischen Richtung hin bringt die Durchführung der Reichssteuergesetze durch Reichsbehörden große Vorzüge. Dadurch bekommt die Reichsfinanzverwaltung vor allem die notwendige direkte Fühlung mit der Praxis, und aus ihren eigenen Erfahrungen heraus kann sie dann das Gesetzgebungswerk, gestützt durch geklärte Rechtsgrundlagen und wirtschaftspolitische Beobachtungen, vollkommener und sicherer führen. Zudem bringt die direkte Berührung zwischen den Steuerpflichtigen und den Reichssteuerbehörden auch noch den Vorzug, daß das Steuerverfahren in jeder Weise vereinfacht und beschleunigt wird. Die hohe Bedeutung einer sachgemäßen und richtigen Veranlagung wird ersichtlich, wenn darauf hingewiesen wird, daß jetzt Steuergesetze durchzuführen sind, die mit höchsten Tarifen arbeiten, daß die Vermögensabgabe das Vermögen bis zu 65 % erfassen soll. Eine falsche Bilanzbeurteilung

---

[1]) Im einzelnen unterrichtet hierüber Dorn a. a. O. Seite 15.

durch die Steuerbehörde kann den Steuerpflichtigen von heute auf morgen zu einem armen Manne machen. Auch die Einkommensteuersätze, die in ihren höchsten Stufen unter Einschluß der Kapitalertragssteuer bis zu 70% des Einkommens gehen, erfordern eine sichere und richtige Veranlagung. Die Irrtümer könnten hier leicht die Quellen des Einkommens und damit des Wohlstandes ersticken. Auf der neuen Grundlage der RAO. wird es den Reichssteuerbehörden und den Steuerpflichtigen in gemeinsamer Zusammenarbeit überlassen bleiben, eine ruhige, dem Reich und den Pflichtigen gerecht werdende Steuerwirtschaft zu führen. Die sicheren Grundlagen hierfür gibt die RAO.

Zusammenfassung.

Das Reformwerk liegt in seinem Grundriß vor: der Aufbau des neuen Reichssteuersystems für das Vermögen und Einkommen zeigt Geschlossenheit und Folgerichtigkeit, er zeigt allerdings keine idealen Züge. Und das überrascht nicht; denn die Arbeiten standen unter dem Zeichen eines unerhörten finanziellen Druckes, der in erster Linie nur fiskalische Interessen nach hochergiebigen Steuern auslöste, und die Arbeiten waren zweitens von der Kürze der Zeit zur Hast getrieben. Es galt, in kurzer Frist die Grundlagen zu schaffen, um einen großen Bedarf decken zu können, und es galt dabei, die wohlbekannten Grundsätze der modernen Steuergesetzgebung zu beachten sowie den alles beherrschenden sozialen Gedanken durch sie zu verwirklichen. Diese großen Arbeiten waren zudem in einer Zeit nahezu vollkommener wirtschaftlicher Ungewißheit und Zerrüttung zu leisten, die Gesetzgebung sollte bei einer so schwierig gestalteten Wirklichkeit vollendete Arbeit leisten. Mit parteipolitischen Dogmen waren diese Aufgaben nicht zu lösen, jeder objektiv denkende Politiker konnte weder zur Vermögens- und Einkommenkonfiskation noch zur Ablehnung der Verbrauchs- und Verkehrsabgaben neigen, aber auch nicht zur Schonung des leistungsfähigen Besitzes und ebensowenig zur unerträglichen Belastung der sozial schwachen Bevölkerungsschichten. Er mußte vielmehr versuchen, nach beiden Seiten hin die rechten Grenzen zu halten und nach den althergebrachten Grundsätzen zu handeln, die dem Empfinden der Gerechtigkeit und die den Grundlagen der Leistungsfähigkeit entsprechen. Denn es stand und steht nicht ein Experiment zur Lösung, sondern ein ernstes staatspolitisches Problem, das Problem, trotz äußerer und innerer Belastungen, trotz der außenpolitischen und innerstaatlichen Krisis Deutschlands zu einer geordneten und gesicherten Finanzwirtschaft zu kommen.

Sowenig also der große Bauplan für dieses Ziel von der parteipolitischen Auffassung abhängig sein konnte, so wenig hing er zugleich von der äußeren Staatsform ab. Die alte Staatsform konnte dieser umfassenden Reformarbeit zwar gewisse Schwierigkeiten bereiten, und ohne Zweifel wären sie gemacht worden. Aber sie hätten überwunden werden müssen, weil die Wege durch die Natur der Dinge unbeugsam gewiesen waren. Und in der Tat waren bereits längere Zeit vor dem 9. November Pläne gereift, die sich mit den Richtlinien der vorliegenden Reform im Prinzip decken. Der ehemalige Schatzsekretär Graf Roedern begrüßte die Mehrzahl der Gesetze „als alte Bekannte aus den Schubfächern des Reichsschatzamtes".[1]) Graf Roedern darf diesen Ausspruch mit vollem Recht auf sich selbst anwenden, weil die großen Steuern auf das Vermögen und Einkommen, wie die Vermögensabgabe, die Kapitalertragssteuer (es war für den „äußersten Notfall" der Entwurf einer Koupon- und Dividendensteuer aufgestellt), die Erbschaftssteuer und schließlich auch die ersten Ansätze zu der Reichseinkommensteuer unter seiner Amtsführung in den Jahren 1917/18 erörtert und bearbeitet wurden. Die Richtung war in ihren Hauptlinien zudem durch wissenschaftliche Forschung schon längst gegeben. Es handelte sich nunmehr lediglich um die nähere Ausgestaltung, um die Synthese der steuerpolitischen Gedanken und Ziele, kurz um die Ausführung, die staatspolitische und parlamentarische Durchsetzung der Steuergedanken. Und hierin lag das politische Schwergewicht der Finanzreform. Trotz der staatlichen Umwälzung erschien nichts schwieriger als eben diese praktische Durchführung, die parlamentarische Bearbetung der großen steuerlichen Gedanken, die so tief in das politische Staatsleben Deutschlands eingreifen sollten. Dabei sollten natürlich die großen und ungemein schwierigen materiellen Arbeiten für die einzelnen Steuergesetze selbst nicht als unerheblich betrachtet werden. Sie gaben die Grundlagen, aber die Hauptarbeit lag doch darin, die Hemmnisse des parteilichen und wirtschaftlichen Interesses zu überwinden, die staatspolitischen Widerstände zwischen Reich und Einzelstaaten zu beseitigen. Diese Kämpfe waren ja in einer Zeit zu führen, in der

---

[1]) Deutsche Politik vom 15. Dezember 1919, 4. Jahrg. Heft 49 S. 709.

das staatspolitische Verhältnis zwischen Reich und Staaten seinen verfassungsmäßigen Ausdruck noch nicht gefunden hat. Dagegen stand der Reichsfinanzminister vor dem Bundesrat und Parlament der Nationalversammlung in einer wesentlich machtvolleren Stellung als der frühere Staatssekretär des Reichsschatzamts. Der alte Staatssekretär des Reichsschatzamts war Vertreter des Reichskanzlers und ein Beauftragter des Bundesrats vor ihm und dem Reichstag. Im Jahre 1919 sah der neue Finanzminister seine rechtmäßige Stellung dem Parlament gegenüber in der Mehrheit des Parlaments wurzeln. Er trat, ohne an ein Mandat von den einzelnen Landesregierungen gebunden zu sein, an die gesetzgeberischen Arbeiten heran. Dies war für die Reform der Reichsfinanzen um so bedeutungsvoller, als sie eben durch ihre Zielsetzung einen hochgradigen politischen Charakter trug und in ihrem Kern sich sogar gegen die Einzelstaaten richtete. Zur Durchführung der Reform gehörte daher wegen ihres gekennzeichneten politischen Charakters nicht nur Sachkunde, sondern auch hohes politisches Geschick und Können.

Die parlamentarische Bearbeitung der Steuergesetzgebung fällt in der Hauptsache in die Amtszeit des Reichsfinanzministers Erzberger.[1]) Es ist hier nicht der Platz, im subjektiven Urteil eine Bewertung der politischen Persönlichkeit zu geben. Aber die objektive wissenschaftliche Darstellung der großen Reichsfinanzreform gebietet es, der geleisteten steuerpolitischen Arbeit des damaligen Reichsfinanzministers, der sie in Angriff nahm und durchführte, gerecht zu werden. Soweit aus dem Gange der Steuerarbeiten, und zwar von den Vorbereitungen zur Vorlage und ihrer parlamentarischen Behandlung bis zur Gesetzesverkündung, ein Schluß über die Leistungen dieses Reichsfinanzministers gezogen werden kann, dürfte die Feststellung als unbestreitbar gelten, daß die rasche und verhältnismäßig reibungsose politisch-parlamentarische Durchführung der großen Reichsfinanzreform ein volles Verdienst des Reichsfinanzministers Erzberger ist. Es muß als eine entscheidende staatspolitische Tat gewertet werden, daß die Reichseinkommensteuer durchgesetzt wurde, und es bedeutete eine kühne und großzügige steuerpolitische Leistung, aus der ersten Handlung sofort die Folgerung zu ziehen und auch die Steuerverwaltung in die Hände des Reichs zu legen. Die tatsächliche

---

[1]) Die Amtszeit des Reichsfinanzministers Erzberger setzte am 22. Juni 1919 ein und endete am 26. März 1920.

und vollkommene Verwirklichung dieser beiden Gedanken erinnert in ihrem Prinzip und in der ideellen Auffassung, wie sie der Reichsfinanzminister Erzberger in seinen Parlaments- und Kommissionsreden öffentlich vertrat, an die unübertrefflichen Stein-Hardenbergschen Reformen.

Aus der raschen Folge der Steuervorlagen erhob sich für den objektiv Beobachtenden immer deutlicher der Grundriß des neuen Reichssteuersystems auf das Vermögen und Einkommen. Heute dürfte auch die gegnerische Kritik erkennen, daß die Reformarbeit doch nicht so wahl- und gedankenlos oder unsinnig ist, wie es die durch politische Gegnerschaft oder dogmatische Unbelehrbarkeit getrübte Kritik gar zu billig hinzustellen beliebte. Und in diesem Steuerwerk ruht auch trotz aller Anfeindungen, die von der einen Gegenseite, der Linken, ausgehen, das Rüstzeug für den großen sozialen Gedanken der neuen Zeit, für den sozialen Ausgleich. Es soll der Abstand zwischen reich und arm verringert werden, und es soll das tiefe Elend, das Krieg und Revolution im arbeitenden Volke vergrößerten, bekämpft und beseitigt werden. Das heißt, in schwerster Not des Reichs Ethik in sein Steuersystem hineingetragen zu haben.

Von der anderen Seite der gegnerischen Kritik, den um die wirtschaftlichen Folgen der Finanzreform Besorgten, wird der ernste Vorwurf erhoben, daß die „Erzbergersche Steuergesetzgebung" in ihren Zielsetzungen zu weit gegangen sei und damit zum Schaden der Volkswirtschaft auslaufen werde. Der ehemalige Reichsschatzminister **Gothein** sagt hierüber beispielsweise in einer seiner zahlreichen Abhandlungen gegen die Finanzreform:[1])

„Wissenschaftliche Kenner des Sozialismus, wie Eduard Bernstein und Karl Kautsky, warnen daher jetzt dringend vor der Beseitigung des Kapitalismus, der für den Wiederaufbau des Wirtschaftslebens gar nicht zu entbehren sei. Herr Erzberger jedoch rühmte den sozialen Charakter seiner Steuerreform, die 75 % des ungeheuren Steuerbedarfs vom Besitz nehme, so daß es in Zukunft keine großen Vermögen und Einkommen mehr geben würde";

und an gleicher Stelle:

„Da ist denn der Erzbergerschen Steuerreform der Vorwurf nicht zu ersparen, daß sie populären Schlagworten eines mißverstandenen Sozialismus nachgebend eine Kapitalfeindlichkeit gezeigt hat, die sich am deutschen Volk schwer zu rächen droht."

---

[1]) Georg Gothein, Die volkswirtschaftlichen Schäden der Finanzreform Berliner Tageblatt vom 31. Juli und 3. August 1920.

Das Urteil von Wirtschaftspraktikern ist wohl zu beachten, auch wenn es oftmals von zu großer vorsorglicher Ängstlichkeit getragen wird. Allerdings liegen aus der Feder von Wissenschaftlern gleichfalls wenig günstige Urteile vor. So spricht beispielsweise van der Borght aus, daß nach seiner Meinung die Steuergesetzgebung von 1919 die Finanzwissenschaft nicht bereichert habe und er sagt wörtlich:

„Alle diese Gesetze sind in einer durchaus einseitigen Weise auf einen rücksichtslosen Fiskalismus abgestellt. Durch die große Finanznot will man das rechtfertigen. Sie entschuldigt gewiß vieles. Vieles, aber nicht alles! Er gräbt die Quellen dauernder steuerlicher Leistungsfähigkeit in bedenklichem Maße ab und vernichtet die steuerlichen Reserven, deren keine ordentliche Finanzverwaltung entraten kann und läßt nichts übrig, was an deren Stelle treten könnte."[1])

Zu diesen und anderen ähnlichen Ansichten soll hier keine Stellung genommen werden. Über die möglichen volkswirtschaftlichen Wirkungen der einzelnen Steuern auf das Vermögen und Einkommen suchten ja bereits die Urteile, die im Verlauf der Darstellung gegeben wurden, eine erste Vorstellung zu vermitteln. Vor der Beantwortung der letzten großen Frage aber, die nach der Richtigkeit und tatsächlichen Nützlichkeit oder Schädlichkeit des in den Jahren 1919/20 aufgebauten Reformwerkes zielt, wird die wissenschaftliche Untersuchung haltmachen müssen. Dazu zwingen die einfachen Tatsachen, daß die Steuern noch nicht ihre volle Anwendung gefunden haben, von ihnen noch keine praktischen Ergebnisse vorliegen, und dazu zwingen vor allem auch die Ungewißheiten über die wirtschaftliche Verfassung Deutschlands — sowie über die Folgen der Einwirkungen des Friedensvertrags. Beide hochbedeutsamen wirtschafts- und finanzpolitischen Faktoren geben dem Urteilenden heute noch keinen festen Boden. Das neue Abgabensystem auf das Vermögen und Einkommen schwebt in dieser Hinsicht gleichsam in der Luft, und es ist in keiner Weise und von niemandem zu übersehen, wie tief dieser Steuerbau in den wirtschaftlichen Grundlagen wurzelt; und es ist daher noch weit weniger möglich, zu beurteilen, welche fiskalischen und volkswirtschaftlichen Wirkungen aus dieser Verbindung von Wirtschaft und Steuer erwachsen werden.

Noch eine zweite Frage spielt bei der grundsätzlichen Beurteilung der großen Steuerreform eine bedeutende Rolle, nämlich die Frage von der Durchführbarkeit der Steuergesetzgebung. Es heißt

---

[1]) Van der Borght, Die Reichssteuergesetzgebung von 1919 im Finanzarchiv, 37. Jahrg. Bd. 1 S. 222.

in der gegnerischen Kritik, daß die Grundbegriffe in den Steuergesetzen vielfach unklar seien, beispielsweise der so wichtige Einkommensbegriff, daß die Progressionen zu sehr gehäuft seien und Doppelerfassungen der verschiedensten Art erfolgen, und daß diese Mängel die Ausführung sehr erschweren müßten. Die Unklarheiten seien so groß, daß kein Laie seine Steuerpflichten aus dem Gesetz feststellen könne, weil die Gesetzestechnik zu verwickelt sei, mit zahllosen Paragraphen, Verweisungen und ähnlichem mehr arbeite. Sogar die Steuerbehörden seien vielfach nicht in der Lage, die Gesetze für die praktischen Veranlagungsarbeiten auszulegen. In dieser Hinsicht urteilt beispielsweise Bühler recht hart. Er sagt wörtlich:

„Die schwache Seite des Werkes ist, von den wirtschaftlichen Wirkungen abgesehen, daß es auf geradezu naiven Vorstellungen von der Leistungsfähigkeit der unteren Stellen aufgebaut ist.“[1])

Vor allem aber weist die gegnerische Kritik auf die absolute Leistungsunfähigkeit des neu geschaffenen Behördenapparates hin; Finanzämter und Finanzbeamte könnten einfach die Veranlagungsarbeiten nicht durchführen. Es heißt darüber bei Bühler an derselben Stelle:

„Aber ein Gesichtspunkt ist überhaupt außer acht geblieben: der der Vereinfachung des Steuergeschäftes; die Gesetze sind so gemacht, als ob ein beliebig großes Heer vollkommener Beamten für ihre Durchführung zur Verfügung stünde, — eine Illusion, die sich bitter rächen wird.“

In der Beurteilung der Frage von der Durchführbarkeit der Steuergesetzgebung wird Zurückhaltung geübt werden müssen. Zwar haben die unteren Steuerorgane in der Tat noch mit großen Schwierigkeiten zu kämpfen, und auch die Gegenüberstellung der bisherigen Einnahmen zu den Ertragsschätzungen erweckt den Eindruck, als ob Wirklichkeit und ursprüngliche Erwartung recht weit voneinander entfernt bleiben würden. Die Einkommensteuer beispielsweise erbrachte in den ersten sieben Monaten des laufenden Rechnungsjahres einen Rohertrag von 2854 Millionen Mark, während sie für diesen Zeitraum nach der Veranschlagung 7 Milliarden Mark einzubringen hätte. Allerdings weist der Eingang im Monat Oktober einen Betrag von 1082 Millionen Mark auf; das würde also als Monatsdurchschnitt betrachtet den veranschlagten Betrag

[1]) Prof. Dr. Bühler Münster, Technik und Durchführbarkeit der Reichssteuergesetze, Deutsche Juristen-Zeitung Heft 17/18, 1. September 1920.

von 12 Milliarden Mark im Jahr ergeben können. Immerhin bleibt das Gesamtaufkommen der laufenden Einnahmen aus den Steuern auf das Einkommen und Vermögen für die Zeit vom 1. April bis Ende Oktober 1920 mit 3083,7 Millionen Mark um rund vier Fünftel hinter den im Haushaltsentwurf veranschlagten Einnahmen zurück.[1]) Die Gegenüberstellung der bisherigen Einnahmen mit dem Haushaltsanschlag zeigt also vorläufig kein günstiges Bild.[2]) Aber dieses Zurückbleiben kann und ist nur als eine Übergangserscheinung zu werten, und es wäre verfrüht, aus ihr schon den Schluß zu ziehen, daß die gesamte Steuergesetzgebung und insbesondere die mit ihr verbundene Steuerverwaltung zum Versagen bestimmt seien. Die Grundlage für ein solches Urteil ist noch zu schmal, und die zeitliche Frist, in der die Steuern bis jetzt zur Auswirkung kamen, viel zu klein. Dabei bleibt noch zu bemerken, daß die Steuerpflichtigen mit ihrer Steuererklärung in der Regel bis zum Ablaufe der gesetzlichen Frist zurückhalten und daß sie vielfach diese Frist sich noch verlängern lassen. Auf seiten der Finanzämter setzen dann die vorgeschriebenen genauen Überprüfungen der Deklarationen ein, die natürlich Zeit beanspruchen. Auch das Zusammenspiel der Behörde mit den Steuerpflichtigen ist noch nicht so gestaltet, wie es im Interesse beider Beteiligten liegt. Sie kam daher stark in den Rückstand. Neben Hemmnissen äußerer Art, wie beispielsweise keine oder unzulängliche Unterkunftsverhältnisse, erschwerte vor allem der Mangel an genügend geschulten neuen Beamten und zum Teil das auch noch nicht völlig eingearbeitete Zusammenspiel der unteren und oberen Steuerorgane die Veranlagungsarbeiten. Aber die öffentliche Kritik geht doch zu weit, wenn sie den ganzen Verwaltungsapparat und die in ihm tätigen Beamten als unfähig und

[1]) Siehe die Übersicht über die Einnahmen aus den Steuern für die Zeit vom 1. April 1920 bis zum Schluß des Monats Oktober 1920 in der tabellarischen Übersicht III auf S. 266. Die obigen Zahlen ergeben sich aus folgender Zusammenstellung:

	Tatsächliches Aufkommen	Voranschlag
	in Millionen Mark	
Einkommensteuer	2853,7	12000
Körperschaftssteuer	0,3	900
Kapitalertragssteuer	139,0	1300
Besitzsteuer	4,9	100
Erbschaftssteuer	85,8	620
	3083,7	14920

[2]) Siehe Übersicht IV Buchstabe B auf Seite 271, wo für sieben Monate ein Mindereingang von 8,6 Milliarden Mark errechnet wird.

hilflos hinstellen will. Die ungemein großen Schwierigkeiten für die glatte Durchführung der Veranlagungen liegen nicht allein auf seiten der Finanzverwaltung, bei der Steuertechnik und ähnlichem mehr, sondern sie liegen im gleichen Maße bei den Zensiten, in der krankhaften Steuerscheu weiter Volksschichten, in dem erbitterten Steuerkampfe, den die Zensiten gegen den Steuerstaat führen und der bereits in Gestalt der inneren und äußeren Kapitalflucht Formen angenommen hat, gegen die keine Machtmittel des Staates, keine Tüchtigkeit der Beamten und keine noch so hohe Leistungsfähigkeit der Steuerverwaltung helfen kann. Es ist dies vielmehr ein Kampf, der auf der Grundlage der Verneinung des Staates überhaupt geführt wird.

Nach einer jüngsten Verlautbarung der Reichsfinanzverwaltung darf die Veranlagung zur vorläufigen Einkommensteuer im allgemeinen als abgeschlossen angesprochen werden.[1]) Das bis zu diesem Zeitpunkt ermittelte Soll beträgt 6 Milliarden Mark, wobei zu berücksichtigen ist, daß die Einkommen in Gestalt von Gehältern und Löhnen noch nicht veranlagt worden sind. Sie unterliegen ja dem Abzugsverfahren. Dagegen konnte die Veranlagung zur Körperschaftssteuer noch gar nicht durchgeführt werden. Bei der Kapitalertragssteuer, die an sich keine Veranlagungssteuer ist, wird der geringe Ertrag darauf zurückgeführt, daß die Öffentlichkeit sich noch nicht hinreichend an diese neue Steuerart gewöhnt hat. Dadurch sind viele steuerpflichtige Kapitalerträge, insbesondere private Schuldenzinsen, noch nicht versteuert. Eine ganz besondere Beurteilung erfordert die Veranlagung zum Reichsnotopfer. Hier schritt das Veranlagungsgeschäft nur sehr langsam vorwärts, was zum Teil mit einer gewissen Unlust der Steuerpflichtigen gerade gegen diese Abgabe begründet wird. Nach dem neuen Gesetz vom 22. Dezember 1920 wird nunmehr die Veranlagung einem beschleunigten Verfahren zugeführt. Es ist anzunehmen, daß die Erträgnisse aus dieser Abgabe jetzt reichlicher fließen werden. Was nun schließlich das ungünstige Ergebnis der Erbschaftssteuer betrifft, so führt es die amtliche Denkschrift auf äußere Umstände zurück. Während des Krieges waren mehr als die Hälfte der hierfür fachkundigen Beamten eingezogen, während gleichzeitig sich die Erbschaftssteuerfälle infolge des Krieges vermehrten. So war die Bearbeitung schon während des Krieges in Rückstand gekommen und

---

[1]) Siehe hierüber die Auslassungen in der Denkschrift über den Stand der Veranlagung und Erhebung der Reichssteuern, Reichstags-Drucks. Nr. 720.

sie konnte jetzt nicht rasch erfolgen, weil die Beamten alle ihre Kenntnisse im Kriegsdienst verloren haben. Das sind äußere Umstände, die gewiß unerfreulich sind und ins Gewicht fallen. Aber sie sind als Übergangserscheinung zu werten und berechtigen doch nicht zu der Annahme, daß die Steuergesetzgebung und mit ihr die ganze Steuerverwaltung für immer in die Brüche gegangen seien.[1]) Auch wenn es den Anschein erweckt, als ob die unteren Verwaltungsorgane die Last der Arbeit heute überhaupt nicht bewältigen können, so ist damit nicht erwiesen, daß die Umgestaltung in der Steuerverwaltung widersinnig oder gar schädlich sei. Es ist im Gegenteil zu erwarten, wenn erst einmal die Schwierigkeiten einer harten Übergangszeit überwunden sind, daß aus der neuen Reichssteuerverwaltung steuer- und wirtschaftspolitischer Nutzen erwachsen wird. Der Aufgabenkreis der Finanzämter ist gegenüber den früheren Steuerbehörden umfangreicher und vielseitiger, und wenn die Verwaltungsorgane erst einmal in der laufenden Arbeit sind, so dürfte dies für die kommende Steuergesetzgebung von großem Vorteil sein. Sie sind durch das weite Arbeitsfeld als Lokalbehörden in der Lage, ein Gesamtbild von den Steuerverhältnissen ihres Bezirkes zu geben, sie sind des weiteren in der Lage, jeden Steuerpflichtigen und seine Stellung zu den zahlreichen Steuergesetzen eingehend zu beobachten. Die Erfahrungen aus einem so umfassenden steuerlichen Gebiet werden sicherlich ihren Nutzen abwerfen.

In der heutigen Verfassung Deutschlands wird die Kritik vor endgültigen Urteilen über die absolute Haltbarkeit und Durchführbarkeit des großen Reformwerkes sowie über Nützlichkeit oder Schädlichkeit der Steuern überhaupt haltmachen müssen.

Heute sieht der Beurteilende nur einen zerrütteten Wirtschaftskörper, dessen geregelte und hochwertige Produktion durch eine innere Desorganisation erschwert und zum Teil sogar unmöglich gemacht ist. Die Ursachen hierfür liegen nicht weit zurück. Sie fußen in erster Linie in der gewaltigen Anstrengung aller wirtschaftlichen Kräfte für den Krieg, dann in den Bedingungen des Waffenstillstandes und in seiner Fortsetzung, dem Friedensvertrage von Versailles. Schon durch den vom militärischen Gegner erzwungenen überhasteten Rückzug der Armeen und die eilige Räu-

[1]) Vgl. hierüber die ruhigen Ausführungen von Prof. Dr. v. Pistorius: „Die deutsche Finanzwirtschaft und der Ausweg aus der Not", der nicht allein als Wissenschaftler, sondern auch als Finanzpraktiker urteilen kann, S. 36 ff. Finanz- und volkswirtschaftliche Zeitfragen Heft 70.

mung der besetzten Gebiete gingen neben materiellen Werten alle vorbereitenden wirtschaftspolitischen Maßnahmen für die Aufnahme der zu entlassenden Soldaten verloren. Der Arbeitsmarkt wurde überlastet, und er krankt hieran bis zum heutigen Tage; heute nur noch verschärft durch die politischen Kämpfe und die Produktions- bzw. Absatzkrisen. Hierzu kamen die unerhörten Lasten der Waffenstillstandsforderungen, die neben den großen und wertvollen Vorräten im Kampfgebiet das beste Eisenbahnmaterial und schließlich die Handelsflotte nahmen. Zu diesen Opfern kommen die Bedingungen, die der Friedensvertrag von Versailles Deutschland auferlegte. Sie verkleinern die Grenzen des Reichs und vermindern die deutsche Bevölkerung von 67½ Millionen Seelen auf etwa 60 Millionen. Der durch die Gebietsabtrennungen bedingte Verlust an anbaufähiger Bodenfläche für die Kartoffel- und Getreideerzeugung beträgt 25 %. Und ein solcher Verlust trifft das Reich nach einer langjährigen schweren Hungerblockade, die die deutsche Bevölkerung in ihrer physischen Leistungsfähigkeit bis zu einem erschütternden Grad heruntergewirtschaftet hat. Hierzu kommen die großen Ausfälle, die Deutschland an seiner alten industriellen Produktionskraft erleidet. Ohne Rücksicht auf die inneren und natürlichen Zusammenhänge der deutschen Wirtschaft werden wertvolle und weite Industriegebiete herausgerissen. Elsaß-Lothringen förderte nahezu ein Drittel der gesamten deutschen Kaliindustrie; an Eisenerzen verliert Deutschland 1,9 Millionen Tonnen von einem Gesamtvorrat von 2,3 Millionen Tonnen. Auch die lebenswichtige Kohle wird Deutschland, wie das Spa-Abkommen zeigt, rücksichtslos beschnitten. Alle diese Eingriffe in den Wirtschaftskörper bringen jedoch nicht allein tatsächlich sichtbare Verluste, sie lockern auch die innere Geschlossenheit und stören damit das ganze Gleichmaß in der Produktion der deutschen Wirtschaft. Aber der Vertrag kennt derartige Zusammenhänge nicht; er geht sogar noch weiter. Er legt der so beeinträchtigten industriellen, gewerblichen und landwirtschaftlichen Produktion die schwersten Verpflichtungen für einen unbestimmten, jedenfalls aber großen geldlichen und sachlichen Schadensersatz auf, der in seiner ökonomischen Wirkung nur dazu angetan ist, jeden Fortschritt in eigenem Hause zu unterbinden.[1]) Eine solche Grundlage der deutschen Wirtschaft und eine so übermäßige Belastung können nicht zu kühnen Hoffnungen ermuntern. Dies um so weniger, als der deutsche Wirtschaftskörper auch aus den internationalen

[1]) Vgl. hierüber die tabellarische Aufstellung V auf S. 276.

Beziehungen herausgerissen wird. Deutschland hat mit der Weltwirtschaft keine Verbindung, denn seine eigene große Handelsflotte ist abgenommen und ihm ein Rest von wenigen tausend Tonnen belassen. Mit den wenigen Handelsschiffen ist technisch und wirtschaftlich ein eigener Überseeverkehr unmöglich. Damit fällt ein bedeutsamer Aktivposten aus der deutschen Zahlungsbilanz heraus. Aber nicht allein die eigenen Verbindungsmöglichkeiten mit der Weltwirtschaft sind Deutschland genommen. Weit schwerer wiegen die Verluste des gesamten deutschen Eigentums im Auslande, das liquidiert wurde und dessen Erlös von den ehemaligen Gegnern einbehalten wird (Art. 297b). Und nicht minder beeinträchtigt die wirtschaftliche Leistungsfähigkeit Deutschlands der Verzicht auf alle Rechte Deutscher an öffentlichen Unternehmen und Konzessionen in den wertvollsten Interessensphären des deutschen Handels und der Banken. Dieses wirtschaftliche Zerstörungswerk findet seine Vollendung in der völligen Fortnahme der deutschen Kolonien, also der territorialen Stützpunkte für den deutschen Handel, der Rohstoffquellen und Absatzgebiete. Dies sind die Grundlagen Deutschlands für eine neue nationale und neue internationale Wirtschaft. Unbekümmert um die historische Entwicklung nahezu eines Jahrhunderts werden Produktion, Handel und internationale Verbindungen in Europa und Übersee zerstört und damit die friedliche Wirtschaftsentwicklung unterbunden.

So steht der deutsche Wirtschaftskörper zwischen zwei Steinen. Auf der einen Seite ist er durch Krieg und Revolution in sich geschwächt und etwaige wirtschaftliche Ergebnisse jeder inneren Erstarkung sind vertragsmäßig auf ein unbestimmtes und damit unkontrollierbares Wiedergutmachungskonto abzuführen. Neben diesem unerhörten wirtschaftlichen inneren und äußeren Druck sieht sich dieser Wirtschaftskörper auf der anderen Seite einer finanzpolitischen Aufgabe gegenübergestellt, deren ständig wachsendes zahlenmäßiges Ausmaß allein jeden Glauben an Genesung zu nehmen droht. Die eigene Reichsschuld und der eigene Haushalt wirkten erdrückend, die sozialen Forderungen drohten himmelan zu stürmen.

Da bedeutete es unzweifelhaft eine staatspolitische Tat, die Ordnung der Reichsfinanzen so durchzusetzen, daß das Reich als ein finanziell wohlgeordnetes Ganzes erhalten werden kann, daß also die notwendigen Einnahmen für die Verzinsung der Kriegsanleihe, für die Versorgung der Kriegsinvaliden wie für die Kosten einer ordentlichen Staatsmaschinerie geschaffen und dem Reich zur Verfügung gestellt wurden. Mit der Überführung der Steuerverwaltung auf das Reich war das Reich auch in der Verwaltung selbständig.

Gerecht in seinem Aufbau, sozial in seiner Ausgestaltung und bis zum Höchstmaß seiner Leistungsfähigkeit angespannt, steht das neue Steuersystem des Reichs da. Es ist eine schwere Bürde. Aber die Last muß getragen werden, denn es gilt, aus dem Finanzelend herauszukommen.

Es ist nunmehr die erste und allgemeine Pflicht, die wirtschaftlichen und physischen Kräfte zur Arbeit und Sparsamkeit streng anzuspannen, sachgemäß zu nutzen und die soziale Entwicklung in stetiger Linie zielbewußt und kräftig fortzuentwickeln. Erst dann können Wirtschaft und Finanz harmonisch ineinandergreifen, und erst dann können die festen Grundlagen für ein kulturell gesundes und staatlich ruhiges Leben erreicht werden.

Anhang.

Tabelle I.

Gesamtübersicht über die Einnahmen und Ausgaben des Reichshaushalts im Rechnungsjahr 1920.

1	2	3	4	5	6	7
Haushaltsabschnitt	Kapitel im Haushalt	Einnahme	Betrag für 1920 ℳ	Haushalt für 1919 einschließlich Nachträge ℳ	Zugang ℳ	Abgang ℳ
		A. Ordentlicher Haushalt				
		1. Allgemeine Verwaltung				
I.	1.	Reichspräsident	5000	—	5000	—
II.	1.	Reichstag	17100	17100	—	—
III.	1.	Reichsministerium, Reichskanzler und Reichskanzlei	1800	1122	678	—
IV.	1.	Reichsministerium des Auswärtigen	100256800	1265920	98990880	—
V.	1/9.	Reichsministerium des Innern	5601033	112900	5488133	—
VI.	1/6.	Reichswirtschaftsministerium	394929945	3742134	391187811	—
VII.	1/6.	Reichsarbeitsministerium	2681100	2060100	621000	—
VIII.	1.	Reichswehrministerium	57002487	4293737	52708750	—
VIII a.	1.	Reichsmilitärgericht	394	394	—	—
IX.	1/3.	Reichsjustizministerium	21034890	12253728	8781162	—
X.	1/2.	Reichsschatzministerium	46934510	88005000	—	41070490
XI.	1/2.	Reichsverkehrsministerium	10334300	4683000	5651300	—
XI a.	1/2.	Reichsministerium für Ernährung und Landwirtschaft	14011700	3800	14007900	—
XII.	1.	Allgemeiner Pensionsfonds	10776	10776	—	—
XIII.	1.	Rechnungshof des Deutschen Reichs	8007	3738	4269	—
XIV.	1.	Reichsschuld	29447259	16602693	12844566	—
XV.	1/4.	Reichsfinanzministerium	14442852	961885	13480967	—
XVI.	1/7.	Reichsministerium für den Wiederaufbau	11966625	14870	11951755	—
					615724171	41070490

1.	**a) Fortdauernde Steuern**				
	Einkommensteuer	12000000000	—	12000000000	—
	Körperschaftssteuer	900000000	—	900000000	—
	Kapitalertragssteuer	1300000000	—	1300000000	—
	Reichsnotopfer	3500000000	—	3500000000	—
	Besitzsteuer	100000000	100000000	—	—
	Erbschaftssteuer	620000000	75000000	545000000	—
	Umsatzsteuer	3650000000	960000000	2690000000	—
	Grunderwerbsteuer	220000000	—	220000000	—
	Zuwachssteuer	—	100000	—	100000
	Reichsstempelabgaben von:				
	a) Gesellschaftsverträgen	70000000	50000000	20000000	—
	b) Wertpapieren	20000000	8700000	11300000	—
	c) Gewinnanteilschein- und Zinsbogen	25000000	22000000	3000000	—
	d) Kauf- und sonstigen Anschaffungsgeschäften	100000000	45000000	55000000	—
	e) Lotterielosen und Wetteinsätzen	70000000	58000000	12000000	—
	f) Erlaubniskarten für Kraftfahrzeuge	3000000	2000000	1000000	—
	g) Vergütungen an Mitglieder von Aufsichtsräten	15000000	18500000	—	3500000
	h) Geldumsätzen	25000000	20000000	5000000	—
	i) Grundstücksübertragungen	—	50000000	—	50000000
	k) Versicherungen	60000000	38000000	22000000	—
	l) Wechseln	12000000	13000000	—	1000000
				129300000	54500000
	Summe Reichsstempelabgaben	400000000	325200000	74800000	—
	Abgaben vom Personen- und Güterverkehr:				
	a) Personenverkehr	300000000	175000000	125000000	—
	b) Güterverkehr	230000000	170000000	60000000	—
	c) Stempel von Frachturkunden	100000000	100000000	—	—
	Summe Personen- und Güterverkehr	630000000	445000000	185000000	—
	Seite	23320000000	1905300000	21414800000	100000

1	2	3	4	5	6	7
Haushaltsabschnitt	Kapitel im Haushalt	Einnahme	Betrag für 1920 ℳ	Haushalt für 1919 einschließlich Nachträge ℳ	Zugang ℳ	Abgang ℳ
		Übertrag	23 320 000 000	1 905 300 000	21 414 800 000	100 000
		Mit den Post- und Telegraphengebühren zu erhebende Reichsabgaben	—	175 000 000	—	175 000 000
		Ersparte Verwaltungsausgaben	—	100 000 000	—	100 000 000
					21 414 800 000	275 100 000
		Summe Kapitel 1	23 320 000 000	2 180 300 000	21 139 700 000	—
	2.	**b) Einmalige Steuern**				
		Kriegsabgabe vom Vermögenszuwachse	4 500 000 000	—	4 500 000 000	—
		Außerordentliche Kriegsabgabe 1919	—	—	—	—
		Außerordentliche Kriegsabgabe 1918	—	—	—	—
		Zuschlag zur außerordentlichen Kriegsabgabe 1916	—	—	—	—
		Kriegsabgabe 1916	—	—	—	—
		Summe Kapitel 2	4 500 000 000	—	4 500 000 000	—
	3.	**2. Zölle, Verbrauchssteuern und Monopoleinnahmen**				
		Zölle	2 500 000 000	112 000 000	2 388 000 000	—
		Kohlensteuer	4 500 000 000	790 000 000	3 710 000 000	—
		Tabaksteuer	1 000 000 000	432 000 000	568 000 000	—
		Biersteuer	130 000 000	108 600 000	21 400 000	—
		Weinsteuer	250 000 000	100 000 000	150 000 000	—
		Schaumweinsteuer	100 000 000	30 000 000	70 000 000	—
		Mineralwassersteuer	50 000 000	30 000 000	20 000 000	—
		Aus dem Branntweinmonopol:				
		a) Aus der Branntweinverwertung	250 000 000	—	250 000 000	—
		b) Freigeld	40 000 000	—	40 000 000	—
		c) Branntweinmonopolausgleich	30 000 000	—	30 000 000	—

	Branntweinsteuer	—	60000000	—	60000000
	Essigsäureverbrauchsabgabe	3000000	3000000	—	—
	Zuckersteuer	160000000	180000000	—	20000000
	Salzsteuer	56000000	75000000	—	19000000
	Zündwarensteuer	50000000	22000000	28000000	—
	Leuchtmittelsteuer	15000000	16000000	—	1000000
	Spielkartensteuer	12000000	2000000	10000000	—
	Statistische Gebühr	1000000	700000	300000	—
				7285700000	100000000
	Summe Kapitel 3	9147000000	1961300000	7185700000	—
	Sonstige Abgaben				
4.	Ausfuhrabgaben	700000000	—	700000000	—
	Aus neuen Steuern	—	9500000000	—	9500000000
	Summe Kapitel 4	700000000	9500000000	—	8800000000
5.	Ausgleichungsbeträge für die in Teilen einzelner Länder nicht zur Erhebung kommenden Reichsabgaben	180000	4020070	—	3840070
6.	Vom Reichsmonopolamt für Branntwein abzuführende Beträge:				
	a) Vergütung für die Verwaltung des Branntweinmonopols	40000000	—	40000000	—
	b) zur Aufwendung für Wohlfahrts- und Wirtschaftszwecke	22000000	11000000	11000000	—
	Andere Ausgleichungsbeträge	—	25560029	—	25560029
7.	Bankwesen	1450020000	544014800	906005200	—
8.	Sonstiges	3676155	700600	2975555	—
	Matrikularbeiträge	—	18531058	—	18531058
				33785380755	8847931157
	Summe XVII (Kap. 1 bis 8)	39182876155	14245426557	24937449598	—
	Betriebsverwaltungen:				
	Reichspostministerium	—	1335881500	—	1335881500
	Reichsdruckerei	—	71006000	—	71006000
	Reichseisenbahnverwaltung	—	23174200	—	23174200
				25512103279	1430061700
	Summe der Einnahmen	39891562733	15809521154	24082041579	—

1	2	3	4	5	6	7
Haushaltsabschnitt	Kapitel im Haushalt	Ausgabe	Betrag für 1920 ℳ	Haushalt für 1919 einschließlich Nachträge ℳ	Zugang ℳ	Abgang ℳ
		Fortdauernde Ausgaben				
I.	1.	Reichspräsident	1244370	600000	644370	—
II.	1.	Reichstag	7428701	7428701	—	—
III.	1.	Reichsministerium, Reichskanzler und Reichskanzlei	2211450	1030185	1181265	—
IV.	1/3.	Reichsministerium des Auswärtigen	295195905	24553934	270641971	—
V.	1/19.	Reichsministerium des Innern	1432826267	18749823	1414076444	—
VI.	1/10.	Reichswirtschaftsministerium	40637747	11523626	29114121	—
VII.	1/6.	Reichsarbeitsministerium	1599084315	467489735	1131594580	—
VIII.		Reichswehrministerium:				
	1.	A) Reichswehrminister	4303160	—	4303160	—
	1/20.	B) Heerwesen	2494332591	542938800	1951393791	—
	1/20.	C) Marine	513530086	79410592	434119494	—
	1/2.	D) Sonstige Heereseinrichtungen	13085825	—	13085825	—
VIII a.	1.	Reichsmilitärgericht	1430590	354680	1075910	—
IX.	1/3.	Reichsjustizministerium	34384202	9505421	24878781	—
X.	1/7.	Reichsschatzministerium	199003905	217438728	—	18434823
XI.	1/2a.	Reichsverkehrsministerium	39281859	11006392	28275467	—
XI a.	1/3.	Reichsministerium für Ernährung und Landwirtschaft	14072283	1987733	12084550	—
XII.	1/9.	Pensionen und Versorgung	3967543233	1333741418	2633801815	—
XIII.	1.	Rechnungshof	4625742	1443344	3182398	—
XIV.	1/4.	Reichsschuld	12693316457	8914573467	3778742990	—
XV.	1/6.	Reichsfinanzministerium	1322077355	247540225	1074537130	—
XVI.	1/13.	Reichsministerium für den Wiederaufbau	94807489	3481937	91325552	—
XVII.		Allgemeine Finanzverwaltung:				
		Landesverteidigung	—	158479089	—	158479089
	1.	Ausgaben auf Grund der Abgabengesetze	298648500	—	298648500	—
	2.	Überweisungen an die Länder	9404945000	61801500	9343143500	—

	3.	Aufwendungen aus der Tabaksteuereinnahme	300000	—	300000	—
	4.	Aufwendungen aus der Biersteuereinnahme	530000	530000	—	—
	5.	Aufwendungen aus der Weinsteuereinnahme	300000	300000	—	—
	6.	Aufwendungen aus der Branntweinmonopoleinnahme .	22000000	11000000	11000000	—
		Entschädigung für Beseitigung landesgesetzlicher Branntweinabgaben	—	4893	—	4893
	7.	Aufwendungen des Reichs auf Grund des § 59 des Landessteuergesetzes	800000000	—	800000000	—
	8.	Sonstiges.	42500000	—	42500000	—
		Reichspostministerium	—	1073132111	—	1073132111
		Reichsdruckerei	—	68233771	—	68233771
		Eisenbahnverwaltung.	—	54452185	—	54452185
					23393651614	1372736872
		Summe der fortdauernden Ausgaben	35343647032	13322732290	22020914742	
		Einmalige Ausgaben				
I.	1.	Reichspräsident	13400	—	13400	—
II.	1.	Reichstag.	152700	1700000	—	1547300
III.	1.	Reichsministerium, Reichskanzler und Reichskanzlei . . .	25000	—	25000	—
IV.	1.	Reichsministerium des Auswärtigen	17142100	56202000	—	39059900
V.	1.	Reichsministerium des Innern	505272245	2027300	503244945	—
VI.	1.	Reichswirtschaftsministerium	18872400	9766000	9106400	—
VII.	1.	Reichsarbeitsministerium	52685400	17728500	34956900	—
VIII.		Reichswehrministerium:				
	1.	B) Heerwesen	153203947	653000	152550947	—
	1.	C) Marine	54096125	9481000	44615125	—
	1.	D) Sonstige Heereseinrichtungen	1390000	—	1390000	—
VIII a.	1.	Reichsmilitärgericht	4800	—	4800	—
IX.	1/2.	Reichsjustizministerium	272600	—	272600	—
X.	1.	Reichsschatzministerium	67847310	45000000	22847310	—
XI.	1/2.	Reichsverkehrsministerium	52606700	2628420	49978280	—
XI a.	1.	Reichsministerium für Ernährung und Landwirtschaft . .	3023010000	90000	3022920000	—
XII.	1.	Allgemeiner Pensionsfonds	15000000	—	15000000	—
		Seite	3961594727	145276220	3856925707	40607200

1	2	3	4	5	6	7
Haushaltsabschnitt	Kapitel im Haushalt	Ausgabe	Betrag für 1920 ℳ	Haushalt für 1919 einschließlich Nachträge ℳ	Zugang ℳ	Abgang ℳ
		Übertrag	3 961 594 727	145 276 220	3 865 925 707	40 607 200
XIII.	1.	Rechnungshof	3 100	—	3 100	—
XIV.	1.	Reichsschuld	14 714 174	8 118 043	6 596 131	—
XV.	1.	Reichsfinanzministerium	524 823 700	3 280 000	521 543 700	—
XVI.	1.	Reichsministerium für den Wiederaufbau	14 564 000	1 148 040	13 415 960	—
XVII.	1.	Allgemeine Finanzverwaltung:				
		Landesverteidigung	—	16 075 509	—	16 075 509
		Zuschuß zu den Unterstützungsmitteln aller Reichsverwaltungen	1 500 000	1 500 000	—	—
		Unterstützungen gemäß § 91 Abs. 1 des Tabaksteuergesetzes	1 000 000	—	1 000 000	—
		Kriegsteuerungszulagen an Beamte usw..	—	2 229 980 000	—	2 229 980 000
		Zinsen an Länder und Gemeinden für verspätete Steuerüberweisung	20 000 000	—	20 000 000	—
		Vergütungen für die Mitwirkung nicht zur Reichsfinanzverwaltung gehöriger Annahmestellen bei Annahme von Reichsanleihe an Zahlungs Statt	9 000 000	—	9 000 000	—
		Vergütungen an nicht reichseigene Kassen für die Annahme von baren Vorauszahlungen auf das Reichsnotopfer .	716 000	—	716 000	—
		Reichspostministerium	—	79 620 868	—	79 620 868
		Reichsdruckerei	—	1 790 184	—	1 790 184
					4 429 200 598	2 368 073 761
		Summe der einmaligen Ausgaben	4 547 915 701	2 486 788 864	2 061 126 837	—
		Dazu die fortdauernden Ausgaben	35 343 647 032	13 322 732 290	22 020 914 742	—
		Zusammen	39 891 562 733	15 809 521 154	24 082 041 579	—
		Die Einnahme beträgt	39 891 562 733	15 809 521 154	24 082 041 579	—

1	2	3	4	5	6	7
Haus-halts-abschnitt	Kapitel im Haus-halt	Einnahme und Ausgabe	Betrag für 1920 ℳ	Haushalt für 1919 einschließlich Nachträge ℳ	Zugang ℳ	Abgang ℳ
		B. Außerordentlicher Haushalt				
		I. Einnahmen				
VI.	1.	Reichswirtschaftsministerium	346 500 000	84 000 000	262 500 000	—
VII.	1.	Reichsarbeitsministerium	25 620 343	—	25 620 343	—
X.	1.	Reichsschatzministerium	871 600 000	717 000 000	154 600 000	—
XIa.	1.	Reichsministerium für Ernährung und Landwirtschaft . .	5 016 561	—	5 016 561	—
XIV.	1/3.	Reichsschuld	1 039 032 120	136 914 652	902 117 468	—
		Summe der Einnahmen des außerordentlichen Haushalts	2 287 769 024	937 914 652	1 349 854 372	—
					—	—
		II. Ausgaben				
I.	—	Reichspräsident	—	—	—	—
II.	—	Reichstag	—	—	—	—
III.	—	Reichsministerium, Reichskanzler und Reichskanzlei . . .	—	—	—	—
IV	—	Reichsministerium des Auswärtigen	—	—	—	—
V.	1.	Reichsministerium des Innern	108 251 700	231 637 000	—	123 385 300
VI.	1/8.	Reichswirtschaftsministerium	128 821 050	6 819 667 000	—	6 690 845 950
VII.	1.	Reichsarbeitsministerium	2 288 973 202	1 586 052 500	702 920 702	—
VIII.	1.	Reichswehrministerium	1 718 806 267	490 000 000	1 228 806 267	—
IX.	1.	Reichsjustizministerium	2 000 000	5 000 000	—	3 000 000
X.	1.	Reichsschatzministerium	445 000 000	1 810 000 000	—	1 365 000 000
XI.	1.	Reichsverkehrsministerium	100 000 000	—	100 000 000	—
XIa.	1/10.	Reichsministerium für Ernährung und Landwirtschaft . .	208 352 389	30 060 000	178 292 389	—
		Seite	5 020 204 608	10 972 416 500	2 210 019 358	8 182 231 250

1	2	3	4	5	6	7
Haus-halts-abschnitt	Kapitel im Haus-halt	Ausgabe	Betrag für 1920 ℳ	Haushalt für 1919 einschließlich Nachträge ℳ	Zugang ℳ	Abgang ℳ
		Übertrag	5 020 204 608	10 972 416 500	2 210 019 358	8 182 231 250
XII	—	Allgemeiner Pensionsfonds	—	—	—	—
XIII.	—	Rechnungshof	—	—	—	—
XIV.	1.	Reichsschuld	1 067 391 120	142 743 204	924 647 916	—
XV.	1.	Reichsfinanzministerium	369 800	585 317 900	—	584 948 100
XVI.	1/2.	Reichsministerium für den Wiederaufbau	926 254 000	165 657 000	760 597 000	—
XVII.		Allgemeine Finanzverwaltung:				
	1.	Abwicklung der alten Wehrmacht . . . 3 955 447 642 ℳ				
	2.	Reichszentralstelle für Kriegs- und Zivilgefangene . . . 49 280 000 „				
	3.	Internierung Angehöriger russischer und polnischer Truppenteile . . . 140 000 000 „				
			4 144 727 642	17 118 321 200	—	12 973 593 558
XVIIa.	1/6.	Ausführung des Friedensvertrags	41 440 371 969	18 089 719 076	23 350 652 893	—
	—	Reichs-Post- und Telegraphenverwaltung	—	160 000 000	—	160 000 000
					27 245 917 167	21 900 772 908
		Summe der Ausgaben	52 579 319 139	47 234 174 880	5 345 144 259	—
		Durch Anleihe bleiben mithin aufzubringen	50 291 550 115	46 296 260 228	3 995 280 887	—

Tabelle II.

Einnahmen und Steuerüberweisungen. (Allgemeine Finanzverwaltung.)

1. Direkte Steuern und Verkehrssteuern

	Einnahme ℳ	Überweisungen an die Länder und Gemeinden ℳ	Nettoeinnahme ℳ
a) Fortdauernde Steuern			
Einkommensteuer	12 000 000 000	8 000 000 000	4 000 000 000
Körperschaftssteuer	900 000 000	600 000 000	300 000 000
Kapitalertragssteuer	1 300 000 000	—	1 300 000 000
Reichsnotopfer	3 500 000 000	—	3 500 000 000
Besitzsteuer	100 000 000	—	100 000 000
Erbschaftssteuer	620 000 000	124 000 000	496 000 000
Umsatzsteuer	3 650 000 000	548 000 000	3 102 000 000
Grunderwerbssteuer	220 000 000	110 000 000	110 000 000
Reichsstempelabgaben	400 000 000	—	400 000 000
Abgaben vom:			
a) Personenverkehr	300 000 000	—	630 000 000 (a–c)
b) Güterverkehr	230 000 000	—	
c) Stempel von Frachturkunden	100 000 000	—	
b) Einmalige Steuern			
Kriegsabgabe vom Vermögenszuwachs	4 500 000 000	—	4 500 000 000
		Summe	18 438 000 000

2. Zölle, Verbrauchssteuern und Monopoleinnahmen	9 147 000 000
3. Andere Einnahmen	
Ausfuhrabgaben	700 000 000
Ausgleichungsbeträge für Reichsabgaben	180 000
Vom Reichsmonopolamt für Branntwein abzuführende Beträge	62 000 000
Bankwesen	1 450 020 000
Sonstiges	3 676 155
Summe der Nettoeinnahmen des ordentlichen Haushalts	29 800 876 155
Summe der Nettoausgaben des ordentlichen Haushalts	29 800 876 155
	Gleicht sich aus.
Außerordentlicher Haushalt	
Summe der Nettoausgaben des außerordentlichen Haushalts	50 291 550 115
Durch Anleihe sind aufzubringen (Defizit)	50 291 550 115
	Gleicht sich aus.

Tabelle III. Übersicht

1. der Einnahmen an direkten Steuern und Verkehrssteuern, Zöllen und Verbrauchssteuern,
2. der Einnahmen der Reichspost- und -telegraphenverwaltung,
3. der Einnahmen der Reichseisenbahnverwaltung,
für die Zeit vom 1. April 1920 bis zum Schlusse des Monats Oktober 1920.

Lfde. Nr.	Bezeichnung der Einnahmen	Aufgekommen sind im Monat Oktober 1920 ℳ	Aufgekommen sind vom 1. April 1920 bis Ende Oktober 1920 ℳ	Aufgekommen sind im Monat Oktober 1919 ℳ	Aufgekommen sind vom 1. April 1919 bis Ende Oktober 1919 ℳ	Mithin 1920 gegen 1919 insgesamt + mehr — weniger (Spalte 4 und 6) ℳ	Im Entwurfe des Reichshaushaltsplans ist die Einnahme für das Rechnungsjahr 1920 veranschlagt auf ℳ
1	2	3	4	5	6	7	8
	I.						
	A. Direkte Steuern und Verkehrssteuern						
	a. Fortdauernde Steuern						
1	Einkommensteuer	1) 1082380486	1) 2853715490	—	—	+ 2853715490	12000000000
2	Körperschaftssteuer	290555	346884	—	—	+ 346884	900000000
3	Kapitalertragssteuer	49876442	138988758	—	—	+ 138988758	1300000000
4	Reichsnotopfer	289705916	781654137	—	—	+ 781654137	3500000000
5	Besitzsteuer	337262	4862453	3621596	42692726	— 37830273	100000000
6	Erbschaftssteuer	2) 19219804	2) 85823363	8518492	60468085	+ 25355278	620000000
7	Umsatzsteuer						
	a) nach d. Gesetze v. 26. 7. 18	3) 4) 38589688	3) 4) 475550096	73815064	443069621	+ 32480475	3650000000 (a und b)
	b) „ „ „ „ 24. 12. 19	5) 83242914	5) 191179012	—	—	+ 191179012	
8	Grunderwerbssteuer	6) 41017204	6) 243520682	16193	16193	+ 243501489	220000000
9	Zuwachssteuer	7) 5600	7) 1248114	—	520473	+ 727641	—
10	Reichsstempelabgaben von						
	a) Gesellschaftsverträgen	63353195	341497875	8511616	32934498	+ 308563377	70000000

	d) Kauf- und sonstigen Anschaffungsgeschäften	[8]) 42686286	[8]) 157333446	17739217	46048239	+ 111285207	100000000
	e) Lotterielosen und Wetteinsätzen						
	1. für Staatslotterien	5440850	25951348	4296705	19117625	+ 6833723	
	2. „ Privatlotterien	1140047	6301591				70000000
	3. „ Wetteinsätze	10714730	60215739	4957146	27718023	+ 38799307	
	f) Erlaubniskarten für Kraftfahrzeuge	440974	2413268	185855	1455820	+ 957448	3000000
	g) Vergütungen an Mitglieder von Aufsichtsräten	1206165	14667629	421013	5240228	+ 9427401	15000000
	h) Geldumsätzen	6612938	24395687	6052526	35767380	— 11371693	25000000
	i) Grundstücksübertragungen	272245	4009515	7669758	65208771	— 61199256	—
	k) Versicherungen	9519276	62211561	5873386	29855519	+ 32356042	60000000
	l) Wechseln	2065026	11925056	1111191	5583331	+ 6341725	12000000
11	Abgaben vom Personen- und Güterverkehr						
	a) Personenverkehr	55641387	299946716	27109015	136791554	+ 163155162	300000000
	b) Güterverkehr	45951123	305609611	16908775	87943466	+ 217666145	230000000
	c) Stempel von Frachturkunden	9399024	64161299	10286200	66179831	— 2018532	100000000
	Summe a	1868252465	6230021053	202603107	1143926776	+ 5086094277	23320000000

Darunter bisher aufgerechnete Anteile der Länder und Gemeinden:

[1]) 209368336 ℳ und 389692773 ℳ.

[2]) 352609 ℳ und 545198 ℳ.

[3]) 309758 ℳ und 2528597 ℳ.

[4]) Einschließlich der Reichsstempelabgabe von Warenumsätzen nach dem Gesetz vom 26. Juni 1916.

[5]) 650154 ℳ und 761891 ℳ.

[6]) 12273928 ℳ und 45554650 ℳ.

[7]) 12490 ℳ und 44973 ℳ.

[8]) Darunter für Anschaffungsgeschäfte von Waren nach Tarif Nr. 4b 520 ℳ und 242596 ℳ.

Lfde. Nr.	Bezeichnung der Einnahmen	Aufgekommen sind im Monat Oktober 1920 ℳ	Aufgekommen sind vom 1. April 1920 bis Ende Oktober 1920 ℳ	Aufgekommen sind im Monat Oktober 1919 ℳ	Aufgekommen sind vom 1. April 1919 bis Ende Oktober 1919 ℳ	Mithin 1920 gegen 1919 insgesamt + mehr — weniger (Spalte 4 und 6) ℳ	Im Entwurfe des Reichshaushaltsplans ist die Einnahme für das Rechnungsjahr 1920 veranschlagt auf ℳ
1	2	3	4	5	6	7	8
	b. Einmalige Steuern						
12	Kriegsabgabe vom Vermögenszuwachse	149579726	301162504	—	—	+ 301162504	4500000000
13	Außerordentliche Kriegsabgabe 1919	215179459	1002019518	115300	115300	+ 1001904218	—
14	Außerordentliche Kriegsabgabe 1918	6776978	110214883	60448656	859410274	— 749195391	—
15	Zuschlag zur außerordentlichen Kriegsabgabe 1916	} — *13228118*	} — *2626325*	1025831	8484602	} — 53533936	—
16	Kriegsabgabe 1916			5129155	42423009		
	Summe b	358308045	1410770580	66718942	910433185	+ 500337395	4500000000
	B. Zölle und Verbrauchssteuern						
17	a) Zölle	23142583	171581118	37699465	231578372	— 59997254	} 2500000000
	b) Aufgeld	154180701	844899041	49679046	98215950	+ 746683091	
18	Kohlensteuer	352063448	2486713830	128026245	575471393	+ 1911242437	4500000000
19	Tabaksteuer nach dem Gesetze vom 15. 7. 09 einschließlich der Abgabe von Tabakersatzstoffen	341121	3075375	3920728	13548234	— 10472859	
20	Zigarettensteuer nach d. Gesetze v. 3. 6. 06 / " " " " 15. 7. 09	} 1535622	73903593	23403092	145628525	— 71724932	
21	Kriegsaufschlag für zigarettensteuer-						

	β) Tabaksteuerzuschlag	22058	3687760	—	—	+ 3687760	
	γ) Tabakersatzstoffabgabe	12352	94384	—	—	+ 94384	
23	Biersteuer	13361484	76579381	15221191	78627890	— 2048509	130000000
24	Weinsteuer	51761861	316886177	31375333	184632894	+ 132253283	250000000
25	Schaumweinsteuer	6006075	51082272	2152483	18236625	+ 32845647	100000000
26	Mineralwassersteuer	2572459	26061109	5533722	38603214	— 12542105	50000000
27	Branntweinsteuer, und zwar:						
	α) Branntweinverbrauchsabgabe	7003	163806	1020869	9120478	— 8956672	—
	β) Zuschlag zur Verbrauchsabgabe	23595	1298182	3061891	36829719	— 35531537	—
	γ) Betriebsauflage	— *4275*	— *29617*	— *493265*	— *7873207*	+ 7843590	—
28	Aus dem Branntweinmonopol						
	a) Einnahmen aus der Branntweinverwertung	—	2) 35653990	—	—	+ 35653990	250000000
	b) Freigeld	13277594	51283657	100528	100528	+ 51183129	40000000
	c) aus dem Branntweinmonopolausgleich	—	2) 18356439	—	—	+ 18356439	30000000
29	Essigsäureverbrauchsabgabe	474375	5257104	1123727	3142067	+ 2115037	3000000
30	Zuckersteuer	11238900	74812762	12187262	95673850	— 20861088	160000000
31	Salzsteuer	3819259	47437278	4846368	33141622	+ 14295656	56000000
32	Zündwarensteuer	4224711	40678886	2948342	16191675	+ 24487211	50000000
33	Leuchtmittelsteuer	1744364	8484977	868084	8058860	+ 426117	15000000
34	Spielkartensteuer	348923	4627909	141555	1405878	+ 3222031	12000000
35	Statistische Gebühr	123667	743716	82407	385079	+ 358637	1000000
36	Aus dem Wehrbeitrag	2359196	6876626	—	— *542198*	+ 7418824	—
	Summe B	811621618	5168705855	363334778	1814043998	+ 3354661857	9147000000
	C. Sonstige Abgaben						
37	Ausfuhrabgaben der allgemeinen Finanzverwaltung	131310000	584287211	—	—	+ 548287211	700000000

[1]) Darunter Nachsteuer 4916674 ℳ und 71393622 ℳ.

[2]) Wird nur vierteljährlich nachgewiesen.

Lfde. Nr.	Bezeichnung der Einnahmen	Aufgekommen sind im Monat Oktober 1920 ℳ	Aufgekommen sind vom 1. April 1920 bis Ende Oktober 1920 ℳ	Aufgekommen sind im Monat Oktober 1919 ℳ	Aufgekommen sind vom 1. April 1919 bis Ende Oktober 1919 ℳ	Mithin 1920 gegen 1919 insgesamt + mehr — weniger (Spalte 4 und 6) ℳ	Im Entwurfe des Reichshaushaltsplans ist die Einnahme für das Rechnungsjahr 1920 veranschlagt auf ℳ
1	2	3	4	5	6	7	8
38	Ausfuhrabgaben des Reichswirtschaftsministeriums	41 420 640	569 916 386	65 663 446	200 965 359	+ 368 951 027	392 600 000
	Summe C	172 730 640	1 154 203 597	65 663 446	200 965 359	+ 953 238 238	1 092 600 000
	Summe I	3 210 912 768	13 963 701 085	698 320 273	4 069 369 318	+ 9 894 331 767	38 059 600 000
	II.						
	Reichspost- und -telegraphenverwaltung[1])	509 495 828	2 237 437 950	230 865 381	945 752 976	+ 1 291 684 974	4 075 075 000
	Summe für sich.						
	Darunter: Postgebühren	203 897 673	1 263 585 379	125 655 468	565 908 192	+ 697 677 187	2 338 200 000
	Telegraphengebühren . .	37 418 088	206 993 174	21 519 840	89 601 142	+ 117 392 032	275 000 000
	Fernsprechgebühren . .	211 719 476	588 894 018	69 301 170	215 242 312	+ 373 651 706	981 500 000
	Scheckverkehr	43 386 874	99 728 409	10 412 266	26 226 140	+ 73 502 269	218 183 000
	III.						
	Reichseisenbahnverwaltung						
1	Personen- und Gepäckverkehr . . .	390 574 000	2 720 604 000	183 056 000	1 042 784 000	+ 1 677 820 000	3 935 000 000
2	Güterverkehr	958 613 000	6 234 028 000	396 710 000	1 917 819 000	+ 4 316 209 000	10 699 000 000
3	Sonstige Betriebseinnahmen . . .	51 116 000	303 899 000	38 026 000	241 563 000	+ 62 336 000	329 558 700
	Summe III.	1 400 303 000	9 258 531 000	[2]) 617 792 000	[2]) 3 202 166 000	+ 6 056 365 000	14 963 558 700

[1]) Die Beträge umfassen die Einnahmen der gesamten Reichspostverwaltung, also einschließlich der Einnahmen von Bayern und

Übersicht von dem Anwachsen der Reichsschuld seit Beginn des Rechnungsjahres 1919 bis Ende November 1920.

	Schuld: fundierte	Schuld: schwebende (diskontierte Schatzanweisungen)
	Milliarden Mark	
Bei Kriegsausbruch war das Reich belastet mit	4,9	0,5
Während des Krieges wuchs die Schuld, weil der Geldbedarf die Steuern und sonstigen Einnahmen überstieg, um	87,4	63,2
so daß sie bis Ende des Rechnungsjahrs 1918 (31. März 1919) betrug	92,3	63,7
A. Im Rechnungsjahr 1919 haben sich im ordentlichen Haushalt die Einnahmen und Ausgaben zwar buchmäßig ausgeglichen, aber nur dadurch, daß die verbliebenen Einnahmereste (bereits fällige, jedoch noch nicht in die Reichskasse geflossene Einnahmen) in Höhe von 3,4 Milliarden Mark als Deckungsmittel angesehen wurden. Da diese Mittel jedoch, wie erwähnt, noch nicht greifbar waren, mußten zur Bestreitung der Ausgaben Gelder durch Begebung kurzfristiger Schatzanweisungen beschafft werden, und zwar, weil Ende des Rechnungsjahrs 1919 auch Ausgabereste verblieben waren, die sich auf 1,3 „ „ beliefen, in Höhe von noch		2,1
B. Im Rechnungsjahr 1920 sind die Einnahmen des ordentlichen Haushalts an Steuern, Zöllen und Abgaben veranschlagt auf rund 37,7 Milliarden Mark. Davon hätten in der Zeit vom 1. 4. bis Ende Oktober = 7 Monate = $^{7}/_{12}$ oder rund 22,0 „ „ eingehen sollen. Tatsächlich sind aber nur 13,4 „ „ eingegangen, also weniger		8,6
Seite	92,3	74,4

		Schuld	
		fundierte	schwebende (diskontierte Schatzanweisungen)
	Milliarden Mark		
Übertrag		92,3	74,4
An Stelle dieses vorläufigen Einnahmeausfalls haben zur Bestreitung der Ausgaben ebenfalls Schatzanweisungen begeben werden müssen.			
In beiden Fällen beruht das Zurückbleiben der Einnahme-Eingänge gegen das Soll auf der schwierigen Veranlagung und Erhebung der neuen Einkommensteuer, des Reichsnotopfers und der Reichsabgabe vom Vermögenszuwachs, so daß die Zahlung dieser Steuern größtenteils erst Ende dieses oder Anfang des nächsten Rechnungsjahrs zu erwarten ist.			
Durch Begebung von Schatzanweisungen haben ferner gedeckt werden müssen:			
a) der Fehlbetrag bei den Betriebsverwaltungen (Reichspost- und -telegraphenverwaltung sowie Reichseisenbahnverwaltung), der bis Ende November 1920 betragen hat . .			9,4
b) die Mittel zur Übernahme eines Teiles der schwebenden Schulden der Einzelstaaten aus Anlaß des Überganges der Eisenbahnen auf das Reich			14,7
C. Für Rechnung des außerordentlichen Haushalts, dessen Geldbedarf lediglich durch Kredite gedeckt werden kann, sind in den Rechnungsjahren 1919 und 1920 nachstehende Ausgaben geleistet worden:			
1. Kosten aus Anlaß des Krieges und der Demobilmachung			
a) Heeresverwaltung, Marineverwaltung, Reichskolonialverwaltung und Schutzgebiet Kiautschau (nach Abrechnung der 1918 bereits geleisteten Vorschüsse)	6,486		
Nachträglich für die gleichen Zwecke 1920 verausgabt	2,326		
(Diese Ausgaben beziehen sich auf den Bedarf für die Zeit vom 1. 4. bis 30. 9. 19; von da ab sind die betreffenden Kosten auf den ordentlichen Haushalt übernommen worden.) Milliarden Mark			
b) Zur Abwicklung der Angelegenheiten des alten Heeres 4,809			
der alten Marine 0,342	5,151		

c) Kriegsteuerungszulagen und Beschaffungsbeihilfen für Beamte und Lohnangestellte		0,522		
d) Kriegswohlfahrtspflege, Erwerbslosenfürsorge, öffentliche Notstandsarbeiten		0,969		
e) Familienunterstützungen		3,348		
f) Verbilligung von Lebensmitteln		7,903		
g) Vergütungen für Lieferungen nach dem Kriegsleistungsgesetz		0,061		
h) Reichszentrale für Kriegs- und Zivilgefangene		0,116		
i) Ansprüche neutraler Mächte aus Anlaß der Versenkung von Schiffen		0,045		
k) Wiederbelebung der Bautätigkeit		0,320		
l) Zuschüsse zu den Ausgaben der Reichsbetriebe der Heeresverwaltung		0,550		
m) Elektrische Hochspannungsleitungen (Golpa)		0,338		
n) Hilfskasse für gewerbliche Unternehmungen		0,090		
o) Zur Ablösung einer während des Krieges für Österreich-Ungarn übernommenen Bürgschaft		3,660		
p) Verpflichtungen des Reichs gegenüber deutschen Reedereien aus Devisenbeschaffungen		0,044		
Summe 1 (a bis p)				31,9
2. Sonstige Ausgaben des außerordentlichen Haushalts;				
a) Postverwaltung für Fernsprechanlagen		0,299		
b) Förderung der Herstellung von Kleinwohnungen		0,549		0,8
c) Annahme von Kriegsanleihe an Zahlungs Statt: Da der Betrag der Anleihestücke, der auf Kriegsabgaben und als Kaufpreis für Heeresgut entrichtet ist, etatsrechtlich bei den Kriegsabgaben und als Verkaufserlös in Einnahme nachzuweisen war, mußte in gleicher Höhe die schwebende Schuld belastet werden. Demzufolge verminderte sich die fundierte Schuld und erhöhte sich die schwebende um den gleichen Betrag			ab 6,4	zu 6,4
3. Zur Ausführung des Friedensvertrages				
a) Gehälter, Ruhegehälter und sonstige Fürsorgetätigkeit für elsaß-lothringische Beamte usw.		0,531		
b) Minenräumungsarbeiten usw.		0,510		
c) Kosten der Besatzungstruppen in den Rheinlanden:	Milliarden Mark			
Oberausschuß der alliierten und assoziierten Mächte	0,074			
Unterhalt der Truppen, Vergütung von Quartierleistungen und Requisitionen	4,287			
Seite	4,361	1,041	85,9	137,6

	Milliarden Mark		Schuld: fundierte	Schuld: schwebende (diskontierte Schatzanweisungen)
		Milliarden Mark		
Übertrag	4,361	1,041	85,9	137, 6
Grundstückserwerbungen, Neu- und Umbauten, Instandhaltung der Baulichkeiten	0,136			
Beschaffung und Unterhaltung von Einrichtungsgegenständen; Betriebskosten (Feuerung usw.)	0,034	4,531		
d) Aus dem Fonds zur Ausführung des Friedensvertrages und seiner Vorverträge, insbesondere für den Wiederaufbau, sind noch nachstehende Ausgaben hervorzuheben:				
Beihilfen an deutsche Schiffseigentümer und Besatzungen	0,107			
Bau von Fischkuttern und Handelsdampfern (als Ersatz für abgelieferte)	0,020			
Vorentschädigung für lothringische Hüttenwerke	0,425			
Abschlagszahlungen auf Lieferung von Kohlen einschließlich Frachten, Farben, pharmazeutischen Erzeugnissen, Stickstoff, Vieh, Ammoniak	5,629			
Vorschüsse und Beihilfen an Elsaß-Lothringer	0,950			
Vorschüsse an Überwachungsausschüsse	0,130			
Vorschüsse an den Wiedergutmachungsausschuß	0,180			
Kosten der Zwangsverwaltung verbandsstaatlicher Unternehmungen	0,035			
Abkommen mit Brasilien (Kaffee)	0,025			
Entschädigung für Ablieferung und Unbrauchbarmachung von Kriegsmaterial	0,070			
Ablieferung der Handelsflotte	1,715			
Entschädigung der deutschen Gläubiger aus dem Clearing-Verkehr (§ 296 Fr.-V.)	1,437			
Rückkauf von Docks	0,020			

Zur Wiederherstellung der Löwener Universitätsbücherei, Aufbauarbeiten in den zerstörten Gebieten für die Cipa in Wiesbaden (ständige alliierte Kommission), Rückführung von Eisenbahnmaterial, Entschädigung für den Verlust drahtloser Stationen in den Schutzgebieten usw. rund . .	0,240			
Vorschüsse, Beihilfen und Unterstützungen für Schäden in den deutschen Schutzgebieten.	0,053	14,161		
Summe 3 (a bis d)				19,7
			85,9	157,3
Hiervon gehen ab die Einnahmen für verkauftes Heeresgut (2,175 Milliarden) und sonstige Rückeinnahmen des außerordentlichen Haushalts für 1919.	4,154			
die gleichen Einnahmen für 1920	0,684			
die zur Verstärkung der Betriebsmittel verwendeten Postscheckgelder	5,450			10,3
Mithin Stand der Schuld Ende November 1920 rund			86	147

Tabelle V.

Zusammenstellung

der vom Deutschen Reich bisher getätigten Lieferungen und Leistungen aus dem Friedensvertrag und seinen Vorverträgen, die Deutschland auf seine Wiederherstellungsverpflichtungen anzurechnen sind.[1]

Bezeichnung der Verpflichtungen	Wert in Goldmark
Gruppe A	
Sachleistungen der preußischen Bergverwaltung	199284
Eisenbahnwagenpark in den Abtretungsgebieten	245632430
Rollendes Eisenbahnmaterial	1589625000
Eisenbahnfahrzeugersatzteile	3097000
Landwirtschaftliche Maschinen (Poena-Lieferung)	28938966
Handelsflotte	7310302824
Industrielle Maschinen usw. für den Wiederaufbau	966330
Tiere	237367791
Kohlen und Koks	655957300
Ammoniak	2851204
Farbstoffe und chemisch-pharmazeutische Erzeugnisse	225525008
Summe A	10300463137
Gruppe B	
Saargruben	1056947000
Reichs- und Staatseigentum	4481552938
Wert der abgetretenen 5 Eisenbahnbrücken über den Rhein, soweit sie nicht zum ehemaligen Reichsland Elsaß-Lothringen gehörten	8582350
Überseekabel	85418979
Rücklaßgüter	2497790000
Summe B	8130291267
C. Kosten, die gemäß Art. 235 des Friedensvertrags aus den ersten 20 Milliarden Goldmark bezahlt werden können.	
Einfuhr von Lebensmitteln und Rohstoffen	2249311746
Rheinlandbesatzung	450000000
Interalliierte Kommissionen	40152300
Summe C	2739464046

[1]) Die Gesamtaufstellung ist noch nicht als abgeschlossen anzusehen, weil noch fortgesetzt Nachanmeldungen eingehen und über verschiedene Werte die Frage ihrer Anrechnungsfähigkeit noch nicht abschließend geklärt ist. Für diese Vermögensobjekte ist daher die Anmeldung zur Gutschrift auf Reparationskonto vorbehalten geblieben. Daher sind die aufgeführten Zahlen nicht als endgültig anzusprechen.

Namensverzeichnis.

Vom gleichen Verfasser sind erschienen:

Frankreichs Bank- und Finanzwirtschaft im Kriege
203 Seiten

Verlag Gustav Fischer / Jena

Steuer- und Anleihepolitik in Frankreich während des Krieges
134 Seiten

Verlag Julius Springer / Berlin

FSC
www.fsc.org
MIX
Papier | Fördert
gute Waldnutzung
FSC® C083411

Kolibri 360 GmbH
Ferdinand-Jühlke-Straße 7
99095 Erfurt, Deutschland
produktsicherheit@kolibri360.de